Frank — Theodor Fontane und die Technik

Freiburg, im Jan. 2006

Meinem Freund Markus
in Freundschaft und
Dankbarkeit.

Herzlichst
[signature]

EPISTEMATA

WÜRZBURGER WISSENSCHAFTLICHE SCHRIFTEN

*Reihe Literaturwissenschaft*

Band 526 — 2005

Philipp Frank

# Theodor Fontane und die Technik

Königshausen & Neumann

*Bibliografische Information der Deutschen Bibliothek*

Die Deutsche Bibliothek verzeichnet diese Publikation in der Deutschen Nationalbibliografie; detaillierte bibliografische Daten sind im Internet über <http://dnb.ddb.de> abrufbar.

D 18

© Verlag Königshausen & Neumann GmbH, Würzburg 2005
Gedruckt auf säurefreiem, alterungsbeständigem Papier
Umschlag: Hummel / Lang, Würzburg
Bindung: Buchbinderei Diehl+Co. GmbH, Wiesbaden
Alle Rechte vorbehalten
Dieses Werk, einschließlich aller seiner Teile, ist urheberrechtlich geschützt. Jede Verwertung außerhalb der engen Grenzen des Urheberrechtsgesetzes ist ohne Zustimmung des Verlages unzulässig und strafbar. Das gilt insbesondere für Vervielfältigungen, Übersetzungen, Mikroverfilmungen und die Einspeicherung und Verarbeitung in elektronischen Systemen.
Printed in Germany
ISBN 3-8260-2965-8
www.koenigshausen-neumann.de
www.buchhandel.de
www.buchkatalog.de

Meinen Eltern

# INHALT

## Einleitung

1. Untersuchungsgegenstand und Erkenntnisinteresse ...................15
   1.1. Untersuchungsgegenstand ..................................15
   1.2. Erkenntnisinteresse .......................................16
2. Untersuchungsablauf ...........................................17
   2.1. Erster Teil ..............................................17
   2.2. Zweiter Teil .............................................17
   2.3. Dritter Teil .............................................18
3. Stand der Forschung ...........................................19

## Erster Teil
## Querschnitt eines Themas: Technik in Fontanes Lyrik

Abstract ..........................................................27
1. Fontanes Lyrik im Überblick ...................................28
2. Technik-Euphorie im Zeitalter des Dampfes ......................30
   2.1. Geheimnisvoll und faszinierend: Das Phänomen Dampfkraft ...30
   Exkurs: Emanuel Geibels Gedicht *Mythus vom Dampf* ............32
   2.2. Ambivalente Wesenheit: Das Maschinengedicht *Junker Dampf* ...33
   2.3. Faszination und Schrecken: Interpretation .................34
3. Dimensionen entstofflichter Technik ............................36
4. Das Versagen der Technik ......................................43
   4.1. Krise des Fortschritts: Die technische Katastrophe ........43
   4.2. Fall I: Übergang zum Untergang oder Technikbild im Wandel ...46
      4.2.1. Das Tay-Bridge-Disaster vom 28. Dezember 1879 ........46
      4.2.2. Technik und Natur im Konflikt: *Die Brück' am Tay* ...48
      4.2.3. Zur Tragik der unausweichlichen Katastrophe: Interpretation ...51
   4.3. Fall II: Untergang zum Übergang oder Chance zur Rettung ...52
      4.3.1. Das Dampfschiffunglück auf dem Erie-See vom 9. August 1841 ..52
      4.3.2. Geburt des Helden aus der Katastrophe: *John Maynard* ...54
      4.3.3. Zuversicht trotz Skepsis: Interpretation ..............56

5. Kulturkritik in Zeiten der Elektrizität .................................................... 57
　5.1. Faszinierend und geheimnisvoll: Der Mythos Elektrizität ................ 57
　5.2. Desillusionierung: *In der Koppel* ..................................................... 60
　5.3. „Aber schließlich blieb alles beim alten": Interpretation .................. 62
6. Zusammenfassung .................................................................................. 64

# Zweiter Teil
# Wahrgenommene Technik und Technik des Wahrnehmens: Fontanes journalistisches und reiseliterarisches Werk

## A. Im Land der Technik, England

Abstract ....................................................................................................... 71
1. Fontanes Englandberichterstattung im Überblick ................................. 72
　1.1. Fontanes drei Englandreisen und ihre Hervorbringungen ............... 72
　1.2. Englandmodell und Technikstadt: London ...................................... 74
　1.3. Intention der Fontaneschen Englandberichterstattung ................... 76
2. Technische Symbolik des Englandmodells London .............................. 77
　2.1. Dynamisierte Masse: Der Londoner Dampfbootverkehr ................. 77
　2.2. Macht der Monotonie: Gedanken zum Londoner „Glaspalast" ...... 81
　　2.2.1. Der „Glaspalast" als Charakterbild der Zeit ............................. 81
　　2.2.2. Fontanes „Glaspalast"-Überlegungen ....................................... 84
3. Technik- und Industriereportagen .......................................................... 88
　3.1. Kolossal: Das Riesendampfschiff ‚Great Eastern' ............................. 89
　3.2. „Nur die Hauptsache im Auge behalten": Fontanes Eindrücke von einem ‚merkwürdigen' Stapellauf ..................................................... 90
　3.3. „Kriegswissenschaft": Fontane und die Waffentechnik ................... 95
　Exkurs: Technik in Fontanes Kriegsbüchern ........................................... 97
4. Londons wahrnehmungstheoretische Relevanz .................................. 100
　4.1. Sinnesverwirrung: Die Großstadt als Wahrnehmungsproblem .... 100
　4.2. Wahrnehmungserneuerung I: Stillstellung des Blicks ................... 104
　4.3. Wahrnehmungserneuerung II: Dynamisierung des Blicks ............ 106
5. Zusammenfassung ................................................................................ 110

# B. Märkische Wanderungen

Abstract ............................................................................................................117
1. Fontanes *Wanderungen durch die Mark Brandenburg* im Überblick ..............118
2. Die *Wanderungen* als Technikgeschichte .....................................................121
   2.1. Die Wirtschafts- und Industrieregion Mark Brandenburg ......................121
   2.2. Fontane als Chronist des märkischen Fortschritts ...................................123
      2.2.1. Netzwerke: Märkische Verkehrsbetrachtungen ..........................123
      2.2.2. Produktionsräume: Gewerbe- und Industriereportagen ............125
      2.2.3. „Düftelgenie[s]": Märkische Technikerporträts .........................128
      2.2.4. Bilanzierung des Fortschritts: Fontanes Naturästhetik ...............129
3. Wahrnehmungstheoretische Aspekte der *Wanderungen* ..............................133
   3.1. Schottisches Vorspiel: *Jenseit des Tweed* ................................................133
   3.2. „Alle Dinge haben ihr Gesetz": Anleitung zum Reisen ..........................136
   3.3. Welt der Bilder: Fontanes ästhetisches Programm .................................139
      3.3.1. Stills(t)ehen: Die Natur als Kunstkammer .................................139
      3.3.2. Bewegung(s)sehen: Prolog vor dem Film ...................................141
   3.4. Technik des Erinnerns: Landschaftser*fahrung* historisch .......................147
4. Zusammenfassung .........................................................................................151


# Dritter Teil

# Funktionen der Technik: Fontanes erzählerisches Werk

Abstract ............................................................................................................155
1. Fontanes erzählerisches Werk im Überblick .................................................156
2. Exerzierfeld der Moderne: Die Technikstadt Berlin ......................................158
3. Registrierungen: Technik in Fontanes Romanen ...........................................162
4. Im Gespräch: Reden über die Technik ..........................................................165
   4.1. Redensartliches Allerlei ..........................................................................165
   4.2. Technik als Alltag: Stimmen zum Verkehr der Neuzeit ..........................166
   4.3. Fortschritt als Rückschritt: Stimmen zur Telekommunikation ...............167
   4.4. Invasor der alten Ordnung: Stimmen zum Techniker .............................169
   4.5. Zwischen Begeisterung und Verweigerung: Resümee .............................173
5. Erneuerung der Sinne: Wahrnehmen mit Technik ........................................175
6. Bestimmungen: Funktionen der Technik im Handlungszusammenhang ......178
   6.1. Indikative Bedeutungen der Technik .....................................................178
      6.1.1. Charakterisierung sozialer Handlungsräume .............................178
      6.1.2. Objektivierung sozialer Zugehörigkeit .......................................179

  6.1.3. Objektivierung geschichtlicher Entwicklung............ 181
  6.1.4. Objektivierung seelischer Befindlichkeit ..................... 183
 6.2. Geschehensrelevante Bedeutungen der Technik ................ 185
  6.2.1. Zeichentechnik I: Andeutung von Geschehen ............ 185
  6.2.2. Zeichentechnik II: Auslösung von Geschehen ........... 186
  6.2.3. Elementartechnik: Steuerung von Geschehen ............ 190
7. Zusammenfassung ................................................................... 196

# Schluß

1. Bilanz des Technikthemas in stofflicher Sicht .......................... 201
2. Erscheinungs- und Funktionsweisen der Technik ..................... 202
3. Zur Realistik der Themengestaltung .......................................... 203
4. Fontanes Technikbild in seiner Entwicklung ............................ 205

Anhang ............................................................................................ 209
Literaturverzeichnis ........................................................................ 231
Danksagung ..................................................................................... 267

„Das Nebensächliche [...] gilt nichts,
wenn es bloß nebensächlich ist, wenn nichts drin steckt.
Steckt aber was drin, dann ist es die Hauptsache."

*Frau Jenny Treibel* (1892)

# EINLEITUNG

# 1. Untersuchungsgegenstand und Erkenntnisinteresse

## 1.1. Untersuchungsgegenstand

Obwohl Fontane „nicht" zu den „bahnbrechenden Dichter[n] der Fabriken und Maschinen" zählt,[1] hat eine Untersuchung des Technikthemas in seinem Werk doch ihre Berechtigung. So thematisieren *Die Brück' am Tay* (1880) und *John Maynard* (1886), immerhin zwei seiner bekanntesten Gedichte, technische Katastrophen. Mit *Cécile* (1887) und *Frau Jenny Treibel* (1892) schrieb er sogar einen Ingenieurs- und einen Fabrikantenroman. Fast vier Jahre lebte er überdies in England, zu seiner Zeit das „Land der Technik"[2]. Und nicht zuletzt gehörte er mit dem Realismus (etwa 1848-98)[3] einer Epoche an, der die Fortschritte in Naturwissenschaft und Technik zur entscheidenden Grundlage ihres Stils wurden.[4]

Fontanes Werk ist davon deutlich geprägt, weit über die genannten Beispiele hinaus. Nahezu alles findet sich darin thematisiert oder wenigstens registriert, von der Dampfkraft bis zur Elektrizität, von der Rohrpost über die Telegraphie bis zum Telephon, vom einfachen Erfinder bis zum akademisch gebildeten Ingenieur, von der einfachen Heimarbeiterin bis zum hoch entwickelten Industrieunternehmen. Selbst die mit dem technischen Fortschritt korrespondierenden sozial-psychologischen Begleiterscheinungen (z. B. die veränderte menschliche Wahrnehmung) werden dargestellt und problematisiert.

Ungeachtet dieser Vielfalt an Bezügen steht eine umfassende Untersuchung des Technikthemas in Fontanes Werk bis heute aus. Einer der Hauptgründe dafür dürfte sein, daß es sich in der überwiegenden Zahl der Fälle nur um einfache Erwähnungen der Technik handelt, daß diese meistens so selbstverständlich und beiläufig in den Blick kommt, daß sie bedeutungslos wirkt. Dieser Eindruck ist jedoch leicht zu entkräften, wenn wir den Autor bei einem im *Frau Jenny Treibel*-Roman geprägten Wort nehmen, wonach im anscheinend Unbedeutenden häufig das Wesentliche steckt: „Das Nebensächliche [...] gilt nichts, wenn es bloß nebensächlich ist, wenn nichts drin steckt. Steckt aber was drin, dann ist es die Hauptsache [...]."[5]

Wie im Verlauf dieser Arbeit deutlich werden wird, besitzt diese Aussage in vielen Fällen auch für das Technikthema Gültigkeit, denn deren Bedeutung ist in den einzelnen Werken oft umso weitreichender, je unauffälliger ihre Erscheinung ausfällt.

---

[1] Hädecke 1998, 350.
[2] Nürnberger 1997a, 98.
[3] Zu dieser Periodisierung der Epoche siehe Swales 1997, 10 und Kohl 1977, 79ff.
[4] Siehe dazu Huyssen 1992, 16f. sowie Plumpe 1996, 26.
[5] HFA I/4, 360. Unterstrichen wird das durch folgende private Äußerung des Autors: „In meinen ganzen Schreibereien suche ich mich mit den sogenannten Hauptsachen immer schnell abzufinden, um bei den Nebensachen liebevoll, vielleicht zu liebevoll, verweilen zu können." (HFA IV/4, 46 [An Theodor Wolff am 24. Mai 1890]).

## 1.2. Erkenntnisinteresse

Die vorliegende Untersuchung behandelt also Fontanes Verhältnis zur Technik. Was aber ist darunter zu verstehen? Hier eine Definition: Technik meint in diesem Zusammenhang einen „Sammelbegriff für die Struktur der gesamten modernen Welt"[6], für alle zu Fontanes Zeit in Anwendung befindlichen oder gerade aufkommenden technischen Sachsysteme zur Beherrschung[7] und – im Sinne von Wahrheitsschöpfung – „Entbergung"[8] der Natur sowie Erleichterung der menschlichen Arbeits- und Lebensverhältnisse und Erfüllung individueller oder gesellschaftlicher Bedürfnisse.[9] Diese technischen Systeme materialisieren das seit dem 19. Jahrhundert in der industrialisierten Welt „gängige Technikverständnis"[10] und verkörpern die sogenannte „Kernpartie aller Technik", die eigentliche „Realtechnik".[11]

Bei Fontane begegnen wir ihr in Gestalt von Dampfmaschine, Eisenbahn und Dampfschiff, Telegraphie, Photographie und Telephon, ferner von Herstellungs- (Ingenieur, Erfinder, Tüftler) und Gebrauchstechnikern (Zugführer, Dampfschiffskapitän, Photograph).[12] Dennoch geht es hier um mehr als nur deren partikulare materielle Erscheinung, um mehr als nur Fontanes Verhältnis zur Eisenbahn oder Telegraphie. Behandelt wird vielmehr

o Fontanes Verhältnis zur technisch-industriellen Moderne insgesamt, sein Technikbild im Sinne eines „künstlich imaginierten Wirklichkeitsbilde[s]"[13], dessen philosophisch-weltanschauliche Kolorierung und Entwicklung im Verlauf der Werkgeschichte.

---

[6] Rapp 1994, 21.

[7] So sieht Ropohl in der Technik zum Beispiel „nichts anderes als die Überwindung der Natur durch das menschliche Bewußtsein" (Ropohl 1991, 67). Ähnlich Friedrich Dessauer, der sie als die „Überwindung naturgesetzlicher Beengung", als die „Befreiung von naturgesetzlicher Gebundenheit" (Dessauer 1928, 40) auslegt.

[8] Klarer wird die Bedeutung dieses Heideggerschen Terminus' vor dem Hintergrund des gesamten Zitatzusammenhangs: „Die Technik ist also nicht bloß ein Mittel. Die Technik ist eine Weise des Entbergens. Achten wir darauf, dann öffnet sich uns ein ganz anderer Bereich für das Wesen der Technik. Es ist der Bereich der Entbergung, d. h. der Wahrheit. […] Sie [d. h. die Technik] entbirgt solches, was sich nicht selber her-vor-bringt. […] Das Entscheidende der Τεχνη liegt somit keineswegs im Machen und Hantieren, nicht im Verwenden von Mitteln, sondern in dem genannten Entbergen. All dieses, nicht aber als Verfertigen, ist die τεχνη ein Her-vor-bringen. […] Technik ist eine Weise des Entbergens. Die Technik west in dem Bereich, wo Entbergen und Unverborgenheit, wo αληυεια, wo Wahrheit geschieht." (Heidegger 1996, 12f.).

[9] Siehe dazu Ropohl 1991, 21f. und 110f., Rapp 1994, 22, Huning 1990, 19 und Sachsse 1978, 6f.

[10] Rapp 1994, 19.

[11] Gottl-Ottlilienfeld 1923, 8 und 9.

[12] Zu dieser Kategorisierung siehe Ropohl 1991, 103f.

[13] Segeberg 1987a, 3.

o Ferner ist die Erscheinungsform der Technik von Interesse, also deren vielmals nur beiläufiges, nebensächlich erscheinendes Vorkommen, das in Wahrheit oft viel weitreichendere Bedeutung hat.

o Schließlich ist auch die der Technik eingeschriebene symbolische Strategie zu untersuchen, das heißt, deren spezifischer „Signalwert"[14] im Text. Und zwar in jeder einzelnen Werkgattung: von der Lyrik über die Journalistik und Reiseliteratur bis hin zum Roman und der Erzählung.

Besonderes Augenmerk liegt dabei auf dem Aspekt der Wahrnehmung.

## 2. Untersuchungsablauf

Durchgeführt wird diese Untersuchung in drei Teilschritten, die sich jeweils an den Hauptgattungen des Werks orientieren: Lyrik, Journalistik/Reiseliteratur und Roman. Konkret geht es darin um Folgendes.

### 2.1. Erster Teil

Im Interesse einer Generalschau wird zunächst Fontanes Lyrik in Augenschein genommen. Zum einen, weil der Autor hier seine ersten literarischen Gehversuche machte und die Lyrik überdies die einzige Gattung ist, die von ihm in all seinen literarischen Schaffensjahren bedient wurde. Das heißt, sie bringt uns den frühen, mittleren und späten Fontane gleichermaßen näher. Zum anderen werden in ihr nahezu alle wichtigen Themen der Technikgeschichte des 19. Jahrhunderts behandelt, von der Dampfkraft (*Junker Dampf*, 1843) über die technische Katastrophe (*Die Brück' am Tay*, 1880, und *John Maynard*, 1886) bis zur verkehrstechnisch genutzten Elektrizität (*In der Koppel*, 1890er Jahre). Gedichte wie *Junker Dampf, Die Brück' am Tay, John Maynard* und *In der Koppel* sind also bestens dazu geeignet, diesem ersten Untersuchungsteil eine Grobstruktur zu geben. Nicht nur, weil sie alle ein anderes Technikbild transportieren, sondern weil sie die Eckpunkte in einer Technikanschauung markieren, die im Verlauf der Werkgeschichte einen stetigen Wandel durchlaufen hat. Außerdem tritt die Technik schon hier mit einer Beiläufigkeit in Erscheinung, die, wie am Ende der Arbeit zu sehen sein wird, für ihre Behandlung im Gesamtwerk kennzeichnend ist.

### 2.2. Zweiter Teil

Der zweite Untersuchungsabschnitt ist dem Journalisten und Reiseschriftsteller Fontane gewidmet. Als solcher verbrachte er zwischen 1844 und 1859 fast vier Jahre in England, dem Land der Technik, was in nicht weniger als drei Büchern sowie einer Vielzahl von Zeitungsreportagen seinen Nachhall gefunden hat.

---

[14] Ebd.

Darunter auch solche über Industrie und Technik. Diese Zeit war prägend für sein ganzes Werk. Und für sein Verhältnis zur Technik. Hier wurde nicht nur die Vorarbeit geleistet für sein 1853 veröffentlichtes und für seine spätere Romankunst richtungsweisendes literaturtheoretisches Manifest *Unsere lyrische und epische Poesie seit 1848*[15], sondern auch der Gedanke geboren für das 1860 begonnene Projekt *Wanderungen durch die Mark Brandenburg* (1862-82 bzw. 1889). Darin wird Fontane nicht nur die in der „Geschwindigkeitsbox"[16] London erlernten neuzeitlichen Wahrnehmungsmuster (d. h. neue Blick-, Bild- und Bewegungskonzeptionen) zweckdienlich zur Anwendung bringen, sondern auch einem techno-kulturellen Bildungsanspruch weiter zur Einlösung verhelfen. Das manifestiert sich in dem aufmerksamen Studium des Dampfschiffverkehrs auf der Oder, von Industrieanlagen wie der Glindower Ziegelbrennerei (insbesondere des dort zum Einsatz kommenden hochmodernen Ringofens) oder der Fabrikstadt Luckenwalde, was die *Wanderungen* mitunter wie einen industrie- und technikgeschichtlichen Rechenschaftsbericht der Mark Brandenburg aussehen läßt.

In sich ist dieser zweite Untersuchungsteil in zwei Abschnitte gegliedert. Der erste wendet sich Fontanes Berichten aus England zu, wo sich der Autor nicht nur umfassend über den Stand des technischen Fortschritts kundig gemacht hat, sondern sich durch sein Leben in London sowie seine zahlreichen Reisen auch wahrnehmungsästhetisch hat schulen lassen. Der zweite Abschnitt ist Fontanes *Wanderungen* gewidmet, einerseits als Fortschreibung des in England begonnenen und nun auf die Mark Brandenburg übertragenen Fortschrittberichts, andererseits als Vollendung des auf der britischen Insel vorentworfenen Wahrnehmungsprogramms. Denn was in den Londoner Berichten noch nur im Ansatz programmatische Züge trägt, kommt in den *Wanderungen* vollends zur Entfaltung: die situationsspezifische Nutzung der Verkehrsmittel (Kutsche, Kahn, Dampfschiff, Eisenbahn) als Medien des Sehens und – phototechnisch gesprochen – Entwickler ganz bestimmter Wahrnehmungsbilder.

## 2.3. Dritter Teil

Der dritte Untersuchungsteil befaßt sich mit dem späten, dem Erzähler Fontane, der heute vielen als der eigentliche Fontane gilt. Im Mittelpunkt des Interesses stehen hierbei die narrative Bedeutung der Technik sowie Fontanes Technikbild. Denn immer wieder findet sich die Technik in Fontanes Romanen und Erzählungen nicht nur auf entscheidende Art und Weise mit dem Lebenswandel einzelner Figuren verquickt, sondern auch als Projektionsfläche der Zeit- und Gesellschaftsdiagnose einzelner Figuren instrumentalisiert. Kurz: Es geht um die symbolisch-zeichenhafte Gestaltung der Technik und deren Bedeutung als Spiegel sozialer Wirklichkeit.

---

[15] Siehe dazu HFA III/1, 236-60.
[16] Virilio 1993, 24.

## 3. Stand der Forschung

Bis heute hat Fontanes Verhältnis zur Technik keine umfassende systematische Behandlung erfahren. Zwar fand dieses in den letzten eineinhalb Dekaden verstärkt Beachtung, meist jedoch nur in Bezug auf ein einzelnes technisches Thema oder Werk.

Die ältesten Beiträge zur Technikdebatte bei Fontane stammen bereits aus den 1960er Jahren. Dabei handelt es sich um Interpretationen der Katastrophenballaden *Die Brück' am Tay* und *John Maynard*, etwa die Fritz Martinis (Titel: Die Brück' am Tay) und Hermann Pongs' (*Theodor Fontane:* Die Brück' am Tay) von 1964 und 1969 beziehungsweise Heinrich Vogeleys (Titel: John Maynard), Manfred P. Fleischers (John Maynard: *Dichtung und Wahrheit*) und George Salomons („*Wer ist John Maynard?*": *Fontanes tapferer Steuermann und sein amerikanisches Vorbild*) von 1964 und 1965. Da aber bis auf Salomon keiner der Interpreten näher auf die technischen Umstände beziehungsweise die Referenzereignisse der Dichtungen eingeht, wäre es verfrüht, hier schon von einem Trend zu sprechen.

Richtig erwacht ist das Interesse an diesem Thema erst Ende der 1970er, Anfang der 1980er Jahre. Und das auch weniger in Bezug auf die Technikgedichte[17] als viel mehr in Bezug auf die Romane. Wieder aufgenommen hat den Faden Richard Brinkmann mit seinem Aufsatz *Der angehaltene Moment. Requisiten – Genre – Tableau bei Fontane* (1979) über die Bedeutung der Requisite in Fontanes erzählerischem Werk als „Zeichen im Handlungszusammenhang"[18]. In diesem Kontext spricht Brinkmann auch über die „Integration technischer Errungenschaften in die Lebenswirklichkeit" der Fontaneschen Romangestalten, um ihnen im Falle der Eisenbahn zum Beispiel die Wertigkeit eines „Medium[s] von Emotionen und Sehnsüchten" zu attestieren, das die Bewußtseinslage einzelner Romangestalten deutlich macht.[19]

Noch eingehender hat sich die irische Literaturwissenschaftlerin Eda Sagarra in ihrer 1986 vorgelegten Monographie über Fontanes *Stechlin*-Roman (*Theodor Fontane:* Der Stechlin) mit der Technikthematik befaßt. In dem Kapitel über *Die Symbolik der Revolution im Roman*[20] stehen vor allem die dem Werk als Leitthema dienenden revolutionären Neuerungen im Bereich des Verkehrs- und Kommunikationswesens im Mittelpunkt. Gerade in der Telegraphie sieht Sagarra das technische Äquivalent zu der dem See eingeschriebenen Bedeutung als „Bild

---

[17] Als Technikgedicht werden fortan all die Gedichte Fontanes bezeichnet, die dem Thema in irgendeiner Weise gerecht werden. Sei es aufgrund einer expliziten Behandlung, sei es aufgrund einer beiläufigen Erwähnung der Technik.
[18] Brinkmann 1979, 432.
[19] Ebd., 442 und 444.
[20] Siehe dazu Sagarra 1986, 66-77 (Kap. V), vergleichend auch ihren Aufsatz *Fontanes Roman* Der Stechlin (1991).

der Revolution"[21], denn wie diese unterhält auch der See geheimnisvolle Verbindungen in alle Teile der Welt, um in Echtzeit von den andernorts vor sich gehenden oder anstehenden historischen Veränderungen Kunde zu tun.

Der *Stechlin*-Roman und die in ihm vorgenommene Gestaltung der Telegraphie ist auch für Stefan Neuhaus in seinem Aufsatz *Still ruht der See. Revolutionäre Symbolik und evolutionärer Wandel in Theodor Fontanes Roman* Der Stechlin (1994) ein wesentliches Element. Auch er sieht die Telegraphie-Thematik des Romans als Sinnbild für den anstehenden, teilweise gar schon im Vollzug befindlichen Wandel der Verhältnisse („das Telegramm symbolisiert Bewegung, Veränderung"[22]). Anders als Sagarra sind Telegramme für ihn aber „nicht etwa Boten einer neuen Zeit, sondern längst gebräuchliche technische Errungenschaften", die „zur alltäglichen Praxis" gehören und „bereits jahrzehntelang gesellschaftliches Inventar sind".[23] Seiner Auffassung nach sind sie weniger dazu da, die Fortschrittlichkeit der Zeit zu illustrieren, als viel mehr den „Fossilcharakter"[24] und die Rückständigkeit einiger Teile des Romanpersonals zu unterstreichen.

Um die Telegraphie geht es auch in Frank Haases Essay *Stern und Netz. Anmerkungen zur Geschichte der Telegraphie im 19. Jahrhundert* (1990). Das allerdings weniger in symbolischer als vielmehr in instrumenteller Sicht. In seiner komparatistischen Untersuchung von Alexandre Dumas' *Der Graf von Monte Christo* (1844/45) und Fontanes *Cécile* (1887), die im Titel allerdings mehr verspricht als sie am Ende hält, deckt Haase auf, wie Fontane der Figurenkonstellation Gordon–Cécile das Funktionsprinzip der Telegraphie eingeschrieben hat. Die Titelheldin ist für ihn nervlich so empfindlich konstituiert wie ein Telegraphenkabel („Das Geheimnis transatlantischer Telegraphie ist das Geheimnis von Céciles Minimalmaß"[25]), so daß der Kommunikationstechniker Gordon all „seine Kenntnisse der Nachrichtentechnik zum Einsatz"[26] bringen muß, um sie zu bedienen und zur jeweils gewünschten Reaktion zu führen. Das Verhältnis der beiden funktioniert damit streng nach dem telekommunikativen Grundsatz der „Ökonomi[si]e[rung] von Zeit und Information"[27].

Diesen „Informationstheorie"-Gedanken[28] Haases führt Wulf Wülfing in seinem Aufsatz *Fontane, Bismarck und die Telegraphie* (1992) am Beispiel von

---

[21] Sagarra 1986, 68. Die Begründung für diese These liefert folgendes Zitat aus dem Roman: Immer „wenn es weit draußen in der Welt […] was Großes gibt, […] dann brodelt's hier nicht bloß und sprudelt und strudelt, dann steigt statt des Wasserstrahls [auch noch] ein roter Hahn auf und kräht laut in das Land hinein" (HFA I/5, 7).

[22] Neuhaus 1994, 53.

[23] Ebd., 52.

[24] Ebd.

[25] Haase 1990, 59.

[26] Ebd., 56. Einerseits benötigt ihre „Kabelseele" „viel Zeit […], bis der Kondensator aufgeladen ist", andererseits müssen die ihr zugemuteten Signale von „minimaler Stromstärke" sein, damit „der Widerstand gering bleibt und Verbindung zustandekommt" (ebd., 58f.).

[27] Ebd., 55.

[28] Ebd., 59.

*Effi Briest* weiter aus. Vor allem aber vertieft er Haases Überlegungen zu der Operationalisierung des Telegraphie-Themas als Macht- und Herrschaftsfaktor, etwa wenn er aufzeigt, wie Effi durch das Versenden eines Telegramms, noch dazu eines inhaltlich falschen, vor dem Instetten- beziehungsweise Bismarck-System, das sie beengt, kapituliert. Denn „wenn [...] eine Frau telegraphiert, und dazu noch die Unwahrheit, dann ist das als Symbol für menschliche Beschädigung zu lesen, wie es krasser nicht sein könnte", da für Wülfing damit nicht nur eine traditionelle Rollenverteilung („Männer [schreiben] Briefe, und die Frauen sind Leserinnen") auf den Kopf gestellt, sondern durch die mediale Umorientierung (Brief → Telegramm) auch noch „die – z. B. für eine Ehe wünschenswerte – ‚Menschlichkeit' dahin" ist.[29]

Seit die Forschung das Thema vor gut zwanzig Jahren entdeckt hat, konzentriert sie sich also vorrangig auf Fontanes Romane, oft sogar auf nur einen einzelnen – meist *Cécile*, *Effi Briest* oder *Der Stechlin* – sowie eine ganz bestimmte Thematik, in der überwiegenden Zahl der Fälle die Telegraphie. Während in der Anfangszeit vor allem deren symbolischer Gehalt interessierte, wurde in den 1990er Jahren besonders ihre handlungsleitende Bedeutung untersucht.

In den Arbeiten der letzten Jahre rückten dagegen – von Hubertus Fischers Aufsatz *Gordon oder Die Liebe zur Telegraphie* (1999)[30], der die realhistorischen Wurzeln Leslie-Gordons freilegt, abgesehen – verstärkt die mit dem technischen Wandel korrespondierenden Bewußtseinsveränderungen sowie das Moment der Technisierung des Erzählens in den Mittelpunkt. So schreibt zum Beispiel Harro Segeberg in seiner literarischen Technikgeschichte *Literatur im technischen Zeitalter. Von der Frühzeit der deutschen Aufklärung bis zum Beginn des Ersten Weltkriegs* (1997; Kapitel *Technik und Alltag in Theodor Fontanes Gesellschaftsromanen*[31]) der Technik bei Fontane die geradezu psychographische Funktion zu, seelische Befindlichkeiten des Romanpersonals sichtbar zu machen. Etwa als Sehnsuchts- und Handlungsauslöser wie der „Danziger Schnellzug"[32] im 11. Kapitel von *Effi Briest*, der nicht nur „Teil einer sozialen Konfiguration [ist], die den einzelnen [...] unwiderruflich einschnürt", sondern überdies der Wahrnehmung dieses Zustands zu noch mehr „Intensität, Klarheit, Übersichtlichkeit und Abrundung" verhilft.[33] Darüber hinaus zeigt er, was ansatzweise schon von Brinkmann zur Diskussion gestellt wird, wie hier im Medium der Literatur neue, ihrer Zeit vorauseilende technische Darstellungsformen Anwendung finden. Seien es der Photographie abgeschaute, seien es dem Film vorausgreifende.

---

[29] Wülfing 1992, 25.
[30] Siehe dazu Fischer 1999.
[31] Siehe dazu Segeberg 1997, 175-83.
[32] HFA I/4, 88. So ist zu lesen, daß, „als der Zug vorbeijagte", Effi „von einer herzlichen Sehnsucht erfaßt worden" war und ihr zu Bewußtsein kam, daß, „so gut es ihr ging", sie sich „trotzdem wie in einer fremden Welt" (ebd., 89) fühlte. Von da an nimmt ihr Schicksal seinen Lauf.
[33] Segeberg 1997, 180 und 183.

Ungeachtet der Vielfalt der Forschung steht eine ganzheitliche Aufarbeitung des Themas bis heute ebenso aus wie eine abschließende Bewertung des Fontaneschen Technikbildes. Zwar unternimmt auch Segeberg den – im Sowohl-als-auch[34] endenden – Versuch, Fontanes Technikbild generell zu definieren. Weil der aber nur an den Romanen festgemacht ist, ist dies nicht vollauf befriedigend. Ähnliches gilt für Wolfgang Hädeckes *Theodor Fontane*-Biographie (1998). In dem Kapitel über *Die Technik und die Bourgeoisie*[35] bemüht zwar auch er sich um ein weiter ausholendes Urteil über Fontanes Technikbild. Da er sich dabei aber gleichfalls nur auf die Romane (insbesondere *Frau Jenny Treibel*) sowie nur einen Aspekt bezieht (eben Fontanes Verhältnis zur Bourgeoisie), kommt er über acht Druckseiten und das oben schon einmal zitierte Fazit, „zum bahnbrechenden Dichter der Fabriken und Maschinen" sei Fontane „nicht geworden",[36] nicht hinaus.

Über dessen Richtigkeit läßt sich ohnehin streiten. Denn Sagarra kommt in ihrem Aufsatz *Kommunikationsrevolution und Bewußtseinsveränderung. Zu einem unterschwelligen Thema bei Fontane* (2000) zu einem ganz anderen Ergebnis. Überzeugend legt sie dar, „welch wachen Sinn er [d. h. Fontane] für das besaß, was wir [...] die Medienrevolution des 19. Jahrhunderts nennen dürfen"[37] und wie er diese Erfahrung künstlerisch gestaltet hat. Das heißt, auch sie sieht solch große „säkulare Fragen wie Kommunikationsrevolution und Bewußtseinswandel [...] minenartig in die [Roman-]Texte"[38] eingebettet und immer wieder symbolisch oder gar leitmotivisch funktionalisiert. Vor allem aber beweist sie Weitblick, wo sie für ihre Urteilsfindung auch die Reiseerfahrungen des Schriftstellers einbezieht, besonders die englischen. Trotzdem bleibt auch sie hinter ihren Ansprüchen zurück, da ihre Untersuchung über zehn Druckseiten nicht hinauskommt.

Halten wir also fest: Obwohl andere Themen stets mehr Aufmerksamkeit auf sich zogen,[39] blickt auch die Technik in der Fontane-Forschung auf eine nunmehr 20jährige Tradition zurück. Wenn man die Interpretationen der Katastrophengedichte der 1960er Jahre dazurechnet, sogar auf eine fast 40jährige. War davon zunächst nur die Lyrik betroffen, rückten in den 1980er Jahren, als das Thema wieder entdeckt wurde, vor allem die Romane in den Blickpunkt. An-

---

[34] Das Verhältnis des Fontaneschen Romanpersonals zur Technik (in aller Regel Eisenbahn und Telegraphie) ist gespalten, da diese sowohl in Form eines Angst- als auch Glücksapparats Wirkung zeigen kann. Siehe dazu ebd., 177.

[35] Siehe dazu Hädecke 1998, 350-58.

[36] Ebd., 350.

[37] Sagarra 2000, 106.

[38] Ebd., 107.

[39] Sogenannt klassische Themen der Fontane-Foschung sind A) auf inhaltlicher Ebene Fontanes Verhältnis zu berühmten Zeitgenossen (Bismarck, Wagner, Nietzsche, Kierkegaard), zu den wichtigsten gesellschaftlichen Schichten (Adel, Bourgeoisie, Vierter Stand), Ländern und Städten (Preußen, England/London, Frankreich, Italien, Dänemark) sowie B) auf stilistischer Ebene Fontanes Metaphorik, Humoristik, Schreibstil (Briefe, Lyrik).

fänglich mehr in symbolischer, dann zunehmend in sozialpsychologischer Sicht. In den Arbeiten der letzten Jahre gewann schließlich die Technisierung des Erzählens bei Fontane an Bedeutung.

Raum zum Weiterforschen läßt das Thema also gerade darum, weil bisher nur exemplarische Werke und einzelne technische Erscheinungen Beachtung fanden, nicht aber der gesamte Fontane. Weitgehend unberücksichtigt blieben auch – einige Arbeiten über Fontanes London-Erfahrung[40], Fischers verdienstvollen Aufsatz *Märkische Bilder. Ein Versuch über Fontanes* Wanderungen durch die Mark Brandenburg, *ihre Bilder und Bildlichkeit* (1995) sowie einige andeutungshafte Hinweise[41] ausgenommen – die Reiseberichte, ebenso die Kriegsbücher, die Lebenserinnerungen, die Briefe und die Tagebücher[42]. Kurz, eine umfassende und systematische Aufarbeitung des Themas steht bis heute aus.

---

[40] Siehe dazu vor allem Wülfings Aufsätze „*Das Gefühl des Unendlichen": Zu Fontanes Versuchen, seinen deutschen Leserinnen und Lesern die fremde Semiotik der „Riesenstadt" London zu vermitteln* (1994) und *Medien der Moderne: Londons Straßen in den Reiseberichten von Johanna Schopenhauer bis Theodor Fontane* (1995) sowie Walter Hettches Untersuchung *Vom Wanderer zum Flaneur. Formen der Großstadt-Darstellung in Fontanes Prosa* (2000). Lesenswert sind ferner die Arbeiten Rudolf Muhs' (*Massentourismus und Individualerlebnis. Fontane als Teilnehmer der ersten Pauschalreise von Deutschland nach London 1844*) und Christian Klugs (*Die Poesie der Zeitung. Fontanes Rezeption der Tagespresse und die Entdeckung der neuen Wirklichkeit*) aus den Jahren 1995 beziehungsweise 1999.

[41] Hädecke etwa weist auf Fontanes bevorzugtes Wandern mit „Fahrzeugen" (Hädecke 1998, 188) sowie Schreiben auch über „Wasserstraßen, Landwirtschaft, Phänomene von Produktion, Industrie und Technik" , 194) hin. Siehe dazu auch Walter Erharts Artikel „*Alles wie erzählt": Fontanes Wanderungen durch die Mark Brandenburg* (1992) sowie Kapitel im Fontane-Handbuch über *Die Wanderungen durch die Mark Brandenburg* (2000).

[42] Siehe dazu den Aufsatz *Das telegraphische Epos. Theodor Fontanes Tagebuch, seine Erscheinung in der Handschrift und sein Verschwinden im Druck* (1995) von Sibylle Wirsing.

# ERSTER TEIL

# QUERSCHNITT EINES THEMAS: TECHNIK IN FONTANES LYRIK

# Abstract

Weil es sich bei Fontanes Lyrik um die einzige über den gesamten Werkprozeß hinweg bediente Gattung handelt, die industrialisierungsgeschichtlich bedeutendsten technischen Themen darin diskutiert und nicht zuletzt die extremsten Technikbilder entwickelt werden, soll diese anhand von vier Gedichten einer vorausschauenden und für das Gesamtwerk repräsentativen Querschnittbetrachtung unterzogen werden. Konkret meint das *Junker Dampf* (1843), *Die Brück' am Tay* (1880), *John Maynard* (1886) und *In der Koppel* (1890er Jahre), Fontanes bedeutendste Technikgedichte.[1] Außerdem soll mit einem exkursartigen Übersichtskapitel auch den Gedichten Rechnung getragen werden, die das Thema anscheinend nur beiläufig transportieren und damit die der Arbeit als Motto vorausgeschickte These von der Hauptsächlichkeit des Nebensächlichen überprüfen.

---

[1] Die Zahlen in den runden Klammern geben das Entstehungs- oder, wenn nicht anders möglich, das (Erst-)Erscheinungsjahr der Gedichte an, die in den eckigen die Verseile des entsprechenden Zitats. Als Textgrundlage dient die HFA-Ausgabe.

## 1. Fontanes Lyrik im Überblick

Nähern wir uns Fontanes Lyrik zunächst mit einer Übersicht. Also dem Werkteil, mit dem alles begann, denn nicht nur die ältesten erhaltenen Handschriften (die sogenannten *Grünen Bücher* sowie das Brevier *Gedichte eines Berliner Taugenichts*), sondern auch die ersten literarischen Veröffentlichungen sind Gedichte. Von den 1840 im *Berliner Figaro* publizierten Arbeiten bis zum Romanzenzyklus *Von der schönen Rosamunde* (1850), Fontanes erster literarischer Publikation in Buchform.² Inhaltlich handelt es sich dabei überwiegend um biedermeierliche Empfindungs- (1837-42) und vormärzlich jungdeutsche Freiheitsgedichte (1843-48), während nach der 1848er-Revolution vor allem historische Stoffe (englisch-schottische, nordische, preußische) die Oberhand gewinnen. Und als Gedichtsform die Ballade (1848-59). Mit dieser Urform des dramatischen Heldenliedes sollte Fontane seine größten Erfolge feiern. Etwa mit *Archibald Douglas* (1854) oder *Maria Stuart* (1851)³, seinen bekanntesten Balladen aus der frühen Zeit, oder den Altersballaden, mit denen er seine Lyrikproduktion nach einer fast 20jährigen Pause⁴ fortsetzte. Anders als in seiner frühen Dichtung greift er da allerdings keine historischen, sondern fast nur noch „der Tageschronik oder dem neusten Zeitungsblatt"⁵ entnommene Themen auf. Nicht selten mit dem Ziel, in die seelische Befindlichkeit des modernen Subjekts Einblick zu gewähren.⁶

Hintergrund dieses „Stoffwechsel[s]"⁷ war die Einsicht in die Notwendigkeit einer thematischen und/oder tonalen Verjüngung seiner Ballade. Wollte diese künstlerisch noch eine Existenzberechtigung haben, mußte sie unbedingt weiterentwickelt und der neuen Zeit angepaßt werden. Was genau er damit meint, erklärt Fontane in einem Brief an den flämischen Dichter Pol de Mont:

---

² Von Januar bis März 1840 druckt der *Berliner Figaro* insgesamt 12 Gedichte des jungen Dichters ab, zwischen 1841 und 1843 die in Leipzig erscheinende Zeitschrift *Die Eisenbahn* weitere 27. Selbst die Erzählung *Geschwisterliebe* enthält vier Gedichte. Siehe dazu Reuter 1968/I, 133 sowie Nürnberger 1997a, 76. Zu den *Grünen Büchern* und den *Gedichten eines Berliner Taugenichts* siehe außerdem Blumenberg 1991, 11.

³ HFA I/6, 9-12 (Archibald Douglas) und ebd., 23-30 (Maria Stuart).

⁴ Nach seiner Rückkehr aus England 1859 sowie mit Beginn der Arbeit an den *Wanderungen*, seinem (reiseliterarischen) Hauptwerk, kommt die lyrische und vor allem Balladenproduktion, von *Gorm Grymme* (1864), *Der 6. November 1632* (1866), einigen Gedichten zum deutsch-dänischen und deutsch-französischen Krieg sowie einigen persönlichen Widmungsgedichten abgesehen, nahezu völlig zum Erliegen. Ausführlicher zu den Gründen siehe Reuter 1968/I, 297

⁵ HFA IV/3, 744 (An Pol de Mont am 17. Dezember 1889). Zeitaktueller Stoffe hatte Fontane sich bis dahin nur in Ausnahmefällen bedient, etwa in der den Brand des Londoner Towers 1841 behandelnden Ballade *Der Tower-Brand* (1844) oder in dem Gedicht *Goodwin-Sand* (1857, Untergang des Kanaldampfers ‚Violet').

⁶ Siehe dazu Bickmann 1989, 211f., Richter 1985, 57f. sowie Reuter 1968/II, 785.

⁷ Der Terminus ist dem 1899 in der Zeitschrift *Pan* veröffentlichten Gedicht *Auch ein Stoffwechsel* entnommen, in dem er diese mehrmalige thematische Kursänderung seiner Lyrik noch einmal Revue passieren läßt. Siehe HFA I/6, 344.

Beim Balladenschreiben dürfen wir nur ›Anleihen‹ bei der Volksballade machen, aber wir müssen durchaus von unsrem Eignen hinzutun, ja dies Eigne muß die Hauptsache bleiben. Oder mit andern Worten, wir müssen dem alten Balladenton eine neue Stoffwelt, oder der alten Stoffwelt einen neuen oder wenigstens einen sehr veränderten Balladenton zuführen. Am Besten ist es, wenn wir Beides auffrischen und die alte Ballade nur als einen Erinnerungsklang im Ohr behalten.[8]

Es mußte also entweder der Ballade ein neues Stoffgebiet oder den alten, historischen Stoffen eine neue Form, ein neuer Ton erschlossen werden, etwa wie in *Alte Fritz-Grenadiere* (1887) und *Kaiser Friedrich III.* (1888)[9], wo Geschichte einmal ganz anders anschaulich gemacht wird: aus Sicht sogenannter ‚einfacher' Soldaten und durch Einblicknahme in das Seelenleben eines Imperators. Denn wollte das Geschichtliche in Gegenwart und Zukunft noch sinnstiftend wirken, mußte es entpathetisiert und auf das Wesentliche reduziert werden – auf einfache Menschlichkeit.[10]

Neben der Verjüngung der Ballade ging es Fontane weiter um die Konturierung eines neuen Geschichtsbildes, das nicht mehr militärisch, sondern nur mehr menschlich geprägt war. Mustergültig ist dafür *Herr Ribbeck auf Ribbeck im Havelland* (1889)[11], die Ballade von dem liebenswürdigen märkischen Landadeligen, der sich – aus „Mißtraun gegen den eigenen Sohn" [28] und in weiser Voraussicht, daß jener nach seinem Tod „Park und Birnbaum streng verwahrt" [26] halten würde – für den Fall seines Ablebens „eine Birn' [mit] ins Grab" [30] erbittet, um den zu seinen Freunden zählenden Kindern der Umgebung auch in Zukunft den Genuß ‚lachender' Birnen zu sichern. Denn aus seinem Grab wird später ein Birnbaum erwachsen. Dessen Größe basiert also nicht auf einer martialischen, sondern auf einer einfachen menschlichen Wohltat, von der „die Welt wirklich was hat"[12] und auf die es angeblich besonders ankommt. Sie ist Grundlage eines Heldenideals, das „kaum irgendwo weiter und auffälliger vorangetrieben [ist] als hier"[13] und mit dem es sich im Rahmen der *John Maynard*-Untersuchung noch eingehender zu befassen gilt.

Die formale Breite der Fontaneschen Lyrik reicht also von sogenannten einfachen Natur- und Liebesgedichten über zweckbestimmte Gelegenheitsgedichte (Widmungen, Toaste, Adressen, Nekrologe) bis zu kunstvollen Balladen, die von Natur, Liebe, Kindheit, Alter, Tod, Sozialem (z. B. Ausbeutung und Unterdrückung, Philistertum), Politischem (z. B. Vielstaaterei, Staat und Kirche), Historisch-Sagenhaftem und Tagesaktuellem handeln. Und es ist diese „Säkularisierung und Demokratisierung"[14] der Ballade, die auch dem Technikthema zu sei-

---

[8] HFA IV/3, 538 (24. Mai 1887). Siehe auch ebd., 580 (An denselben am 13. Januar 1888).
[9] Siehe dazu HFA I/6, 220 (Alte Fritz-Grenadiere) und 246 (Kaiser Friedrich III.).
[10] Ausführlicher dazu siehe Richter 2001, 107f.
[11] HFA I/6, 255f.
[12] HFA IV/4, 459 (An Georg Friedlaender am 8. Juli 1895).
[13] Richter 2001, 110. Siehe dazu auch Bickmann 1989, 205.
[14] Reuter 1968/I, 195.

nem Recht verhilft. Zwar war dieses nie eines von Fontanes Hauptthemen, gleichwohl durchzieht es sein lyrisches Werk wie ein roter Faden: von der frühsten bis zur spätesten Zeit, in Gestalt der Dampfmaschine, der technischen Katastrophe und der Elektrotechnik. Und das ist Legitimation genug, es hier einmal genauer in Augenschein zu nehmen.

## 2. Technik-Euphorie im Zeitalter des Dampfes

Beginnen wir mit *Junker Dampf* (1843)[15]. Dabei handelt es sich nicht nur um Fontanes frühstes Technikgedicht. Es ist überdies einem Phänomen gewidmet, das in der Technikgeschichte des 19. Jahrhunderts ganz weit vorne steht: dem Phänomen Dampfkraft. Doch was hat es damit auf sich?

### 2.1. Geheimnisvoll und faszinierend: Das Phänomen Dampfkraft

Keine technische Erfindung des 18. und des 19. Jahrhunderts hat die Geschicke der Menschen so nachhaltig beeinflußt wie die Dampfmaschine beziehungsweise deren verkehrstechnische Weiterentwicklung, die Eisenbahn. Um ihrer gedanklich habhaft zu werden – schließlich beruhte sie auf der für viele Zeitgenossen unfaßbaren Engführung der beiden antagonistischen Ur-Elemente Feuer und Wasser –, wurden in den Tagen ihres unaufhaltsamen Siegeszuges verschiedene Deutungsmodelle erprobt. Eines der verbreitetsten war der Mythos vom Dampf, der an die antike Sage von Prometheus angelehnt war. Also des Mannes, der für die Menschen das Feuer stahl, um von Zeus zur Strafe in die Verbannung geschickt und dort – an einen Felsen gekettet – allnächtlich durch einen Adler malträtiert zu werden. Erlöst wurde er von seinen Qualen erst, als Herakles ihm zur Hilfe kam, den Vogel tötete und Prometheus aus seiner Gefangenschaft befreite. So wenigstens will es die Legende.[16]

In der Kulturgeschichte hat diese Sage unterschiedliche Auslegungen erfahren. Im Zeitalter der bürgerlichen Emanzipationsbewegung beispielsweise wurde Prometheus als Urgestalt des Unfreien, des stellvertretend für die gesamte Menschheit Leidenden, des Auflehners und Empörers gedeutet.[17] Und als Meister der Elemente, als Prototyp des wissenschaftlich aufstrebenden Menschen, denn Prometheus war es auch, der das Feuer vom Himmel stahl und sich damit in den Besitz der Grundlage aller technischen Intelligenz und die Menschen auf den Weg der Erkenntnis brachte. Ferner wurde er als – einerseits – Kultur- und Heilbringer sowie – andererseits – Übelbringer für die Menschen gesehen, als

---

[15] HFA I/6, 366f.

[16] Die älteste Überlieferung der Legende ist Aischylos' Drama *Der gefesselte Prometheus* (um 470 v. Chr.). Ausführlicher siehe dazu Peters 1999, 28f., Steen 1998, 169ff., Daemmrich 1995, 281f. sowie Frenzel 1998, 654.

[17] Siehe dazu Peters 1999, 27 sowie Brenner 1999, 36.

„Urgestalt einer Dialektik der Aufklärung"[18]. Schließlich bescherte er den Menschen nicht nur das Feuer, sondern indirekt auch den Zorn der Götter, manifest geworden in der Büchse der Pandora.

Es war also diese Vieldeutigkeit, die den Prometheusschen Mythos für eine Interpretation des Phänomens Dampfkraft so interessant machte. Erstens funktionierte auch sie auf dem Prinzip der In-Besitz-Nahme von Feuer. Zweitens besaß auch sie ein ambivalentes Wesen, zumindest nach Ansicht vieler Zeitgenossen. Drittens und letztens wurde sie als „primum mobile der Fabrik-Industrie"[19] gesehen – und damit gleichfalls als Garant einer besseren Zukunft, als Heilbringer der Menschheit. Nicht nur in wirtschaftlicher, auch in politischer und gesellschaftlicher Sicht. Weil zum Beispiel die Eisenbahn das erste Verkehrsmittel war, das allen und jedem offenstand und auch in puncto Beförderungsdauer keinen bevor- oder benachteiligte, sahen viele in ihr ein wahrhaft demokratisches Institut, das „den Armen um nichts langsamer zum Ziele" brachte „als den Reichen".[20] Das heißt, in ihr schienen die sozialen Standesunterschiede überwunden. Niemand, so der Zeitzeuge Alexander Jung 1854, fahre mehr allein und „in bescheidener Bürgerlichkeit", sondern

> eine Gesellschaft im weitesten Sinne des Wortes fährt, das Volk, aus allen Ständen einträchtig gesellt, die Fürsten mit eingeschlossen, fährt mit einem solchen Dampfzuge, fährt auf diesen Draisinen des Landes und Wassers, unabhängig von Pferdes- und Windeskraft, ja die Pferde fahren als Passagiere sogar mit.[21]

Als regelrechte „Volkswohlfahrts- und Bildungsmaschine[n]"[22], wie Friedrich List sie nannte, nährten Dampfmaschine und Eisenbahn also vielfältige Wunschvorstellungen. Wer im Staate etwas verändern wollte, kam nicht an ihnen vorbei, konnte sich schwerlich dem 1828 vom *Rheinisch Westfälischen Anzeiger* formulierten Gedanken „Maschinen und überall Maschinen, dies sei unser Bestreben!"[23] entziehen.

Auch die Literatur nicht. Auch sie konnte vor der neuen technischen Errungenschaft nicht die Augen verschließen. Und sie tat es auch nicht. Von Anfang an finden sich in ihr auch die Maschinen (v. a. Dampfmaschine und Eisenbahn) thematisiert, besonders in der Lyrik. Eines der bekanntesten Beispiele dafür ist Emanuel Geibels *Mythus vom Dampf* (1856), ein Gedicht über die faszinierende Engführung der beiden widerstreitenden Elemente Feuer und Wasser und den daraus resultierenden, mit einem hochgradig ambivalenten Wesen aus-

---

[18] Peters 1999, 27. Siehe dazu auch Brenner 1999, 37 sowie Daemmrich 1995, 281.
[19] So die *Allgemeine Preußische Staatszeitung* Im Jahre 1822. Zit. nach Radkau 1989, 11.
[20] So der Philosoph Eduard Zeller im Jahre 1845. Zit. nach Riedel 1987, 128.
[21] Zit. nach Riedel 1987, S. 108f. Daß die einzelnen Standesvertreter in Wahrheit weiterhin in Abteilen der 1., 2. und 3. Klasse voneinander getrennt blieben, wurde geflissentlich übersehen.
[22] Zit. nach Goldbeck 1968, 78.
[23] Zit. nach Kiesewetter 1991, 204.

gestatteten Dampf. Aufgrund seiner großen Ähnlichkeit mit Fontanes Gedicht *Junker Dampf* (1845) verdient es, vorbereitend auf dieses, kurz näher betrachtet zu werden.

## Exkurs: Emanuel Geibels Gedicht *Mythus vom Dampf*

In insgesamt elf Strophen behandelt *Mythos vom Dampf*[4] – erstens – die maschinelle Erzeugung des Dampfes (1.-2. Strophe), – zweitens – dessen Wesen und zweckbestimmte Nutzung (3.-7. Strophe) sowie – drittens – den diesen naturgemäß umtreibenden Drang, auszubrechen und seine Energie zu entladen (8.-11. Strophe). Mit anderen Worten: Es geht um die ständige Gefahr des Maschinenkollapses.

Den schöpfungsartigen Prozeß der Erzeugung des „starke[n] Riesenkind[es]" [20] Dampf packt Geibel in das „Minnespiel"-artige [16], wenn auch mehr an eine Vergewaltigung[25] erinnernde Bild der Vereinigung der Wasserfrau „Meerfei" [2] mit dem Herrn „Feuergeist" [3]. Den Schwerpunkt der Betrachtung legt er gleichwohl auf das Ergebnis dieses „dunkeln Bunde[s]" [17]: den Dampf, dessen „Wesen" [23] und zweckgerichtetes Schicksal. Ersteres beschreibt er als eine Mischung aus „des Vaters Zorn" und „der Mutter Kraft" [beide 24] sowie von dem Drang nach Freiheit bestimmt („Er fühlt's in seinen Adern sieden" [25]), Letzteres als das einer Gefangen- und Knechtschaft (weil „in hartem Frohn" und „Knechtsgewand" ständig „dienen" [35-36] müssend), eben wie im Falle des Prometheusschen Vorbildes.

In der Hauptsache geht es Geibel um die der Dampfmaschine und überhaupt aller Technik innewohnende Ambivalenz, auf der einen Seite nutzen und schaden, auf der anderen Seite faszinieren und erschrecken zu können. Denn was dem Menschen heute noch zum Wohle gereicht, kann sich morgen schon beim Maschinenkollaps desaströs gegen ihn richten, namentlich wenn „die alten Götter der Natur" [60] sich für den an ihnen begangenen „Hochverrath" [62], für die – um einen Heideggerschen Terminus zu verwenden – „Entbergung"[26] der Naturgeheimnisse mit „Weltenbrand" [82], „Zerstörung" [86] und „Trümmersturz der Dinge" [87] samt nachfolgendem „Nichts" [88] revanchieren.

Dieser Janusgesichtigkeit der Technik haben die meisten Adepten von jeher die größte Aufmerksamkeit geschenkt, also einer Technik, die „lange dient und dann doch einmal unerwartet und unvorhersehbar ausfahrend wird und Zerstörung anrichtet."[27]

---

[24] Im Folgenden zit. nach Mahr 1982, 104-06.
[25] Zu diesem Schluß gibt das Gedicht selbst Anlaß, wenn es sagt, daß die beiden sich von Haus aus „hassen" [15] und „meiden [...] mit finsterm Grollen" [5] beziehungsweise der Mensch sie „in's Brautbett zwingt" [15].
[26] Heidegger 1996, 12.
[27] Sternberger 1981, 29.

## 2.2. Ambivalente Wesenheit: Das Maschinengedicht *Junker Dampf*

Wenn wir die bloße Existenz von *Junker Dampf*[28] als Indiz werten, dann war auch Fontane von dem Phänomen Dampfkraft fasziniert. Hauptthema seines ersten Technikgedichts ist wie bei Geibel die Wesenheit des technisch-maschinell erzeugten Dampfes, genauer gesagt: dessen dem Prinzip der Gefangenschaft geschuldete Doppelseitigkeit. Für diese gibt es im Text sowohl semantische als auch syntagmatische Äquivalenzen.

Schon die Anordnung der vier Strophen – alle achtzeilig, überwiegend vierhebig trochäisch rhythmisiert sowie kreuzweise gereimt –, die je eines seiner Entwicklungsstadien behandeln, ist darauf angelegt. Strophe 1 thematisiert die Erzeugung des Dampfes als Folge der ehe- beziehungsweise vergewaltigungsartigen Engführung der beiden antagonistischen Ur-Elemente Feuer und Wasser:

> Das Wasser und die Flamme,
> Sie zeugten ihn im Kampf;
> Doch hin und her getragen,
> Ein Spielball jedem Wind,
> Schien aus der Art geschlagen
> Das Elementenkind. [3-7]

Die Strophen 2 und 3 beleuchten diese Eigenart näher. Fontane wählt hierfür das Bild der Prometheusschen Gefangenschaft (2. Strophe), also eines an und für sich harmlosen, „lockre[n] Fant[en]" – zu übersetzen etwa mit ‚unkomplizierter Kerl'[29] –, den äußere Umstände zwingen, sich in einen zerstörungswütigen „Gigant[en]" zu verwandeln:

> Ja, frei an Füß' und Händen
> Ist er ein lockrer Fant,
> Doch hinter Kerkerwänden,
> Da wird er ein Gigant:
> In tausend Trümmerreste
> Zerschlägt er jede Haft,
> Mit ihrer Dicht' und Feste
> Wächst seine Riesenkraft. [9-16]

Strophe 3 gestaltet dieses Charakterbild mit der Bezeichnung seines Freiheitsdranges weiter aus: „Selbst da, wo seiner Zelle / Ein schmales Pförtlein blieb, / Ringt er nach Luft und Helle / Mit [...] Sturmestrieb" [17-20]. Wo das endet, wenn man diesem nicht nachgibt, zeigen die „tausend Trümmerreste" der vor-

---

[28] Fontane hat das Gedicht 1843 verfaßt und im selben Jahr der in Leipzig erscheinenden Zeitschrift *Die Eisenbahn* zum Abdruck zur Verfügung gestellt. Am 19. Januar 1845 wurde es in der Künstlervereinigung *Tunnel über der Spree* (noch unter dem Titel *Der Dampf*) vorgetragen und laut Sitzungsprotokoll mit Wohlwollen aufgenommen. 1851 erschien es in Fontanes erstem *Gedichte*-Band und damit erstmals in Buchform. Siehe dazu Fricke 1960, 14 und Mahr 1982, 106 sowie HFA I/6, 1100 (Anm.) und GBA I/1, 534 (Anm.).

[29] Siehe dazu Deutsches Wörterbuch 1862, 1318.

hergehenden Strophe, in der im 19. Jahrhundert fast zum Tagesgeschäft gehörenden Dampfkesselexplosion. Fügt man sich dem aber doch, das heißt, setzt man ihn frei – wohlgemerkt kontrolliert! –, läßt sich seine thermische Energie in mechanische Energie umwandeln und aus seinem Freiheitsdrang Nutzen ziehen.[30] Eben wie in dem vom Dichter entworfenen Bild, das besagt,

> Daß wenn ihn beim Entwischen
> Des Tores Enge hemmt,
> Den Kerker unter Zischen
> Er auf die Schulter klemmt. [21-24]

Die vierte Strophe erfaßt dieses Moment im Bild eines „trotz eh'rner Fessel / An Füßen noch und Hand" [25-26] wie „im Fluge mit durchs Land" [28] ziehenden, buchstäblich „ganze Häuserreihen" [29] „wie Wirbelwind" [30] mit sich reißenden „Kerkerkessel[s]" [27], der erst zur Ruhe kommt, wenn der Dampf vollständig „wieder [...] im Freien" [31] und „nichts als – ein spielend Kind" [32] ist, wenn der Kreis sich wieder geschlossen hat und er in seine molekularen Bestandteile zerlegt ist.

Wie Geibels *Mythus vom Dampf* zeichnet also auch Fontanes *Junker Dampf* das Wesen des Dampfes und der Dampfmaschine als ein höchst ambivalentes, als eines zwischen kindlich verspielter Arglosigkeit und – bedingt durch Gefangennahme in einem Kessel (und damit ebenfalls an den antiken Mythos anknüpfend) – extremer Brachialität. Auf der semantischen Ebene wird diese Doppelseitigkeit durch Oppositionen wie „lockrer Fant" versus „Gigant" umgesetzt, auf der syntagmatischen durch die Konfrontation der Strophen 1 und 4, die seine Verspieltheit anzeigen, mit den Strophen 2 und 3, die seine Gewalttätigkeit kommunizieren. Ersterer gehört dabei die Außen-, letzterer die Binnenperspektive, was sich auch so interpretieren läßt: Die Harmlosigkeit des Dampfes ist nur äußerer Schein, da es um seine inneren Gesetzmäßigkeiten und Werte ganz anders bestellt ist.

## 2.3. Faszination und Schrecken: Interpretation

Wie in Geibels Gedicht geht es auch in Fontanes *Junker Dampf* um den Hauptprotagonisten des industrialisierungsgeschichtlichen Urknalls, die Dampfmaschine, die in ihr erzeugte Dampfkraft. Fontane gestaltet sie als „hübsche poetische Figur"[31], widmet sich in der Hauptsache jedoch ihrem Zustandekommen und den Gründen ihres ambivalenten Charakters, eben ihrer schwierigen Elternschaft und anschließenden Gefangenschaft. Wegen ihrer – einerseits – wirtschaftlich und gesellschaftlich heilbringenden Bedeutung und – andererseits – ih-

---

[30] Im übertragenen, praktischen Sinne meint das die Einführung des Dampfes in den Zylinder, wo er einen Kolben in Auf- und Abwärtsbewegung versetzt und über ein System von Stangen und Rädern Arbeit verrichten läßt. Siehe Reich der Erfindungen 1901, 85ff.

[31] Mahr 1982, 106.

rem ambivalenten Wesen ging von der Dampfmaschine nämlich von jeher große Faszination aus. Die ließ schon den heranwachsenden Fontane zum Bewunderer eines „englische[n] Dampfbagger[s]"[32] werden und in den 1840/50er Jahren, also den frühen Mannesjahren, gar Überlegungen bezüglich „eine[r] Anstellung bei der Eisenbahn" (Gehaltsvorstellung: „500 rth") anstellen.[33] Als „die praktische Anwendung so vieler Naturgesetze auf kleinstem Raum"[34] materialisierte sie die Überwindung des natürlichen Gegensatzes von Feuer und Wasser und damit die, in den Worten des Technikphilosophen, „Befreiung von naturgesetzlicher Gebundenheit"[35], die „Überwindung der Natur durch das menschliche Bewußtsein"[36].

Just das gestattet auch eine politische Lesart des Gedichts: namentlich als Allegorie der politischen Verhältnisse im Vormärzlichen Deutschland, mit dem durch den „Kerker" materialisierten technischen Apparat als Symbol des Staatsapparats und dem darin tobenden Dampf-„Gigant[en]" als Personifikation des politisch unfreien, aufbegehrenden Bürgertums. Zu dieser Assoziation gibt die Auslegung der mythischen Prometheus-Gestalt als Sinnbild des nach dem Sündenfall unerlösten Menschengeschlechts sowie als Urtyp des aufstrebenden Menschen Anlaß.[37] Außerdem fällt das Gedicht entstehungsgeschichtlich voll in die Zeit von Fontanes politischer „Freiheitsphasendichtung"[38], die es zusätzlich als Warnung an die herrschende Klasse vor den möglichen Folgen ihrer Politik interpretierbar macht. Also davor, wo die Unterdrückung der bürgerlichen Schichten endet, wenn man deren Drang nach – im Jargon des Gedichts – „Luft und Helle" und „Sturmestrieb" nicht nachgibt, in der durch „tausend Trümmerreste" angezeigten Katastrophe.

Daß Fontane es so weit nicht kommen läßt, macht den wesentlichen Unterschied zu Geibels Gedicht aus. Während Geibel der Unbeherrschbarkeit der „alten Götter der Natur" und der Unabwendbarkeit ihrer sich in der technischen Katastrophe (auf der detonativen Ebene bezeichnet durch „Weltenbrand", „Zerstörung", „Trümmersturz der Dinge" sowie das anschließende „Nichts") manifestierenden Rache für diesen „Hochverrath" das Wort redet,[39] liegt das Funktionieren und Dysfunktionieren der Maschine bei Fontane bis zum Schluß in der Macht des Menschen. Für ihn kommt es nur dann zum Störfall, wenn man den Dampf – in den Worten Dr. Ernst Engels, des Direktors des preußischen statistischen Büros – „zu knapp im Getränke hält" und sich „nicht um ihn kümmert". Nur dann „macht sich sein angeborenes Temperament Luft" und „schlägt [...]

---

[32] HFA III/4, 52 (Meine Kinderjahre).
[33] HFA IV/1, 27 (An Bernhard von Lepel am 27. Juli 1846).
[34] Reich der Erfindungen 1901, 85.
[35] Dessauer 1928, 40.
[36] Ropohl 1991, 67.
[37] Siehe dazu Daemmrich 1995, 281.
[38] HFA III/4, 266 (Zwanzig bis Dreißig).
[39] Siehe dazu Mahr 1982, 107 sowie Ott 1987/I, 50.

rund herum alles kurz und klein".⁴⁰ Die Katastrophe an sich ist für ihn also mitnichten zwingend.

So erfährt das durch Fontanes Gedicht transportierte Technikbild eine insgesamt positive Abrundung. Zwar begegnen wir schon in diesem ersten literarischen Beitrag Fontanes zur Technikdebatte einem Sowohl-als-auch, einer Haltung zwischen Faszination und Schrecken, die, wie im weiteren Verlauf dieses Untersuchungsteils zu sehen sein wird, für sein gesamtes lyrisches, wenn nicht sogar sein gesamtes literarisches Technikbild kennzeichnend ist. Die Faszination jedoch überwiegt. Im Grunde verdeutlicht das bereits die aufwertende Titulierung des Dampfes als „Junker" (ergo als ‚Edelknabe' oder auch ‚junger Herr'⁴¹), also der Hinweis auf dessen Herkunft „aus einem edlen Stamme" sowie die Betonungen seiner ursprünglich völlig harmlosen, nur verspielten Natur („ein Spielball jedem Wind", „ein spielend Kind"). Der durch sein Doppelwesen und die ständig präsente Gefahr der unerwarteten und unvorhersehbaren Zerstörung begründete Schrecken erscheint damit allenfalls schauerlich schön. Was jedoch überwiegt, ist die von ihm ausgehende Faszination.

## 3. Dimensionen entstofflichter Technik

*Überblick*

*Junker Dampf* (1843), *Die Brück' am Tay* (1880), *John Maynard* (1886) und *In der Koppel* (1890er Jahre), auf denen in diesem Teil der Untersuchung das Hauptaugenmerk ruht, dürfen nicht darüber hinwegtäuschen, daß die Mehrzahl aller hier relevanten Gedichte die Technik nur beiläufig berührt.

Insgesamt handelt es sich bei Fontanes Technikgedichten um 17 Dichtungen, die sich nach inhaltlichen und formalen Kriterien in drei Kategorien unterteilen lassen: Alltags- und zeitaktuelle Dichtung (10), Spruch- und Gelegenheitsdichtung (5), historische und patriotische Dichtung (2).

Von den Gedichten, die die Technik explizit oder zumindest mehr als nur beiläufig behandeln, sind das die das Grundgerüst der Untersuchung konstituierenden zeitaktuellen Dichtungen *Junker Dampf* (1843), *Die Brück' am Tay* (1880), *John Maynard* (1887) und *In der Koppel* (1890er Jahre, Nachlaß) sowie das Gelegenheitsgedicht *Hubert in Hof* (1887).

Von den alltags- und zeitaktuellen Dichtungen, die dem Thema nur beiläufig Aufmerksamkeit schenken, sind das *Captain Siemens* (1852)⁴², *Goodwin-*

---

⁴⁰ So Engel in einer auf dem Stiftungsfest des Vereins für Gewerbefleiß 1875 gehaltenen Rede anläßlich des 100. Geburtstages der Wattschen Dampfmaschine. Zit. nach Sternberger 1981, 27f.

⁴¹ Siehe dazu Brockhaus 1990/XI, 292.

⁴² Der Technikbezug dieses Gedichts geht nicht aus dem Text selbst hervor, sondern dient nur als Hintergrund. Thema ist der Untergang des englischen Postdampfers ‚Amazone' im Januar 1852 vor den Scillyinseln im indischen Ozean, bei dem rund 140 Menschen ums Le-

*Sand* (1857)[43], *Meine Gräber* (1888), *Arm oder reich* (1895), *Die Geschichte vom kleinen Ei* (1895) und *Berliner Landpartie* (zw. 1892-98, Nachlaß), die Spruch- und Gelegenheitsdichtungen *Trinkspruch auf [Bernhard von] Lepel* (1863, Nachlaß)[44], *Heydens Geburtstag* (1867, Nachlaß), *Mit einer Lokomotive an Rich[ard] Mengel* (1881, Nachlaß) und *Tombola ›Pressefest‹ (31. Januar 1891): Zu* Irrungen, Wirrungen (1891, Nachlaß) sowie die historisch-patriotischen Dichtungen *Von der Tann ist da!* (1849) und *Siegbotschaft* (1888).

Die thematische Breite dieser Gedichte reicht von der Dampfkraft bis zur Elektrizität, von der Eisenbahn bis zum Dampfschiff, von der Telegraphie bis zum Telefon, vom Techniker bis zur technischen Katastrophe. Bis auf *Junker Dampf, Die Brück' am Tay, John Maynard, In der Koppel* sowie die Gelegenheitsgedichte *Hubert in Hof*[45] und *Mit einer Lokomotive*[46] rückt keines die Technik thematisch in den Mittelpunkt. In der überwiegenden Zahl der Fälle kommt diese nur beiläufig in den Blick: etwa in Form eines „Vorortszug[es]" [5] oder „Dampfschiff[es]" [6] beziehungsweise von „Bahndamm, Schienen und Geleise[n]" [12], „Pfiff[en]" und „Geklingel" [13], wie in dem Gedichtfragment *Berliner Landpartie* (zw. 1892-98)[47], das eine beliebte Freizeitbeschäftigung der Berliner Stadtbevölkerung behandelt. Oft lassen die Gedichte es sogar bei einer einmaligen Erwähnung der Technik bewenden, etwa wie in der märkischen *Geschichte vom kleinen Ei* (1895)[48], wo die Ablehnung eines jeden „Bahn- und Gasthoftreibens" [21] die Welt- und Lebensferne eines ganz bestimmten Typus' von gräflichem Adel unterstreichen soll. Einmalig ist die Erwähnung der Technik auch in vielen Gelegenheitsgedichten, etwa die der „Görlitzer Bahn" [2] bezie-

---

ben kamen. Dem Tagebuch zufolge hat Fontane bereits damals einen „Plan" gemacht, „den ›Brand der Amazone‹ als Stoff zu benutzen" (zit. nach HFA I/6, 1222 [Anm.]). Das Gedicht siehe HFA I/6, 803f. Erwähnung findet das Ereignis auch in *Stine*: HFA I/2, 515.

[43] Auch diesem Gedicht dient ein Schiffsunglück als Grundlage, namentlich der Untergang des Post- und Passagierschiffs ‚Violet' bei den Sandbänken ‚Goodwin-Sand' vor der englischen Kanalküste in der Nacht vom 5. auf den 6. Januar 1857. Fontane reagierte auf das Unglück, bei dem alle Passagiere und die gesamte Besatzung ums Leben kamen, mit folgendem Eintrag in sein Tagebuch: „Mit Schreck und Betrübnis vom Untergang des Ostende-Boots gehört" (GBA IV/1, 211 [7. Januar 1857]). Wie sich später herausstellte, befanden sich auch zwei an ihn adressierte Briefe auf dem Schiff, die ihm einige Tage später, nachdem der sie enthaltende Briefsack geborgen worden war, doch noch zugestellt werden konnten: „Endlich Briefe, darunter einer (von Emilie und Frau v. Merckel) der in der Nacht vom 5. zum 6ten auf den Untiefen von Goodwin-Sand gelegen hat" (ebd., 212 [12. Januar 1857]). Zu den Umständen des Unglücks siehe ebd., 510 (Anm.). Das Gedicht selbst siehe HFA I/6, 289.

[44] HFA I/6, 479f. Entspricht in GBA I/3, 156-58 (Toast auf Bernhard von Lepel).

[45] HFA I/6, 367-70. Hierbei handelt es sich um die satirische Bearbeitung einer von Fontanes Freund August von Heydens Sohn Hubert zu Weihnachten 1887 erlebten Bahnfahrt mit außerplanmäßigem Halt im fränkischen Städtchen Hof.

[46] Ebd., 530. Entspricht in GBA I/3, 254 (An Richard Mengel). Dieser dem Freund Richard Mengel 1881 zugeeignete Vierzeiler („Lokomotive heut, / Wenn sich das Jahr erneut, / Auf eigener Diele / Lokomobile") antizipiert das automobile Zeitalter.

[47] HFA I/6, 810-12.

[48] Ebd., 360-64.

hungsweise von „brausen[den]" „Züge[n]" [3] in der Widmung zu einem Buchexemplar von *Irrungen, Wirrungen*[49], welche den Handlungsort der Erzählung näher bezeichnen soll. Dasselbe gilt für die umgangssprachliche, metaphorische Wendung „geht die ganze Maschine wie in Oel" [47] in der Widmung zu *[August von] Heydens Geburtstag* (1867)[50], die ein dichterisches Gelingen unterstreichen soll.

Nicht in allen Technikgedichten wird die Technik also so ausdrücklich Aufmerksamkeit geschenkt wie in *Junker Dampf* oder – wie im Weiteren zu sehen sein wird – *Die Brück' am Tay*, *John Maynard* und *In der Koppel*. Bedeutungslos ist sie deshalb aber mitnichten.

*Bild-Bedeutungen*

Mitunter transportiert die Technik auch in dieser beiläufigen Erscheinungsform einen tieferen Sinn. So kann sie beispielsweise mit zeichenhafter Bedeutung aufgeladen sein wie in *Meine Gräber* (1888)[51], einem Gedicht über die Ruhestätten dreier dem Dichter lieber Menschen: der Mutter – Emilie Fontane (1797-1869), begraben in Neuruppin –, des Vaters – Louis Henri Fontane (1796-1867), begraben in Neutornow bei Schiffmühle – und des ältesten Sohnes – George Fontane (1851-87), begraben in Berlin-Lichterfelde[52]. Mal begegnen wir ihr in Form einer entfernt klappernden „Werft" [17], mal in Gestalt unweit der Gräber vorüberrasselnder „Züge" [30]. Im ersten Fall fungiert sie dabei als Zeitkolorit,[53] im zweiten als Symbol für den sprichwörtlichen Zug der Zeit. Das heißt, einerseits symbolisiert sie den Lärm der Zeit, auch wenn er der Ruhe der Schläfer nichts anhaben kann,[54] andererseits bezeichnet sie die Vergänglichkeit allen Seins und deren Unabänderlichkeit:

> Auf den Gräbern Blumen und Aschenkrüge,
> Vorüber in Ferne rasseln die Züge,
> Still bleibt das Grab und der Schläfer drin –
> Der Wind, der Wind geht drüber hin. [29-32]

---

[49] Ebd., 545 (Zu *Irrungen, Wirrungen*). Entspricht in GBA I/3, 262 (An *** Mit *Irrungen, Wirrungen*). Das Buch war für die Tombola des Pressefestes am 31. Januar 1891 bestimmt.

[50] HFA I/6, 493f. Entspricht in GBA I/3, 187f. (Toast auf A. von Heyden).

[51] HFA I/6, 351f.

[52] George Fontane stand dem Dichter von den Söhnen am nächsten. Er starb am 21. September 1887 im Alter von 36 Jahren an den Folgen einer Blinddarmentzündung, was den Vater in eine tiefe Depression stürzte. Siehe dazu Nürnberger 1997a, 331, ferner GBA IV/1, 239 (1887).

[53] Schließlich wünscht sich der Dichter für seine Grablegung „die gleiche Stelle" (GBA IV/1, 240 [1887]).

[54] Siehe dazu auch den Selbmanns Kommentar: „Sogar das Geräusch der vorbeifahrenden Eisenbahn kann wahrgenommen werden; es stört die Ruhe nicht" (Selbmann 2000, 76).

Noch symbolträchtiger ist das in *Arm oder reich* (1895)[55] erwähnte „Telephon" [20]. Thema dieses lyrischen Bekenntnisses ist die den Dichter auch als Privatmann Zeit seines Lebens umtreibende Frage des Besitzens oder Nicht-Besitzens, des Arm-oder-reich-Seins. Ohne daß das lyrische Ich dem Reich-Sein hier grundsätzlich abgeneigt wäre – das wird durch den Schlußteil deutlich widerlegt –, spricht es sich doch klar gegen das in Preußen-Deutschland gegen Ende des 19. Jahrhunderts immer häufiger anzutreffende Neureichentum aus, die Bougeoisie. Die war Fontane bekanntlich zutiefst verhaßt, wie er in einem Brief an die Tochter überdeutlich zugibt:

> Ich kann den Bourgeoiston nicht ertragen und in derselben Weise wie ich in frühren Jahrzehnten eine tiefe Abneigung gegen Professorenweisheit, Professorendünkel und Professorenliberalismus hatte, in derselben Weise dreht sich mir jetzt angesichts des wohlhabendgewordenen Speckhökerthums das Herz um. Wirklicher Reichthum imponirt mir oder erfreut mich wenigstens, seine Erscheinungsformen sind mir in hohem Maße sympathisch [...]. Aber der ›Bourgeois‹ ist nur die Karrikatur davon, er ärgert mich in seiner Kleinstelzigkeit und seinem unausgesetzten Verlangen auf nichts hin bewundert zu werden.[56]

Wirklichen Respekt bekundet das Gedicht nur einem durch Namen wie „Demidoff", „Yussupoff" und „Dolgorucky" [40-41] – alle aus dem russischen Hochadel[57] – sowie „Mackay", „Gould", „Bennet", „Astor" und „van der Bilt" [43-45] – alle aus dem industriellen Großunternehmertum[58] – repräsentierten Reichtum: „*So reich sein, das* könnte mich verlocken" [53]. Was „hierlandes" [9] indes für Reichtum ausgegeben werde, sei dagegen nicht mehr als ein „Spatzenflug" [10], und dem „zieh' ich das Armsein entschieden vor." [12]

Was damit gemeint ist, wird im vierten Abschnitt näher erklärt, namentlich in der Abrechnung mit einem der typischsten Symbole solch kleinstelziger Besitzverhältnisse: dem Telephon. In einer sarkastischen Hymne auf sein ihm viel „genehmer[es]" „Armsein" [13] erklärt das lyrische Ich dieses zum Inbegriff der Nachteiligkeit derartiger Besitzverhältnisse. Warum? Dank seiner überschaubaren Besitzverhältnisse gebe es „keine Menschen, die irgend was von mir wollen" [18], könne das lyrische Ich von sich glücklich sagen: „Ich höre nur selten der Glocke Ton, / Keiner ruft mich ans Telefon" [19-20].

---

[55] HFA I/6, 337f. Zur Erstveröffentlichung des Gedichts siehe ebd., 1089 (Anm.).
[56] HFA IV/3, 314 (An Martha Fontane am 18. April 1884).
[57] Fürst Demidoff beispielsweise schenkte dem russischen Staat bei Ausbruch des Krimkrieges 1854 eine Millionen Silberrubel. Siehe dazu HFA I/6, 1090 (Anm.).
[58] „Mackay", „Gould", „Bennet", „Astor" und „van der Bilt" gehören alle zum US-amerikanischen industriellen Großunternehmertum: John William Mackay (1831-1902) als Minenproduzent und Betreiber einer Telegraphengesellschaft, Jay Gould (1836-92) als Finanzspekulant und Betreiber einer Eisenbahngesellschaft, Gordon Bennet (1841-1918) als Zeitungsfürst, Johann Jacob Astor (1763-1848; geboren übrigens in Walldorf bei Mannheim) als Pelzgroßhändler und Grundstücksspekulant und Cornelius van der Bilt (1794-1877) als Reeder und Eisenbahnunternehmer. Siehe dazu ebd., 1089f. (Anm.).

Um welche Schattenseite es sich dabei handelt, erhellt das *Telefon*-Stück aus Walter Benjamins *Berliner Kindheit um neunzehnhundert* (1933/34)[59]. Gemeint ist der an ein „Alarmsignal" erinnernde, nicht selten „die Mittagsruhe" eines ganzen „Zeitalter[s]" erschütternde Lärm,[60] der das zum „Zentralmedium"[61] moderner Kommunikation avancierte Telephon zum „Schrecken der Berliner Wohnung[en]"[62] werden ließ. Dies führt beim Erzähler zu einem Gefühl des totalen Ausgeliefertseins:

> Wenn ich dann [...] die beiden Hörer, welche das Gewicht von Hanteln hatten, abriß und den Kopf dazwischen preßte, war ich gnadenlos der Stimme ausgeliefert, die da sprach. Nichts war, was die Gewalt, mit der sie auf mich eindrang, milderte. Ohnmächtig litt ich, daß sie mir die Besinnung auf meine Zeit, meinen Vorsatz und meine Pflicht zunichte machte; und wie das Medium der Stimme, die von drüben seiner sich bemächtigt, folgt, ergab ich mich dem ersten Vorschlag, der durch das Telefon an mich erging.[63]

Was Benjamin hier beschreibt, könnte auch Fontane dazu bewogen haben, sich des Nicht-Besitzes eines Telephons zu rühmen. Es ist für ihn Sinnbild der totalen Abhängigkeit von der Technik, die den Menschen mitunter zum Sklaven seiner Erfindung macht. Für Fontane drückt sich dieser Mißstand darin aus, jederzeit für jedermann erreichbar zu sein, was ihn dazu bringt, sich glücklich zu schätzen:

> Ich höre nur selten der Glocke Ton,
> Keiner ruft mich ans Telephon,
> Ich kenne kein Hasten und kein Streben
> Und kann jeden Tag mir selber leben. [19-22]

Bei genauerer Betrachtung wird also deutlich, daß die Technik auch dann symbolisch aufgeladen ist, wenn sie auf den ersten Blick ganz unbedeutend erscheint. Während sie in *Meine Gräber* zum Beispiel die Allgegenwart des Fortschritts symbolisiert, ist sie in *Arm oder reich* sinnbildlich für die Zweischneidigkeit neureich-bourgeoiser Besitzverhältnisse. Das macht deutlich, daß im Kleinen oft – pars pro toto – das Ganze erkennbar wird, daß sich „auch in einem Kaffeelöffel [...] die Sonne [spiegelt]"[64], wie es der Kulturhistoriker Sigfried Giedion formuliert hat.

---

[59] Benjamin 1987, 18f.
[60] Ebd., 18.
[61] Münker/Roesler 2000, 8.
[62] Benjamin 1987, 19.
[63] Ebd.
[64] Giedion 1982, 19.

*Poetologische Bedeutungen*

In anderen Gedichten, in denen die Technik beiläufig Erwähnung findet, wirkt sie mitunter poetologisch sinnstiftend. Was damit gemeint ist, zeigt sich besonders gut am Beispiel des märkischen Reims *Siegbotschaft* (1888)[65].

Vordergründig handelt das Gedicht von einem dörflichen „Tanz"-Abend [1] „im Kruge zu Vehlefanz" [2] (Kreis Oranienburg), also von „Musik in vollem Chore" [4], „Paare[n]" [8] in „Schott'schem und Walzer" [7], „Jauchzer[n]" und „Schnalzer[n]" [8], „Rempeln und Rennen", „Stoßen und Stemmen" [11]. Hintergründig thematisiert es jedoch ein durch die Datierung im Untertitel („Am Abend des 18. April 1864") angezeigtes, auch zu seinem Entstehungszeitpunkt schon als historisch geltendes Ereignis: den Sieg der preußischösterreichischen Bundestruppen über die dänische Krone bei den Düppeler Schanzen.[66] Verknüpft werden die beiden Sphären, also die Alltagssituation und das geschichtliche Ereignis, durch einen auf dem Fest unvermittelt auftauchenden Boten und ein von diesem überbrachtes „Telegramm" [16] folgenden Inhalts:

»Düppel ist genommen;
Wir Schanze fünf, Garde Schanze sieben,
Feldwebel Probst beim Sturme geblieben.
Verluste wenig. Danske viel ...« [22-25]

Die Nachricht markiert in der Strophenfolge den Mittelpunkt[67] des Gedichts. Was daran aber vor allem auffällt, ist, daß das historische Ereignis durch ein neuzeitlich-modernes Medium transportiert wird. Unter dem Strich könnte man das so lesen: Wie große militärische Siege schon nur noch durch die Zuhilfenahme modernster Technik errungen werden können,[68] bedarf es auch zu ihrer Verkündigung bereits moderner Mittel. Auf jeden Fall trägt dieser Umstand entschieden zur historischen Entweihung des Ereignisses bei. Dieses wird mit einer ganz alltäglichen Situation parallelisiert und durch ein neuzeitliches Kommunikationsmittel verkündet. Denn darum geht es dem Dichter bei seiner späten historisch-patriotischen Dichtung (insbesondere der Ballade) ja in der Hauptsache, um die atmosphärische Auffrischung von Geschichte und deren Betrachtung aus einem ganz anderen Blickwinkel.[69]

In den meisten von Fontanes Technikgedichten kommt die Technik nur beiläufig in den Blick. Außerdem ist sie weitgehend entstofflicht. Dies könnte damit zusammenhängen, daß sie sowohl im öffentlichen als auch im privaten Le-

---

[65] HFA I/6, 251f.
[66] Siehe dazu Nipperdey 1998, 775f.
[67] Von den insgesamt 43 Gedichtzeilen nimmt das Telegramm genau die Positionen 22-25 ein.
[68] Nehmen wir das Beispiel der Eisenbahn, die in dem „Schleswig-Holstein-Lied" [Untertitel] *Von der Tann ist da!* (1849) besungen wird. Siehe HFA I/6, 231f.
[69] Erinnert sei noch einmal an den Briefwechsel mit Pol de Mont, insbesondere den vom 24. Mai 1887: HFA IV/3, 537f. Siehe dazu auch Richter 2001, 107.

ben der Menschen so selbstverständlich und alltäglich geworden ist, daß sie keiner näheren Beschreibung mehr bedarf. Gänzlich unbedeutend ist sie deshalb jedoch mitnichten. Wie gesehen, wirkt sie auch in dieser unauffällig beiläufigen Form hin und wieder sinnstiftend, so daß bereits in der Lyrik der der Untersuchung vorangestellte Satz aus *Frau Jenny Treibel* gelegentlich Raum greift: „Das Nebensächliche [...] gilt nichts, wenn es bloß nebensächlich ist, wenn nichts drin steckt. Steckt aber was drin, dann ist es die Hauptsache."[70]

Ausführlicher behandelt wird das Thema außer in *Junker Dampf* überhaupt nur in *Die Brück' am Tay*, *John Maynard* und *In der Koppel*. Im Grunde weckt aber schon das Gelegenheitsgedicht *Hubert in Hof* (1887)[71] den Eindruck, daß es in aller Regel eines (technischen) Störfalls bedarf, damit die Technik zentral in Szene gesetzt wird. Selbst dieses dem Maler und Grafiker Hubert von Heyden[72] gewidmete Gedicht beschreibt eine – wie der Fachmann sagen würde – „Störung des [technischen] Systemablaufs"[73]. Hintergrund ist die winterliche Zugfahrt des Künstlers von München nach Berlin, die infolge eines schweren Schneetreibens im bayrischen Hof unterbrochen werden mußte:

> Es schneit und schneit, es fällt und fällt,
> Ein Schneehaufe wird die ganze Welt,
> [...]
> Und als die Maschine, die längst nicht mehr fleucht,
> Sich nach Hof hin durchgekeucht,
> Da sitzen sie fest, der Zug steht still,
> Die Wand nicht weiter sich öffnen will [30-37].

Zugegebenermaßen handelt es sich dabei um einen eher minder schweren Fall von technischer Störung. Im Kern geht es jedoch auch hier um eine Störung im Betriebsablauf, die von den Betroffenen mehrheitlich mit „Entsetzen", „Fluchen" und „Gewimmer" [alles 40] quittiert wird.

---

[70] HFA I/4, 360.
[71] HFA I/6, 367-70.
[72] Hubert von Heyden (1860-1911) war als Maler und Grafiker Mitglied der Sezession und Vorkämpfer des Impressionismus. Später unterrichtete er Kostümkunde an der Berliner Kunstakademie. Siehe dazu ebd., 1100 (Anm.).
[73] Perrow 1992, 99f.

## 4. Das Versagen der Technik

Das zweite von Fontane umfassender behandelte Themenfeld ist das des Versagens der Technik, der technischen Katastrophe. Mustergültig dafür sind die beiden Balladen *Die Brück' am Tay* (1880) und *John Maynard* (1886), von denen erstere ein schweres Zug-, letztere ein schweres Dampfschiffunglück thematisiert. Ihrer unterschiedlichen Handhabung des Stoffes wegen werden sie im folgenden als erster (*Die Brück' am Tay*) beziehungsweise zweiter Fall (*John Maynard*) bezeichnet. Zunächst jedoch ein kulturgeschichtlicher Abriß der Problematik.

### 4.1. Krise des Fortschritts: Die technische Katastrophe

In der Technikgeschichte behauptet die Katastrophe genauso ihren Rang wie die Dampfmaschine oder der Elektromotor. Denn solange Menschen Apparate erfinden, passiert es, daß diese hin und wieder ihren Dienst versagen. Im 19. Jahrhundert gehörten technische Unfälle beinahe zur Tagesordnung, manchmal mit katastrophalem Ausmaß.

Etymologisch[74] handelt es sich bei der Katastrophe um mit „großen Menschenverlusten und schweren Sachschäden"[75], dem „Erleidenmüssen von Gewalt" und dem „Erleben außergewöhnlich schweren, ‚schicksalhaften' [...] Leids" verbundene,[76] „über alle Grenzen der Erfahrung extrem ‚das Ganze' treffende Problematisierung[en]", die sich immer „extrem plötzlich" und vor allem „immer zu schnell" ereignen.[77] So konstatiert der Soziologe Lars Clausen:

> Alarmiert wird man [...], wenn ‚die Uhren anders gehen', wenn man auf das Üblicheintretende zu lange warten muß, oder wenn die Ereignisse sich überstürzen. Das Verhältnis der empirischen Geschwindigkeit zum normalen Zeit(ablauf)empfinden gerät in Unordnung. Wenn ‚alles' auf einmal zu schnell für unsere Routinen passiert, ist (meistens) ‚die Katastrophe' da.[78]

Bis ins 18. Jahrhundert waren das fast ausschließlich naturhafte Ereignisse, etwa Dürren, Hochwasser oder Lawinenunglücke. Im Verlauf des 19. Jahrhunderts aber wurde das Bedeutungsspektrum der Katastrophe um eine weitere, zeitgemäße Dimension bereichert, nämlich eine technische.

Literarisiert finden wir die technische Katastrophe erstmals in der *Encyclopédie des chemins de fer et des machines à vapeur* von 1844, in welcher der Verfasser des Artikels „Accident" (Felix Tourneux) – möglicherweise unter dem Eindruck des schweren Eisenbahnunglücks auf der Strecke Paris-Versailles im sel-

---

[74] In wörtlicher Übersetzung heißt καταστροπη/katastroph so viel wie „das Zerstören", es kann aber auch mit „das Umwenden" (Pape 1954/I, 1383) transponiert werden.
[75] Püschel 1977, 6.
[76] Jäger 1976, 110.
[77] Clausen 1983, 52, 48 und 69.
[78] Ebd., 52.

ben Jahr – bemerkt, daß „die mächtigsten und perfektesten industriellen Apparaturen, die Dampfmaschinen und die Eisenbahnen, zu den schrecklichsten Katastrophen führen, wenn sie nicht aufs genaueste überwacht werden."[79]

Wirklich schwere Fälle waren in der Anfangszeit der Eisenbahn noch eher die Ausnahme. „Man fuhr noch nicht schnell, und die Zugfrequenz war gering, so daß der frontale Zusammenstoß oder das Auffahren von hinten verhältnismäßig selten vorkamen"[80], so Püschel. In puncto Schadensausmaß reichen die Unfälle an die Beispiele heutiger Zeit (z. B. Flugzeugkatastrophen) also nur in den seltensten Fällen heran. Weniger schrecklich waren sie darum jedoch mitnichten. Wie schockierend die Katastrophe selbst auf Außenstehende wirkte, verdeutlicht die Kindheitserinnerung des Schriftstellers Elias Canetti an die Nachricht vom Untergang der ‚Titanic' im April des Jahres 1912:

> Ich kann mich nicht erinnern, wer zuerst vom Untergang der ‚Titanic' sprach. Aber unsere Gouvernante weinte beim Frühstück, ich hatte sie noch nie weinen sehen, und Edith, das Hausmädchen, kam zu uns ins Kinderzimmer, wo wir sie sonst nie sahen, und weinte mit ihr zusammen. [...] Ich [...] begann nun mitzuweinen. So weinten wir eigentlich zu dritt zusammen, als die Mutter von unten nach Edith rief, vielleicht hatte sie es eben erst selber erfahren. Dann gingen wir auch hinunter, die Gouvernante und ich, und da standen schon die Mutter und Edith weinend zusammen. [...] Ich weiß nicht, wann genau die ‚Titanic' unterging, aber in der Aufregung jener Tage, die sich nicht so bald legte, suchte ich vergeblich nach meinem Vater. Er hätte doch darüber zu mir gesprochen, er hätte ein beruhigendes Wort für mich gefunden. Er hätte mich vor der Katastrophe geschützt, die mit aller Kraft in mich eindrang.[81]

Gerade auf lange Sicht hat die Erfahrung, daß die Technik auch versagen kann, das kollektive Bewußtsein zutiefst erschüttert. Kurzfristig bedeutete ein Unglück, eine Katastrophe für jeden Einzelnen erst einmal das „Ende aller Sicherheit"[82]. Weiterreichender waren jedoch die Langzeitfolgen dieses Phänomens: das sukzessive Scheitern der Fortschrittsidee. Jedes einzelne Versagen der Technik vergrößerte nämlich die Einsicht, daß – so noch einmal der Enzyklopädist Felix Tourneux – „alles, was der Mensch mit seinen Händen schafft, [...] einen Unfall erleiden" und die „aufs schrecklichste zerstörerisch[e]" Wirkung entfalten kann, daß die Menschheit „sich unmittelbar an einem Abgrund entlangbewegt, in den ihn der kleinste Fehltritt hinabstürzen kann":

---

[79] Zit. nach Schivelbusch 1989, 119.
[80] Püschel 1977, 7. In Deutschland ließ die erste wirkliche Eisenbahnkatastrophe bis 1882 auf sich warten, als in Hugstetten bei Freiburg i. Br. in einem Zug auf abschüssiger Strecke die Bremsen versagten. Resultat: 100 Tote.
[81] Zit. nach Glaser 1994a, 40.
[82] Clausen 1983, 48.

Es ist dies eine Situation analog derjenigen, die die Mechaniker als labiles Gleichgewicht bezeichnen, welches durch die geringste Einwirkung gestört werden kann.[83]

Analog zur wachsenden Unfallhäufigkeit griff unter den Menschen des 19. Jahrhunderts immer mehr das Gefühl Raum, in einer in hohem Maße „katastrophale[n]", ja in einer *Risikogesellschaft* zu leben, in der der „Ausnahmezustand zum Normalfall zu werden" droht.[84] Denn „je mehr technische Systeme der Mensch schafft [...], desto wahrscheinlicher ist es, daß eines der technischen Systeme versagt"[85], wie der Soziologe Ulrich Beck konstatiert.

Allem Schrecken zum Trotz besaßen Katastrophen dennoch auch etwas Faszinierendes. So erfreuten sie sich zum Beispiel in den illustrierten Familienblättern der Zeit großer Beliebtheit.[86] Aber auch in der Literatur wurde sie salonfähig gemacht. Exemplarisch sind hierfür die Erzählungen *Eine Katastrophe* (1860/70er Jahre) und *Berufstragik* (1899) der dichtenden Ingenieure Max Maria von Weber und Max Eyth, Thomas Manns Novelle *Das Eisenbahnunglück* (1909) sowie die Gedichte *Die Eisenbahn* (1892) und *Der Blitzzug* (1903) von Fritz Mauthner und Detlef von Liliencron.[87] Literaturgeschichtlich gereicht es der Technik zwar nie zu höchsten Ehren, trotzdem gehören zwei Dichtungen des 19. Jahrhunderts, die Katastrophen als Thema aufgreifen, zu den bekanntesten des Zeitalters: die Balladen *Die Brück' am Tay* (1880) und *John Maynard* (1886). Ihr Autor: Theodor Fontane.

---

[83] Zit. nach Schivelbusch 1989, 119. Nicht zuletzt war die häufigste aller Unglücksursachen menschliches Versagen. Allein in Deutschland überstieg die Zahl der durch den Menschen verursachten Unfälle die der durch technische Defekte ausgelösten um fast das Zehnfache. In den 602 Fällen, bei denen bis 1889 Menschen durch die Eisenbahn ihr Leben verloren, sollen nur 48mal technische Defekte die Ursache gewesen sein, in 554 Fällen dagegen menschliches Versagen. Siehe dazu Radkau 1989, 215.

[84] Beck 1986, 31. Siehe vergleichend dazu auch Brauner 1990, 20, Clausen 1983, 43, Jäger 1976, 143 sowie Jäger 1977, 24.

[85] Brauner 1990, 20.

[86] Einen repräsentativen Überblick gibt das Buch *Die Entwicklung der Eisenbahn im Spiegel der Leipziger Illustrirten Zeitung 1843-1870* (1985), in dem sich auch eine Vielzahl an Unglücks- beziehungsweise Katastrophen-Artikeln findet.

[87] Bis auf von Webers Text alle ediert in Minaty 1984. Von Webers *Eine Katastrophe* siehe in Weber 1907, 239-52.

## 4.2. Fall I: Übergang zum Untergang oder Technikbild im Wandel

Mit der *Die Brück' am Tay* (1880)[88] entdeckte auch Fontane die technische Katastrophe als Thema. Den Anstoß dazu gab das schreckliche Zugunglück am schottischen Tay vom 28. Dezember 1879, die mutmaßlich schwerste technische Katastrophe des 19. Jahrhunderts.

### 4.2.1. Das Tay-Bridge-Disaster vom 28. Dezember 1879

In der Nacht vom 28. auf den 29. Dezember 1879 war die erst ein Jahr zuvor feierlich eingeweihte Eisenbahnbrücke über den schottischen Meerbusen Firth of Tay während eines Sturmes im mittleren Teil eingestürzt. Ein mit 75 Menschen besetzter Personenzug, der sie zur selben Zeit befuhr, stürzte an eben dieser Stelle ins Meer. Der Schock, den die Unglücksnachricht auslöste, war kaum geringer als der drei Jahrzehnte später durch den Untergang der ‚Titanic' ausgelöste. Bei der Brücke handelte es sich um eine Spitzenleistung der Ingenieurskunst. Mit ihrer Gesamtlänge von 3,62 km und ihrer aufsehenerregenden Bauweise galt sie selbst unter Fachleuten als „eine der bedeutendsten Leistungen aller Zeiten im Gebiet der Ingenieur-Baukunst"[89], als „eines der Wunder der Brückenbaukunst"[90].

In finanzieller und materieller Sicht streng dem Diktat einer „bis zur äußersten Grenze gehende[n] Ökonomie"[91] gehorchend, war sie – bis auf die Sockel der 85 Pfeiler – fast gänzlich aus Stahl und Eisen erbaut, was ihr „ein höchst gefälliges und leichtes Aussehen"[92] bescherte. Der einspurige Bau war „so lang, so luftig, so dünn, daß von den Höhen von Newport (an der Südseite des Tay) aus gesehen, die Brücke wie ein von Ufer zu Ufer gezogenes Tau"[93] aussah. Sie war die bis dahin längste Brücke der Welt.

Wie sich bei der Untersuchung des Falls herausstellte, wurde ihr just die Leichtigkeit ihrer Konstruktion, ihr „eminently practical and economical design"[94] zum Verhängnis. Ursache des Unglücks war nämlich weniger der die Tay-Bucht in der Unglücksnacht heimsuchende Sturm als vielmehr bei ihrer Planung und ihrem Bau begangene Fehler. Von vornherein war die Brücke statisch viel zu schwach projektiert. Das zeigte sich gerade bei den Trägern des Mittelstücks, deren Pläne zur Kostenminderung sogar während des Baus noch modifiziert wurden.[95] Hinzu kamen qualitative Mängel der verwandten Eisen- und

---

[88] HFA I/6, 285-87.
[89] *Glasers Analen für Gewerbe & Bauwesen*, 3/1878. Zit. nach Segeberg 1987a, 131.
[90] *Vossische Zeitung* vom 30. Dezember 1879. Zit. nach HFA I/6, 1065 (Anm.).
[91] *Deutsche Bauzeitung*, 7/1873. Zit. nach Segeberg 1987a, 130.
[92] *Vossische Zeitung* vom 30. Dezember 1879. Zit. nach HFA I/6, 1066 (Anm.).
[93] Ebd.
[94] *Engineering*, 20/1875. Zit. nach Segeberg 1987a, 130.
[95] Um Geld zu sparen, wurden die Träger nicht bis zur Oberkante, sondern nur bis zur Fluthöhe aus Stein gemauert. Oberhalb dieser bestanden sie aus einer Eisenkonstruktion, die sich nachträglich als nicht stabil genug erwies.

Stahlträger sowie der Umstand, daß am Tag des Unglücks auch noch eine viel zu schwere Lok im Einsatz war. Obwohl – bis auf einen vom Brückenwärter auf der Südseite des Tay beobachteten „plötzlichen Feuerstrahl"[96] – niemand das Unglück mit eigenen Augen gesehen hat, ist aller Wahrscheinlichkeit nach unter dem Druck des Sturmwindes zuerst das Mittelteil weggebrochen und dann der fahrende Zug ins Leere gestürzt.[97]

Die größte Schuld an dem Unglück trug nach Ansicht der Untersuchungskommission also nicht die Natur, sondern der für den Bau verantwortliche, einst wie der „Genius eines neuen technischen Zeitalters"[98] gefeierte Ingenieur Thomas Bouch (1822-80). Des weiteren wurde die das Material für die Gitterbalken liefernde Firma Hopkins, Gilkes & Co. und die den Bahnbetrieb unterhaltende North-British-Eisenbahngesellschaft in die Verantwortung genommen. Ernüchtert kamen die Kommissare zu dem Schluß, daß – erstens – „this bridge was badly designed, badly constructed and badly maintained" und – zweitens – „the wonder is, not that the bridge fell, but that it stood".[99]

In der Öffentlichkeit hat die Nachricht von dem Unglück große Betroffenheit ausgelöst. Wegen der großen symbolischen Bedeutung der Brücke hat deren Einsturz den Fortschrittsglauben vieler nachhaltig erschüttert. Wenn wir Max Maria von Weber glauben, ist die Brücke „Charakterausdruck" und „Hieroglyphe für den Geist des Verkehrs der Neuzeit",[100] Sinnbild für den Übergang in eine neue, bessere Zeit. Das erklärt auch, weshalb „die Aktien der North-British-Eisenbahn, in deren Zuge sich die Tay-Brücke befindet", am nächsten Tag an der Londoner Börse „um volle 8 pEt" fielen.[101] Der Glaube in das Projekt Fortschritt war bis ins Mark getroffen.

Auch wenn sich die Gesellschaft von dem Kursverfall wieder erholen sollte und schon bald der Wiederaufbau der Brücke beschlossen wurde,[102] hat deren

---

[96] *Vossische Zeitung* vom 30. Dezember 1879. Zit. nach HFA I/6, 1066 (Anm.).
[97] Siehe dazu Püschel 1977, 30ff.
[98] Segeberg 1987a, 134. Bouch, für seine Arbeit später sogar in den Adelsstand erhoben, überlebte das Unglück kaum länger als ein Jahr. Die Tragik seiner Person hat Max Eyth in seiner an das Tay-Bridge-Unglück angelehnten Erzählung *Berufstragik* (1899) mit der Figur des Harold Stoß näher beleuchtet. Obwohl er dessen Versagen auf den Ingenieure allenthalben peinigenden Renditezwang zurückführt, kommt auch er zu dem Schluß, daß „Bouch (der Erbauer der Brücke) […] für das Unglück verantwortlich" (zit. nach Segeberg 1987a, 130) ist, daß, in den Worten der Fachzeitschrift *The Engineer* (50,2/1880), „a particular engineer has not understood his business" (zit. nach ebd., 129).
[99] Zit. nach Segeberg 1987a, 130. Siehe auch Püschel 1977, 38.
[100] So Max Maria von Weber in dem Text *Im Hause Robert Stephensons* (1867) in Weber 1907, 105.
[101] *Vossische Zeitung* vom 30. Dezember 1879. Zit. nach HFA I/6, 1067 (Anm.).
[102] 1881-87 wurde parallel zum Spurverlauf der alten eine nun sogar zweispurige, fast doppelt so teure neue Brücke errichtet. Die Brücke besaß wirtschaftlich einfach zu große Bedeutung für die Region. Außerdem glaubte man die beschämenden Fehlleistungen der Vergangenheit durch eine tadellose neue Brücke am besten vergessen zu machen. Selbst die Unglückslo-

Einsturz tiefe Spuren hinterlassen – auch in der Literatur. Allein in Deutschland findet sich das Ereignis in den folgenden Jahren mehrfach behandelt: in August Leverkühns Gedicht *Die Taybrücke* (1885), Johannes Proelß' *Der Todesgruß auf der Taybrücke* (1886) und Max Eyths Erzählung *Berufstragik* (1899, späterer Titel *Die Brücke über die Ennobucht*). Der erste, der literarisch darauf reagierte, war indes Theodor Fontane. „In den ersten Tagen des Januar" 1880 schrieb dieser „unter dem Eindruck des furchtbaren Eisenbahnunglücks in Schottland" seine Ballade *Die Brück' am Tay*.[103] Und vor dem Hintergrund der soeben beschriebenen öffentlichen Erschütterung ist es wenig verwunderlich, daß auch diese nach ihrer Veröffentlichung „hier eine Art Sensation gemacht [hat], vielleicht mehr als irgend 'was, was ich geschrieben habe."[104] Sehen wir, was es damit auf sich hat.

### 4.2.2. Technik und Natur im Konflikt: *Die Brück' am Tay*

In der Ballade *Die Brück' am Tay* nimmt Fontane explizit auf das Ereignis vom – so der Untertitel – „(28. Dezember 1879)" Bezug. Allerdings erzählt er das Ereignis nicht einfach nach, sondern konzentriert sich auf die Deutung der Kausalität und die psychologische Ausleuchtung der davon mittel- und unmittelbar Betroffenen. Hierfür wählt er eine dreigliedrige Rahmenkomposition, von der der erste und dritte Teil sich mit dem Hergang des Unglücks befassen (Rahmenhandlung), während der fünfstrophige Mittelteil die inneren Konfliktebenen erhellt, die mentale Befindlichkeit der Opfer. Er schenkt dem Vorfall also mit einer Außen- und einer Binnenperspektive Aufmerksamkeit.

*Außenperspektive*
Die Rahmenhandlung wird durch die zweimaligen Wechselreden (einmal 16-, einmal zwölfzeilig, beide in lockerer Form und ohne festes Reimschema) dreier namen- und wesenlos bleibenden Unheilsgestalten konstituiert, die sich einmal vor dem Unglück treffen, um es zu beschließen („»Um die siebente Stund', am Brückendamm.« / »Am Mittelpfeiler.«" [2-3]), und einmal danach, um es zu bilanzieren („»Hei! / Wie Splitter, brach das Gebälk entzwei.« [65-66]).
Deren unheilvolle Bedeutung ist durch die explizite Anleihe bei Shakespeares *Macbeth*-Trauerspiel („When shall we three meet again?"),[105] das in der-

---

komotive wurde geborgen und wieder zum Einsatz gebracht (bis 1908). Siehe dazu Segeberg 1987a, 134.
[103] GBA IV/2, 73 (1880).
[104] HFA IV/3, 60 (An Mathilde von Rohr am 15. Januar 1880). Die Ballade wurde am 10. Januar in der Zeitschrift *Die Gegenwart* (Nr. 2) veröffentlicht. Zu ihrer Entstehungs-, Editions- und Wirkungsgeschichte siehe HFA I/6, 1065 (Anm.).
[105] Mit dem Macbeth-Zitat als Motto ist die Nähe zu Shakespeare nicht nur explizit nachweisbar, sondern auch nachvollziehbar. Ähnlich wie *Die Brück' am Tay* behandelt auch dessen Drama einen Fall von Ordnungsverstoß, der bestraft wird. Gemeint ist Macbeth' Griff nach der Macht beziehungsweise Mord an Duncan und anschließender Fall. Die Hexen treten

selben Gegend spielt[106] und von Fontane wenige Tage vor dem Unglück noch im Theater gesehen und für die *Vossische Zeitung* besprochen wurde,[107] verbrieft. Auf jeden Fall legt sich der Dichter in der Schuldfrage gleich zu Beginn fest. Während in der *Vossischen Zeitung* in den Tagen nach dem Unglück noch Unklarheit herrschte, „ob die Brücke durch den Sturm zerstört und dadurch der Zug ins Verderben gestürzt ist, oder ob der [möglicherweise infolge zu hoher Fahrtgeschwindigkeit] entgleiste Zug mehrere Joche der Brücke zum Einsturz gebracht hat"[108], entscheidet sich Fontane eindeutig für die Sturm-„Winde" [53] als Unglücksverursacher. Ohne zum Beispiel bauliche Mängel ins Kalkül zu ziehen, schreibt er diesen die alleinige Verantwortung für den Einsturz der Brücke zu.

In gewisser Weise wird *Junker Dampf* damit im negativen Sinne fortgeschrieben. Denn die Natur, die dort in Gestalt des Dampfes gerade noch in Zaum gehalten werden kann, setzt sich hier erbarmungslos zur Wehr. Durch Sturmwinde wird die Brücke niedergeworfen („Und die Brücke muß in den Grund hinein" [10]), werden der Natur- und Weltbeherrschungsanspruch des Menschen also in seine Schranken verwiesen und die Machtsituation neu festgestellt: „»Tand, Tand / Ist das Gebilde von Menschenhand!«" [15-16 und 67-68], sprich wertloses Zeug[109].

*Binnenperspektive*

Im fünfstrophigen Mittelteil (alle Strophen sind achtzeilig, paarweise gereimt und fünfhebig jambisch rhythmisiert) entwickelt der Dichter eine Binnenperspektive auf das Ereignis. Beleuchtet werden die mentalen Befindlichkeiten der davon mittel- und unmittelbar Betroffenen. Gemeint sind die „Brücknersleut'" [19], die – in beruflicher Sicht – die Ankunft des Zuges und – in privater Sicht – die Heimkehr ihres Sohnes „Johnie" [28] erwarten. Letzterer ist zugleich der Lokführer, welcher – in beruflicher Sicht – den Zug noch sicher über die Brücke bringen und – in privater Sicht – zu seinen Eltern heimkehren will.

Beide Personen respektive Personengruppen verkörpern zwei völlig unterschiedliche Technikkonzepte. Das zeigt sich schon in der Blickrichtung der Eltern „nach Süden" [18] beziehungsweise des Sohnes, der gerade den „Süderturm" [33] passiert, nach Norden. Während die ersteren, vor allem die Mutter

---

dabei in der Doppelrolle der Versucherinnen und Verkünderinnen des hereinbrechenden Übels auf. Zu deren poetischer Bedeutung, sowohl bei Shakespeare als auch Fontane, siehe Aust 2000, 347-50, Wills 1995, 38ff., Fricker 1983, 308-17 sowie Spinner 1973, 169ff.

[106] Bei der Gegend zwischen dem Tay- und Moray-Busen handelt es sich um genau den Ort, „drauf die Hexen des Macbeth mit ihrem verführerischen »hail Macbeth, who shall be king« erschienen" (HFA III/3-I, 324 [Jenseit des Tweed]) sind und den der Dichter während seiner Schottlandreise 1858 persönlich besucht hat.

[107] Der Theaterbesuch war am 20. Dezember 1879. Zur dessen Datierung siehe Grawe 1998, 194. Die Besprechung selbst siehe in NFA XXII/1, 848-52.

[108] *Vossische Zeitung* vom 30. Dezember 1879. Zit. nach HFA I/6, 1066 (Anm.).

[109] Siehe dazu Duden 1986, 674.

mit ihrem „bangen Traum" [27], angesichts des immer heftiger werdenden „Sturmesflug[s]" [23] dem „Edinburgher Zug" [24] „ohne Rast und Ruh / Und in Bangen" [19-20] entgegensehen, hoffend, daß bald „ein Licht / Übers Wasser hin »Ich komme« spricht" [22], glaubt der Sohn bis zuletzt an die Unbezwingbarkeit der Maschine im direkten Vergleich mit der Natur:

> Ein fester Kessel, ein doppelter Dampf,
> Die bleiben Sieger in solchem Kampf.
> Und wie's auch rast und ringt und rennt,
> Wir kriegen es unter, das Element. [37-40]

Sein spottender Blick zurück in die Zeit, da der Tay noch umständlich mit Booten überquert werden mußte, verleiht dem Nachdruck:

> Und unser Stolz ist unsre Brück';
> Ich lache, denk' ich an früher zurück,
> An all den Jammer und all die Not
> Mit dem elend alten Schifferboot [41-44].

Während sich also die Eltern – und von diesen besonders die Mutter – ängstigen, ob der Zug heil nach Hause kommt, hält der Sohn, ganz ein „Mann des Kessels und des Dampfes"[110], unverdrossen an seinem Glauben an die Überlegenheit der Technik gegenüber den Naturgewalten fest. Damit spielt Fontane zwei antagonistische Technikbilder gegeneinander aus: Skepsis und Zuversicht. Wer am Ende Recht behält, wird mit dem Absturz des Zuges ins Meer, der sich einerseits wie ein Meteoritenflug, andererseits wie „das apokalyptische Gericht vom Himmel herab"[111] ausnimmt, beantwortet:

> Und jetzt, als ob Feuer vom Himmel fiel',
> Erglüht es in niederschießender Pracht
> Überm Wasser unten ... Und wieder ist Nacht. [54-56]

In diesem Sekundenbild steckt die ganze Wahrheit des Gedichts. Die Skepsis der Eltern wird bestätigt und die Zuversicht des Sohnes eines Besseren belehrt. Sein Vertrauen in die Technik wird in seine Schranken zurück verwiesen, namentlich an die Oberfläche des Wassers, den Ort der gerade noch verhöhnten Zustände von einst.

---

[110] Martini 1964, 388.
[111] Pongs 1969, 137.

### 4.2.3. Zur Tragik der unausweichlichen Katastrophe: Interpretation

Um die „inneren, ideellen und gefühlhaften Bedeutungen"[112] des Unglücks aufzudecken und die nach dessen Bekanntwerden allenthalben spürbare „menschliche Ohnmacht sinnfällig"[113] zu machen, perspektiviert Fontane das Unglück aus zwei Blickwinkeln: einem inneren und einem äußeren, dem seiner Opfer und dem seiner Verursacher. Allerdings verfolgt er damit weniger eine technisch-naturwissenschaftliche Deutung des Ereignisses, als vielmehr eine naturphilosophisch-ethische, eine im Lichte einer „Wirklichkeit jenseits der technisch-industriellen Welt"[114]. Die erlaubt es ihm, sich in der Schuldfrage bereits zu einem Zeitpunkt festzulegen, als die wahren Unglücksursachen noch gar nicht ermittelt waren: auf die Sturmwinde, auf die Natur. Wenn wir Fontanes Ballade glauben, trägt diese die Hauptverantwortung für die Katastrophe, weil sie sich – wie schon in *Junker Dampf* zu sehen war – gegen die „hybride[n] Versuche ihrer Bezwingung"[115] durch den Menschen zur Wehr setzt. Daß Letzterem wenigstens eine Teilschuld angelastet werden müßte, spielt hierbei keine Rolle.

Die durch *Junker Dampf* explizierte Technikeuphorie wird durch *Die Brück' am Tay* auf jeden Fall relativiert. Denn durch den Einsturz der Brücke und den Absturz des Zuges ins Meer wird nicht nur der Brücknersleute und ihres Sohnes „Hoffnung auf [eine] bürgerliche Idylle"[116] zerstört, namentlich eine Familienzusammenführung zur „Christfestnacht" [45], sondern gleichsam der Fortschrittsglaube eines ganzen Zeitalters zutiefst erschüttert. Die Natur erweist sich mit dem Triumph über das Gebilde von Menschenhand als nur scheinbar überwunden, und einmal mehr vollzieht sich das „alte Rechenexempel von Hybris und Schuld an der Natur und Nemesis als geradezu brutal ungerechte Strafe"[117], so daß in der im Hauptteil entfalteten Konfrontation von Skepsis und Zuversicht erstere Recht behält.

Weil Verstöße gegen die natürliche Ordnung mit dem sprichwörtlichen Fall bestraft werden und laut Horkheimer/Adorno „der Fortschritt" buchstäblich „in den Rückschritt um[schlägt]",[118] nimmt sich *Die Brück' am Tay* unter dem Strich wie ein „düsteres Menetekel für Wissenschaft und Technik"[119] aus. Fonta-

---

[112] Martini 1964, 389.
[113] Hinck 1978, 96.
[114] Selbmann 2000, 71. Das mindert auch die Bedeutung technischer Realia und erklärt, weshalb weder das Bauwerk noch das Unglücksereignis in dem Gedicht näher Kontur gewinnen. Die Brücke kommt nur in Form von „Brückendamm", „Mittelpfeiler" [2-3] sowie ihres unrichtigerweise in „Splitter" zerbrechenden „Gebälk[s]" [66] in den Blick, der Zug in Gestalt eines „feste[n] Kessel[s]" und „doppelte[n] Dampf[es]" [beides 37], sein Absturz dadurch, daß „Feuer vom Himmel fiel" wie „in niederschießender Pracht" [54-55]. Die Katastrophe gerät in materieller Sicht also im Grunde zur Nullstelle.
[115] Richter 2001, 112.
[116] Mahr 1982, 167.
[117] Aust 1998, 200.
[118] Horkheimer/Adorno 1996, 5.
[119] Segeberg 1987a, 127.

ne deshalb jedoch gleich eines grundsätzlichen Fortschritts- und Kulturpessimismus' zu bezichtigen, wäre auch wieder nicht richtig. Obwohl die „antimoderne Skepsis der Altersweisheit" in der Ballade einen Punktsieg erringt und die Katastrophe aufgrund ihrer naturmagischen Auslegung als etwas geradezu „Tragisch-Unausweichliches" erscheint,[120] entzieht der Dichter der Technik nicht generell das Vertrauen. Seiner Darstellung zufolge ist das Unglück nicht aus deren Versagen, sondern aus dem Zerstörungswillen der Natur entstanden. Außerdem muß es nicht immer zum Schlimmsten kommen, wenn die Natur zum großen Schlag gegen das Gebilde von Menschenhand ausholt, wie das im Folgenden untersuchte Beispiel von *John Maynard* zeigt. Es gibt auch dann noch Auswege aus der Krise.

## 4.3. Fall II: Untergang zum Übergang oder Chance zur Rettung

Um einen technischen Unglücksfall geht es auch in *John Maynard* (1886)[121], Fontanes zweitem, sechs Jahre nach *Die Brück' am Tay* verfaßtem Katastrophengedicht. Allerdings bezieht sich Fontane hierbei nicht auf ein aktuelles, sondern auf ein bereits mehr als 40 Jahre zurückliegendes Ereignis: auf die schwere Dampfschiffkatastrophe auf dem Erie-See (USA) im Jahre 1841.

### 4.3.1. Das Dampfschiffunglück auf dem Erie-See vom 9. August 1841

Das Dampfschiffunglück auf dem Erie-See, dem südlichsten der fünf großen Seen Nordamerikas, ereignete sich am 9. August 1841. Im Mittelpunkt des Ereignisses stand der Passagierdampfer ‚Erie', auf dem während der Überfahrt von Buffalo nach Detroit Feuer ausbrach, acht Seemeilen von der Küstenstadt Silver Creek entfernt.[122] Nachdem dieses sich innerhalb weniger Minuten auf dem ganzen Schiff ausgebreitet und bald auch die Steueranlage erfaßt hatte, ging das Schiff noch vor Erreichen des Ufers in Flammen auf. Da nicht genügend Rettungsboote vorhanden waren und zudem unter den Passagieren Panik ausbrach, kam für die meisten Fahrgäste jede Hilfe zu spät. Als nach zwei Stunden die ersten Rettungsschiffe den Havaristen erreichten, konnten nur noch zwei Dutzend

---

[120] Ebd.

[121] HFA I/6, 287-89. Der Entstehungszeitpunkt der Ballade ist nicht überliefert. Erstmals abgedruckt wurde sie aber 1886 in dem Sammelband *Berliner Bunte Mappe: Originalbeiträge Berliner Künstler und Schriftsteller* und 1889 in den Gedichte-Band des Autors aufgenommen.

[122] Wie sich bei der Untersuchung des Falles herausstellte, waren von mitreisenden Anstreichern mehrere Korbflaschen voll Terpentin genau an der Stelle des Decks abgestellt worden, unter der sich der Dampfkessel der Antriebsmaschine befand. Infolge von Überhitzung kam es zu einer Explosion der Behälter, die dann das Feuer entfachten. Siehe dazu Salomon 1965, 26f. und Koberstein 1902, 36-39.

Menschen lebend gerettet werdend, rund 200 fanden dagegen in den Flammen den Tod oder ertranken.[123]

Wie das Unglück am schottischen Tay hat auch der Untergang der ‚Erie' nicht nur große Betroffenheit ausgelöst, sondern auch literarische Reflexionen hervorgerufen. Und wie im Falle der Tay-Bridge-Katastrophe entwickeln auch diese meist eigene Wahrheiten. Während in der Realität die meisten Passagiere mit dem Leben bezahlten, werden in allen literarischen Texten – bis auf den Steuermann – alle Passagiere gerettet.[124] Das Referenzereignis wird also buchstäblich in sein Gegenteil verkehrt, positiv versteht sich, und die Katastrophe abgewendet.

Fontane kam mit dem Stoff wahrscheinlich 1885 während seines Sommeraufenthalts in Krummhübel in Berührung, als er intensiv an seinem Amerika-Roman *Quitt* (1891) arbeitete.[125] Daß er ihn gleich poetisch verwertete, dürfte darauf zurückzuführen sein, daß er just in dieser Zeit erstmals seit Jahren wieder Balladen schrieb. Anders als in jungen Jahren sollten diese jedoch nicht mehr mit historischen Themen befrachtet sein, sondern jüngste Geschehnisse behandeln. Einerseits, weil er eine thematische Verjüngung der Ballade anstrebte und „das Publikum" obendrein „jüngste Geschehnisse" verlangte.[126] Andererseits, weil es ihm um die Entwicklung eines neuzeitlichen Heldenideals ging und die Legende vom Dampfschiffunglück auf dem Erie-See dafür wie geschaffen war. Das Unglück brachte nämlich einen Heros hervor, der als Musterbeispiel für Fontanes Heldenvorbild geradezu prädestiniert war: Luther Fuller, den Steuermann. Zeugenaussagen zufolge soll er bis zuletzt auf dem Schiff ausgeharrt haben, um dieses sicher an Land zu bringen. So gab zum Beispiel der Kapitän, der das Schiff als

---

[123] In Detailfragen weichen die verschiedenen Darstellungen des Unglücksfalls zum Teil erheblich voneinander ab. Am überzeugendsten erscheint jedoch immer noch die von George Salomon in seinem Beitrag für die Fontane-Blätter aus dem Jahre 1965. Siehe Salomon 1965, ferner Koberstein 1902, 36-39 sowie HFA I/6, 1069 (Anm.) und GBA I/1, 528 (Anm.).

[124] Zur Textgeschichte und den inhaltlichen Besonderheiten der einzelnen Arbeiten siehe Salomon 1965, 31ff., John Maynard Genesis 1964, HFA I/6, 1068-72 (Anm.) sowie GBA I/1, 527ff. (Anm.). Zum genauen Ursprung des Namens John Maynard, der wahrscheinlich auf ein Mitglied der mit dem Fall befaßten Untersuchungskommission zurückgeht, siehe Keitel 1964.

[125] Salomon hält es für am wahrscheinlichsten, daß Fontane durch den Kaufmann Theodor Grosser, den er im selben Jahr im Hause seines Freundes Georg Friedlaender kennengelernt hat, von dem Stoff Kenntnis erhielt. Grosser unterhielt umfangreiche geschäftliche und private Beziehungen in die USA, was ihm unter Freunden den Beinamen Pseudo-Amerikaner einbrachte. Theoretisch könnte Fontane aber 1841 schon von dem Unglück erfahren haben, durch den am 15. Oktober in der Zeitschrift *The German and Continental Examiner* (Nr. 8) erschienenen Artikel *Brand des Dampfschiffes Erie auf dem Eriesee am 9. August 1841* oder den in der Oktober-Ausgabe des *Gewerbeblattes für Sachsen* (Nr. 79) edierten Bericht über den *Untergang des Dampfbootes Erie*. Siehe dazu Salomon 1965, 35 sowie GBA I/1, 527ff. (Anm.).

[126] Martini 1964, 381.

letzter lebend verlassen haben will, zu Protokoll: „Meines Wissens hat Fuller das Steuerrad nicht verlassen, sondern ist dageblieben, bis er zu Tode verbrannte."[127]

Für Fontane hat der Steuermann sich durch diese Opferbereitschaft als würdig erwiesen, zu den Menschen gezählt zu werden, von denen „die Welt wirklich was hat"[128]. Er betrachtete die Tat dieses – wie der Kapitän sich erinnerte – in beruflichen Dingen „schon immer [...] entschlossene[n] Mann[es]"[129] als prototypisch für das von ihm bewunderte Heldentum. Und das macht den Stoff und die in ihm betriebene Handhabung des Unglücks zu einer positiven Alternative zu *Die Brück' am Tay*, genauer gesagt zu der in dieser betriebenen Desillusionierung der Fortschrittsidee.

### 4.3.2. Geburt des Helden aus der Katastrophe: *John Maynard*

Wie die anderen, englischsprachigen Behandlungen des Unglücks rückt auch Fontane, der aller Wahrscheinlichkeit nach auf John Algers Ballade *John Maynard – Lake Erie Hero* Bezug nimmt,[130] den Steuermann in den Mittelpunkt seines Gedichts. Das heißt, auch er thematisiert die Fahrt eines Dampfschiffes („›Schwalbe‹" [8]) auf dem Erie-See, das infolge eines plötzlichen Feuers in Not gerät und dank der heldenhaften Selbstopferung des Steuermanns (John Maynard) gerade noch der Katastrophe entgeht. Wie in *Die Brück' am Tay* ist der Teil, der näher auf das Unglück eingeht, gerahmt: namentlich durch eine zweiteilige, in beiden Fällen nachzeitige Huldigung an den Titelhelden.

Den Anfang macht ein bis auf den ersten Vers dialogischer Siebenzeiler, in dem ein an dem Unglück offenbar Beteiligter einem Fragenden („»Wer ist John Maynard?«" [2]) erklärt, was es mit diesem Namen, der aufgrund der ersten Zeile („John Maynard!") fast wie ein Programm klingt, auf sich hat:

> »John Maynard war unser Steuermann,
> Aus hielt er, bis er das Ufer gewann,
> Er hat uns gerettet, er trägt die Kron',
> Er starb für uns, unsre Liebe sein Lohn.
> John Maynard.« [2-7]

Gleich im ersten Abschnitt wird die Ursache dieser Ehrerbietung und damit der Kern des Gedichts also auf den Punkt gebracht: die beispiellose Wohltat dieses Menschen in der Not. Was genau es damit auf sich hat, wodurch sie herausgefordert und konditioniert wurde, verrät der direkt daran anschließende fünfstro-

---

[127] Zit. nach Salomon 1965, 27. Wie Fleischer (Fleischer 1964) gezeigt hat, gibt es auch gegenläufige Thesen zur Rolle des Steuermanns in der Katastrophe, namentlich daß dieser den Brand schwer verletzt überlebt hat und erst im Jahre 1900 in einem Armenhaus der Stadt Pennsylvania gestorben ist. Beweise für deren Richtigkeit gibt es jedoch nicht.
[128] HFA IV/4, 459 (An Georg Friedlaender am 8. Juli 1895).
[129] Zit. nach Salomon 1965, 27.
[130] Siehe dazu Salomon 1965, 35 sowie GBA I/1, 529 (Anm.). Ein Abdruck von Algers Dichtung findet sich außerdem bei HFA I/6, 1069-71 (Anm.).

phige Hauptteil (10, 6, 6, 10, 6 Zeilen, alle fast durchgängig vierhebig, oft mit Auftakt).

Dessen erste Strophe fokussiert die flughaft leichte Fahrt des Schiffes „von Detroit [...] nach Buffalo" [10] im „Dämmerlicht" [13] über den „Erie-See" [8] sowie die herzensfrohen „Passagiere mit Kindern und Fraun" [12] und den von diesen „plaudernd" [14] umlagerten Titelhelden „John Maynard" [14], der ihnen auf ihre Fragen „»Wie weit noch, Steuermann?«" [15] geduldig antwortet: „»Noch dreißig Minuten ... Halbe Stund'.«" [17].

Die zweite Strophe notiert den Zeitpunkt, da – ungefähr zehn Minuten später (inzwischen sind es nur „noch zwanzig Minuten bis Buffalo" [23], dem Zielort) – irgendwo im „Schiffsraum" [19] unvermittelt „»Feuer!«" [20] ausbricht, das sogleich das ganze Schiff erfaßt: „Ein Qualm aus Kajüt' und Luke drang, / Ein Qualm, dann Flammen lichterloh" [21-22].

Die dritte Strophe, weitere fünf Minuten sind mittlerweile vergangen („Und noch fünfzehn Minuten bis Buffalo" [29]), stellt die Panik der „buntgemengt" „am Bugspriet zusammengedrängten[en]" „Passagiere" [24-25] heraus: „Und ein Jammern wird laut: »Wo sind wir? wo?«" [28].

Die vierte Strophe, es sind jetzt nur „noch zehn Minuten bis Buffalo" [39], lenkt die Aufmerksamkeit wieder auf den Titelhelden, schildert, wie dieser – „durchs Sprachrohr" [33] die Befehle seines „Kapitän[s]" [31] hörend („»Noch da, John Maynard?« / »Ja, Herr. Ich bin.« / »Auf den Strand! In die Brandung!« / »Ich halte drauf hin.«" [34-37]) – bei stehender „Qualmwolke" [30] und wachsender Lebensgefahr an seinem Arbeitsplatz aushält und im Kampf mit den Elementen seinen Mann steht; lautstark unterstützt durch das jubilierende „Schiffsvolk": „»Halt aus! Hallo!«" [38].

Die fünfte und letzte Strophe treibt diese Selbstlosigkeit bis zum Äußersten und schließt mit dem Erreichen der Küste in buchstäblich letzter Sekunde. Mit schon „ersterbender Stimme" [41] bejaht Maynard ein letztes Mal die Frage („»Noch da, John Maynard?«" [40]) seines Befehlgebers („»Ja, Herr, ich halt's!«" [41]), um das Schiff dann in den rettenden „Strand von Buffalo" [45] „mitten hinein" [43] zu jagen. Denn: „Soll Rettung kommen, so kommt sie nur so" [44].

In einem Zweizeiler, der diesem sprichwörtlichen Nullpunkt des Countdowns folgt und den Übergang zwischen Haupt- und Schlußteil markiert, deutet sich indes schon der Preis für diesen Wagemut an: „Das Schiff geborsten. Das Feuer verschwelt. / Gerettet alle. Nur einer fehlt!" [46-47]. Im zweistrophigen Schlußabschnitt (6 und 9 Zeilen), der den Faden des ersten Abschnitts noch einmal aufgreift, um die dort begonnene Huldigung abzuschließen, wird diese Vermutung bestätigt. Wir befinden uns auf der Beisetzung des Steuermanns, die von „Zehntausend [...] oder mehr" [52] unter Tränen („kein Aug' im Zuge, das tränenleer" [53]) verfolgt wird. Das Gedicht endet mit der Rezitation des würdevollen „Dankspruch[s]" in den „Marmor[grab]stein" [beide 57], dessen letzte drei Zeilen mit der Auftakthuldigung identisch sind:

>»Hier ruht John Maynard! In Qualm und Brand
Hielt er das Steuer fest in der Hand,
Er hat uns gerettet, er trägt die Kron',
Er starb für uns, unsre Liebe sein Lohn.
    John Maynard.« [58-62]

In gewissem Sinne handelt Fontanes Gedicht also von der Geburt eines Helden aus der Beinahe-Katastrophe. Durch seine auf Loyalität, Pflichterfüllung, Hilfs-, Risiko- und Selbstopferbereitschaft beruhende Heldentat wird verhindert, daß sich ein technischer Unfall zur Katastrophe ausweitet. Und das reicht zur Legendenbildung.

### 4.3.3. Zuversicht trotz Skepsis: Interpretation

Wie in *Die Brück' am Tay* thematisiert Fontane auch in *John Maynard* ein technisches Unglück. Anders als dort bezieht er sich diesmal jedoch nicht auf einen aktuellen, gerade der Zeitung entnommenen Vorfall, sondern auf einen mehr als 40 Jahre zurückliegenden. Diesmal geht es ihm weniger darum, einem plötzlichen kollektiven Schockzustand zu entsprechen, als viel mehr ein seit längerem beschworenes neuzeitliches Heldenideal poetisch zu exemplifizieren. Dafür manipuliert er – wie seine literarischen Aszendenten – sogar das historische Referenzereignis. Die Passagiere des Unglücksschiffes läßt er der Katastrophe mit nur einem Schrecken gerade noch entkommen, da der Steuermann sich in der Manier eines wahren „Katastrophen-Sheriff[s]"[131] für sie aufopfert. Das macht diesen zum Prototypen der von Fontane idealisierten „neuzeitliche[n] Vorbilder", von denen „die Welt wirklich was hat", weil sie versuchen, diese „moralisch und intellektuell" zu fördern.[132] Gemeint sind Menschen, die, um beim Beispiel des Steuermanns zu bleiben, ihren Beruf als sittliche Verpflichtung begreifen und sich im Augenblick der Bewährung durch eine „geistige Disposition zum Heldenhaften, zum Opfer, zur Treue"[133] auszeichnen.

Insgeheim wird dadurch auch das Technikbild, das in *Die Brück' am Tay* in Schräglage geraten ist, wieder zurecht gerückt. In *John Maynard* zeigt sich nämlich, daß die Katastrophe doch nichts Zwingend-Unausweichliches ist, daß es auch in Momenten höchster Not noch Wege aus der Katastrophe gibt. Etwa wenn sich ein Einzelner der Herausforderung stellt und bereit ist, den Kampf gegen den Sturm der Naturelemente aufzunehmen und auszutragen – auch auf die Gefahr hin, dabei zu scheitern. Zwar kann John Maynard das Unglück nicht verhindern, jedoch gelingt es ihm, dessen „Auswirkungen zu begrenzen"[134]. Damit ist die technische Errungenschaft nicht länger per se ein ‚Tand' und der zer-

---

[131] Clausen 1983, 64.
[132] HFA IV/4, 459 (An Georg Friedlaender am 8. Juli 1895).
[133] Fohrmann 1996, 415.
[134] Richter 2001, 112.

störerischen Elementarmacht hilflos preisgegeben, sondern „im Ringen mit ihr bleibt Sieger der Mensch"[135], und das Leben Hunderter wird gerettet.

Die mit *Die Brück' am Tay* betriebene Desillusionierung der Fortschrittsidee wird hier also aufgefangen und relativiert. Denn so schrecklich der technische Unglücksfall sein mag, erzählt *John Maynard* doch auch von Hoffnung und deren Erfüllung, so daß die von dem Gedicht transportierte Stimmung unter dem Strich als eine „Mischung aus Skepsis und Zuversicht"[136] bezeichnet werden kann.

## 5. Kulturkritik in Zeiten der Elektrizität

Wie *Junker Dampf*, *Die Brück' am Tay* und *John Maynard* deutlich machen, hat Fontanes Technikbild im Laufe seines literarischen Schaffens eine beträchtliche Veränderung erfahren. Den äußersten Punkt setzt in dieser Entwicklung sein spätes Gedicht *In der Koppel*[137] (1890er Jahre). Dieses thematisiert nicht nur die nach der Dampfmaschine zweite aufsehenerregende Energietechnik des 19. Jahrhunderts, die Elektrotechnik, sondern entwirft zugleich eine Haltung, die der durch *Junker Dampf* explizierten Technikbegeisterung diametral entgegensteht. Gehen wir zunächst aber der Frage nach, was es mit der Elektrotechnik kulturgeschichtlich genau auf sich hat.

### 5.1. Faszinierend und geheimnisvoll: Der Mythos Elektrizität

Was die Dampfkraft am Anfang des 19. Jahrhunderts war, das war die Elektrizität an dessen Ende: der Inbegriff eines (erneuten) energietechnischen und historischen Paradigmenwechsels, ein Phänomen, das die phantastischsten Vorstellungen weckte. Zwar konnten die wenigsten sich ihr Zustandekommen und Funktionieren genau herleiten, doch ahnten sie, daß es damit etwas Besonderes auf sich hatte. So auch Fontanes literarisches Alter Ego Dubslav von Stechlin, das offen bekennt: „Schließlich ist es doch was Großes, diese Naturwissenschaften, dieser elektrische Strom, tipp, tipp, tipp."[138]

Wie einst der Dampfkraft, versuchte man daher auch der Elektrizität mythologisch habhaft zu werden. Wie der Dampf findet sich auch diese in Literatur und Kunst vielfach in Verbindung mit dem Prometheusschen Mythos erklärt, etwa als Bezwingerin des durch die Dampfkraft verkörperten Bösen, ergo als Retterin und Kulturbringerin des Menschen.[139] Wie die Dampfmaschine weckte daher auch die Erfindung des Elektromotors positivste Zukunftserwartungen.[140]

---

[135] Reuter 1968/II, 776.
[136] Richter 2001, 112.
[137] HFA I/6, 355f.
[138] HFA I/5, 27. Ausführlicher zu diesem Phänomen siehe Felber 1998, 105f.
[139] Siehe dazu Steen 1998, 169ff. sowie Meya/Sibun 1987.
[140] Zur Entwicklungsgeschichte des Elektromotors siehe Paulinyi/Troitzsch 1997, 315ff.

So gab beispielsweise Franz Adickes, Oberbürgermeister der Stadt Frankfurt a. M., in seiner Rede zur Eröffnung der Internationalen Elektrotechnischen Ausstellung 1891 der Zuversicht Ausdruck, daß es mit der Elektrotechnik „gelingt, einen Teil der Sünde, welche das Zeitalter des Dampfes an der Menschheit verschuldet hat, [...] wieder gut zu machen"[141] und das vielerorts auf der Strecke gebliebene Vertrauen in den Fortschritt zurückzugewinnen. Nach Ansicht vieler war nämlich eine Zeit im Anbruch, in der, wie die *Frankfurter Zeitung* es in einem ihrer Ausstellungsberichte formulierte,

> die Maschine nicht mehr der unumschränkte Herrscher ist, der von einem einzigen Punkte aus Alle zum Gehorsam zwingt; die Elektrizität wird jedem Einzelnen das Quantum Kraft liefern, das er für seine Zwecke braucht, und dadurch befreit sie ihn aus der drückenden Knechtschaft des Großbetriebes und der Schablone. [...] Von diesem Standpunkt aus eröffnet die Elektrotechnik die großartigsten Ausblicke in die Zukunft der Menschheit.[142]

Durch den mit der Entlassung Otto von Bismarcks am 20. März 1890 eingeleiteten politischen Wandel erhielt diese allgemeine Aufbruchsstimmung, dieser – um noch einmal den Frankfurter Oberbürgermeister zu zitieren – positive „Geist der Unruhe"[143] zusätzlich Auftrieb. Nicht zuletzt weil Bismarcks direkter Nachfolger im Amt, Leo von Caprivi, eine strukturelle Modernisierung Deutschlands anstrebte und sich als Förderer der Industrie erwies.[144]

Eine der faszinierendsten Manifestationen der Elektrotechnik war die elektrische Straßenbahn. Deren Geburtstag ist der 13. Mai 1881, deren Geburtsort das südwestlich von Berlin gelegene Groß-Lichterfelde.[145] Mit ihrer Raschheit, Geräuschlosigkeit und Sauberkeit sowie scheinbar antriebslosen Fahrt gab diese weltweit erste Straßenbahn schlagartig Fortschritt zu erkennen. Wie sie von den Menschen wahrgenommen wurde, verrät folgender Auszug aus einem Beitrag in der *Gartenlaube*:

> Wenn uns das Dampfroß der deutschen Reichshauptstadt zuführt, so bemerken wir unweit der Station Groß-Lichterfelde einen Schienenweg, auf dem in gar wundersamer Weise, wie von einer unsichtbaren Macht getrieben, ein schmucker Tramwaywagen in raschem Fluge dahinrollt. Vergeb-

---

[141] *Allgemeiner Bericht über die Internationale Elektrotechnische Ausstellung in Frankfurt a. M. 1891.* Hrsg. v. Vorstand der Ausstellung. Frankfurt a. M. 1893. Zit. nach Böhme 1994, 143. In der Geschichte der Elektrotechnik nimmt diese Ausstellung eine Sonderstellung ein, da hier erstmals die Fernübertragung von hochgespanntem Drehstrom gelang. Siehe dazu Steen 1998, 181f.
[142] *Frankfurter Zeitung* vom 16. Mai 1891 (Morgenblatt). Zit. nach Steen 1998, 174.
[143] Zit. nach Böhme 1994, 143.
[144] Siehe dazu Nipperdey 1998/II, 699ff.
[145] Die von der Firma Siemens & Halske erbaute Strecke führte vom Bahnhof Lichterfelde-Ost zur preußischen Hauptkadettenanstalt. Für die 5 km benötigte die Bahn eine Fahrzeit von sieben bis acht Minuten. Siehe dazu Gottwaldt 1990, 61f., Schneider 1978/II, 12., Weiher 1974 sowie Gewerbeausstellung 1879.

lich sucht unser Auge die treibende Kraft an diesem Gefährt zu entdecken, das Geheimnis seiner Bewegung zu enträtseln; man vermag so weit man auch späht, nicht mehr als einen gewöhnlichen Bahnkörper und den darauf sich anscheinend von selbst bewegenden Wagen wahrzunehmen.[146]

Ungeachtet der enormen Faszination, die von ihr ausging, machte sich aber auch die ‚Elektrische‘, dieses allseits geschätzte „Modell ‚weicher‘ Modernisierung"[147], nicht nur Freunde. In Berlin, der inoffiziellen Hauptstadt des elektrotechnischen Fortschritts,[148] hatte das seine Ursache zum Beispiel darin, daß sie die Abschaffung der ‚guten alten‘ Pferdebahn entscheidend vorantrieb. Im Zuge des rasanten Wachstums der Stadt war diese über die Jahre sukzessive an die Grenzen ihrer und ihrer Umwelt Belastbarkeit gestoßen, so daß der öffentliche Nahverkehr dringend nach neuen Lösungen verlangte. Und diese hatte die ‚Elektrische‘ im Angebot. Obwohl im Grunde ein Gebot der Vernunft, führte die Substituierung der Pferdebahn durch die Straßenbahn, welche nicht nur leiser und sauberer, sondern auch schneller und zuverlässiger war, in der Berliner Öffentlichkeit zu heftigen Kontroversen. Denn mit der Herausnahme der Pferdebahn aus dem Verkehr wurde gleichsam eine Institution des täglichen Lebens beseitigt.[149] Daß dieser Wandel auch in der Literatur ihren Nachhall fand, zeigt Fontanes Gedicht *In der Koppel*.

---

[146] Zit. nach Schneider 1978/II, 12.
[147] Steen 1998, 180.
[148] In Berlin wurde nicht nur die erste Elektrobahn vorgestellt und in Betrieb genommen, sondern hier hatten auch zwei der international bedeutendsten Elektrokonzerne ihren Hauptsitz: die 1883 von Emil Rathenau gegründete Deutsche Edison-Gesellschaft (DEG, 1887 umbenannt in Allgemeine Elektricitäts-Gesellschaft [AEG]) und die Berliner Elektrizitäts-Werke AG (BEWAG, seit 1884). Siehe dazu Weiher 1974 und Stimmann 1984, 174ff. sowie, speziell zur Firmengeschichte der AEG, Strunk 1999.
[149] Die Erfolgsgeschichte der Pferdebahn dauerte genau 37 Jahre, von der Inbetriebnahme der ersten Linie am 22. Juli 1865 bis zur Herausnahme der letzten Bahn am 14. Februar 1902. Maßgeblichen Anteil an dieser Umstellung hatte die Firma Siemens & Halske. Zunächst baute sie die Groß-Lichterfelder Straßenbahn aus, ehe sie sich bei der Umstellung der bestehenden Pferdebahnlinien auf Strom engagierte. Nach der Übernahme der Berliner Pferde-Eisenbahn-Kommanditgesellschaft im Jahre 1894 reüssierte sie sogar als Linienbetreiberin (67 Linien). Zur Geschichte der Pferde- und elektrischen Straßenbahn siehe Bendikat 1999, Jung/Kramer 1984a, Peschken 1984, Berlin und seine Bauten 1979 sowie Schneider 1978.

## 5.2. Desillusionierung: *In der Koppel*

Thema des aus dem Nachlaß herausgegeben Gedichts *In der Koppel*[150] ist, im denotativen Sinne, die erstmalige Fahrt eines „elektrische[n] Bahnzug[es]" [6] und dessen faszinierende wie abschreckende Wirkung auf eine Herde von Pferden. Auf der konnotativen Ebene geht es jedoch, ähnlich wie in *Die Brück' am Tay*, um den Gegensatz von jugendlich unbekümmertem Fortschrittsglauben und alters(weisheits)bedingter Fortschrittsskepsis.

Die Hauptakteure des Gedichts sind eine Schar junger Pferde, genannt das „junge Volk" [13], und ein alternder „Wallach" [30], genannt der „Onkel" [15]. Während die Jungtiere, wortgewandt angeführt durch ein „Fohlen" [29], mit dem vorüberfahrenden Bahnzug die rosigsten Zukunftsaussichten verbinden, begegnet das durch den Wallach repräsentierte ältere Volk dem Fortschritt eher mit Zurückhaltung. Es mahnt zur Vorsicht, warnt vor übersteigerten Erwartungen.

Dieser Gegensatz manifestiert sich auch in der Grundstruktur des Gedichts. Es besteht aus zwei Teilen zu je 28 und 20 Zeilen (alle paarweise gereimt). Der erste transportiert, abgesehen von dem Bild des vorbeifahrenden „elektrische[n] Bahnzug[es]" [6], die euphorische Haltung des für seine gesamte Altersgenossenschaft sprechenden Fohlens, das in dem wie eine Lichtgestalt daherkommenden Zug das Indiz für den Anbruch einer neuen, besseren Zeit sehen will. Beim Anblick der Elektrobahn stellt es, dem zweiten Gedichtteil vorausgreifend, fest:

> Onkel spricht immer von unsrer traurigen Lage,
> Sie sei so traurig, nichts wie Plage,
> Wir müßten uns schinden;
> Ich kann unsre Lage so traurig nicht finden.
> Frühling, Sommer haben wir diese Koppel,
> Im Herbste haben wir Halm und Stoppel,
> Und wenn sie beständig so weiterbauen
> Und zwischen Rathenow, Friesack und Nauen
> Immer so ruhig weiterfahren,
> So können wir jede Sorge uns sparen,
> Worüber Onkel immer brummt,
> Gibt's kein Geschirr mehr und kein Kumt. [15-26]

Das Jungtier verspricht sich von der Elektrifizierung der Bahn einen ganz konkreten Fortschritt, namentlich eine Verbesserung seiner eigenen sozialen und beruflichen Lage. Wie gesagt, stand der Pferdebahn mit der Einführung der ‚Elektrischen' eine Ablösung bevor, und genau die läßt das Jungtier glauben, daß ihm fortan nur noch arbeitsfreie Tage bevorstehen. Durch die Geräusch- und Emissionslosigkeit sowie Helligkeit der Fahrt des Zuges sieht es sich in dieser Einschätzung zusätzlich bestätigt:

---

[150] *In der Koppel* ist in den 1890er Jahren entstanden und wurde erstmals am 31. Dezember 1924 in der *Frankfurter Zeitung* aus dem Nachlaß veröffentlicht. Siehe dazu GBA I/2, 686 (Anm.) sowie HFA I/6, 1097 (Anm.).

> Kein Mann am Ventil, am Wasserhahne,
> Kein grauer Qualm, keine schwarze Fahne,
> Kein Husten und Prusten, sonnenbeschienen
> Gleitet der Wagenzug über die Schienen.
> Sonnenbeschienen und still und stumm [7-11]

Dieser Zuversicht erteilt der im zweiten Teil des Gedichts zu Wort kommende Onkel-„Wallach" [30], von dem es heißt, daß er „spack und verdrießlich" [27] geworden sei, eine Absage. Denn auch er will in seiner Jugend Großes auf den – zu seiner Zeit durch die Dampfeisenbahn verkörperten – Fortschritt gehalten haben, am Ende jedoch bitter enttäuscht worden sein:

> Als der Dampfzug kam, war das ein Hallo,
> Da dacht' ich als Fohlen ebenso:
> ›Nun wird es besser, nun ausgehalten‹,
> Aber schließlich blieb alles beim alten [33-36].

Wenn wir dem Wallach glauben, hat also auch der Dampfzug mehr Erwartungen geweckt als eingelöst, besonders was die Erleichterung der tierischen und menschlichen Arbeitsbedingungen anbelangt. Denn, so ist zu hören, wo das Pferd in der Güter- und Personenbeförderung vielleicht Entlastung erfahren hat, hat es auf anderen Gebieten seine Bedeutung leider umso mehr behalten: auf der Jagd und bei Pferderennen. Die menschliche Spaß- und Freizeitgesellschaft in Frage stellend lesen wir:

> Wenn sie [d. h. die Menschen] Hasen und Füchse jagen,
> Müssen wir gerade wie sonst uns plagen.
> Wenn sie wetten und mit ihrem Hopphopp prahlen,
> Wir müssen wie früher die Zeche bezahlen,
> Und wenn sie mogeln und sich streiten,
> Müssen wir nach wie vor die Attacke reiten,
> Und werden wir steif, bleibt's nach wie vor faul:
> Unser letztes ist immer Droschkengaul. [41-48]

Der Wallach sieht den elektrischen Bahnzug also mitnichten als Zeichen einer neuen, besseren Zeit, sondern viel mehr als Manifestation stets gleichbleibender Verhältnisse, als Indiz dafür, daß Geschichte sich stets wiederholt.

## 5.3. „Aber schließlich blieb alles beim alten": Interpretation

Wie in *Junker Dampf*, *Die Brück' am Tay* und *John Maynard* behandelt Fontane auch in *In der Koppel* ein herausragendes Phänomen der Technikgeschichte des 19. Jahrhunderts: die Elektrotechnik. Hierbei bezieht er sich zwar nicht nachweislich auf ein reales Ereignis, eine gewisse Analogie zur Debatte um die Ablösung der Pferdebahn durch die elektrische Straßenbahn, die in den 1880/90er Jahren die Berliner Öffentlichkeit in Atem hielt, ist jedoch nicht ganz von der Hand zu weisen.[151]

Wie bei *John Maynard* hat sich Fontane außerdem auch hier durch eine ältere Dichtung inspirieren lassen, wenigstens dramaturgisch. Die Rede ist von Heinrich Heines Gedicht *Pferd und Esel*[152] (zw. 1852-55). Darin geht es – auf der einen Seite – um die Angst eines Pferdes, namentlich eines „Schimmel[s]" [7], durch die Eisenbahn seiner Existenzberechtigung beraubt zu werden. Ausgelöst wird diese durch den Anblick eines „auf eisernen Schienen, so schnell wie der Blitz" [1] „vorüberrutschen[den]" [4] „Dampfwagen[s]" [2], der das Tier befürchten läßt: „Uns Pferde tödtet die Concurrenz / Von diesen Dampfmaschinen" [21-22]. Dieser Sorge steht – auf der anderen Seite – die Zuversicht eines „Esel[s]" [8] gegenüber, der davon ausgeht, auch nach der Technisierung des Produktions- und Verkehrswesens noch gefragt zu sein: „Für uns bescheidne Esel [...] / Ist keine Gefahr zu besorgen" [47-48], „Uns Esel [...] ersetzt der Dampf / Mit seinem Schornstein schwerlich" [51-52], ihm sei „zu jeder Zeit / Sein sicheres Daseyn beschieden" [55-56], egal „wie klug [...] die Maschinen sind" [56]. Was ihn zu dieser Zuversicht antreibt, bleibt zwar offen, andererseits ist das in diesem Zusammenhang auch gar weiter erheblich. Was hier von Interesse ist, das ist der durch Pferd und Esel verkörperte Gegensatz von Fortschrittsskepsis und -zuversicht. Denn den hat sich Fontane für *In der Koppel* als Muster zu eigen gemacht.

Genauso wie er sich Heines Gedicht nur dramaturgisch zu eigen macht, ist auch der unter den Pferden entbrannte Disput über die Potentiale des elektrischen Bahnzuges nur der Hintergrund beziehungsweise das Vehikel für die eigentlich viel mehr drängende und das Gedicht im Grunde zusammenhaltende Frage, ob der Fortschritt an sich hält, was er verspricht. Anders als in *Die Brück' am Tay* läßt der Dichter diese hier zwar nicht durch einen Deus ex machina be-

---

[151] Konkret bezieht sich Fontane aller Wahrscheinlichkeit nach auf den Ende der 1890er Jahre westlich von Berlin begonnenen und 1902 abgeschlossenen Bau der elektrischen Bahn, von der auch die in dem Gedicht erwähnten Orte Rathenow, Friesack und Nauen tangiert waren. Möglicherweise entstand das Gedicht aber auch um 1896, zur Zeit der großen Gewerbeausstellung in Berlin-Treptow, für die der Ausbau des Schienennetzes der Elektrischen energisch vorangetrieben wurde und die in der Geschichte des elektrischen Schienenverkehrs in Deutschland eine Sonderstellung behauptet. Zum Bahnbau westlich von Berlin siehe Gottwaldt 1990, 60 sowie Kutschik/Spang 1996, zur Treptower Ausstellung Gewerbeausstellung 1896a+b sowie, Fontanes Besuch derselben betreffend, HFA IV/4, 599 (An Emilie Fontane am 10. Oktober 1896).

[152] Heine 1991/3-I, 336-38. Zur Textgeschichte siehe auch Heine 1991/3-II, 1454 (Anm.).

antworten, indem er aber dem Skeptiker, der über die Optimisten sagt, „Ihr seid jung und dumm und wißt nicht Bescheid" [32], das letzte Wort erteilt, gibt er dem Gedicht doch zumindest eine Tendenz. Zu bedenken ist auch, daß er die Form des zu den Lehrgedichten zählenden Tiergedichts wählt, das sich für die Verbreitung „anerkannter Wahrheiten"[153] am besten eignet. Letztlich paßt dieses Votum auch zu Fontanes privat eher skeptischer Auffassung der Elektrotechnik, beispielsweise als er in seinem persönlichen Krisenjahr 1892 ein durch „Gehirnanämie" verursachtes Augenleiden („der Sehnerv ganz weiß, also hochgradig") durch den auf diesem Gebiet als „Autorität" geltenden Breslauer Arzt Dr. Ludwig Hirt „elektrisch heilen" ließ und seine Einschätzung der Erfolgsaussichten nur zurückhaltend mit „Na na" zu umschreiben wußte, also mit einer Mischung aus Bejahung und Verneinung.[154]

Obwohl in seiner Wertung offen, ist *In der Koppel* Fontanes pessimistischstes Technikgedicht, denn die Idee des Fortschritts wird hier am Ende als unerfüllbares Wunschdenken entlarvt. Somit transportiert der Text von allen Gedichten Fontanes die offenste Technikkritik, um sich dadurch beinahe wie das negative Komplementärstück zu *Junker Dampf* auszunehmen. Redet das Dampfmaschinengedicht auf konnotativer Ebene noch der umstürzlerischen Potenz das Wort, die der bürgerlichen Freiheitsbewegung innewohnt, verurteilt *In der Koppel* mit dem Hinweis darauf, daß „schließlich [...] alles beim alten" [36] geblieben sei, jeden Glauben an eine mit dem technischen Fortschritt korrespondierende soziale Progression als naive Träumerei. Seine eigenen Erfahrung mit der Dampfkraft zu Grunde legend, erwartet der lebenserfahrene Wallach von der Elektrotechnik, die industriegeschichtlich eine neue Zeitrechnung einläutet, keine Verbesserung, sondern allenfalls ein Gleichbleiben, wenn nicht sogar eine Verschlechterung seiner Lage. Er „denkt bloß immer, sie wollen uns morden." [28]

Blicken wir von der desillusionierenden Beurteilung der Elektrotechnik in *In der Koppel* über die Erfahrung mit der Katastrophe in *Die Brück' am Tay* und *John Maynard* zurück auf die ehrfurchtsvolle Hommage an die Dampfkraft in *Junker Dampf*, so kann man sich schwerlich des Eindrucks erwehren, daß Fontanes Technikbegeisterung der frühen Jahre im Verlauf der lyrischen Werkgeschichte eine Eintrübung erfahren hat. Mit einer Figur aus dem *Stechlin*-Roman läßt sich etwa sagen: „Was einmal Fortschritt war, ist längst Rückschritt geworden."[155] Denn unter dem Strich ist *In der Koppel* doch eine klare Absage an all

---

[153] Wilpert 1989, 282. Siehe auch Burdorf 1997, 210ff.

[154] HFA IV/4, 202 (An Karl Zöllner am 8. August 1892). Seiner Tochter legt Fontane die Gründe für seine Bedenken wie folgt dar: „gewiß ist die elektrische Behandlung vorzüglich und sie hilft einem eine Ecke weiter, Hirt im Besondren ist ein Meister und Magier. Aber ich glaube zu wissen – und Hirt selbst sprach von Nachkur [...] – daß es immer nur eine kleine Weile vorhält" (ebd., 210f. [An Martha Fontane am 1. September 1892]). Ausführlicher zu dem Nervenleiden siehe Gravenkamp 2000 sowie, zu dem Leidensjahr im allgemeinen, Hädecke 1998, 358ff.

[155] HFA I/5, 273.

diejenigen, die vom Fortschritt eine Verbesserung ihrer persönlichen Lage erwarten. Im Fall der Pferde drohen die Verhältnisse nämlich auch nach der elektrischen Straßenbahn zu bleiben, wie sie waren: unfrei.

## 6. Zusammenfassung

Zugegebenermaßen ist die Technik nicht das Hauptthema Fontanescher Lyrik. Von den rund 1000 Gedichten, die der Dichter im Laufe seines Lebens schrieb, wird ihr in kaum 20 Rechnung getragen, zudem meist nur dezent beiläufig. Trotzdem scheint es legitim, Fontanes Technikbild gerade am Beispiel der Lyrik vorausschauend zu überblicken. Aus mehrerlei Gründen.

Erstens handelt es sich hierbei um die einzige Gattung, die von Fontane sein gesamtes literarisches Schaffen hindurch bedient wurde. Das heißt, nur hier begegnen wir dem jungen *und* dem alten Fontane. Zweitens werden hier alle wichtigen Themen der Technik- und Kulturgeschichte des 19. Jahrhunderts behandelt, von der Dampfkraft bis zur Elektrizität, von der Eisenbahn über die nicht weniger symbolträchtige Brücke bis zum Dampfschiff, vom Telegramm bis zum Telephon, vom Techniker bis zur technischen Katastrophe. Selbst die beiden extremsten Technikbilder werden konturiert: Technikbegeisterung und antimoderne Skepsis. Drittens gehören *Die Brück' am Tay* und *John Maynard* zu Fontanes bekanntesten Gedichten überhaupt. Viertens und letztens verhalten sich viele seiner Dichtungen zu späteren oder früheren Werkteilen entweder wie ein „Exposé" oder wie eine „Fortsetzung und Erfüllung".[156]

Summa summarum wird also bereits am Beispiel der Lyrik deutlich, daß Fontane dem Jahrhundertthema gegenüber weit aufgeschlossener war als bislang angenommen, daß er weit mehr ein Dichter der Maschinen und Fabriken war als von vielen für möglich gehalten. Daß er als solcher lange verkannt wurde, dürfte im Wesentlichen damit zu tun haben, daß die Technik in seinen Gedichten meist nur beiläufig in den Blick kommt. Bei genauerem Hinsehen zeigt sich jedoch, daß sich gerade dann oft das der Untersuchung vorangestellte Motto erfüllt, daß gerade dann „was drin" steckt, wenn die Technik auf den ersten Blick „bloß nebensächlich" erscheint.[157] Will heißen: Auch in der Lyrik dient die Technik mitunter ganz konkreten poetologischen Zwecken, etwa balladenverjüngenden wie in *Die Brück' am Tay*, heldenbildprofilierenden wie in *John Maynard* oder symbolischen wie in *Meine Gräber* sowie *Arm oder reich*.

Nicht zuletzt erweist sich die Art und Weise, mit der der Dichter das Thema behandelt, als eine recht progressive. Sowohl in stofflicher als auch methodischer Sicht sind seine späten Gedichte (und damit auch die Technikgedichte) weitgehend „gegen die Konventionen zeitgenössischer Lyrik geschrieben".[158]

---

[156] Reuter 1968/II, 786.
[157] HFA I/4, 360 (Jenny Treibel).
[158] Richter 2000, 742.

Das zeigt sich zum Beispiel daran, daß Fontane der Ballade als erster zeitgenössische Stoffe erschloß, um sie dadurch zu verjüngen und vor dem Überalterungstod zu bewahren. Aber auch die soeben angesprochene Beiläufigkeit, mit der er die Technik seinen Gedichten einschreibt, ist neuartig. Sie ist weniger ein Hinweis auf das vermeintliche Desinteresse des Autors, denn vielmehr ein Ausdruck der Selbstverständlichkeit, welche die Technik für ihn im Zuge ihrer Veralltäglichung über die Jahre erlangt hat. Eine Wendung Martin Heideggers aufgreifend, könnte man in diesem Zusammenhang fast von einer thematischen „Zuhandenheit" der Technik beziehungsweise des technischen „Zeug[s]" sprechen, „vom alltägliche[n] Zuhandensein" des „Zuhandenen".[159] Das heißt, auch für Fontane war das technische Zeug „so selbstverständlich", daß er „von ihm gar nicht erst Notiz" nahm beziehungsweise es gar nicht mehr für erörterungsbedürftig hielt;[160] zumindest nicht bis zum „Entdecken seiner Unverwendbarkeit"[161]. Will sagen: Erst im Moment seiner Dysfunktion wird das technische Zeug wieder augenfällig, so daß man dieser beinahe „die Funktion" zuschreiben kann, am wie selbstverständlichen „Zuhandenen den Charakter der Vorhandenheit [wieder] zum Vorschein zu bringen."[162] Und daß diese Theorie auch bei Fontane Fuß greift, belegen im Grunde die Balladen *Die Brück' am Tay* und *John Maynard*. Beide handeln von technischen Unglücksfällen, vom Versagen der Technik.

---

[159] Heidegger 1977, 69, 68, 75 und ebd.
[160] Ebd., 75.
[161] Ebd., 73.
[162] Ebd., 74.

# ZWEITER TEIL
# WAHRGENOMMENE TECHNIK UND TECHNIK DES WAHRNEHMENS: FONTANES JOURNALISTISCHES UND REISELITERARISCHES WERK

# A. IM LAND DER TECHNIK, ENGLAND

# Abstract

Bevor Fontane zum Romanschriftsteller wurde, als den man ihn heute vor allem kennt, fristete er ein nahezu zwanzigjähriges Dasein als Journalist und Reiseschriftsteller. Dieser Schaffensphase ist nach der Lyrik als nächstes Aufmerksamkeit zu schenken. Ehe wir uns den *Wanderungen durch die Mark Brandenburg*, dem bekanntesten und umfangreichsten Produkt dieses Werkabschnitts, zuwenden (Zweiter Teil B) – vorrangig unter technik- und wirtschaftshistoriographischen Gesichtspunkten –, wird jedoch Fontanes Zeit auf der britischen Insel in Augenschein genommen, die bekanntlich für sein gesamtes Werk prägend war.[1] Zu Fontanes Zeit galt die britische Insel, das Mutterland der Industrialisierung, als *das* Land der Technik. Konnte man sich den Fortschritten der Technik Mitte des 19. Jahrhunderts schon auf dem Kontinent nur schwer entziehen, dann in England mit Sicherheit überhaupt nicht mehr. Erst recht nicht, wenn man, wie Fontane, bereits als Kind dem Reiz „englische[r] Dampfbagger" und „physikalische[r] Kabinett[e]" erlag.[2] Einerseits gilt es anhand der Berichte von der britischen Insel also herauszuarbeiten, *welche* technischen Fortschritte Fontane registrierte, andererseits, *wie* dies erfolgte. Gerade in London, dem „große[n] Schwungrad der Welt"[3], war der Dichter dem technischen Fortschritt in einer Weise ausgesetzt, die seine gesamte Wahrnehmungskonvention auf den Kopf stellte. Hier machte er Wahrnehmungserfahrungen, die nicht nur sein gesamtes weiteres Schaffen prägen sollten, sondern nicht selten auch noch technisch bedingt waren. Mal in einem *inhaltlichen*, mal in einem *formalen* Sinne.

---

[1] Hier entstand nicht nur der für seine Erzählkunst richtungsweisende – und auch für die Programmdiskussion des Realismus bedeutende – Aufsatz *Unsere lyrische und epische Poesie seit 1848* (1853), sondern auch der Plan für das märkische *Wanderungen*-Projekt. Den Aufsatz siehe HFA III/1, 236-60.

[2] HFA III/4, 52 und 76 (Meine Kinderjahre).

[3] HFA III/3-I, 56 (Sommer in London).

# 1. Fontanes Englandberichterstattung im Überblick

Ehe wir uns intensiver mit Fontanes englischen Technikerfahrungen befassen, zunächst ein kurzer Überblick über die Umstände, Ziele und Besonderheiten seiner verschiedenen Englandreisen und -bücher.

## 1.1. Fontanes drei Englandreisen und ihre Hervorbringungen

Fontane war dreimal in England und Schottland: 1844 (25. Mai bis 10. Juni) als Teilnehmer „eine[r] Art Genossenschaftsreise"[4], 1852 (April bis September) als „Londoner Berichterstatter"[5] der preußisch-ministerialen Centralstelle für Presseangelegenheiten beziehungsweise der dieser nahestehenden *Neuen Preußischen Zeitung* und von September 1855 bis Januar 1859, wiederum im Auftrag der Centralstelle. Diesmal, um eine dauerhafte deutsch-englische Korrespondenz zu installieren und positiv auf das Deutschlandbild in der englischen Presse einzuwirken. Explizit wurde von ihm erwartet,

> mit Aufmerksamkeit den Gang der politischen Diskussionen sowie die Parteienentwicklung innerhalb der englischen Presse [zu] verfolgen und darüber von Zeit zu Zeit Bericht [zu] erstatten, dann [...] eine direkte Einwirkung auf diese selbst zu gewinnen [...], und in der *deutschen* sei es auf direktem Wege durch Correspondenzartikel für deutsche Blätter, die Ihnen [d. h. Fontane] entweder zugewiesen werden, oder mit denen Sie selbst unter Genehmigung der Centralstelle in Verbindung treten, Gegenstände der internationalen Beziehungen im Interesse des preußischen Gouvernements [zu] behandeln.[6]

Die Erfahrungen dieser England- und Schottlandreisen sind durch eine Vielzahl von Texten dokumentiert, etwa den Bericht von der *Erste[n] Reise nach England 1844* (1844), die Bücher *Ein Sommer in London* (1854), *Jenseit des Tweed* und *Aus Manchester* (beide 1860) sowie zahlreiche journalistische Beiträge.[7] Unter

---

[4] HFA III/4, 298 (*Zwanzig bis Dreißig*). Die Reise, dokumentiert in dem Bericht *Erste Reise nach England 1844*, erfolgte auf Einladung des Jugendfreundes Hermann Scherz (1818-88). Wie Rudolf Muhs herausfand, handelte es sich dabei um die in Deutschland erste Pauschalreise dieser Art überhaupt. Ende April 1844 war sie von der *Vereinigten Hamburg-Magdeburger Dampfschiffahrtgesellschaft* in zahlreichen Zeitungen unter dem Titel *Einladung zu einer Lustfahrt nach London* annonciert worden. Sie führte von Berlin über Magdeburg und Hamburg direkt nach London (und selbstverständlich wieder zurück), zählte 97 Teilnehmer und kostete 36 Taler Preußisch Courant pro Nase. Den Reisebericht siehe HFA III/3-I, 769-816, zur Art der Reise siehe Muhs 1995. Zu Scherz' Einladung siehe ferner das Kapitel *Bei ›Kaiser Franz‹* in *Von Zwanzig bis Dreißig*: HFA III/4, 295-313.

[5] HFA IV/1, 203 (An Ryno Quehl am 18. Februar 1852). Quehl (1821-64) war Leiter der Centralstelle für Presseangelegenheiten. Siehe dazu Reuter 1968/II, 265.

[6] So die Instruktion Ludwig Metzels (seit 1855 Leiter der Centralstelle) an Fontane vom 31. März 1856. Zit. nach Nürnberger 1971, 219.

[7] Außer in der bereits erwähnten *Neuen Preußischen Zeitung* sind diese – von den offiziösen Blättern – im *Danziger Dampfboot*, der *Erfurter Zeitung*, dem *Heidelberger Journal*, der *Mittelrheinischen Zeitung*, der *Neuesten Berliner Morgenzeitung* und der *Neuen Preußischen Zeitung*

dem Strich finden darin vor allem die Themenbereiche Soziales, Politisches, Wirtschaftliches und Kulturelles Beachtung. Ab und zu kommt aber auch die Technik zu ihrem Recht, etwa in Gestalt der hochmodernen Dockanlagen des Londoner Hafens, des Flottenarsenals in Woolwich, der Sternwarte im Greenwich-Park mit dem berühmten ‚Herschelschen Kometensucher'[8], der „Tau-Eisenbahn"[9] in Blackwall oder – stellvertretend für das gesamte englische Eisenbahnwesen – der London–Brightoner Eisenbahn[10] wie im Bericht von der *Erste[n] Reise nach England 1844*. Vom Glaspalast im Londoner Hydepark, dem Ort der ersten Weltausstellung 1851, dem Dampfschiffverkehr auf der Themse (*Ein Sommer in London*),[11] dem Kaledonischen Kanal, der die Nordsee mit dem Atlantik verbindet (*Jenseit des Tweed*),[12] und der amerikanischen Fregatte ‚Niagara' (*Aus Manchester*)[13] ganz zu schweigen. Ferner liefert Fontane diesem Teil der Untersuchung mit expliziten Technikreportagen Stoff, sei es über die neusten Errungenschaften auf dem Gebiet der Schiffahrt,[14] aus den Werkhallen der Industriearbeit[15] oder über die Frage der technischen Sicherheit.[16] Das gleiche gilt für seine ‚unechten Korrespondenzen'.[17]

---

(kurz: *Kreuzzeitung*) sowie – von den gemäßigten Blättern – der *Vossischen Zeitung*, der *Deutschen Reform*, der *Berliner Revue*, dem *Illustrierten Familienbuch des österreichischen Lloyd* und *Cottas Morgenblatt für gebildete Leser* erschienen. Siehe dazu FUK/1 und 2.

[8] Bei dem „Kometensucher" handelt es sich um einen Reflektor von 1,22 Metern Durchmesser und 40 Fuß Brennweite, mit dem es seinem Erfinder, dem in Hannover geborenen ‚Royal Astronomer' Friedrich Wilhelm Herschel (1738-1822), 1789 gelang, die beiden inneren Monde des Saturn auszumachen. Siehe dazu HFA III/3-II, 1474 (Anm.). Zit. ebd., 791.

[9] Ebd., 792. Der Terminus „Tau-Eisenbahn" resultiert übrigens aus der Antriebsart dieser Bahn, die durch ein „wenigstens zehn englische Meilen lange[s] Tau" gezogen wird. Zit. ebd., 792f.

[10] Siehe ebd., 805.

[11] Siehe HFA III/3-I, 9-11 und 11-13.

[12] Ebd., 338-43.

[13] Ebd., 435-38.

[14] Siehe zum Beispiel den Artikel *Ein merkwürdiger Stapellauf* (*Kreuzzeitung*, Nr. 261, 7. November 1857) anläßlich der Wasserlassung des ‚Great Leviathan': HFA III/1, 164-68.

[15] Siehe zum Beispiel den Artikel *Der Besuch in Woolwich* (*Die Zeit*, Nr. 40, 25. Januar 1858): NFA XVIII, 157-69.

[16] Siehe zum Beispiel den Artikel *Explosion in Yorkshire-Kohlebergwerken* (*Kreuzzeitung*, Nr. 46, 24. Februar 1857): HFA III/1, 150f.

[17] Über technische Neuheiten im Bereich des Verkehrs- und Militärwesens berichten zum Beispiel die Artikel *Eine Fahrt mit der Luftdruck-Eisenbahn* (*Kreuzzeitung*, Nr. 270, 17. November 1865: FUK/1, 589-94), *Englands Panzerflotte* (*Kreuzzeitung*, Nr. 193, 20. August 1862: FUK/1, 255-59), *Panzerschiffe* (*Kreuzzeitung*, Nr. 57, 9. März 1866: FUK/2, 640-42), *Der Mississippi-Feldzug und das Widderschiff ‚Arkansas'* (*Kreuzzeitung*, Nr. 193, 20. August 1862: FUK/2, 260-63), *Vom Gold zum Eisen. Kruppscher Grußstahl und Ilsenburger Klingen* (*Kreuzzeitung*, Nr. 159, 11. Juli 1862: FUK/1, 239-41) oder *Panzerung und Revolver* (*Kreuzzeitung*, Nr. 164, 17. Juli 1864: FUK/1, 242-45). Um geplante technische Großprojekte geht es dagegen in *Der große Meerestunnel zwischen Dover und Calais* (*Kreuzzeitung*, Nr. 277, 27. November 1861: FUK/1, 165) und *Die unterirdische Eisenbahn* (*Kreuzzeitung*, Nr. 95, 24. April 1864: FUK/1, 211-15). Außerdem wird vielfach die Sicherheit der Technik im öffentlichen Bereich

Ungeachtet ihrer thematischen Breite kann diese Aufzählung nicht darüber hinwegtäuschen, daß die Technik von Fontane, der sich ja schon im Bericht von der *Erste[n] Reise nach England 1844* als „jämmerliches mechanisches Genie"[18] outet, in den meisten Fällen nur beiläufig behandelt wird. Das heißt, stofflich ist und bleibt sie ein Randthema. Gleichwohl ist sie damit alles andere als bedeutungslos. Denn wie wir aus dem mottohaften *Frau Jenny Treibel*-Satz wissen, steckt im anscheinend Nebensächlichen oft das Wesentliche. Und das gilt auch für die Reisebücher. Im Falle der Englandberichte hat die Technik beispielsweise die Aufgabe, den Fortschrittscharakter dieses Landes zu untermauern. Und wie dieser geartet ist, soll die exemplarische Untersuchung von *Ein Sommer in London* zeigen. Warum gerade dieses Buches? Zum einen, weil es Fontanes wichtigstes England-Buch ist, zum anderen, weil es sich bei London um „das Modell" und „die Quintessenz" nicht nur der ganzen britischen Insel, sondern der „ganzen Welt" handelt, zumindest der industrialisierten.[19] Alles wird darin besprochen, von der Verbrecherspelunke und dem Elendsviertel bis zum Picknick der Bourgeoisie und dem königlichen Schloß, von der Kunst (Musik, Theater, Malerei) bis eben zu der durch die Dampfschiffe auf der Themse oder den legendären Kristallpalast im Hydepark verkörperten modernen Technik.

Zunächst allerdings ein Exkurs über die historische Bedeutung der Technikstadt London.

## 1.2. Englandmodell und Technikstadt: London

Ende des 18. Jahrhunderts war die britische Insel der Ausgangspunkt einer bis heute einzigartigen Technikentwicklung, die ihr den Ruf als „Werkstatt der Welt"[20] einbrachte. Mit einem spinnennetzartigen Schienen- und Kanalsystem sowie riesigen Industrieregionen machte sie diesem Namen alle Ehre und erfreute sich in bürgerlichen Kreisen wachsender Beliebtheit. Denn wer im 19. Jahrhundert etwas über die Welt von heute und morgen erfahren wollte, kam um eine Reise auf die Insel eigentlich nicht herum. Nirgendwo war die dem technisch-industriellen Umschwung folgende geistige Wende, der – wie es auf Deutschland angewandt heißen würde – Übergang von „Fichte und Hegel" zu „Siemens & Halske" besser zu studieren als eben dort,[21] was die Insel binnen weniger Jahr-

---

thematisiert, etwa in *Amateur-Zugführer* (Kreuzzeitung, Nr. 301, 25. Dezember 1861: FUK/1, 179-81), *Eisenbahn-Unwesen* (Kreuzzeitung, Nr. 305, 29. Dezember 1864: FUK/2, 425-28), *Der Knackende Holborn-Viadukt* (Kreuzzeitung, Nr. 269, 17. November 1869: FUK/2, 966-70) oder *Feuerlösch-Ordnung* (Kreuzzeitung, Nr. 40, 16. Februar 1862: FUK/1, 195-97).

[18] HFA III/3-II, 792.
[19] Ebd., 789. Zu dieser Parallelisierung Englands und Londons siehe auch Nürnberger 1975, 648.
[20] Kuczynski 1999, 237.
[21] Friedell 1997/II, 1351.

zehnte in den „Kanon der europäischen Kavalierstour"[22] aufsteigen ließ, vor allem England.

In seiner konzentriertesten Form war dieser „Strukturwandel der Öffentlichkeit"[23] in London zu beobachten. Was England technikgeschichtlich im Großen war, das war die Themsemetropole im Kleinen: die Stadt der Technik. Zur Regelung des täglichen Miteinanders von Hunderttausenden von Menschen verfügte sie über eine hochmoderne und komplexe technische Infrastruktur, die sie – um ein Wort Lewis Mumfords zu gebrauchen – wie eine „Megamaschine"[24] erscheinen ließ, mit vielfältig ineinander greifenden Funktionen und Wirkungen. Nicht zufällig fand hier 1851 die erste Weltausstellung statt.

Der vermeintlich stärkste Ausdruck dieses Technikstadt-Status' war das öffentliche Verkehrswesen. Nichts machte die Umtriebigkeit und Massenhaftigkeit der Stadt besser anschaulich als – zu Land – der Pferdeomnibusverkehr und die in die Stadt ein- und ausfahrenden Eisenbahnen[25] sowie – zu Wasser – das Dampfschifftreiben auf der Themse, „der großen Fahrstraße Londons"[26]. Von den die Nord- mit der Südhälfte verbindenden Themsebrücken (Westminster Bridge, London Bridge, Blackfriars Bridge, Waterloo Bridge, Southwark Bridge, alle zwischen 1750 und 1820 erbaut), dem Themsetunnel (1805-43), dem hochmodernen Seehafen mit seinen kleinen Nebenhäfen (,Docks') und den angrenzenden Industriegebieten (beispielsweise der Southbank) ganz zu schweigen.

Wer also Fontanes Englandbild ermitteln will, ist mit London bestens bedient. Obwohl der Journalist auch andere Gegenden bereiste,[27] war und blieb die Metropole für ihn doch der Mittelpunkt seiner drei Englandaufenthalte. Außerdem sah er in ihr das „Modell" und die „Quintessenz" der ganzen Insel.[28] Um es auf die kürzeste Formel zu bringen: „England war für ihn London."[29]

---

[22] Maurer 1989, 406. Die beliebtesten Reiseländer waren bis dahin Italien, Frankreich, die Schweiz und die Niederlande.

[23] So der Titel von Jürgen Habermas' Generalstudie über den Strukturwandel der bürgerlichen Öffentlichkeit als einer Kategorie der bürgerlichen Gesellschaft. Siehe Habermas 1999.

[24] Mumford 1977, 231. Zu Londons Entwicklung als Technikstadt siehe auch Saint 1992, Paul 1991 sowie Barker/Robbins 1963.

[25] Die Eisenbahn bildete im Stadtbild Londons „unverrückbare Strukturachsen" (Paul 1991, 61) aus. Seit 1837 verband sie die Metropole mit der Industriestadt Birmingham, bald darauf auch mit den Industriestandorten des Nordens und den Hafenstädten des Südens, Westens und Ostens. Ab 1860 verkehrte sie auch unter Tage, in Gestalt der U-Bahn.

[26] HFA III/3-I, 10 (Sommer in London). Wegen ihrer hohen Beförderungskapazität (bis zu 100 Personen) stellten die die Themse seit den 1820/30er Jahren frequentierenden Dampfschiffe eine ernsthafte Konkurrenz zu den Personenkutschen und Pferdeomnibussen dar. Siehe dazu Barker/Robbins 1963, 40ff.

[27] 1852 besuchte Fontane die „Fabrikstadt" (HFA III/3-I, 71 [Sommer in London]) Brentford, 1857 Manchester und Liverpool, 1858 Schottland.

[28] HFA III/3-II, 789 (Erste Reise nach England 1844).

[29] Nürnberger 1975, 648.

## 1.3. Intention der Fontaneschen Englandberichterstattung

Daß es Fontane bei seiner Englandberichterstattung auch und gerade um die Technik und Industrie ging, welche für ihn die „eigentliche Wesenheit"[30] dieses Landes ausmacht, suggerieren gleich die ersten beiden Kapitel seines Londoner Sommerbuches. In *Von Gravesend bis London* wird der Leser über den Dampfschiffverkehr auf der Themse, Londons großer Fahrstraße, informiert. In *Ein Gang durch den leeren Glaspalast* führt Fontane ihn durch das legendäre Ausstellungsgebäude der ersten Weltausstellung. Im Grunde findet sich das aber auch im Bericht von seiner *Erste[n] Reise nach England 1844* schon angedeutet, wo er von der Magdeburg–Hamburg–Londoner Dampferfahrt mit den Schiffen ‚Courir' und ‚Monarch' als einem „würdige[n] Vorspiel zu einer London-Reise"[31] spricht.

Fontane hat also schon früh erkannt, wie sehr das neue England durch Technik und Industrie bestimmt war. Und wie sehr es als Lebensschule geeignet war, wovon es auch den deutschen Leser zu überzeugen galt. Hier konnte sich nicht nur das Bürgertum über die Welt von morgen verständigen, auch für ihn selbst war es eine Lebensschule. Denn wenn er von England als „gelobte[m] Land" beziehungsweise „Kanaan" spricht, dann war das nicht nur politisch, sondern auch und gerade kulturell gemeint, technik-kulturell.[32] Nirgendwo konnte das freiheitsliebende und seiner neu entdeckten Reiselust frönende deutsche Bürgertum sich besser über seine politischen und kulturellen Leitvorstellungen verständigen als dort.

Das nahm Fontane auch für sich persönlich in Anspruch, etwa als er seinem Freund Friedrich Witte im Oktober 1852 (nach der Rückkehr von seinem zweiten Aufenthalt) bekannte, in England „eine unvergleichliche Schule", ein adäquates „Gegengewicht" und „Äquivalent" zu einer klassisch-humanistischen Schulausbildung gefunden zu haben, von der er sich im Falle einer nochmaligen Reise die endgültige Aufhebung einer bis dahin nur „halbe[n] Bildung" und den Gewinn eines „Berg[es]" von Wissen („Sprache", „Literatur" und „Zustände des Landes" betreffend) versprach, mit dem es sich fühlen ließ „wie der Hahn auf seinem Mist".[33]

Diese Begeisterung steht in der Tradition einer seit Ende des 18. Jahrhunderts zu beobachtenden Bedeutungszunahme Englands als touristisches Reiseland, für das die Besichtigungen des Manufakturwesens von Manchester und

---

[30] HFA III/3-I, 10 (Sommer in London).

[31] HFA III/3-II, 773. So ist zum Beispiel über das Schiff ‚Monarch' zu lesen, daß es mit einer „gewaltige[n] Maschine" von „260 Pferde-Kraft" Stärke sowie kaum minderer „Eleganz" (ebd., 774) ausgestattet gewesen sei.

[32] Ebd., 782 und 781. Weil England sich als erstes Land ein gewähltes Parlament sowie die Garantie umfassender Bürgerrechte leistete, war es Mitte des 19. Jahrhunderts für viele das Maß aller Dinge und nach der gescheiterten Revolution von 1848 gerade für viele Deutsche ein willkommenes Exil.

[33] HFA IV/1, 321 (18. Oktober 1852).

Birmingham (mit der Dampfmaschinenfabrik Boulton & Watt und der Großtöpferei Josiah Wegwoods als deren Aushängeschildern) buchstäblich zum Pflichtprogramm gerieten.[34] Auch Fontane war von dieser Begeisterung erfaßt. Und wie zu sehen sein wird, machte sie sich für ihn auch an den technokulturellen Erscheinungen des Landes fest.

## 2. Technische Symbolik des Englandmodells London

Welchen Rang die Technik in Fontanes England- beziehungsweise Londonberichterstattung behauptet, verdeutlichen die beiden Anfangskapitel seines Londoner Sommerbuches, *Von Gravesend bis London* und *Ein Gang durch den leeren Glaspalast*. Ersteres befaßt sich mit den Londoner Verkehrsverhältnissen zu Wasser, namentlich dem Dampfschiffverkehr auf der Themse, einem „essential element in London's life"[35]. Letzteres ist Crystal Palace gewidmet, dem legendären Veranstaltungsgebäude der ersten Weltausstellung von 1851 im Hyde Park der Stadt. In Fontanes London- und Englandbild besitzen sie große symbolische Bedeutung. Darum sollen sie im Folgenden näher in Augenschein genommen werden.

### 2.1. Dynamisierte Masse: Der Londoner Dampfbootverkehr

Obwohl Fontane London 1852 in Wahrheit mit dem Zug erreichte,[36] läßt er den Leser in *Ein Sommer in London* dort mit dem Dampfboot ankommen. *Von Gravesend bis London*, das erste Kapitel des Buches, beschreibt, wie der Erzähler nach Erreichen der „englische[n] Küste" über den „Themsestrom" in die Londoner City einfährt.[37] Diese Manipulation der tatsächlichen Verhältnisse ist wohl überlegt, denn nirgendwo läßt sich die „eigentliche Wesenheit, der Charakter" der englischen Metropole anschaulicher belegen als auf deren großer Haupt-„Fahrstraße", der Themse, mit dem dort herrschenden Dampfbootverkehr.[38]

---

[34] Siehe dazu Kuczynski 1999, Hädecke 1993, 48ff. sowie Maurer 1987. Deutlichster Ausdruck dieser Leidenschaft ist der Anfang des 19. Jahrhunderts boomende Markt für englische Reiseliteratur. Zu den meist gelesenen Autoren gehören Johann Christoph Lichtenberg und Johanna Schopenhauer.

[35] Barker/Robbins 1963, XXVI.

[36] 1852 fuhr Fontane nach seiner Ankunft in Dover – von Hamburg kommend – das letzte Stück des Weges mit dem Zug. Für „7 Schilling" („nicht theuer") ging es „am Meeres-Quai" entlang, „dann und wann [durch] einen Felsentunnel hindurch" und – ab Folkstone – durch „die grünen Hügel und Thäler der schönen Grafschaft Kent" (GBA IV/1, 9 [23. April 1852]) auf dem Schienenweg direkt nach London.

[37] HFA III/3-I, 9. Bei der in *Von Gravesend bis London* beschriebenen Fahrt schöpft Fontane viel mehr aus der Erinnerung an seine erste Englandreise von 1844, wie er sie in einem für die Zeitschrift *Deutsche Reform* (Nr. 942, 11. Juni) 1850 verfaßten Artikel beschrieben hat. Siehe dazu HFA III/3-II, 1242 (Anm.).

[38] HFA III/3-I, 10.

Was diese Wesenheit im Kern ausmacht, wird im zweiten und dritten Absatz erklärt.

Da ist zum einen die sagenhafte Größe dieser „Riesenstadt"[39], die wie „ein Gewitter" spürbar ist, noch „bevor es über uns ist", und alles auf sich zu Bewegende mag(net)isch anzieht: den sie ansteuernden „Dämpfer", der, als ob ihm „Flügel" wüchsen, „immer rascher [...] mit seinen Schaufeln die hochaufspritzende Flut" schlägt, wie den Passagier, dessen „Sehnsucht [...] schneller" fliegt als das Schiff.[40] Denn wie „alles Große" wirkt auch London „in die Ferne", um sich durch die in seinem „Zauberbann" liegenden „Vorläufer"-Städte schon anzukündigen, bevor man es wirklich erreicht hat; neben Gravesend, das „uns zu[ruft]: »London kommt!«", sind das vor allem Greenwich und Woolwich, die dem überraschten Ankömmling das Gefühl geben, sich „bereits mitten im Getriebe der Riesenstadt" zu befinden.[41]

Zum anderen ist da die „*Massenhaftigkeit*" der Stadt, die „überschwengliche Fülle" und „unerschöpfliche Masse" all ihrer Erscheinungen, die im Besucher unwillkürlich ein „Gefühl des Unendlichen" weckt:

> Ob man von der Paulskirche, oder der Greenwicher Sternwarte herab seinen Blick auf dies Häusermeer richtet, – ob man die Citystraßen durchwandert und von der Menschenwoge halb mit fortgerissen, den Gedanken nicht unterdrücken kann, jedes Haus sei wohl ein Theater, das eben jetzt seine Zuhörerschwärme wieder ins Freie strömt, – überall ist es die *Zahl*, die *Menge*, die uns Staunen abzwingt.[42]

Wenn wir Fontane glauben, findet man diese beiden „Wesenheit[s]"-Merkmale „nirgends so" vor Augen geführt wie zu Wasser, „wie auf der großen Fahrstraße Londons – der Themse".[43] Statt wie in „Miles-end", der ehemals „längste[n] Straße Londons", wird diese nicht mehr von „Cabs und Omnibusse[n]", sondern (neben bedrohlich wirkenden „Wachtschiffe[n]", „Ostindienfahrern" sowie zerschossen anmutenden „Invalidenschiff[en]") nur mehr von „Hunderte[n] von Böten und Dämpfern" befahren.[44] Letzteren gehört die größte Aufmerksamkeit des Textes, nicht nur der Zahllosigkeit ihrer Erscheinung, sondern auch der – in Briefen schon mal zum Vergleich mit einem „Windhund"[45] führenden – Umtriebigkeit und berauschenden Dynamik wegen. In der erkennt Fontane ein wesentliches Charakteristikum der Metropole: „Was ein Stück Infusorienerde

---

[39] Ebd., 9.
[40] Ebd.
[41] Ebd.
[42] Ebd., 9f.
[43] Ebd., 10.
[44] Ebd., 9f.
[45] HFA, IV/1, 411 (An Ludwig Metzel am 11. September 1855). Mitunter sieht er dieses Treiben sogar als lebensbedrohlich an. So berichtet er Metzel weiter, daß man sich vorsehen müsse, nicht „150mal überfahren" zu werden „in jenen fünf Minuten, die etwa dazu gehören, eine Haus- oder eine Kirchenfassade Revue passieren zu lassen" (ebd., 416).

unter dem Ehrenbergschen Mikroskop, das ist London vor dem menschlichen Auge. Zahllos wimmelt es"[46].

Am deutlichsten wird das mit dem Treiben der Dampfschiffe auf der Themse exemplifiziert, etwa dem Bild einer unter Sang und Klang den Fluß herunterkommenden „Flottille von Dampfböten":

> Kein Ende nimmt der Festzug: bis hundert hab' ich die vorbeifliegenden Dämpfer (die keine Masten und nur einen hohen eisernen Schornstein in der Mitte tragen) gezählt, aber ich geb' es auf: sie sind eben zahllos. Und welche Jagd! wie beim Wettrennen suchen sich die einzelnen zu überholen; eine nordische Regatta ist es [...]. Greenwich taucht auf vor uns, immer reger wird das Leben, immer bunter der Strom; – wie wenn Ameisen arbeiten, hier hin – dort hin, rechts und links, vor und zurück, aber immer rastlos, so lebt und webt es zwischen den Ufern.[47]

Mitunter hat das Sinnestäuschungen zur Folge, etwa wenn der Betrachter beim Anblick der Flotte von „wie Pfeile vorbeischießend[en]"[48] Dampfbooten den Eindruck gewinnt, als ob die gesamte Stadt ausflöge (ohne daß man das dieser anmerke):

> Noch hat unser Fuß London nicht betreten, noch liegt es vor uns, und schon haben wir ein Stück von ihm im Rücken, – auf hundert Dampfböten eilte es an uns vorbei. Die Bevölkerung *ganzer Städte* ist ausgeflogen aus der *einen Stadt*, und doch die Tausende, die ihr fehlen, – *sie fehlen ihr nicht*.[49]

Zu einem späteren Zeitpunkt soll dieser – wie der Dichter Detlef von Liliencron sagen würde – „Sinnenbetrug"[50] näher diskutiert werden. Hier nur so viel: Die Größen- und Geschwindigkeitsdimensionen Londons drohen den im perzeptiven Umgang mit ihnen weitgehend ungeübten deutschen Besucher schier zu überfordern. Das wird besonders augenscheinlich angesichts der Not, die gemachten Erfahrungen sprachlich zu gestalten. Weil die alte Sprache für die Beschreibung der neuen Geschwindigkeitsverhältnisse unbrauchbar geworden ist, muß der Erzähler bei anderen, meist alten Themen- und Bildbereichen Anleihen machen: dem Märchen und der Sage[51], der Zauberei[52], dem „Theater"[53], der Na-

---

[46] HFA III/3-I, 11.
[47] Ebd.
[48] HFA IV/1, 409 (An Ludwig Metzel am 11. September 1855).
[49] HFA III/3-I, 11.
[50] Aus dem Gedicht *Der Blitzzug* (1901). Zit. nach Minaty 1984, 126f.
[51] Immer wieder wird London mit sagenumwobenen Städten wie Neapel, Moskau, Rom und Venedig verglichen. Analog dazu wird die Themse mit einer „Lagune" beziehungsweise der dieser befahrende Dampfboote mit einer „Gondel" (HFA III/3-I, 11) parallelisiert.
[52] Zur Bezeichnung der scheinbar magischen Wirkung der Stadt ist von „Zauberbann" die Rede, zu der ihrer Massenhaftigkeit von „Zauber" (ebd., 9).
[53] Ebd. 10. Derartige Vergleiche mit dem Theater finden sich auch in den Briefen, beispielsweise dem an seine Mutter aus dem Jahre 1852, in dem er der „Großartigkeit dieses Schauspiels" (HFA IV/1, 229 [28. April 1852]), also des Londoner Treibens, das Wort redet.

tur[54], den modernen Naturwissenschaften[55] sowie anderen, neueren Diskussionen[56]. Kurz, „das wohlvertraute Alte [wird] zum Vehikel des unbekannten Neuen", nicht zuletzt um es „zu ent-fremden".[57]

Als erstes konfrontiert Fontane den Leser seines Londoner Sommerbuches also mit einer technischen Seite der Stadt – aus zweierlei Gründen. Erstens ist das Dampfschiff für ihn eines der herausragenden Symbole für den Charakter und die Wesenheit dieser hochmodernen Stadt. Fast nirgendwo läßt sich deren Massenhaftigkeit und stadttechnische Avanciertheit besser überprüfen als auf der großen Fahrstraße, dem „Zeichenübermittlungssystem"[58] Themse.

Zweitens besitzt das Dampfschiff auch eine instrumentelle Komponente. Zum einen erschließen die Steamer dem Fremden den geheimen Sprachschatz der wie ein „Wunderbuch" daherkommenden Stadt:

> Noch haben wir kein Wort Englisch gehört und schon haben die Spiegel und Flaggen der vorbeisausenden Schiffe einen ganzen Sprachschatz vor uns aufgeschlagen; wie in Blättern eines Riesenlexikons hätten wir darin lesen können.[59]

Zum anderen spielen sich in der Wahrnehmung des zeitgenössischen Dampfschiffpassagiers im Kleinen schon all die sinnlichen Sensationen ab, die für die moderne Großstadterfahrung im Ganzen kennzeichnend werden sollten.[60] Das Dampfschiff war also auch in einem übergeordneten, sagen wir: semiotischen und wahrnehmungstechnischen Sinne für die Riesenstadt und Geschwindigkeitsbox London sinnbildlich. Und welche Bedeutung Fontane diesem Aspekt beimaß, verdeutlicht die kunstästhetische Betrachtung des legendären Weltausstellungsgebäudes von 1851 im zweiten Kapitel seines Buches, das „architektonisch einen ähnlichen Wahrnehmungsschock"[61] auslöste wie die sagenhaften Geschwindigkeitsverhältnisse der Metropole: Crystal Palace.

---

[54] Siehe die „Meeres"-Metaphorik (z. B. „Menschenwoge") zur Illustrierung der Unendlichkeit, Überschwänglichkeit und Unerschöpflichkeit der Stadt, ferner die Parallelisierung des städtischen Treibens mit dem von „Ameisen" (HFA III/3-I, 10f.).

[55] Siehe dazu den Vergleich des Londoner ‚Ge-Wimmels' mit dem sich beim Blick durch ein „Ehrenbergsche[s] Mikroskop" auf „ein Stück Infusorienerde" (ebd., 11) zeigenden Bild.

[56] Nehmen wir – zur Bezeichnung seiner Umtriebigkeit – die Gleichsetzung Londons mit einem „Getriebe" (ebd., 9), also mit einem Begriff aus der Welt der Maschinentechnik. Teilweise behilft sich Fontane gar mit Neologismen wie „Riesenlexikon" (ebd., 11), um die inhaltliche Vielfalt der Stadt auf den Punkt zu bringen. Denn noch 1893, also mehr als vier Jahrzehnte nach Erscheinen von *Ein Sommer in London*, ist das Wort im *Deutschen Wörterbuch* der Gebrüder Grimm nicht verbucht.

[57] Wülfing 1994, 32.

[58] Wülfing 1995, 485. An anderer Stelle spricht Wülfing von der Wasserstraße gar als *dem* „Medium der Metropoliserfahrung" (Wülfing 1994, 30).

[59] HFA III/3-I, 137 und 11.

[60] Siehe dazu Smuda 1992, 134.

[61] Schivelbusch 1989, 46.

## 2.2. Macht der Monotonie: Gedanken zum Londoner „Glaspalast"

Was die Dampfschiffe ihrer maschinellen Natur wegen sind, ist der im zweiten Kapitel des Buches (*Ein Gang durch den leeren Glaspalast*) thematisierte „Glaspalast"[62] auf dem architektonischen Gebiet: ein weiteres Sinnbild der Technikstadt London und manifester Ausdruck des auf Hochtouren laufenden britischen Industrialismus. Da die Kenntnis des Baus heute nicht mehr als selbstverständlich vorausgesetzt werden kann, hier eine Erinnerung.

### 2.2.1. Der „Glaspalast" als Charakterbild der Zeit

Der Glas- oder „Kristallpalast"[63] war der Veranstaltungsort der Londoner Weltausstellung von 1851. Ziel dieser „erste[n] Olympiade der wirtschaftlichen Leistungsfähigkeit"[64] war – so Prinz Albert von Sachsen Coburg, der Schirmherr der Veranstaltung – die vergleichende Zusammenstellung der Industrieerzeugnisse aller gebildeten Völker der Erde, um dadurch der „Einheit der Menschheit"[65], die seit Erfindung der Eisenbahn zumindest verkehrstechnisch denkbar geworden war, ausstellungstechnisch schon einmal vorauszugreifen. Denn die „Entfernungen", so noch einmal der Schirmherr,

> welche die verschiedenen Nationen und Teile des Erdkreises trennen, verschwinden schrittweise vor den Vervollkommnungen der neueren Erfindungen, und wir können sie jetzt mit unglaublicher Leichtigkeit zurücklegen; die Sprachen aller Völker sind in den Kreis des Erreichbaren für jedermann gestellt [...].[66]

Nirgendwo waren die Völker der Erde leichter zusammenzuführen als auf diesem Freudenfest des technischen Fortschritts, das ihre Güter – immerhin aus 94 Ländern! – vergleichend zur Schau stellte.[67] Zu sehen waren Gegenstände und Geräte des täglichen Gebrauchs genauso wie komplizierteste Maschinen. Ihre Anordnung war enzyklopädisch, so daß der Besucher auf seinem Rundgang beinahe so etwas wie eine Weltreise durch die Geschichte der Industrialisierung unternahm. Gleichwohl eine verwirrende, denn, so Fontane in seinem 1856 in der *Vossischen Zeitung* (Nr. 123, 29. Mai) veröffentlichten Artikel *Kristallpalast-Bedenken*:

> Gewerbeausstellungen sind gut, Kunstausstellungen sind gut, zoologische und botanische Gärten, Museen und Galerien, Kunst- und Rüstkammern,

---

[62] HFA III/3-I, 11.
[63] Siehe dazu Fontanes 1856 in der *Vossischen Zeitung* (Nr. 123, 29. Mai) veröffentlichten Artikel *Kristallpalast-Bedenken*: HFA III/1, 124-28.
[64] Kretschmer 1999, 47. Ort der vom 1. Mai bis 11. Oktober dauernden Ausstellung war der Londoner Hydepark.
[65] So Prinz Albert in seiner Eröffnungsrede. Zit. nach Krasny 1996, 317.
[66] Ebd.
[67] Zur Ausstattung der Ausstellung im Allgemeinen und ihrer sinnlichen Wirkung siehe Kretschmer 1999, 32 sowie Maag 1986, 98ff.

alles ist gut und alles ist lobenswert, *aber ein furchtbares Durcheinander all dieser Dinge ist eine geistige* Parforce-Kur, durch die einige Universalgenies aus dem Volk zu Zierden der Nation geweckt und gebildet werden mögen, während die große Masse nichts davon hat als – Begriffsverwirrung.[68]

Vom Geist der Londoner Ausstellung sollte auch das eigens dafür errichtete Exhibition House zeugen. Bei diesem nach Plänen des Architekten John Paxton entworfenen Gebäude handelte es sich um das „Signum einer architektonischen Revolution"[69]. Nicht nur seiner kolossalen Größe (563 × 124 × 33 m), sondern vor allem seiner Bauweise und Baumittelverwendung wegen. Es war das erste streng den Gesetzen der Kostenökonomie gehorchende Glas-Eisen-Gebäude und leitete im Haus- und industriellen Zweckbau eine Zeitenwende ein.[70]

Ein Charakterbild der die Ausstellung tragenden Geisteshaltung und seiner Zeit war das Bauwerk vor allem aus folgenden Gründen. Wegen seiner dem Eisenbahn- und Bahnhofsbau entlehnten Bauweise erinnerte es nicht wenig an eine Industriehalle. Beispielsweise im „Maschinensaal", der das größte Besucherinteresse auf sich zog und in dem dem Beobachter „während die Spindeln sich drehen und der Webstuhl Schlag um Schlag seine Teppiche wirkt, [...] etwas von den Wundern von Leeds und Manchester vor die Seele" geführt wurde.[71]

Außerdem zwang der Glaspalast seinen Besucher visuell zu einer Wahrnehmungsweise, die mit der neuen, zeittypischen Form der Wahrnehmung in enger Beziehung stand. Nach Schivelbusch verhält sich „die Raumkapazität der Glasarchitektur [...] zu derjenigen der traditionellen Bauweise [nämlich] wie die Verkehrskapazität der Eisenbahn zum vorindustriellen Verkehr"[72], so daß ihr Besucher einen ähnlichen Wahrnehmungsschock erlitt wie einst die ersten Eisenbahnreisenden. Zum einen, weil, so Giedion, „die ungeheuren Glasflächen der Überdachung [...] die damaligen Besucher, die an diese überraschende Lichtfülle nicht gewöhnt waren"[73], blendeten, zum anderen, weil die optischen Gesetze von Raumgrenze, Kraft und Masse, Licht und Schatten in ihm buchstäblich auf den Kopf gestellt, die traditionellen Raumverhältnisse einer totalen Neuordnung unterzogen wurden. Die Voraussetzungen für ein plastisch greifbares Raumvolumen waren damit zunichte gemacht.[74] Wie sich das auf den Betrachter auswirkte, verdeutlicht eine Notiz des deutschen Publizisten und 1848er-England-Exilanten Lothar Bucher:

> Wir sehen ein feines Netzwerk symmetrischer Linien, aber ohne irgendeinen Anhalt, um ein Urtheil über die Entfernung desselben von dem Auge und über die wirkliche Größe seiner Maschen zu gewinnen. Die Seiten-

---

[68] HFA III/1, 126.
[69] Maag 1986, 97.
[70] Siehe dazu Schivelbusch 1989, 45f.
[71] HFA III/1, 125.
[72] Schivelbusch 1989, 45.
[73] Giedion 1965, 185.
[74] Ausführlicher hierzu Schivelbusch 1989, 45ff. und Maag 1986, 101f.

wände stehen zu weit ab, um sie mit demselben Blick erfassen zu können, und anstatt über eine gegenüberstehende Wand streift das Auge an einer unendlichen Perspektive hinauf, deren Ende in einem blauen Duft verschwimmt. Wir wissen nicht, ob das Gewebe hundert oder tausend Fuß über uns schwebt, ob die Decke flach oder durch eine Menge kleiner paralleler Dächer gebildet ist; denn es fehlt ganz an dem Schattenwurf, der sonst der Seele den Eindruck des Sehnervs verstehen hilft. [...] Erst an den Seitenwänden orientieren wir uns, indem wir aus dem Gedränge von Teppichen, Geweben, Thierfellen, Spiegeln und tausend anderen Draperien eine einzelne freie Säule heraussuchen – so schlank, als wäre sie nicht da, um zu tragen, sondern nur das Bedürfnis des Auges nach einem Träger zu befriedigen – ihre Höhe an einem Vorübergehenden messen und über ihr eine zweite und dritte verfolgen.[75]

In einer Studie des Architekten und Fontane-Freundes Richard Lucae finden wir diesen Eindruck noch um eine Dimension erweitert:

> Wie bei einem Krystall, so gibt es auch hier kein eigentliches Innen und Außen. Wir sind von der Natur getrennt, aber wir fühlen es kaum. Die Schranke, die sich zwischen uns und die Landschaft gestellt hat, ist eine fast wesenlose. Wenn wir uns denken, daß man die Luft gießen könnte wie eine Flüssigkeit, dann haben wir hier die Empfindung, als hätte die freie Luft eine feste Gestalt behalten, nachdem die Form, in die sie gegossen war, ihr wieder abgenommen wurde. Wir sind in einem Stück herausgeschnittener Atmosphäre.[76]

Mit anderen Worten: Beim Blick nach draußen war die Wahrnehmung des Betrachters am verstörtesten, das heißt, wenn infolge des Fehlens aller Licht-Schatten-Kontraste und der allenthalben gleichmäßigen Helligkeit die Grenzen zwischen Innen und Außen förmlich zerflossen.[77] Durch die Installation von Spiegeln, die das Bild des Außenraumes nach innen und das des Innenraumes nach außen warfen, wurde dieser Eindruck noch verstärkt. Genau das war es auch, was das Kristallhaus bautechnisch wiederum zu einem Abdruck des die Ausstellungsmacher leitenden Mottos machte: die Öffnung des englischen Industriegewerbes nach außen, zur Welt hin (und damit gleichsam das Ende der nationalen Abschirmung gegen Industriespionage) auch architektonisch zur „Darstellung"[78] zu bringen.

---

[75] Bucher 1851, 10f.
[76] Lucae 1869, 303.
[77] Siehe dazu Schivelbusch 1989, 47f.
[78] Rede Prinz Alberts. Zit. nach Krasny 1996, 317.

### 2.2.2. Fontanes „Glaspalast"-Überlegungen

Angesichts der oben aufgezeigten frühen Technikbegeisterung Fontanes sowie seines Anspruchs, den deutschen Lesern Englands technisch-industrielle Leistungen als Elementarheiten der englischen Landeskultur näherzubringen, ist es wenig verwunderlich, auch im zweiten Kapitel des Sommerbuches ein herausragendes techno-kulturelles Symbol der Stadt, des Landes, wenn nicht sogar des beginnenden Industrialismus überhaupt behandelt zu finden: den Londoner Glaspalast.

Wenn wir dem Text glauben, will der Reisende noch „kaum zwei Stunden in London"[79] angekommen gewesen sein, als er sich auch schon in Richtung Hydepark aufgemacht hat, um sich selbst ein Bild von dem Wunderbau zu machen. Dem Tagebuch zufolge war das zwar erst der 24. April, ergo der zweite Tag seines Aufenthalts,[80] der Sache, also der Wertschätzung des Baus, tut das jedoch keinen Abbruch. Im Gegenteil. Außer der symbolischen Bedeutung des Gebäudes dürfte die Eile seines Besuches auch dem Umstand geschuldet gewesen sein, daß es kurz vor seiner Demontage stand. Wegen heftiger öffentlicher Proteste hatte der Bau 1850/51 nur unter der Auflage errichtet werden dürfen, nach Beendigung der Ausstellung wieder abgebaut zu werden. Da die Frist dafür bald ablief (1. Juni 1852), mußte Fontane sich sputen, wenn er den Glaspalast noch einmal sehen wollte.[81]

Wie der Erzähler sich im ersten Kapitel von den Dampfschiffen verzaubern läßt, so zeigt er sich auch hier vom Objekt des Interesses wie magisch angezogen. Jedoch nicht, weil es von einem berauschenden Leben erfüllt gewesen wäre, sondern gerade wegen der darin spürbaren friedhofsähnlichen Stille. Den Grund für diese Faszination wähnt er in der Tatsache, daß

> Etwas im Menschen [ist], was ihn den Herbst und das fallende Laub mehr lieben läßt als den Frühling und seine Blütenpracht, was ihn hinauszwingt in die Stille der Friedhöfe und unter Epheu und Trümmerwerk ihn wonniger durchschauert als angesichts aller Herrlichkeit der Welt.[82]

Und genau das erwartet den Besucher im April 1852 im Hydepark, im dort befindlichen Kristallpalast. Denn die dort abgehaltene Weltausstellung hatte ihre Tore zu diesem Zeitpunkt schon wieder ein halbes Jahr geschlossen, und der architektonische Wunderbau harrte nur noch seiner Zerlegung. Einerseits ist das für den Besucher aus Deutschland enttäuschend, andererseits hat das aber auch etwas für sich. Der Blick auf die äußere Erscheinung des Baus ist dadurch näm-

---

[79] HFA III/3-I, 11.
[80] Siehe dazu GBA IV/1, 10. Zu der genauen Datierung dieser Reise siehe Grawe 1998, 59.
[81] Trotz sich inzwischen mehrender Stimmen, die eine Bewahrung des Kristallpalasts forderten, erlebte dieser noch im selben Jahr seine Zerlegung. Allerdings wurde er anschließend im Londoner Stadtteil Sydenham wiedererrichtet, wo er noch bis November 1936 zu bestaunen war, ehe ein Brand ihm endgültig ein Ende setzte. Siehe dazu Kretschmer 1999, 55.
[82] HFA III/3-I, 11.

lich auf jeden Fall unverstellter und unabgelenkter. Nun, da sich „der bunte Strom der Gäste" verlaufen hat und „kein Fahren und Rennen, kein Drängen am Eingang" mehr ist.[83] Und just darum geht es Fontane ja. Gleich beim Betreten des Parks tritt eine beeindruckende „Stille um ihn her", die den Palast im „Strahlenstrom" der mittäglichen Sonne wie einen „›Berg des Lichts‹", wie den „echte[n] und einzige[n] Kohinur", wie einen „Stern" erscheinen läßt.[84] Der Betrachter ist davon wie benommen.

Ähnlich verhält es sich mit dem Inneren des Baus, dessen räumliche Dimensionen unter dem Einruck seiner Verlassenheit noch extremer wirken. Seit nach Beendigung der Exhibition „mit jenen farbenreichen Shawls und Teppichen", „jenen tausend Meß- und Rechengeräten", „die einst wie Phantasien ihn durchglühten", anscheinend auch „dessen geistiges Leben", „dessen Seele [...] entflohn" ist, wirkt der Kristallpalast auf den Betrachter nur mehr wie ein Schatten seiner selbst, wie eine „Riesenleiche", wie ein einziger großer „Glasleib".[85] Ein Glasleib allerdings, dessen herausragende Qualität, eben seine Kolossalität, so am deutlichsten zur Geltung kommt und sich am besten studieren läßt. Beinahe wie unter Laborbedingungen, unter Ausschluß aller störenden Nebenwirkungen: „Der Eindruck mag schöner, erquicklicher gewesen sein, als eine ganze Welt ihr Bestes hier ausgebreitet hatte, – imposanter war es nicht."[86] Kurz, Fontane ist von der Weite des Raumes wie benommen, spricht von Eigentümlichkeit und Zauber, um zur Präzisierung seiner Beobachtung schließlich auf andere Bildbereiche auszuweichen:

> Es ist etwas Eigentümliches um die bloße Macht des Raums! das Meer und die Wüste – sie haben diesen Zauber, und leise fühl' ich mich von ihm berührt, als mein Auge die ungeheuren Dimensionen dieses Palastes durchmaß.[87]

In dem 1856 für die *Vossische Zeitung* verfaßten Artikel *Kristallpalast-Bedenken* finden wir diesen Eindruck wiederholt, wenn es heißt: „Der Masse und dem bloßen Raum haftet ein gewisser Zauber an."[88] Noch mehr wird die Wertigkeit des

---

[83] Ebd., 12.
[84] Ebd. Bei dem Kohinur handelt es sich um einen seit 1849 im britischen Kronschatz befindlichen berühmten Diamanten.
[85] Ebd.
[86] Ebd.
[87] Ebd., 12.
[88] HFA III/1, 124. Auch in diesem Bericht verneigt sich der Verfasser vor der Größen- und Raumdimension des Hauses: „Der Palast ist neu, groß und bunt und mannigfach – wer möchte da widerstehen! Selbst ein einfacher Sinn erliegt dem Imposanten der Erscheinung" (ebd.). Allerdings beziehen sich diese Beobachtungen (Buntheit, Mannigfaltigkeit usw.) nicht wie in *Ein Sommer in London* auf ein leerstehendes, verwaistes Gebäude, sondern auf ein mit Exponaten gefülltes. Da Fontane die Weltausstellung persönlich nicht besucht hat, muß es sich um eine unechte oder eine auf einen Besuch des in Sydenham wiedererrichteten Palasts rekurrierende Korrespondenz handeln. Auf jeden Fall finden wir diese Bedenken in einigen späteren, ‚unechten' Weltausstellungsberichten weiter vertieft. In einer Korrespondenz über die Londo-

Baus als techno-kulturelles Sinnbild Londons jedoch durch eine andere Auffälligkeit begründet, namentlich die „völlige Gleichheit und stete Wiederkehr aller einzelnen Teile"[89]. Für Fontane machen sie den Glaspalast erst recht zu einem „Abbild Londons":

> Und als ich nun von Säule zu Säule diesen Raum durchschritt, und fast ermüdet durch die völlige Gleichheit und stete Wiederkehr aller einzelnen Teile, doch nicht aufhören konnte, das riesenhafte Ganze zu bewundern, da erschien mir dies Glashaus wie das Abbild Londons selbst: abschreckende Monotonie im einzelnen, aber vollste Harmonie des Ganzen.[90]

Da eine derartige Monotonie – Fontane zufolge – für London kennzeichnend ist, finden wir sie im Verlauf des Sommerbuches mehrfach angemahnt. Etwa in dem Kapitel über das englische Kunstausstellungswesen (*Die Kunst-Ausstellung*[91]) oder die für London typische Wohnhausbauweise (*Straßen, Häuser, Brücken und Paläste*[92]), die der Stadt seit den 1820/30er Jahren unverwechselbare Züge verlieh. „Ganze Stadtteile", so Fontane, „bestehen aus Häusern, die sich so ähnlich sehn, wie ein Ei dem andern."[93] In einem Brief an Wilhelm Merkkel heißt es gar, die „englische[n] Vorstadtstraßen" sähen aus „wie eine ausgepackte Schachtel Nürnberger Spielzeug, bevor das letzte bunt angepinselt ist. Alles ganz gleichmäßig; die Häuser nur durch ihre Nummer unterschieden [...], nicht die einzelnen unterscheiden sich, sondern nur die Gruppen."[94] Auf der an-

---

ner Weltausstellung von 1862 (*Die Ausstellung. Das Gebäude*: Kreuzzeitung, Nr. 114, 17. Mai 1862) ist von dem Ausstellungsgebäude als nur mehr einem bloßen „Warenspeicher" und einem sich angesichts des Überangebots von Exponaten unweigerlich einstellenden „Billigkeitsgefühl" (FUK/1, 217) die Rede.

[89] HFA III/3-I, 12 (Sommer in London).
[90] Ebd.
[91] Ebd., 64-68. Am Beispiel der „National-Galerie" führt der Autor seine Überlegungen zur völligen Gleichförmigkeit der Bestrebungen aus. So ist über die englische Kunstszene und das englische Ausstellungsgewerbe zu lesen: „Die Kunstausstellungen drohen mehr und mehr zu bloßen Portrait-Galerien zu werden", deren „ganze Sünde [...] ihr Zuviel" (ebd., 64) ist.
[92] Ebd., 28-33. Bei dem englischen Wohnhaus handelt es sich um einen ganz auf die Bedürfnisse der englischen Durchschnittsfamilie zugeschnittenen, schmucklos-einfachen und billigen, außer als Wohnhaus auch als Schule, Bürohaus, Lagerhaus, Wirtshaus oder Hotel nutzbaren Haustyp. Fontane beschreibt ihn wie folgt: „Das englische Haus hat zwei oder drei Fenster Front, ist selten abgeputzt, meist durch ein Eisengitter von der Straße getrennt, und hat ein Souterrain mit der Küche und den Räumlichkeiten für das Dienstpersonal. Parterre, und zwar nach vorn heraus, befindet sich das Sprech- oder Empfangszimmer (parlour), dahinter ein sitting-room, in dem das Diner eingenommen zu werden, auch wohl der Hausherr seine Times zu lesen und sein Nachtmittagsschläfchen zu machen pflegt. Die teppichbedeckte Treppe führt uns in die drawing-rooms, zwei hintereinander gelegene Zimmer von gleicher Größe, beide durch eine offenstehende, scheunentorartige Tür in stetem Verkehr miteinander. [...] In der zweiten Etage sind die Schlafzimmer, – noch eine Treppe höher die Wohn- und Arbeitszimmer für die Kinder, auch wohl ein Gastbett für Besuch von außerhalb." (ebd., 29). Allgemeiner dazu auch Saint 1992, 69ff.
[93] HFA III/3-I, 29.
[94] HFA IV/1, 582 (23. August 1857).

deren Seite ermangeln sie, obwohl im Einzelfall alles andere als Schönheiten, in ihrer Gesamtheit nicht eines gewissen Reizes, beispielsweise da, wo „die Vollständigkeit dieser Uniformität [...] zum Mittel gegen dieselbe", gegen ihre „Einförmigkeit" wird, wo die „Gesamtheit von Häusern [...] das Ansehn eines einzigen großen Gebäudes gewinnt".[95]

Auch im zweiten Kapitel seines Sommerbuches nähert sich Fontane der Metropole also von ihrer technischen Seite. Und wie bei den Dampfschiffen des Eingangskapitels sieht er auch im hier diskutierten Glaspalast ein Symbol für Londons Wesenheit. Mehr noch, ein Sinnbild für den britischen Industrialismus. Denn wie gehört manifestiert der Glaspalast auch eine neue wirtschaftspolitische Haltung: die Öffnung der landeseigenen Produktion nach außen und die Schaffung nur mehr kurzzeitiger, nicht mehr für die Ewigkeit bestimmter Werte. Und gerade Letzteres wird dem Betrachter beim Anblick des Glashauses, das ein halbes Jahr nach Beendigung der Weltausstellung bereits ein Bild des Verfalls bietet („nur wenig erinnert noch an die Bestimmung des Gebäudes"[96]), besonders deutlich:

> Unsere Zeit eilt schnell: sie ist rasch im Schaffen wie im Zerstören; noch ein Winter und – das Glashaus ist eine Ruine. Schon dringen Wind und Staub durch hundert zerbrochene Scheiben, schon ist das rote Tuch der Bänke verblaßt und zerrissen, und schon findet die Spinne sich ein und webt ihre grauen Schleier, die alten Fahnen der Zerstörung.[97]

Allerdings klingt auch in der Monotonie- und Verfallskritik dieses Kapitels an, was Fontane bereits in den April-Tagen des Jahres 1852 seiner Mutter andeutet – und was sich im Verlauf des Buches und erst recht seines dritten Aufenthalts 1856-59 immer weiter verdichten wird: daß er „nach einer [ersten] 8tägigen Erfahrung bereits versichern" zu können meint, „daß mein diesmaliges Urtheil über London anders ausfallen wird, als vor 8 Jahren"[98], daß sein englisches Technikbild im Wandel begriffen ist.

---

[95] HFA III/3-I, 29.
[96] Ebd., 12.
[97] Ebd., 13.
[98] HFA IV/1, 230 (28. April 1852).

## 3. Technik- und Industriereportagen

Neben solchen eher feuilletonistisch gehaltenen Huldigungen an die Technik entstanden während der insgesamt fast vier Englandjahre auch richtige Technikreportagen, vor allem in der Zeit des dritten Aufenthalts. Definitorisch gesprochen meint das „aus der unmittelbaren Situation und Atmosphäre heraus" entstandene sowie „durch Nähe zur objektiven und dokumentarisch nachprüfbaren Wirklichkeit und leidenschaftslos sachlichen Schilderung des Details" gekennzeichnete „Augenzeugenberichte" zum Thema Technik.[99]

In ihrer gesamten stofflichen Breite reichen diese Reportagen von der Frage der technischen Sicherheit[100], bevorzugt am Beispiel von Unglücksfällen erörtert, über die industrielle Fabrikarbeit[101] bis zur Präsentation und Explikation aufsehenerregender technischer Neuheiten, etwa auf dem Gebiet des Zweckhausbaus oder des Schiffbaus[102].

Im Folgenden werden diese einer näheren Betrachtung unterzogen. Einerseits der Vollständigkeit halber, das heißt, um auch der Technikreportage Rechnung zu tragen, andererseits, weil die Technik in ihnen am ausdrücklichsten behandelt wird. Als Beispiel ist dafür der 1857 in der *Kreuzzeitung* veröffentlichte Artikel *Ein merkwürdiger Stapellauf*[103] besonders geeignet, und zwar in mehrfacher Hinsicht. Mit der In-Fahrt-Setzung des legendären Riesendampfschiffs ‚Great Eastern' behandelt er nicht nur ein herausragendes technikgeschichtliches Ereignis, namentlich den technischen Störfall, der bereits in seiner Lyrik besondere Aufmerksamkeit auf sich zieht, er ist zudem auf dem Höhepunkt von Fontanes englischer Zeit verfaßt.

---

[99] Wilpert 1989, 765. Zur näheren Bestimmung der Reportage siehe auch Haller 1987, 15ff.

[100] Nehmen wir den Artikel *Explosion in Yorkshire-Kohlebergwerken* (*Kreuzzeitung*, Nr. 46, 24. Februar 1857) über ein – durch eine fehlerhafte Anwendung der Davyschen Sicherheitslampe ausgelöstes, 170 Menschenleben forderndes – Grubenunglück im County Yorkshire oder auch den Beitrag *Der Häuser-Einsturz in Tottenham-Court-Road* (*Kreuzzeitung*, Nr. 113, 16. Mai 1857) mit seiner Kritik der kommunalen Baupolitik als Urproblem von in London gehäuft auftretenden Häusereinstürzen: HFA III/1, 150f. (Explosion Yorkshire-Kohlebergwerke) und 151f. (Häuser-Einsturz Tottenham-Court-Road).

[101] Siehe zum Beispiel den Artikel *Der Besuch in Woolwich* (*Die Zeit*, Nr. 40, 25. Januar 1858) über einen Abstecher in die Geschützwerkstätten und Kanonen- sowie Hohlkugelgießereien in Woolwich: NFA XVIII, 157-69.

[102] Siehe zum Beispiel den im ‚Dritten Brief' *Aus Manchester* enthaltenen, zuvor schon in der Zeitung *Die Zeit* (11. Juli 1857) abgedruckten Bericht über die Besichtigung der amerikanischen Fregatte ‚Niagara' (*Ein Wolkenbruch. Ausflug nach Liverpool. Besuch auf der Fregatte ›Niagara‹*) oder auch den über den Stapellauf des ‚Great Leviathan', des zu dieser Zeit größten Passagierschiffes der Welt (*Ein merkwürdiger Stapellauf*, in: *Kreuzzeitung*, Nr. 261, 7. November 1857): HFA III/3-I, 435-38 (Aus Manchester) beziehungsweise HFA III/1, 164-68 (Merkwürdiger Stapellauf).

[103] *Kreuzzeitung*, Nr. 261, 7. November 1857: HFA III/1, 164-68.

## 3.1. Kolossal: Das Riesendampfschiff ‚Great Eastern'

Gegenstand des Artikels *Ein merkwürdiger Stapellauf* ist die Wasserung des Passagierdampfschiffes ‚Leviathan' alias ‚Great Eastern'[104], die im November 1857 weit über die Grenzen der britischen Insel hinaus für Aufsehen sorgte. Auch beim Fontane-Freund Bernhard von Lepel, der, wäre es nach ihm gegangen, nicht früh genug hätte „nach London reisen [wollen], um den Koloß zu sehn"[105]. Denn mit seiner außergewöhnlichen Bauweise und den rahmensprengenden Dimensionen war das nach Plänen des englischen Ingenieurs Isambard Kingdom Brunel (1806-69) erbaute Schiff seiner Zeit um gut ein halbes Jahrhundert voraus und der Inbegriff einer Zeitenwende im Schiffsbau.

Es bestand fast vollständig aus Eisen und war nach einer vom Eisenbahnbrückenbau übernommenen Kastenbauweise erbaut. Ferner besaß es zwei Kiele, die ihm in den Wellen mehr Stabilität verleihen sollten. Überwältigend waren auch seine Größenverhältnisse. Mit einer Länge von 210 m und einer Breite von 25,3 m übertraf es die bis dahin führenden Schiffe fast um das Fünffache. Bei einem Raumvolumen von 18915 BRT bot es rund 3000 Passagieren Platz und erreichte dank zweier 3400 (Seitenräder) und 4900 PS (Antriebsschraube) starker Maschinensysteme sowie einer zusätzlichen Segelfläche von 5100 m² Spitzengeschwindigkeiten von bis zu 13,5 kn.[106]

Nicht weniger gereichte dem Dampfer die Deutlichkeit, mit der er allen in ihn gesetzten Erwartungen trotzte, zur Legendenbildung. Er war nicht nur für Beschädigungen anfällig, besonders an den Schaufelrädern, sondern wegen seiner schlechten Seelage auch für den Personenverkehr äußerst ungeeignet. Das hatte zur Folge, daß er nach nur vier Jahren bereits wieder aus dem Linienverkehr (Southampton–New York) herausgenommen und zu einem Kabelleger umfunktioniert wurde, etwa von der in *Aus Manchester* mit der „Fregatte ›Niagara‹"[107] beschriebenen Art. Als solcher tat er bis in die 1880er Jahre hinein seinen Dienst, ehe er nach einer kurzzeitigen Zwischenexistenz als Messe- und Ausstellungsschiff 1889 endgültig ausgemustert und abgewrackt wurde.[108]

Im Grunde stand die ‚Great Eastern' von Anfang an unter keinem guten Stern. Schon auf ihrer Probefahrt im September 1857 ereignete sich eine Kessel-

---

[104] Gleich nach seiner In-Fahrt-Setzung wechselte das Schiff den Besitzer (Easter S.N. Co. → Great Ship Co.), um dabei auch umbenannt zu werden, von ‚Leviathan' in ‚Great Eastern'.

[105] FLBr/2, 194.

[106] Siehe dazu Kludas 1972, 8f. sowie König/Weber 1997, 161f. und 192f. In puncto Länge wurde das Schiff erst 1899 von der 214,6 × 20,8 Meter messenden ‚Oceanic' überholt, in puncto Raumvolumen sogar erst 1901, namentlich von der 20904 BRT aufweisenden ‚Celtic'. Siehe dazu Kludas 1972, 72 und 88. Zu Isambard Kingdom Brunel siehe ferner König/Weber 1997, 151f.

[107] Wie bereits erwähnt, erschien das Feuilleton (*Ein Wolkenbruch. Ausflug nach Liverpool. Besuch auf der Fregatte ›Niagara‹*) zunächst in der Zeitung *Die Zeit* (11. Juli 1857): HFA III/3-I, 432-38.

[108] Siehe dazu Kludas 1972, 8-11.

explosion, die sechs Arbeiter das Leben kostete. Vor allem aber der Stapellauf am 3. November 1859 in Millwall bei London geriet zur Farce. Das Schiff blieb nach wenigen Metern in der Querhelling stecken und konnte erst nach Wochen freigeschleppt werden.[109]

Das Ereignis hat für einiges Aufsehen gesorgt, nicht zuletzt wegen der in das Schiff gesteckten Erwartungen. Auch an Fontane ist es nicht spurlos vorübergegangen. Kurz darauf erschien sein Bericht in der *Kreuzzeitung*.

### 3.2. „Nur die Hauptsache im Auge behalten": Fontanes Eindrücke von einem ‚merkwürdigen' Stapellauf

Unter dem Titel *Ein merkwürdiger Stapellauf* berichtet Fontane am 7. November in der *Kreuzzeitung* über den Stapellauf der ‚Great Eastern' (alias ‚Leviathan'). Um der „Wichtigkeit des Ereignisses" und, wie er betont, „nicht um einer zu erwartenden Katastrophe" willen versucht er das in der Öffentlichkeit schon lange im Voraus diskutierte Ereignis um ein möglichst genaues technisches „Bild des Hergangs" zu bereichern, ohne sich dabei jedoch zu sehr in Partikularien zu verlieren: „Ich werde dabei nur die Hauptsache im Auge behalten, um nicht durch Details zu verwirren."[110]

Hierfür perspektiviert er den Vorgang von zwei zeitlich und räumlich verschiedenen Niveaus: einmal aus der Vor- und Nachzeitigkeit, einmal von einer Binnen- und Außenperspektive. Ferner bedient er sich zweier unterschiedlicher Materialgruppen, einmal einem bei wissenschaftlichen „Vorträgen und Zeichnungen", einmal einem durch seine persönliche „Augenzeuge[nschaft]" angeeigneten Wissen.[111]

In einem ersten, noch die Vorzeitigkeit des Geschehens suggerierenden Schritt, der sich zum darauffolgenden zweiten inhaltlich wie das Ideal zur Wirklichkeit verhält, richtet er den Fokus auf die technischen Bedingungen und Abläufe des Prozederes. Über die technische Vorrichtung und deren Zwecke gibt er dabei zum besten:

> Das gewöhnliche Vom-Stapel-Laufen ist ein Herabgleiten des Schiffs in einer schräg gelegenen Rinne. Der Kiel des Schiffs gleitet die gefettete Rinne entlang, wie etwa ein Schlittschuh über eine Eisfläche fährt. Behalt' ich den Vergleich mit einem Schlittschuh bei, um dadurch möglichst deutlich zu werden. Man denke sich ein flaches Waschfaß, halb mit Wasser gefüllt. Leg' ich eine schräg laufende Rinne in dies Faß, und zwar so, daß das eine Ende derselben den Boden, das andere den Rand berührt, so hab ich eine Vorrichtung, die dem gewöhnlichen Vom-Stapel-Lassen entspricht.

---

[109] Erst drei Monate später, am 31. Januar 1858, konnte das Unternehmen bei extremem Hochwasser wiederholt und erfolgreich abgeschlossen werden.
[110] HFA III/1, 164.
[111] Ebd., 164 und 166. So sehr man Fontane hier folgen will, dokumentiert ist diese persönliche Augenzeugenschaft weder durch Briefe noch Tagebücher.

> Leg' ich aber statt der Rinne zwei breite Bretter hinein und quer über diese beiden Bretter ein drittes, auf dem der Schlittschuh, ebenfalls der Quere nach, befestigt ist, so hab' ich die Vorrichtung, mit Hilfe deren der ›Great-Eastern-Dampfer‹ seine kurze Landreise antreten soll. Noch einmal: Schlittschuh und Brett liegen verquer, so daß beide nicht der Länge, sondern der *Breite* nach ins Wasser gleiten. Die alte Art des Vom-Stapel-Laufens war im vorliegenden Fall unausführbar; das *Hineinschießen* dieses Kolosses in die Tiefe hätte einen Wasserstand vorausgesetzt, den die Themse nicht hat; nach dem Brunelschen Verfahren wird das Schiff ins Wasser hineingesetzt, oder besser, langsam *hineingeschoben*.[112]

In einem darauffolgenden zweiten Teilbild geht Fontane noch etwas mehr in die Tiefe. So notiert er – mit Fachausdrücken wie „*Bewegungskräfte*", „*Kontrollierkraft*" sowie numerischen Daten hantierend – zum eigentlichen „Akt dieses Hinabschiebens"[113] des Schiffes:

> Was ich noch zu beschreiben habe, ist der Akt dieses Hinabschiebens. Das auf dem *dritten* Brett der Quere nach ruhende Schiff wird mit Hilfe hydraulischen Drucks der Wasserfläche *zugeschoben*, während vom Fluß aus allerhand Winden und Ankerspillen tätig sind, die jene Schiebekraft durch Zugkraft von vorne unterstützen. Dies sind die *Bewegungskräfte*, die Mr. Brunel anzuwenden gedenkt. Ebenso wichtig ist anderseits die *Kontrollierkraft*, die, wenn nötig, die Bewegung hemmen und unter allen Umständen sie regulieren soll. Dieser Regulator besteht in zwei eisernen, am Vorder- und Hinterteil des Schiffes angebrachten Riesenketten (jedes Glied 60 Pfund schwer), die in demselben Verhältnis nachgeben, d. h. abgewickelt werden, in dem der hydraulische Druck das Schiff vorwärtsschiebt, zu gleicher Zeit aber auch das Schiff stützen und halten, das allerdings auf seinem schrägen Wege zum Fluß hin in einem beständigen Fallen begriffen ist und nur durch die beiden Ketten daran verhindert wird.[114]

Im einem zweiten Schritt unterzieht Fontane schließlich den realen Stapellauf, das „Unglück[s]"-Geschehnis[115] einer näheren Betrachtung. Hierfür wählt er zunächst eine Außenperspektive, wie er sie bei seinem Besuch des Schauplatzes innegehabt haben will. Außerdem liegt das Ereignis bereits einen Tag zurück, wie die Datierung „*Am 4. November*" am Abschnittanfang verrät:

> Der rot und schwarz gestrichene Riesenkasten stand dicht vor uns; die Flutwelle bespülte leise seinen Kiel. Die Eisenketten an den Winden und Spillen, die eine Stunde vorher straff und angespannt gewesen waren, hingen schlaff und berührten die Wasserfläche.[116]

---

[112] Ebd., 164f.
[113] Ebd., 165.
[114] Ebd.
[115] Ebd., 166.
[116] Ebd., 165 und 166.

Da das Geschehnis bereits einen Tag zurückliegt,[117] wird nicht nur sein „Vorsatz [...], soweit wie möglich ein Augenzeuge des [...] Schauspiels zu sein", zunichte gemacht, sondern diese Tatsache zwingt ihn auch, sich für seinen Binnenbericht des Vorgangs auf die von ihm in den „englischen Blättern" gefundenen Schilderungen zu verlassen.[118] Manche mag das vor große Probleme stellen, nicht aber Fontane. Denn „mit der Wahrheit" nahm der es „nicht immer so genau".[119] Für ihn war es gängige Praxis, „Nicht-Erlebtes als Erlebtes auszugeben oder Erlebtes zu stilisieren und nur bis zu einem gewissen Grad wahrheitsgetreu wiederzugeben."[120] Die Geschlossenheit, Stimmigkeit und Ausrichtung des Textes auf eine Aussage hin war ihm wichtiger als die Authentizität. Wie sich das auf das Stapellaufbericht auswirkt, zeigt das folgende Beispiel:

> Um 11 Uhr sollte die Operation beginnen, aber trotzdem die ganze Nacht gearbeitet worden war, um die letzten Stützbalken wegzuschlagen, war noch gar vieles zu tun übriggeblieben, und es war halb eins geworden, als die Namengebung vollzogen, d. h. die blumenbekränzte Weinflasche von Mädchenhand an seinen eisernen Rippen zerschellt wurde. Ungeheurer Hurraruf von allen Seiten, und jetzt sollte das Schiff sich in Bewegung setzen. Die Lichterschiffe am Ufer zogen die Ketten und Stränge an, um das Schiff vorwärtszuschieben; es klirrten die riesigen Ketten, es knarrten die Taue, und gar schwer stöhnten die Kolben in den hydraulischen Hebemaschinen, aber aus dem Rumpfe des Schiffes antwortete nur ein grollender dumpfer Ton, als würden ihm die Eisenrippen gewaltsam ausgedehnt, dann ward's stille; dann wurden von neuem die Maschinen in Bewegung gesetzt, und o des Jubels! Der Koloß hatte sich um etwa 3 Fuß vorwärts bewegt. So war's, was sich aber weiter ereignete, ist traurig zu erzählen. Die Arbeiter an einem der hinteren Windeapparate scheinen das Kommando des leitenden Ingenieurs Brunel mißverstanden zu haben (es wurde durch Flaggensignale kommandiert); das Zahnrad des Apparates brach, die Kurbel schlug zurück, und wie sie sich blitzschnell im Kreise schwang, schlug sie fünf Arbeiter zu Boden, und zwei von ihnen dürften schwerlich mit dem Leben davonkommen. Sie sind alle schwer verletzt. Das Schiff schien in allen seinen Fugen von dem gewaltigen Rückschlag zu erbeben; es saß unbeweglich fest, während die Arbeiter, von einem panischen Schreck ergriffen, nach allen Seiten davonliefen. Sie bekamen jedoch bald ihre Fassung wieder, und nachdem man sich die Überzeugung verschafft hatte, daß mit Ausnahme des einen Zahnrades die anderen Maschinen unversehrt geblieben waren, gingen sie nach 2 Uhr wieder an die Arbeit. Die Flut hatte ihre größte Höhe erreicht, und es war keine Zeit zu verlieren. Ein zweites Mal

---

[117] Als Fontane am Tag des Stapellaufs „um 2 in einem Greenwich-Dampfer die Themse hinab[gefahren]" war beziehungsweise hinabgefahren sein will, um zuzusehen, wie die ‚Great Eastern' vom Stapel lief, soll es „auf unserem Schiffe [...] bereits bekannt [gewesen sein]: »The chain is broken« (Die Kette ist gerissen)" (ebd., 166). Mit anderen Worten: Der Stapellauf war bereits vorbei, war, was viel aufregender war, gescheitert.
[118] Ebd., 166.
[119] Neuhaus 1998, 192.
[120] Ebd., 198.

geschah es, daß die Arbeiter, denen jetzt unheimlich zumute geworden war, erschrocken von den Winden wegliefen, als das Balkengerüst einer der stärksten laut zu krachen anfing, als ob es in sich zusammenbrechen wollte; aber diesmal war's ein leerer Schreck gewesen, und wieder knarrten die Taue, dröhnten die Eisenketten (von denen jeder Ring 60 Pfd. wiegt), stöhnten die Kolben in den hydraulischen Pumpen, die zusammen eine Druckkraft von 10000 Zentner ausüben konnten, aber der Koloß saß felsenfest, unerschüttert, unbeweglich. In diesem kritischen Augenblick wurden zwei von den wichtigsten Maschinen unbrauchbar; an der stehenden Dampfmaschine brach ein Zahnrad unter der ungeheuren Spannung der Kette, die es aufzuwinden hatte; mit dem Rade sprang auch die Kette entzwei, und um das Unglück vollzumachen, brach zur selbigen Zeit der Stift in dem Pumpenstiefel der vordersten hydraulischen Maschine. Jetzt war an eine Fortsetzung der Arbeit nicht mehr zu denken, und von Glück konnte man sagen, daß das Schiff festsaß, nicht allen Vorsichtsmaßregeln zum Trotz infolge des ersten Rucks vorwärtsgeschossen war, um wahrscheinlich alles, was ihm im Wege lag, und sich selbst zu zerschmettern. Fest sitzt es, darüber ist kein Zweifel, fester sogar, als den Unternehmern lieb sein kann, und ob sich die ungeheure Masse nicht ein paar Zoll oder Fuß tief in den neugebauten Stapeldamm einsenkt, wer wollte dafür bürgen?[121]

Entsprechend der Lesererwartung nach einer möglichst klaren und genauen Beschreibung der Fakten entwirft Fontane also ein recht umfang- und – wider seine eigentliche Absicht – detailreiches Bild dieses verunglückten Stapellaufs. Zu einem großen Technikberichterstatter macht ihn das jedoch mitnichten. Zu offenkundig sind seine „Aufschreibeschwierigkeiten"[122], sind seine Probleme, den Stoff sprachlich zu gestalten. Darüber vermag auch der spannungsvoll und detailreich geschriebene Abschnitt über den genauen Unglückshergang nicht hinwegzutäuschen. Weiter gefestigt wird dieser Eindruck durch eine Reihe sachlicher Unstimmigkeiten, etwa die „Namensgebung"[123] des Schiffes betreffend. So soll der Dampfer seinen Angaben zufolge zunächst „die bescheidenere Bezeichnung ›Great Eastern‹" gehabt haben und erst im Zuge seiner neuen Zweck- und Kursbestimmung in „›Leviathan‹" umbenannt worden sein,[124] was sich mit den Ergebnissen der technikgeschichtlichen Forschung nicht deckt.

---

[121] HFA III/1, 166-68.
[122] Hädecke 1993, 12. Diese Schwierigkeiten sind übrigens auch seinen Vorgesetzten bei der Centralstelle nicht verborgen geblieben. So monierte zum Beispiel der preußische Geheimrat Immanuel Hegel (1814-91), Sohn des Philosophen Georg Wilhelm Friedrich Hegel, in einem Schreiben vom 26. November 1858: „Es scheint, daß Ihnen [...] die praktische Anlage, gleichsam die Industrie – im anständigsten Sinne – fehlt. Sie sind zu kontemplativ [...]. Sie betrachten die Personen und Zustände, wissen sie aber nicht zu behandeln und für sich nützlich zu machen [...]." (zit. nach Grawe 1998, 92).
[123] HFA III/1, 166.
[124] Ebd. Zunächst war das Schiff für den Verkehr „zwischen England und Australien", später für den „zwischen England Nordamerika" (ebd.) bestimmt.

Andererseits wollte Fontane ein journalistischer Fachmann für Technikfragen auch gar nicht sein. Dafür hat ihn die Materie im Detail doch wieder zu wenig gefesselt. Das zeigt der Bericht über den „Besuch auf der amerikanischen Fregatte ›Niagara‹"[125], der nur wenige Monate vor dem ‚Leviathan'-Artikel in der Zeitung *Die Zeit* (11. Juli 1857) abgedruckt wurde und in dem er bekennt, daß ihn die „Maschinen[raum]besichtigung" auf dem Schiff eigentlich gar „nicht interessierte, weil ich nichts davon verstehe."[126] Auch durch die Einschätzung des Freundes Bernhard von Lepel, der ihn in einem Brief vom 26.-29. Dezember 1857 bittet, ihm etwas von dem vielbesagten „Schiff" („Ich meine den Leviathan"), „welches mich sehr interessiert", zum besten zu geben, sich dann aber doch nicht zurückhalten kann: „Ich traue dir [andererseits] zu, ihn noch nicht gesehen zu haben, während ich nach London reisen möchte, um den Koloß zu sehn [...]."[127] So spricht man über keinen Technikfreak.

Viel mehr als um eine detaillierte Abschilderung der technischen Zusammenhänge und Abläufe[128] geht es Fontane – in dem Stapellaufbericht wie in seinen expliziten Technikreportagen überhaupt – darum, „den Text auf eine bestimmte Aussage hin dichterisch zu formen"[129], um die Bestimmung eines größeren, atmosphärischen Ganzen, das sich ihm beim Besuch des Unglücksortes von einem die Themse hinabfahrenden Greenwich-Dampfer aus zu erkennen gibt:

---

[125] HFA III/3-I, 436 (Aus Manchester). Der Bericht (ebd., 435-38) ist vollständig mit *Ein Wolkenbruch. Ausflug nach Liverpool. Besuch auf der Fregatte ›Niagara‹* überschrieben und wurde 1860 als ‚Dritter Brief' in das Buch *Aus Manchester* integriert. Nach Fontanes eigenen Angaben soll die Fregatte bei einer Länge von „365 Fuß", einem „Tonnengehalt [von] 5700" und einer Maschinenstärke von „2000 Pferde[n]" „the greatest ship afloat", „das größte Schiff, das zur Zeit auf dem Wasser schwimmt", gewesen sein; „nur der Great-Eastern, der in diesem Augenblick auf den Werften von Millwall (bei London) gebaut wird, ist von so ungeheuren Dimensionen, daß selbst der ›Niagara‹ dagegen zu einem bloßen Boot zusammenschrumpft." (ebd., 436).

[126] Ebd., 436. Kaum mehr Interesse weckte bei ihm der in der Mitte des Schiffs „in Augenschein" genommene große „Raum [...], drin man am andern und den nächstfolgenden Tagen den vierhundert deutsche Meilen langen elektrischen Draht (submarine cable) zu plazieren hoffte, mit Hülfe dessen die *halbe* Verbindungslinie zwischen England und Nordamerika hergestellt werden soll" (ebd., 437).

[127] FLBr/2, 194.

[128] Diese Detailschilderungen wirken nicht selten vorgeschoben, um von des Autors fachlicher Inkompetenz abzulenken. Gleiches gilt für die ans Ende der Ausführungen gestellten, etwas ins Allgemeinere ausholenden Fragen bezüglich des Fortgangs dieser In-Fahrt-Setzung: „Wie müßten die Maschinen gebaut sein, die es [d. h. das Schiff] dann von der Stelle bewegen sollen, nachdem die gestern angewandten zu schwach befunden worden sind? Und wollte man diese schwere Masse heben, wie einer allmählichen Senkung der Unterlage vorbeugen?" (HFA III/1, 168).

[129] Neuhaus 1998, 197f.

Das Bild aber, das der mit tausend Fahrzeugen aller Größen und Grade bedeckte Fluß darbot, wird mir noch lange in Erinnerung bleiben. Es ist an solchen Tagen und bei solchen Gelegenheiten, daß sich einem der Reichtum und die stille Energie dieses Volkes sichtbarlich vor Augen stellt.[130]

Auffallenderweise finden wir diese Äußerung auch in einem eher schwach ausfallenden Teil des Textes, so daß einmal mehr zuzutreffen scheint, was schon in den bereits untersuchten *Ein Sommer in London*-Kapiteln zu beobachten war: daß sich im scheinbar Nebensächlichen oft Wesentliches zu erkennen gibt. Hier wie dort, die Größe eines ganzen Landes.

### 3.3. „Kriegswissenschaft": Fontane und die Waffentechnik

Interesse zeigt Fontane auch für waffentechnologische Fortschritte. Berichtet wird zum Beispiel über „eine Ausstellung von Kanonenmustern", den „gegenwärtigen Stand der englischen Panzerflotte" oder auch die Entstehung und Erscheinung des amerikanischen „Widderschiff[es] ,Arkansas'".[131] Daß er dabei teilweise mit der gleichen Detailfreude ans Werk geht wie in seinen Ausführungen über den Stapellauf des ‚Great Leviathan', verdeutlicht ein Artikel (*Der Besuch in Woolwich*[132]) über die Besichtigung der „[Geschütz-]Werkstätten und Gießereien"[133] in Woolwich, dem großen Londoner Militärarsenal[134].

Nacheinander werden darin angesprochen die „Kanonengießerei" („Zwanzig Arbeiter und zwölf Knaben [...] produzieren durchschnittlich ein dutzend Metallkanonen die Woche"), die „Hohlkugelgießerei", die „Schmiede", „wo die Röhren zur Herstellung der Congreveschen Raketen fabriziert werden", das „Laboratorium", wo mit Hilfe „sinnreiche[r] Maschinen" („Kugelpresse[n]") „Minié-Kugeln gemacht werden", die „Papiermühlen" für die Herstellung von Patronenhülsen sowie die „›Radmacherei‹", in der die Kanonen mit einem fahrbaren Untersatz versehen werden.[135]

Sein „besonderes Interesse" gehört indes der Munitionsfabrikation, vor allem der Machart der Miniéschen Expansionsgeschosse. Über die ist zu erfahren:

---

[130] HFA III/1, 166.

[131] FUK/1, 243, 256 und 261. Gemeint sind die unechten Korrespondenzen *Panzerung und Revolver. Ein Arsenal. Withword und Armstrong. Die Dirschauer Brücke* (Kreuzzeitung, Nr. 164, 17. Juli 1862), *Scott Russell und der Herzog von Somerset. Vergeudet oder nicht? Anklage und Verteidigung. Englands Panzerflotte* (Kreuzzeitung, Nr. 193, 20. August 1862) sowie *Der Mississippi-Feldzug und das Widderschiff ‚Arkansas'* (Kreuzzeitung, Nr. 202, 30. August 1862): alle in FUK/1.

[132] Der Artikel erschien am 25. Januar 1858 in *Die Zeit* (Nr. 40): NFA XVIII, 157-69.

[133] Ebd., 157.

[134] In den zwischen Greenwich und Gravesend angesiedelten Arsenalen befanden sich Geschützwerkstätten und Gießereien, Vorratsschuppen, die Militärakademie, Artilleriekasernen, ein Kriegsmuseum und ein Militärlazarett. Siehe dazu NFA XVIIIa, 896 (Anm.).

[135] NFA XVIII, 157f.

> Runde Bleistangen, in der Weise wie Schiffstau zusammengedreht, werden in die Maschine [d. h. die Kugelpresse] hineingehängt, die nun zunächst die Bleistangen auseinanderzuwinden und in Stücke von erforderlicher Länge zu schneiden, dann dieselben, mit Hülfe von Stahlstempeln, in die Gestalt einer Minié-Kugel zu formen und diese Kugeln in bereitstehende Kästen zu werfen beginnt. Jede Maschine hat vier solche Stempel, von denen jeder einzelne sechsunddreißig Kugeln in der Minute produziert, was auf die ganze Maschine berechnet ungefähr siebentausend Kugeln pro Stunde ergibt. Da vier solcher Vierstempelmaschinen vorhanden sind, so ist es möglich, an einem einzigen Tage dreimal hunderttausend Minié-Kugeln herzustellen.[136]

Wie aufmerksam Fontane gerade die Fortschritte in der Munitionstechnik verfolgte, zeigt auch seine Auseinandersetzung mit der inneren Beschaffenheit eines sogenannten Segmentgeschosses in dem Bericht über eine Kanonenausstellung im Londoner Arsenal:

> Sie bestehen zunächst ebenfalls aus einer Bombenhülse, haben auch den Blei-Überzug mit den Vollgeschossen gemein; statt aber mit flüssigem Eisen gefüllt zu werden, werden 42 Eisen-Segmente in die Bombe hineingepackt und zwar so, daß sechs Segmente immer einen Kreis bilden. Die Füllung besteht also aus 7 Eisenkreisen, von denen jeder einzelne aus sechs Stücken (Segmenten) besteht. Mit Hülfe von dünnflüssigem Blei gibt man all diesen Segmenten eine Art Zusammenhang; im Moment der Explosion reißen sie alle Auseinander und machen eine verheerende Wirkung.[137]

Bereits Fontanes Englandberichterstattung macht also deutlich, wie sehr sich Fontane auch mit der Entwicklung der „Kriegswissenschaft"[138] auseinandergesetzt hat. Da er sich mit dieser in den Kriegsbüchern noch intensiver befaßt, ist es angebracht, England für den Moment zu verlassen, um jenen in einem kurzen Exkurs unsere Aufmerksamkeit zu schenken.

---

[136] Ebd., 158. Zu den von Claude Etienne Minié 1849 erfundenen Gewehrkugeln siehe NFA XVIIIa, 896 (Anm.).

[137] Aus der unechten Korrespondenz *Panzerung und Revolver. Ein Arsenal. Withword und Armstrong. Die Dirschauer Brücke* (Kreuzzeitung, Nr. 164, 17. Juli 1862): FUK/1, 244.

[138] Ebd., 242.

## Exkurs: Technik in Fontanes Kriegsbüchern

Wenn wir von Fontanes Kriegsbüchern sprechen, sind in erster Linie gemeint *Der Schleswig-Holsteinische Krieg im Jahre 1864* (1866), *Der deutsche Krieg von 1866* (1870-71) und *Der Krieg gegen Frankreich, 1870-1871* (1873-76). Dabei handelt es sich um insgesamt 4000 Seiten, verteilt auf acht Bände und Halbbände, an denen der Autor „zwölf Jahre [...] Tag und Nacht gearbeitet"[139] haben will.

Ziel dieser von Fontane im Auftrag der Königlich Geheimen Ober-Hochbuchdruckerei Rudolf von Decker verfaßten Schriften war „eine populäre [...] Darstellung des Krieges"[140], verbunden mit der Absicht einer Mobilisierung des Nationalgefühls.[141] Zwar ist das vom zeitgenössischen Leser, dem sie entweder zu speziell oder nicht speziell genug waren, wenig honoriert worden, weil darin aber auch „die Anfänge der modernen Kriegsführung im industriellen Zeitalter"[142] Beachtung finden, sind sie hier und heute umso wertvoller.

Das gilt nicht nur für „die Post, die Telegraphie, die Eisenbahn", ohne die „eine moderne Armee" Fontanes Auffassung nach „nicht bestehen kann",[143] sondern gerade für zwei in *Der Schleswig-Holsteinische Krieg von 1864* und *Der deutsche Krieg von 1866* besonders hervorgehobene technische Artefakte: das preußische „Zündnadelgewehr", dessen „verheerend[e]" Wirkung Preußen in der Auseinandersetzung mit Österreich 1866 „zum Sieg führte",[144] und das im Februar/März 1864 bei der Schlacht um die strategisch so wichtigen Düppeler Schanzen erstmals zum Einsatz gebrachte dänische Panzerschiff ‚Rolf Krake'. Letzteres, das Aushängeschild der dänischen Flotte und scheinbar ein Prunkstück der neuzeitlichen Waffentechnik, findet sich nicht nur in Fontanes Romanen mehrfach erwähnt,[145] sondern wird auch im 1864er-Kriegsbuch mit besonderer Aufmerksamkeit bedacht:

> Zunächst ein Wort über dies vielgenannte Schiff. Der ›Rolf Krake‹ ist in England nach dem amerikanischen Monitorsystem gebaut. Er hat eine Länge von 120, eine Breite von 34 Fuß, ist mit 4½ zölligen Eisenplatten gepanzert und besitzt seine Hauptwirksamkeit in zwei kantigen, auf dem

---

[139] HFA IV/2, 549f. (An Mathilde von Rohr am 30. November 1876).
[140] Ebd., 137 (An Alexander von Pfuel am 12. Februar 1865).
[141] Siehe dazu Jørgensen 2001, 111f.
[142] Osborne 2000, 855.
[143] Der deutsche Krieg 1866/II, 319.
[144] Der deutsche Krieg 1866/I, 373, ebd. und 221. Der Einsatz des 1827 von Nicolaus von Dreyse erfundenen und 1835 weiterentwickelten Zündnadelgewehrs wird als einer der Hauptfaktoren für den Sieg Preußens über Österreich in der Auseinandersetzung von 1866 angesehen: „Waffenbildung, Ehrgefühl, Vaterlandsliebe, Zündnadel, Taktik, Oberleitung – alles hat zu seinem Theile beigetragen, das Ganze [d. h. den Sieg] glänzend hinauszuführen" (Der deutsche Krieg 1866/II, 335).
[145] Siehe dazu beispielsweise im *Stechlin* die Erinnerung Schulze Kluckhuhns an die Schlacht bei Düppel beziehungsweise das „wie'n Sarg", wie „ein richtiges Gespenst" aussehende „schwarze Biest" (HFA I/5, 167f., 263 und 167) ‚Rolf Krake'.

Verdecke ruhenden, drehbaren und mit 6 zölligen Panzern versehenen Thürmen oder Kuppeln. Jeder Thurm hat zwei Schießscharten, hinter denen eine 69pfündige und eine 84pfündige Pairhans-Kanone stehn. Er hat außerdem die Einrichtung, seinen Bord im Gefecht herunterklappen und dadurch seine Höhe über dem Wasser um mehrere Fuß verringern zu können. Die zu Anfang des Krieges verbreitete Ansicht, daß er sich durch Einfangen von Wassermassen um einige Fuß ins Meer versenke und später durch Auspumpen sich wieder hebe, hat sich als irrig erwiesen.[146]

Wie Fontane den Leser gleich weiter informiert, handelte es sich bei Letzterem indes nicht um den einzigen Irrtum. Weder in der Schlacht um Düppel noch im weiteren Verlauf des Krieges vermochte ‚Rolf Krake' die in ihn gesteckten Erwartungen zu erfüllen. Ein Grund dafür war die Überlegenheit der preußischen Strandbatterien, ein anderer, noch wichtigerer die fatale Treffunsicherheit des Schiffes.

Das zeigt sich gleich bei seinem ersten Kampfeinsatz (18. Februar). Als das Schiff – von den preußischen Kanonen unter Beschuß genommen („die Kugeln [schlugen] mit erbarmungsloser Genauigkeit gegen den Schiffspanzer") – „das Feuer mit großer Lebhaftigkeit" erwiderte („zwei Schuß jedesmal hintereinander, in kurzen Intervallen"), verfehlten seine Schüsse ihr Ziel fast mit serieller Zuverlässigkeit: „Seine schweren Geschosse [...] zertrümmerten [wohl] einige Häuser und schlugen in die Böschung der Brutwehr ein, die [feindlichen] Geschütze selbst indes und die Mannschaften blieben unversehrt."[147] Das hatte zur Folge, daß ‚Rolf Krake' „nach [nur] anderthalbstündigem Kampfe" abdrehen und seinen Einsatz abbrechen mußte:

Der Ausgang [dieses in Europa ersten Gefechts zwischen einem Panzerschiff und einer Strandbatterie] war entschieden zu Gunsten der Strandbatterien; das Panzerschiff hatte zwar widerstanden, aber doch keine volle Sicherheit gewährt, außerdem war seine Präcision im Schießen mit der der Strandbatterien gar nicht in Vergleich zu stellen.[148]

Er war also „siegreich zurückgeschlagen", und das nicht nur in Bezug auf diese eine Kampfhandlung:

›Rolf Krake‹ blieb [...] auch während des ganzen Verlaufs des Krieges ein zwar vielgenannter Name, aber der unheimliche Zauber, der sonst um ihn her gewesen, war doch seit dem 18. Februar abgeschwächt, mehr oder weniger gebrochen.[149]

---

[146] Der Schleswig-Holsteinische Krieg 1864, 119f. Zu dem Schiff siehe auch Craig 1998, 112f.

[147] Der Schleswig-Holsteinische Krieg 1864, 121.

[148] Ebd.

[149] Ebd.

Das hat weitreichende Folgen. Weil das Schiff die in es gesetzten Hoffnungen nicht erfüllen kann, verkommt es zur Bedeutungslosigkeit und wird zum Sinnbild der dänischen Niederlage.[150] Ungeachtet seiner Zufriedenheit über diesen Ausgang und seines Stolzes über die dahinter stehende Leistung der preußischen Armee stimmt Fontane am Ende seines Schleswig-Holstein-Buches dennoch einen nachdenklichen Ton an:

> Der Kampf wird seiner poetischen Glorie entkleidet, wenn er in gewissem Sinne zu einem Scheibenschießen wird, bei dem die Treffer nicht nur entscheiden, sondern auch noch mit arithmetischer Nüchternheit berechnet und aufgezeichnet werden. Dennoch ist es Pflicht, dieser ersten Empfindung, die von solchen Berechnungen nichts wissen will, Herr zu werden; im Kriege läuft es nun mal darauf hinaus, dem Gegner, bei kleinem Einsatz und geringstem eigenem Verlust, nach Möglichkeit Abbruch zu thun und die Truppe, die Waffe, die dies am ehesten zu erzielen vermag, gilt mit recht als die beste. Der Krieg ist längst zu einer ›Wissenschaft des Tödtens‹ geworden und die Erfolge, beispielsweise der verbesserten Schußwaffe, müssen dementsprechend mit nüchtern-wissenschaftlicher Genauigkeit festgestellt werden, wie wenig diese Art von Wissenschaftlichkeit unserer Empfindung entsprechen mag.[151]

Ungeachtet einer gewissen Faszination begegnet Fontane also auch der modernen Kriegstechnik und Kriegsführung nicht ohne Vorbehalt. Das heißt, bereits in seinen Kriegsbüchern ist eine Ambivalenz erkennbar, die für sein Technikbild insgesamt kennzeichnend werden wird. Und mit dieser Feststellung wieder zurück nach London, zu seiner englischen Berichterstattung.

---

[150] Siehe dazu Osborne 2000, 860.
[151] Der Schleswig-Holsteinische Krieg 1864, 348.

## 4. Londons wahrnehmungstheoretische Relevanz

Die Technik wird in Fontanes englischen Reisebüchern nicht nur als Wahrnehmungs*inhalt* behandelt, sondern auch als Wahrnehmungs*form*. Das wird besonders bei der Suche des Erzählers nach der der Großstadt angemessensten Perzeptionsweise offenbar. Mit ihren hyperdynamischen Geschwindigkeitsverhältnissen stellt sie das Subjekt wahrnehmungstechnisch vor eine ganz besondere Herausforderung, welche dieses gerade durch die Zuhilfenahme technischer Mittel immer wieder zu meistern versteht. Gehen wir zunächst jedoch der Frage nach, was es mit der perzeptorischen Besonderheit der Großstadt konkret auf sich hat.

### 4.1. Sinnesverwirrung: Die Großstadt als Wahrnehmungsproblem

Zu Fontanes Zeit ist die Großstadt der historische Hauptort eines totalen „Umsturzes in der Ordnung der Perzeption"[152]. Mit ihren speziellen Geschwindigkeitsverhältnissen im Bereich des Personen-, Güter- und Informationsverkehrs schuf sie eine Wahrnehmungsdisposition[153], der der Mensch des 19. Jahrhunderts mit seinen herkömmlichen perzeptorischen Mitteln kaum mehr gewachsen war. „Die rasch wachsende Bevölkerung der Stadt, die Entstehung neuer Mittelschichten, die veränderten Verkehrs-, Lebens- und Arbeitsformen führten zu [völlig] neuen Wahrnehmungs- und Erfahrungsweisen", die ihrerseits „neue Unterhaltungsweisen nötig" machten.[154] Dem frühen Eisenbahnreisenden vergleichbar, erlebte der Stadtbewohner seine urbane Umgebung nur mehr als „reine Bewegung", als „ewiges Fließen",[155] das er mit seinen herkömmlichen perzeptorischen Mitteln kaum mehr zu fassen bekam. Der visuelle Effekt dieses – so Heinrich Heine – Sich-„Fortgerissen in die Bewegung"-Fühlens[156] läßt sich in etwa mit den Worten beschreiben, die der französische Dichter Victor Hugo (1840-1902) für die visuellen Eindrücke einer Eisenbahnfahrt fand:

> Die Blumen am Feldrain sind keine Blumen mehr, sondern Farbflecken, oder vielmehr rote oder weiße Streifen; es gibt keinen Punkt mehr, alles wird Streifen; die Getreidefelder werden zu langen gelben Strähnen; die Kleefelder erscheinen wie lange grüne Zöpfe; die Städte, die Kirchtürme und die Bäume führen einen Tanz auf und vermischen sich auf eine verrückte Weise mit dem Horizont [...].[157]

Das heißt, alles scheint entfesselt, man sieht nur noch Streifen und bunte Farbgemische, aber keine Formen mehr. Nicht zuletzt ist der Mensch ein – so der Soziologe Georg Simmel – „Unterschiedswesen", dessen „Bewußtsein" in Ab-

---

[152] Virilio 1978, 22.
[153] Wülfing spricht in diesem Zusammenhang von „Wahrnehmungszumutungen" (Wülfing 1994, 31).
[154] Hickethier 1986, 144. Siehe dazu auch Wülfing 1994, 31.
[155] Lobsien 1992, 186 und 193.
[156] Zit. nach Großklaus 1997, 72.
[157] Brief vom 22. August 1837. Zit. nach Schivelbusch 1989, 54.

hängigkeit vom „Unterschied des augenblicklichen Eindrucks gegen den vorhergehenden angeregt" wird.[158] Und der ist in der Metropole so groß, daß im Grunde „mit jedem Gang über die Straße" die „psychologischen Bedingungen" erfüllt sind für eine Über-„*Steigerung des Nervenlebens*", für eine nervliche Überreizung.[159] Aus mindestens zweierlei Gründen mußte das städtische Subjekt seine Wahrnehmung (und Sprache![160]) also erneuern.

Um in der Geschwindigkeitsbox Metropole nervlich nicht unter die Räder zu kommen, bildete das Subjekt laut Simmel zum Beispiel ein spezielles „Schutzorgan" gegen die Bedrohungen der „Strömungen und Diskrepanzen seines äußeren Milieus" aus, das es – infolge der Verlegung der Reizaufnahme „in das am wenigsten empfindliche, von den Tiefen der Persönlichkeit am weitesten abstehende psychische Organ" – nur noch auf die stärksten Reizungen reagieren, dem unsäglichen städtischen Treiben ansonsten aber weitgehend unbeteiligt gegenüberstehen ließ.[161] Simmel hat dafür den Terminus der „Blasiertheit"[162] eingeführt, der bald zum Oberbegriff großstadttypischen Verhaltens werden sollte.

Um der Stadt perzeptiv weiter gewachsen zu sein und nicht zu erblinden, reagierte der städtische Mensch auf die Reizflut seiner Umgebung ferner mit der Konfigurierung seiner Sinne, mit der Aneignung eines „neue[n] Sehen[s]"[163]. Dieses basierte auf Prinzipien, die wir vielfach schon in den großen beobachtungs- und abbildungstechnischen Erfindungen des 18. und 19. Jahrhunderts (Mikroskop, Camera obscura, Daguerreograph, Kinematograph[164]) technisch-

---

[158] Simmel 1903, 192. Simmel macht das auch noch von einer anderen Seite deutlich: „Beharrende Eindrücke, Geringfügigkeit ihrer Differenzen, gewohnte Regelmäßigkeit ihres Ablaufs und ihrer Gegensätze verbrauchen [...] weniger Bewußtsein, als [wie in der Großstadt] die rasche Zusammendrängung wechselnder Bilder, der schroffe Abstand innerhalb dessen, was man mit einem Blick umfaßt, die Unerwartetheit sich aufdrängender Impressionen." (ebd., 192f.).

[159] Ebd. Ein gutes Beispiel dafür findet sich in Rainer Maria Rilkes *Aufzeichnungen des Malte Laurids Brigge* (1910), wo der Erzähler buchstäblich „elektrische Bahnen [...] läutend durch meine Stube" rasen und „Automobile [...] über mich hin" (Rilke 1975, 710) gehen sieht, so sehr ist er durch das großstädtische Leben in Mitleidenschaft gezogen.

[160] Zur vermeintlichen Unbrauchbarkeit der Sprache angesichts der neuen Erfahrungen siehe Wülfing 1994, 31f.

[161] Simmel 1903, 193.

[162] Ebd., 197.

[163] Lobsien 1992, 186. Eines der bekanntesten literarischen Beispiele für diesen Befund findet sich einmal mehr in Rilkes *Aufzeichnungen des Malte Laurids Brigge* (1910), wo es dem Helden entfährt: „ich lerne sehen" (Rilke 1975, 710).

[164] Bei der Ende des 18. Jahrhunderts erfundenen Camera obscura (zu deutsch: dunkler Kasten) handelt es sich um ein Gehäuse mit transparenter Rückwand, auf der durch eine in die gegenüberliegende Wandung eingelassene Öffnung mit Sammellinse ein kopfstehendes, seitenverkehrtes Abbild der fokussierten Szenerie erzeugt werden konnte. Bei dem in den 30er Jahren des 19. Jahrhunderts von dem französischen Dioramenmaler Louis Chaques Mandé Daguerre (1787-1851) erfundenen Daguerreographen, dem Ahnen des Photoapparats, handelt es sich um ein ähnlich gebautes Gerät mit integrierter, mit lichtempfindlichem Jodsilber beschichteter Kupferplatte, mit der es gelang, durch die Belichtung ein – stark vereinfacht dargestellt –

maschinell manifestiert finden: etwa der sogenannten Rahmenschau, der besonders für das Kino charakteristischen Tendenz zum Bildersehen oder der ständigen Erzeugung von Nah- und/oder Fernverhältnissen.[165] Diese Analogie ist mitnichten zufällig, sondern durch eine gegenseitige Durchdringung von Subjekt und Technik bedingt. Das Auge macht bei der Technik gerade darum Anleihen, weil diese über Qualitäten verfügt, die es selbst schon längst verloren oder noch nie besessen hat. In anderen Fällen greift es noch ausstehenden Erfindungen auch voraus.

Für den künstlerischen Menschen galt diese Innovationspflicht jedenfalls in besonderer Weise, weil ihn die Metropole gleich vor zwei Herausforderungen stellte. Zunächst mußte er den in der Stadt herrschenden Geschwindigkeitsverhältnissen überhaupt erst einmal kognitiv beikommen, ehe er sie dann auch noch ent- und ansprechend zur Darstellung brachte. Für Letzteres mußte er sein künstlerisches Mittel buchstäblich revolutionieren[166], da die Stadt auf das Subjekt in etwa genauso wirkt wie das, was der italienische Futurist Filippo Tommaso Marinetti als Zone intensiven Lebens bezeichnet hat:

> Stellt euch vor, ein Freund von euch [...] befindet sich in einer Zone intensiven Lebens (Revolution, Krieg, Schiffbruch, Erdbeben usw.) und kommt gleich darauf, um euch seine Eindrücke zu erzählen. Wißt ihr, was euer [...] erregter Freund instinktiv machen wird? [...] Er wird zunächst beim Sprechen brutal die Syntax zerstören. Er wird keine Zeit mit dem Bau von Sätzen verlieren. Er wird auf Interpunktion und das Setzen von Adjektiven pfeifen. Er wird nicht darauf achten, seine Rede auszufeilen und zu nuancieren, sondern er wird ganz außer Atem in Eile seine Seh-, Gehör- und Geruchsempfindungen in eure Nerven werfen, so wie sie sich ihm aufdrängen. Das Ungestüm einer Dampf-Emotion wird das Rohr des Satzes zersprengen, die Ventile der Zeichensetzung und die Regulierbolzen der Adjektive. Viele Handvoll von essentiellen Worten ohne irgendeine konventionelle Ordnung. Einzige Sorge des Erzählers: Alle Vibrationen seines Ichs wiederzugeben.[167]

Bei den Futuristen des beginnenden 20. Jahrhunderts gipfelte das im Entwurf dezidiert anti-narrativer, gegen jedes traditionelle Erzählen polemisierender

---

originalgetreues Abbild der gegenständlichen Dinge der Welt zu erhalten, das sich mit Kochsalzlösung fixieren ließ. Sie gilt als Vorform der in den 1850er Jahren ihren Platz einnehmenden und sich bis heute behauptenden (Papier-)Photographie. Bei dem in den 1890er Jahren aufkommenden Kinematographen handelt es sich um die Frühform des Films. Siehe dazu König/Weber 1997, 227ff. und 531ff., Fischer 1996a, 75 sowie Bartels 1990, 17f.

[165] Gemein ist all diesen neuen Bewegungs- und Kommunikationsmaschinen die „Tilgung räumlicher Distanzen und Zwischenräume", die „Auflösung zeitlich-geschichtlicher Intervalle" (Großklaus 1997, 37), das Herstellen von „Verbindungen [...] zu Entferntem und Fremdem", kurz: daß sie Räume, Zeiten, Botschaften und Bilder fragmentieren und „punktuelle Zusammensetzungen" (ebd., 80) liefern.

[166] Siehe dazu Smuda 1992, 137.

[167] Marinetti 1972, 123.

Sprachmodelle, die sich nicht mehr der Konzentration, sondern einzig der Zerstreuung überantworteten. Ganz so weit war man im 19. Jahrhundert zwar noch nicht, trotzdem wurde auch hier schon merkbar an den Konventionen der künstlerischen Verfahren gerüttelt: durch die Orientierung an den modernen Beobachtungs- und Abbildungstechniken der Zeit, durch die Adaptierung der diesen Techniken zu Grunde liegenden Funktionsprinzipien. Die Rede ist von der Rahmung des Blicks, der Verlangsamung der im Bildausschnitt ablaufenden Zeit sowie – später – der Aneinanderkettung der Einzelbilder zu ganzen Bilderketten.

Mit deren Unterstützung schienen sich die Wahrnehmungsprobleme, die mit der Dynamisierung der Stadt immer offensichtlicher wurden, am ehesten lösen zu lassen. So gelang es mit der bald zur Leittechnik dieser neuen Wahrnehmung avancierten Daguerreotypie nicht nur, mit chemotechnischen Mitteln ein mimetisch genaues Abbild der objektiven Wirklichkeit zu geben – noch dazu in einem „verkleinerten Maßstab"[168], der dem Auge Überblick spendet –, sondern sie vermochte auch den Bewegungsfluß der Zeit zu verlangsamen und für einen Sekundenbruchteil zum Stillstand zu bringen und somit „das Unanschauliche des Zeiterlebens"[169] anschaulich zu machen.

Damit packt die Daguerreotypie ein Kernproblem der dromologischen Entwicklung der Stadt und des damit korrespondierenden „Wirklichkeitsverlust[s]"[170] bei der Wurzel: den Verlust an Zeit und Erfahrung. Was der großstädtische Mensch von der ihn umgebenden Dynamik nämlich hat, sind nur noch „bedeutungsgeladene Partikel, die die linear-dynamisch verlaufende Zeit der individuellen Wahrnehmung so schnell anbietet, wie sie sie ihr entzieht"[171], also wechselnde visuelle Eindrücke, aber keine wirklichen Erfahrungen. Genau dem bereitet die Photographie ein Ende, indem sie die Bewegung des Alltags für den Bruchteil einer Sekunde anhält und dem Auge das wieder anbietet, was es im Zuge der dromologischen Entwicklung verloren hat: Zeit.[172]

---

[168] Brüggemann 1985, 12.
[169] Großklaus 1997, 30.
[170] Schivelbusch 1989, 38.
[171] Asendorf 1984, 107.
[172] Die Kinematographie geht sogar noch einen Schritt weiter als die Daguerreotypie und Photographie. Sie leistet nicht nur eine Momentaufnahme der Zeit und Zeitlichkeit, sondern bildet diese durch die Verknüpfung von Augenblicksbildern zu einer bewegten Bilderreihe gleichsam in ihrem Verlauf ab. Siehe dazu Großklaus 1997, 21f. und Smuda 1992, 144.

## 4.2. Wahrnehmungserneuerung I: Stillstellung des Blicks

Dieser Wahrnehmungsproblematik der Riesenstadt war sich auch der Journalist Fontane bewußt, das heißt, daß er wahrnehmungstechnisch zu neuen Ufern aufbrechen mußte, wenn er der Metropole perzeptorisch noch gewachsen sein wollte. Mit ihrer numerischen „*Massenhaftigkeit*"[173] drohte sie seine bisherige Wahrnehmungs- und „Vorstellungskraft" schlicht zu „übersteigen", besonders mit ihrer sagenhaften Dynamik.[174]

Gestaltet wurde diese Wahrnehmungserneuerung auf zweierlei Weisen. Einmal, indem Fontane die Stadt seinen perzeptorischen Verhältnissen anpaßte, einmal, indem er sich und seinen Wahrnehmungsapparat der Stadt, also den hier geltenden Geschwindigkeitsgesetzen anpaßte. In beiden Fällen wurde das durch die Medialisierung seines Blicks erreicht, indem er diesem gleichsam ein modernes optisches Beobachtungs- oder Abbildungs*medium*[175] vorschaltete und sich dessen Funktionsprinzipien zu eigen machte. Etwa wie im Fall der „Nelson-Säule[n]"-Besichtigung (*Die öffentlichen Denkmäler*), bei der er es angesichts der stattlichen Höhe von „170 Fuß" gerne „den Teleskopen [überläßt], Nachforschungen anzustellen" über deren genauere Beschaffenheit.[176] Oder wie am Ende des Sommerbuch-Kapitels *Von Gravesend bis London*, wo erst der – wohlgemerkt imaginäre – Blick durch ein Ehrenbergsches Mikroskop seinem Vorstellungs- und Sprachvermögen neuen Raum gibt: „Was ein Stück Infusorienerde unter dem Ehrenbergschen Mikroskop, das ist London vor dem menschlichen Auge."[177]

Am verheißungsvollsten war aber die Aneignung eines der Photographie und deren technikgeschichtlichen Ahnen (Guckkasten, Camera obscura und Daguerreotypie) abgeschauten Prinzips, das der bereits in der zweiten Hälfte des 18. Jahrhunderts zur „touristische[n] Praxis" beziehungsweise „ästhetischen Routine" gewordenen Rahmung des Blicks.[178] Unter dessen Anwendung gelang es nicht nur, die gegenständliche Wirklichkeit in konzentriertester Form darzustellen, was für den Philosophen Ernst Cassirer überhaupt eine unabdingbare

---

[173] HFA III/3-I, 9.

[174] Ebd., 11. Das Zitat in voller Länge: „man gibt uns Zahlen, aber die Ziffern übersteigen unsere Vorstellungskraft" (ebd.).

[175] Siehe dazu auch Wülfing 1994, der in diesem Zusammenhang von einer „Instrumentalisierung" (ebd., 35) des Blicks spricht.

[176] HFA III/3-I, 21.

[177] Ebd., 11. Der hier erwähnte, vom Dichter womöglich während seiner Apothekerlehrzeit kennengelernte Mikroskoptyp ist nach seinem Erfinder, dem Naturwissenschaftler Christian Gottfried Ehrenberg benannt. Siehe dazu HFA III/3-II, 1244 (Anm.).

[178] Fischer 1996a, 72. Diese Rahmung hat man sich weniger als ein „Leistenviereck" vorzustellen, denn viel mehr als eine „vom faßlichen Rahmenwerk lediglich markierte Begrenzungslinie der Abbildung", die „den erschauten und/oder abgebildeten Wirklichkeitsausschnitt fest[-] und [als] Bild-Einheit zusammen[hält]" (ebd., 78f.).

Voraussetzung menschlichen Sehens ist,[179] sondern vor allem dem diese belebenden Bewegungsfluß einen Sekundenbruchteil zu entreißen, um dadurch das Unanschauliche des Zeiterlebens anschaulich zu machen. Auch Fontane scheint sich also bereits darüber im Klaren gewesen zu sein, daß wirkliches Erfahren am ehesten noch in „der Isolation und im Augenblick"[180] möglich war.

Eines der besten Beispiele dafür ist das in dem Sommerbuch-Kapitel *Out of Town* entworfene „Camera obscura-Bild"[181] des Küstenortes Brighton. Es ist zwar außerhalb Londons aufgenommen, für den hiesigen Demonstrationszweck aber nicht weniger geeignet, da von der ganz „still bewegte[n]" Art:

> Damen zu Pferde in schwarzem, wallendem Reithabit galoppieren vorüber, reizend gekleidete Kinder, in ihrer Ziegenbock-Equipage, fahren auf und ab, breitschultrige Fischergestalten mit Teerjacke und Krempenhut winden das heimkehrende Boot aus der Brandung ans sichre Ufer, – Leben überall, aber das Stille Leben eines Bildes: kein Mißklang unterbricht den Zauber, dem Aug' und Seele hingegeben sind.[182]

Dieses Bild ist mustergültig für eine Form der Wirklichkeits- und Großstadtaneignung Fontanes, für sein „Stillbild[er]"-Sehen[183]. Doch so schön diese Bilder im Einzelnen sein mögen, den Königsweg zur visuellen und kognitiven Bewältigung der Stadt versprechen sie nicht. Auch sie sind mit einem Makel behaftet: dem Makel der Makellosigkeit, des Einfach-nur-Schönen. Das Problem dieser Camera obscura-Bilder ist, daß sie sich insgesamt sehr ähneln. Denn wenn wir Fontane glauben, ermüdet „nichts [...] schneller als die sogenannte [bloß] ›schöne Natur‹"[184], als das immer Gleichbleibende. Der städtische Mensch als Unterschiedswesen aber lebt emotional von einem ständigen Wechsel der auf ihn einstürmenden Reize. Mehr noch, die dauerhafte „Fixierung aufs einäugige, völlig starre ‚Sehen'" kommt einer „regelrechte[n] Vergewaltigung der Sinnesorgane" gleich.[185] Darum erhebt der großstädtische Besucher auch an die Produkte dieser – in einem weiter gefaßten Sinne – abbildungstechnischen Großstadtaneignung den Anspruch, daß, wenn man „sie überhaupt ertragen [können] soll", sie „wie Guckkastenbilder [...] ihre[n] Zauber [ständig] wechseln".[186] Das aber verlangt nach einer anderen Art des Sehens.

---

[179] Für Cassirer ist das gerahmte Sehen nicht nur eine Erfordernis der Geschwindigkeitsbox Großstadt, sondern der menschlichen Wahrnehmung überhaupt. Grund: „Die [menschliche] Wahrnehmung kennt den Begriff des Unendlichen nicht; sie ist viel mehr von vornherein an bestimmte Grenzen der Wahrnehmungsfähigkeit und somit an ein bestimmt abgegrenztes Gebiet des Räumlichen gebunden." (Cassirer 1964, 104).
[180] Asendorf 1984, 8.
[181] HFA III/3-I, 162.
[182] Ebd., 162f.
[183] Fischer 1996a, 95.
[184] HFA III/3-I, 163.
[185] Fischer 1996a, 86.
[186] HFA III/3-I, 163.

### 4.3. Wahrnehmungserneuerung II: Dynamisierung des Blicks

Eine Alternative zu diesem in aller Regel statisch unbewegten, weil von einem festen Standpunkt aus genossenen Stillbilder-Sehen bot ein bewegtes Sehen. Das heißt, der Betrachter paßte nicht mehr die städtische Umgebung und den diese beherrschenden Bewegungsfluß durch Stillstellung sich an, sondern sich dieser, der in ihr herrschenden „ständige[n] Bewegung"[187]. Im Grunde handelte es sich dabei sogar um eine erkenntnistheoretische Notwendigkeit, da die Dynamisierung des Blicks einem „höheren Sehen" dient und die Wirklichkeit dem betrachtenden Subjekt in Zeiten allseitiger Beschleunigung überhaupt „nur [noch] über die Geschwindigkeit des Lebendigen zugänglich" ist.[188] Sie ist es, die nach Ansicht Virilios „das Universum der wahrnehmbaren und meßbaren Phänomene beleuchtet", also „nicht mehr nur einzig *das Licht* und seine spektrale Analyse".[189] Phototechnisch gesehen sind Bewegung und Geschwindigkeit darum so etwas wie die „Entwickler der wahrnehmbaren Erscheinungen"[190].

Ohne ihn damit gleich zum Vorläufer der modernen Dromologie machen zu wollen, könnte sich dessen doch auch der Journalist Fontane bereits bewußt gewesen sein, der sich in seinen englischen und, wie zu sehen sein wird, märkischen Reisebüchern am Verhältnis von Bewegung, Geschwindigkeit und Sehen immer wieder sehr interessiert zeigt. Mustergültig dafür ist das Sommerbuch-Kapitel *Von Hydepark-Corner bis London-Bridge* über eine „Omnibusfahrt"[191] vom Westend in die City der Stadt. Mit Hilfe dieses neben dem Dampfschiff wichtigsten, die Dynamik der Stadt entscheidend mitverantwortenden Massenbeförderungsmittels gelingt ihm diese Anpassung seines Wahrnehmungsapparats an die spezifischen städtischen Geschwindigkeitsverhältnisse. Was er auf dieser Sehfahrt lernt, kommt seinem visuell nach Abwechslung verlangenden Geist sehr entgegen. Wenige Augenblicke, nachdem er den Bus (‚Royal Blue') bestiegen, dessen „höchsten Platz" eingenommen und seine Aufmerksamkeit (nach zuvor noch einem kurzen Blick „nach links in den Hydepark und rechts auf den Triumphbogen des alten Siegesherzogs") mitten „hinein in das Treiben" Picadillys gerichtet hat, stellt sich sogleich eine Wirkung heraus.[192]

Zunächst auf der auditiven Sinnesebene, als es anscheinend „geräuschlos"[193] das Straßenpflaster hinuntergeht. Dann auf der optischen Sinnesebene, als sich ihm infolge der Raschheit der Fahrt und der dadurch bedingten Kürze der Verweildauer mit jedem Augenblick neue Bilder aufdrängen, um sich in „Blitzesschnelle"[194] sogleich wieder zu entziehen. Was er sieht, sind nur noch Bilderket-

---

[187] Asendorf 1984, 43.
[188] Virilio 1993, 16.
[189] Virilio 1998, 85.
[190] Ebd., 99.
[191] HFA III/3-I, 133.
[192] Ebd.
[193] Ebd.
[194] Ebd., 135.

ten[195] (man könnte auch sagen: Begriffsketten), beispielsweise der folgenden Art, weil sie die Fahrt vom Westend in die City wiedergibt: Hydepark → Triumphbogen → Picadilly (mit Palästen, Häusern und Green-Park) → Regent-Street → Waterloo-Platz → York-Säule → Carlton-House → Minerva-Statue → Pall-Mall-Straße (mit Hotels, Kunstläden und Clubhäusern) → Trafalgar-Square → ‚Strand' (das meint die Verbindungslinie zwischen Westend und City mit zahlreichen Läden, zweitklassigen Theatern, Kings-College, Somerset-House sowie menschlichen Schicksalen) → Temple Bar → Fleet-Street → Farringdon-Street → Ludgate-Hill → St. Pauls → Cheapside → Poultry → Börse → Bank → King William-Street → Londonbrücke.[196]

So verkürzt dieses Sehen auch sein mag, so sehr verwöhnt es den Betrachter doch mit genau dem, wonach es ihn als Unterschiedswesen verlangt: mit rasch wechselnden Bildeindrücken, die geradezu therapeutische Wirkung zeitigen. Mit dem Besteigen des Busses und dem Beginn des Seherlebnisses beginnt sich das Vehikel als „Erhebungs- und Zerstreuungsmittel" „zu bewähren", wird dem Fahrgast „freier um die Stirn".[197]

Ein Grund dafür könnte der hohe Unterhaltungswert dieses „Bildersehen[s]"[198] (genauer: Bilder-Ketten-Sehens) sein. Obwohl nicht direkt technisch vermittelt, ist auch ihm eine technische Dimension zu eigen, genaugenommen eine medientechnische. Denn man findet darin bereits vorgeprägt, was Ende des Jahrhunderts, nach Erfindung des Kinematographen, „*nach* Auftreten des Films"[199], als filmisches Sehen, als Kinostil bezeichnet werden sollte. Konkret ist dieser Vergleich an der Kamera- und Montagehaftigkeit dieses Sehens, also an der Zerlegung der szenischen Einstellung in eine Vielzahl von Einzeleinstellun-

---

[195] Nur gelegentlich werden diese Bilderketten von Camera obscura-artigen Standbildern durchbrochen. So zum Beispiel bei Trafalgar Square: „Das sind wir: die Fontänen tun das Ihre (freilich nur ein bescheidener Teil); der Sieger von Trafalgar schaut von seiner Kolonne herab; die National-Galerie zieht sich, als fühle sie die Schwächen ihrer Schönheit, bescheiden in den Hintergrund zurück, und von Northumberland-House hernieder grüßt uns der Wappenlöwe des Hauses, der mit geschobenem Schweif dort oben frei in Lüften steht und von den Percys, dem Löwengeschlechte Alt-Englands erzählt." (ebd., 134). Nach Beendigung dieser Episode geht die Fahrt des Blicks postwendend weiter („Immer weiter!") und der „Square liegt [im Nu wieder] dicht hinter uns" (ebd.).
[196] Siehe ebd., 134-36.
[197] Ebd., 133f. Dieses Befinden findet sich auch biographisch dokumentiert, namentlich dort, wo wird den Privatmann Fontane sagen hören, daß ihm „Omnibusfahrten" dieser Art „Momente äußerster Befriedigung" (HFA IV/1, 534 [An Emilie Fontane am 16. Oktober 1856]) sind. Siehe auch ebd., 229f. (An Emilie Fontane [Mutter] am 28. April 1852).
[198] Schweinitz 1992, 7.
[199] Paech 1996, 245. Der genaue Geburtstag und -ort der Kinematographie ist nicht mehr zu bestimmen. Paech zufolge war er „gleichzeitig in mehreren Ländern immer ein ähnlicher" (Paech 1988, 1). Mit dem 28. Dezember 1895, dem Tag der ersten öffentlichen Vorführung des Kinematographen der Gebrüder Lumière im Indischen Salon des Gran Café auf dem Boulevard des Capucines in Paris, dürfte er aber einigermaßen exakt bestimmt sein.

gen, deren anschließender Aneinanderreihung sowie dem ständigen Wechsel zwischen Nah- und Fernaufnahme festgemacht.[200]

Vor diesem Hintergrund ist die in *Von Hydepark-Corner bis London-Bridge* beschriebene Sehfahrt einer (Stumm-)Filmvorführung vergleichbar – einer in Ein-Mann- und Eigenproduktion geleisteten: mit dem Fahrgast als Drehbuchautor, Regisseur, Kameramann, Cutter und Zuschauer in einer Person. Neben der Rahmung des Fahrgastblicks (sei es, wie hier, durch „kurze Querstraßen", sei es „zwischen [...] Bäumen hindurch"), dem ständigen Wechsel des Standortes sowie zwischen Naheinstellungen und Totalen (ständig fesselt eine „nächste Nähe [...] aufs neu das Auge") ist diese Verwandtschaft vor allem durch Folgendes begründet:[201] die Raschheit der dem Sehen zu Grunde liegenden Bildwechsel (filmisch gesprochen: Schnittfolgen) sowie die Montagehaftigkeit, mit der der Betrachter die Einzelbilder, die sich seinem – filmwissenschaftlich gesprochen – „Kamera-Auge"[202] in Blitzesschnelle zu erkennen geben, zu einer Bilderkette oder einem „Szenenstreifen"[203] zusammenbaut.

Kurz, der Omnibus*auf*sasse (notabene: mit Vorliebe wird bei Fontane oben Platz genommen) schafft sich während dieser Flanierfahrt des Auges sein ganz eigenes Filmerlebnis, in der Manier etwa dem Video-Filmer heutiger Tage vergleichbar. Er ist, fixiert in seinem Kino, Zuschauer des eigenen Films, dessen Dauer von der Länge der dem kinematographischen Filmstreifen entsprechenden Bilderkette sowie der – diese konstituierenden – Geschwindigkeit abhängig ist. Dasselbe gilt für ihren Unterhaltungswert. Deshalb ist es nur zu konsequent, daß der Fahrgast Fontane beim verkehrsstaubedingten „minutenlange[n] Stillstand" des Busses einfach auf das nächstbeste Dampfschiff überwechselt: „Ich spring herab, ich dränge mich durch; treppab komm ich an den Landungsplatz der Dampfschiffe, ich besteige das erste beste".[204]

Die unvermittelte Unterbrechung der Fahrt kommt einem Filmriß gleich, der unverzüglich behoben werden muß. In diesem Fall mit Erfolg, denn mit dem Ablegen des Dampfers sieht der Betrachter die Vorführung gleich wieder fortgesetzt („wieder stromab fahrend, schau ich von der Mitte des Flusses her dem Drängen und Treiben zu, das auf der Brücke noch immer kein Ende nimmt"), und auch die erwünschte therapeutische Wirkung stellt sich sogleich wieder ein:

---

[200] Siehe dazu ebd., 237, Hickethier 1986, 149ff. und Smuda 1992, 167.
[201] HFA III/3-I, 134f.
[202] Smuda 1992, 155.
[203] Großklaus 1997, 122.
[204] HFA III/3-I, 136. Den Stau beschreibt Fontane wie folgt: „So nah am Ziel sind wir noch weitab von ihm. Es ist fünf Uhr und die City-Omnibusse haben sich eben angeschickt, alles was die Woche hindurch am Pulte stand und die Comptoir-Feder hinterm Ohre trug, nach den aberhundert Vorstädten und grünen Dörfern hinaus zu schaffen [...]. Hunderttausende wollen hinaus, in dieser Stunde, in dieser Minute noch, und selbst der London-Brücke und ihren Dimensionen versagen die Kräfte. Tausende von Fuhrwerken bilden einen Heerwurm; die lange Linie von King William-Street bis hinüber nach Southwark ist eine einzige Wagenburg und minutenlanger Stillstand tritt ein." (ebd.).

> Die Flut kommt und bringt eine lustige Brise mit, ich nehme den Hut ab und sauge die Kühlung ein. Mein Kopf brennt und fiebert, aber hin ist alle Verstimmung [...]!²⁰⁵

Die dem Motto des „Immer weiter!"²⁰⁶ gehorchende Fahrt muß unbedingt fortgesetzt werden, da nichts Geringeres auf dem Spiel steht als Erholung und Gesundheit. Außerdem sollte kein Film so abrupt enden und der Technik zum Opfer fallen.

Mag man dieses Sehen nun filmisch oder einfach bewegt nennen, es war auf jeden Fall das der städtischen Wirklichkeit angemessenste. Warum? Es „entsprach [...] dem neuen urbanen Lebensgefühl"²⁰⁷. Einem Filmemacher vergleichbar erschafft sich der Betrachter diese Wirklichkeit ständig neu, weil es vor allem „die durch die Bewegung hervorgebrachten *Veränderungen* des Wahrgenommenen [sind], die wir wahrnehmen."²⁰⁸ Damit entspricht er nicht nur einer „neue[n] Wahrnehmungsnotwendigkeit", sondern auch einer neuen Wahrnehmungs- und „Schaulust", die „in den Bildern [gerade] die Bewegung" sucht.²⁰⁹ Nun soll Fontane damit keineswegs gleich eine dezidiert cineastische Ambition unterstellt werden. Tatsache ist aber, daß er bei der Suche nach dem ultimativen Stadterlebnis nicht nur auf bereits etablierte beobachtungs- und abbildungstechnische Instrumente zurückgreift, sondern erst noch zu erfindenden auch schon vorausgreift. Wenigstens legitimieren die strukturellen Gemeinsamkeiten seiner Erzählhaltung mit der des Films diesen Vergleich.

---

[205] Ebd.

[206] Ebd., 134. Stillstand ist dem Subjekt grundsätzlich unerträglich, selbst der durch die „Sündflut einer Londoner Sonntagslangweil" (ebd., 53) bedingte.

[207] Hickethier 1986, 148.

[208] Foerster 1988, 40.

[209] Hickethier 1986, 144.

## 5. Zusammenfassung

Nirgendwo sollte Fontane der Technik noch einmal in so konzentrierter und avancierter Form begegnen wie in England, dem Land der Technik, das für ihn auch in diesem Betracht zu einem „bestimmende[n] Bildungserlebnis"[210] wurde. Im Interesse einer „neue[n], nicht-elitäre[n] Form der Volksbildung, die mehr mit Wissen und Information zu tun hat als mit einem Bildungsideal humanistischer Prägung"[211], hat er in seinen Zeitungsartikeln und Büchern immer wieder auch der techno-kulturellen Wertigkeit des Landes zu entsprechen versucht.

Aller anfänglichen Begeisterung zum Trotz spiegelt sich in ihnen trotzdem nicht nur die Sonnen-, sondern auch die „Schattenseite"[212] des Fortschritts wider. Dies zum Teil aus Pflichterfüllung seinen Auftraggebern gegenüber, England in der deutschen Öffentlichkeit in einem möglichst schlechten Licht erscheinen zu lassen[213], zum Teil aber auch aus seiner eigenen Überzeugung. Denn das Jahrzehnt der Tätigkeit für die Reaktion will ihn verändert und zu einem „eingefleischten Royalisten vom Wirbel bis zur Zeh"[214] gemacht haben. Wenn wir Fontanes anfängliche Technikeuphorie mit zunehmendem Alter also immer mehr durch ihr Gegenteil abgelöst finden, wenn wir den Fortschritt immer häufiger in Frage gestellt sehen (etwa wie in der durch den liberalen Pastor Lorenzen in *Stechlin*-Roman vorgebrachten Art: „Was einmal Fortschritt war, ist längst Rückschritt geworden!"[215]) und dann nach dem geographischen Ort sowie der historischen Zeit für diesen Wandel fragen, muß dieser Aufenthalt auf der britischen Insel erwähnt werden. So ist am Ende des Londoner Sommerbuches zum Beispiel zu lesen: „Unsre Zeit, in ihrem Forschertrieb, hat das Begrabene neu ans Licht gezogen, zur Bewunderung zunächst, aber auch zu schnellerem Untergang."[216]

---

[210] Nürnberger 1994, 19.
[211] Klug 1999, 83.
[212] HFA III/3-I, 58.
[213] Gerade während seines Engagements für die preußisch-ministeriale Centralstelle, aber auch in der für die ultrakonservative *Kreuzzeitung* tätigen Zeit schrieb er stets mit so etwas wie einer Schere im Kopf. 1857 mußte er zum Beispiel dem Chefredakteur des Blattes versichern, daß er bei Themenwahl und „Raisonnement" stets darauf geachtet habe, den „Ansichten und Intentionen der Zeitung nahe [zu] kommen" (HFA IV/1, 574 [An Tuiscon Beutner am 3. Juni 1857]). Ausführlicher zu Fontanes Verstrickung in die anti-englische Meinungspresse siehe Neuhaus 1998, 188f. sowie Neuhaus 1992, 76ff.
[214] HFA III/1, 246 (Lyrische und epische Poesie). Hädecke attestiert Fontane im Falle der Technikberichte einen beinahe „nationalistischen Industrialismus" (Hädecke 1993, 15).
[215] HFA I/5, 273 (Stechlin).
[216] HFA III/3-I, 173. Früher schon kommt Fontane zu Schlüssen wie folgenden: 1. „Die Partie steht so: Eisenbahn gegen Turmbau zu Babel. Ich bin nicht zweifelhaft, wer der letzte Sieger sein wird; aber das falsche Werk der Einheit stieg hoch, eh es zu Fall kam, und unsere Zeit baut wieder daran." (ebd., 68), 2. „Welchen Fortschritt in Wissenschaft und Kunst [...]! Doch in manchen Stücken sind wir genau, wo wir waren!" (ebd., 77f.).

Was 1844 „wie mit Fanfare"[217] begann, ging 1859 also mit Enttäuschung zu Ende. An die Stelle seiner frühen Anglomanie war Ernüchterung getreten, der euphorische Dur-Ton der Anfangsjahre in Moll umgeschlagen. Er hatte „von ›schwärmerischer‹ Bewunderung zu distanzierter Beobachtung"[218] gewechselt. Die Gründe für diesen atmosphärischen Bruch liegen auf der Hand. Auch im Schlechten machte Fontane auf der britischen Insel Bekanntschaft mit Verhältnissen, die in Berlin erst 20 Jahre später zu Tage treten sollten. Auch auf der Negativseite des Fortschritts hatte die britische Insel nämlich eine Vorreiterstellung inne. Nehmen wir den Fontane vor allem verhaßten Mammonismus oder so dekadente Erscheinungen wie den aufkommenden Massentourismus.[219] Nehmen wir die soziale Misere, namentlich „Krankheit, Verbrechen und Tod"[220], für die er in seinem Sommerbuch-Kapitel *Zahlen beweisen!* numerisches Beweismaterial anführt und die ihm 1857 in Salford, der „Schwesterstadt Manchesters [...], drin nur der Fabrikschornstein gen Himmel zeigt", besonders deutlich geworden sein muß, gerade in der ziemlich „unerquicklichen [...] Arbeiter-Vorstadt am Bahnhof", die ihm „wie ein grau und farblos gewordenes Venedig" (mit „Kohlenschiffe[n]" „statt der schwarzen Gondeln") erschien.[221] Oder auch die Zerstörung der Umwelt wie zum Beispiel die industriebedingte Verschmutzung des Irwellflusses, wiederum in Manchester:

> Der Fluß zeigt eine unaussprechliche Farbe, die ein Glas Wasser annimmt, wenn ein Knabe seinen neuen Tuschkasten durchprobiert hat. Es ist kaum noch Wasser zu nennen, es ist selbst wieder eine Farbe geworden, wenn auch ein häßliche.[222]

Fontane studiert auf der britischen Insel also nicht nur den Anbruch einer neuen, sondern auch den Abbruch einer alten Zeit. Unwiderruflich bahnt sich der Zug des Fortschritts seinen Weg, vieles von dem gewohnten Alten unwiederbringlich mit sich fortreißend. Das läßt sich kaum besser belegen als mit dem auf seiner Schottlandreise 1858 beim Besuch des Edinburger *Holyrood-Palace* (genauer: beim Ausblick in die umliegende Landschaft) aufgenommenen Bild. „Nichts Besonderes" fesselt da seinen Blick, „mit Ausnahme eines seltsamen Steinackers unmittelbar zu unsrer Rechten, von dem wir nicht wissen, ob er mehr einem Friedhof oder einem Schutthaufen gleicht".[223] Über den ist zu erfahren, daß es sich um „eine alte Kirche mit [...] Gottesacker drum herum" handelt beziehungsweise handelte, die dem Ausbau des „schottische[n]

---

[217] Nürnberger 1975, 185.
[218] Reuter 1968/I, 271.
[219] Zu Ersterem siehe zum Beispiel den desillusionierten Tagebucheintrag „Der Höhepunkt ist überschritten; England stirbt am Erwerb und Materialismus." (GBA IV/1, 32 [19. Juni 1852]), zu Letzterem seine Bedenken gegenüber dem in Schottland beobachteten Angeltourismus (HFA III/3-I, 307f. [Jenseit des Tweed]).
[220] HFA III/3-I, 58 (Sommer in London).
[221] Ebd., 424 (Aus Manchester).
[222] Ebd.
[223] Ebd., 192 (Jenseit des Tweed).

beziehungsweise handelte, die dem Ausbau des „schottische[n] Eisenbahnnetz[es]" zum Opfer fiel:

> Die Schiene brauchte Platz, der schottische Unternehmergeist war stärker als die schottische Kirchlichkeit und binnen kurzem war der alte Bau ein Trümmerhaufen.[224]

Die alte Zeit wird von der neuen also im besten Sinne überfahren.[225] Das erkennt Fontane fast nirgendwo deutlicher als auf seiner Schottland-Reise 1858. Erler nennt das daraus hervorgegangene Buch *Jenseit des Tweed* nicht zuletzt darum „ein Buch der Ernüchterung, ja oft der Enttäuschung", denn „was Fontane vorhatte, war eine Reise in eine romantisch verklärte Vergangenheit; was er vorfand, war [jedoch] zunächst einmal ein verkehrstechnisch hochentwickeltes Land, das zu ebendieser Vergangenheit kein romantisches, sondern ein finanzielles Verhältnis unterhielt."[226] Nicht zuletzt darum faßt er hier den Entschluß für sein reiseliterarisches Hauptwerk, die *Wanderungen durch die Mark Brandenburg*. Also in einem Land, in dem „neben Puritanismus und Dampfmaschine" auch „der nationale Aberglauben [noch] in Kraft" geblieben war,[227] in einem Land auf der Schwelle zwischen Tradition und Fortschritt. Einfach um zu retten, was noch zu retten war.

Wie zuletzt gesehen, gerät die Technik in Fontanes Berichten und Büchern von der britischen Insel (besonders aus London) aber nicht nur *inhaltlich*, sondern auch *formal* zum Gegenstand seiner Betrachtung und Gestaltung. Fontane studiert nicht allein technische Ereignisse sowie die sie gestaltenden Persönlichkeiten oder dadurch geprägte Milieus, sondern gewinnt ihr auch formal Bedeutung ab. Er erkennt, daß die britische Gesellschaft in rasanter Entwicklung lebt und der fremde Betrachter gut daran tut, sich dem perzeptorisch anzupassen, am besten, indem er „selbst mobil"[228] bleibt, „seinen Standort immer wieder verändert"[229]. Mit der beobachtungs- und verkehrstechnischen Medialisierung des Blicks, eben durch die imaginäre Vorschaltung sogenannter apparativer „Transportmittel des Blicks"[230] vor sein Auge, gelingt es Fontane, England überhaupt erst richtig zu erschließen: einmal, wie gehört, indem er durch die gerahmte Stillstellung der Zeit die in ihr ablaufende Bewegung seinen perzeptiven Möglichkei-

---

[224] Ebd.
[225] Siehe dazu auch die in *Der Letzte Hochland-Häuptling* (*Jenseit des Tweed*) zum besten gegebene Anekdote vom Ableben des letzten „Glengarry" (ebd., 333), des letzten Häuptlings aus dem Geschlecht der MacDonells. Dieser war an Bord des ersten „Dampfers", der das schottische Hochland erreichte, fühlte sich durch die „Glut der Öfen und [...] das Auf und Ab des Räderwerks" indes so beängstigt, daß er – als das Boot gerade an einem Uferfelsen vorbeistreifte – „vom Radkasten aus ans Ufer" zu springen versuchte und dabei den Tod fand, als er „mit der Stirn auf ein Felsstück" (ebd., 337) aufschlug.
[226] Erler 1974, 126.
[227] HFA III/3-I, 241 (Jenseit des Tweed).
[228] Hädecke 1998, 31.
[229] Nürnberger 1988, 655.
[230] Virilio 1993, 25.

ten anpaßt, einmal, indem er durch die Beschleunigung seines Blicks diesen der Stadt und den darin herrschenden Geschwindigkeitsverhältnissen anpaßt. Damit entwickelt sich die medialisierte Perzeptionsform zu der der Stadt gemäßesten, nicht zuletzt, weil Fontane so auch den eigenen Ansprüchen als Unterschiedswesen am gerechtesten wird.

Aufgrund der Vorreiterstellung im verkehrs-, aber auch beobachtungs- und unterhaltungstechnischen Bereich wird London-England für Fontane so etwas wie eine Schule des richtigen oder wenigstens neuen Sehens, deren Lehrinhalte er gelegentlich fast programmatisch sublimiert. Etwa wie bei dem Brightoner Camera obscura-Bild, für dessen Aufnahme er den Leser anleitet:

> Um die Schönheit Brightons ganz zu genießen, muß man ins Meer hinausfahren, oder wenn man die Wellenwiege und deren Folgen scheut, sich wenigstens an das äußerste Geländer jener berühmten Hängebrücke lehnen, die unter dem Namen ›Brighton-Pier‹ viele hundert Schritte in die grünblaue See hinausläuft. Folge mir der Leser dorthin.[231]

In London hat Fontane Wahrnehmungsmittel kennen- und erkenntnis*formal* einzuüben gelernt, die für sein weiteres (reiseliterarisches) Werk wahrnehmungstechnisch bestimmend werden sollten.

Zu guter Letzt findet damit auch das der Untersuchung als Motto vorangestellte Wort von der gelegentlichen Hauptsächlichkeit des Nebensächlichen ein weiteres Mal Bestätigung. Denn, so unbedeutend diese wahrnehmungs*formale* Dimension der Technik auf den ersten Blick erscheinen mag, so sehr ist sie, wie im nächsten Abschnitt dieses Untersuchungsteils deutlich werden soll, doch diejenige, die in das nachfolgende reiseliterarische Werk, die *Wanderungen durch die Mark Brandenburg*, am weitesten hineinreicht.

---

[231] HFA III/3-I, 162.

# B. MÄRKISCHE WANDERUNGEN

# Abstract

In gewisser Weise sind die Berichte von der britischen Insel als Prolog zum märkischen Reisebuchprojekt zu verstehen. Denn was in England und Schottland beginnt, wird in den *Wanderungen durch die Mark Brandenburg* fortgesetzt. Primär geht es Fontane in diesen um die Erschließung und Aufwertung der Mark Brandenburg – in einem historischen als auch in einem zeitgenössischen Sinne. Das heißt, er bemüht sich sowohl um das historische Vermächtnis als auch um die aktuellen Hervorbringungen seiner märkischen Heimat. Und weil es sich dabei nicht selten um technisch-industrielle Erscheinungen handelt, ist das Werk gerade auch für diesen Abschnitt der Untersuchung interessant. Die in England gemachten Erfahrungen sind für ihn dabei prägend. Weniger in einem technischen als viel mehr in einem medialen Sinne. Außer der Tatsache, daß Fontane auch hier immer wieder über technische Besonderheiten berichtet, treibt er in den *Wanderungen* die Verfeinerung der auf der britischen Insel erlernten Wahrnehmungsweisen immer weiter voran. Unter dem Strich ist den *Wanderungen* also in zweierlei Hinsicht Aufmerksamkeit zu schenken: einmal als Rechenschaftsberichten über die technisch-industrielle und wirtschaftliche Entwicklungsgeschichte der Mark Brandenburg, einmal als Zeitreisen in die Geschichte der Mark Brandenburg, mit den entsprechenden Verkehrstechniken als regelrechten Zeitmaschinen.

## 1. Fontanes *Wanderungen durch die Mark Brandenburg* im Überblick

Die *Wanderungen durch die Mark Brandenburg* (1862-82 bzw. 1889) sind Fontanes reiseliterarisches „Hauptwerk"[1], wenn nicht sein Opus magnum überhaupt. Wie wichtig er sie selbst nahm, verrät folgender Tagebucheintrag, in dem er das Projekt erstmals erwähnt:

> Einen Plan gemacht. ›*Die Marken*, ihre Männer u. ihre Geschichte. Um Vaterlands- u. künftiger Dichtung willen gesammelt u. herausgegeben von T. Fontane.‹ […] Wenn ich noch dazu komme, das Buch zu schreiben, so hab' ich nicht umsonst gelebt und kann meine Gebeine ruhig schlafen legen.[2]

Kaum geringer war die Einschätzung der medialen Öffentlichkeit. Wie sie reagierte, zeigt Fontanes 1883 im Rahmen des Erscheinens von *Schach von Wuthenow* hervorgebrachte Klage, selbst nach diesem seinem fünften erzählerischen Werk immer noch als nur der Autor der *Wanderungen* bekannt zu sein:

> Die gesamte deutsche Presse verfolgt mir wie andern gegenüber, beständig den Zweck, einen bestimmten Schriftsteller an eine bestimmte Stelle festnageln zu wollen. Es ist das Bequemste. *Mein* Metier besteht darin, bis in alle Ewigkeit hinein, ‚märkische Wanderungen' zu schreiben. Alles andre wird nur gnädig mit in den Kauf genommen.[3]

Obwohl stofflich ausschließlich dem märkischen Raum verpflichtet, liegen die Wurzeln der *Wanderungen* auf der britischen Insel, genaugenommen in Schottland. Beim Besuch des Leven-Sees in der Grafschaft Kinroß kam es im Sommer 1858 zu einer Begebenheit, die für die *Wanderungen* initiale Bedeutung erlangen sollte. Explizit meint das den Moment, als dem Erzähler in der Mitte des Sees und in der Nähe des auf einer Insel errichteten „Lochleven-Castle" unvermittelt Bilder seiner märkischen Heimat erschienen:

> Dann umfuhren wir die Insel und lenkten unser Boot nach Kinroß zurück, aber das Auge mochte sich nicht trennen von der Insel, auf deren Trümmergrau die Nachmittagssonne und eine wehmütig-unnennbare Stille lag. Nun griffen die Ruder rasch ein, die Insel wurd ein Streifen, endlich schwand sie ganz und nur als ein Gebilde der Einbildungskraft stand eine Zeitlang noch der Rundturm vor uns auf dem Wasser, bis plötzlich unsre Phantasie weiter in ihre Erinnerung zurückgriff und ältere Bilder vor die Bilder dieser Stunde schob. Es waren Erinnerungen aus der Heimat, ein unvergessener Tag.[4]

---

[1] Erhart 2000, 818.
[2] GBA IV/1, 161 (19. August 1856).
[3] HFA IV/3, 230 (An Wilhelm Friedrich am 19. Januar 1883). Siehe dazu auch Müller-Michaels 1995, 276f.
[4] HFA II/1, 9f. (Grafschaft Ruppin).

Ganz genau war es „das Bild des *Rheinsberger* Schlosses, das, wie eine Fata Morgana, über den Leven-See hinzog" und Fontane noch vor Ort zu der Einsicht verleitet, daß „jener Tag nicht minder schön [war], als du im Flachboot über den Rheinsberger See fuhrst, die Schöpfungen und die Erinnerungen einer großen Zeit um dich her".[5] Kurz: Es ist die Distanz der Ferne, die Fontane die Heimat wieder schätzen läßt („Erst die Fremde lehrt uns, was wir an der Heimat besitzen"[6]). Es ist dieses Déjà-vu-Erlebnis, das zur Urszene des opulenten *Wanderungen*-Projekts gerät. Kurze Zeit nach seiner Rückkehr aus England unternimmt Fontane bereits erste Erkundungsreisen, um auf die Mark zu übertragen und fortzuführen, was auf der britischen Insel, insbesondere in Schottland, begann: eine *Recherche du temps perdue*. So ist einem Brief von Januar 1860 zu entnehmen:

> Ich bereise jetzt unsre märkisch-brandenburgische Heimat und durchstöbere (wie ich's im Ausland gelernt habe) die alten Schlösser [...], dazu die kleinen märkischen Städte mit ihren Männern und ihren Erinnerungen.[7]

Aus der vom 18. bis zum 23. Juli 1860 gezielt unternommenen Exkursion in die Grafschaft Ruppin, die den Auftakt seines märkischen Wanderns bildet, entsteht 1862 das erste *Wanderungen*-Buch *Die Grafschaft Ruppin*, dem 1863 *Das Oderland*, 1873 *Havelland*, 1882 *Spreeland* sowie 1889 – als allerdings nur inoffizieller fünfter Band – *Fünf Schlösser. Altes und Neues aus der Mark Brandenburg* folgen.[8]

Auch konzeptionell knüpfen die *Wanderungen* an die Berichte von der britischen Insel an, besonders an die aus Schottland. Wie in *Jenseit des Tweed* geht es auch in den *Wanderungen* darum, einer als Reiseland stark vernachlässigten Kulturregion zu „größerer Liebgewinnung"[9] zu verhelfen – besonders in historischer Sicht. Denn die Mark Brandenburg ist für Fontane Preußens „gesunde[r] Kern"[10], dessen geschichtliche Ingredienzien es unbedingt zum Sprechen zu bringen gilt. Nicht zuletzt, weil diese von der sich unermüdlich ihren Weg bahnenden Modernisierung überrannt zu werden drohen. Und was das bedeutet, wird ihm bereits während seiner Schottlandreise 1858 bewußt, als er erkennen muß, daß das Land der Sagen und Mythen, das er eigentlich zu bereisen vorhatte, längst im Begriff war, sich zu einem Land des Fortschritts zu wandeln, welches zu seiner Historie kein romantisches, sondern nur mehr ein finanzielles Verhältnis unterhält, zu einem Land, das „einen fremd-modernen Klang in das alte Lied"[11] aufgenommen hat. Wie das konkret aussah, findet sich mit einem Bild

---

[5] Ebd., 10f.
[6] HFA II/1, 9 (Vorwort).
[7] HFA IV/1, 693 (An Hermann Hauff am 16. Januar 1860).
[8] In *Fünf Schlösser* trägt Fontane mehr die Geschichten von Adelsgeschlechtern als Reiseerlebnisse zusammen, weshalb er sie lieber als Ergänzungs- beziehungsweise Nachtragsband denn als eigenständigen *Wanderungen*-Band verstanden wissen will.
[9] FHBr, 51 (An Wilhelm Hertz am 31. Oktober 1861).
[10] HFA III/3-I, 274 (Jenseit des Tweed).
[11] Ebd., 282.

schon aus der englischen Stadt York nüchtern auf den Punkt gebracht: „statt des Doms ein Bahnhof und statt des Platzes, drauf Percy starb, eine Restauration mit doppelten Preisen."[12]

Bei aller historischen „Beschwörungsarbeit"[13] kommt trotzdem auch das Zeitgenössische zu seinem Recht, nicht selten ausgerechnet in Gestalt des Einzug haltenden Fortschritts und keineswegs nur getadelt. Nach den auf der britischen Insel gemachten Erfahrungen war es ihm nicht unwichtig, seinen „Landsleuten zu zeigen, daß es in ihrer nächsten Nähe auch nicht übel sei"[14], daß die Mark auch in dieser modernistischen Hinsicht durchaus etwas vorzuweisen hatte. Deshalb registriert er den technischen Fortschritt nicht nur als Störfaktor der erinnerungsgefährdeten märkischen Geschichte, sondern auch als etwas, das „interessant und attraktiv"[15] war, als sehens- und schätzenswerten Kulturwert. Sei es die industrielle Produktion, sei es das technische Verkehrswesen, das sich, wie zu sehen sein wird, auch noch als elementare Bedingung des Reisens behauptet.

Stärker als in *Jenseit des Tweed* geht es in den märkischen Reiseberichten also um eine Aufwertung der Mark Brandenburg – in historischer und zeitlicher Sicht. Anders als im Schottland-Buch wird in dem märkischen Raum-Zeit-Panorama beides betont, etwa dem Jahrzehnte später im *Stechlin*-Roman geprägten Prinzip folgend: „Alles Alte, soweit es Anspruch darauf hat, sollen wir lieben, aber für das Neue sollen wir recht eigentlich leben."[16]

---

[12] Ebd., 186.
[13] Erhart 1992, 242.
[14] HFA IV/2, 51 (An Wilhelm Hertz am 24. November 1861).
[15] Craig 1998, 71.
[16] HFA I/5, 270.

## 2. Die *Wanderungen* als Technikgeschichte

Bevor wir uns eingehender mit Fontanes Blick auf die Mark Brandenburg als Region des Fortschritts befassen, zunächst ein kurzer historischer Abriß ihrer technisch-industriellen Entwicklung.

### 2.1. Die Wirtschafts- und Industrieregion Mark Brandenburg

Begünstigt durch die Erweiterung der Europäischen Union nach Osten gilt der Raum Brandenburg heute vielen als wichtigste Entwicklungsregion in Mitteleuropa.[17] Ungeachtet ihrer wirtschaftlichen Rückständigkeit nach dem Zusammenbruch der DDR im Jahre 1989 datieren die Anfänge dieser Erfolgsaussicht bereits Mitte des 19. Jahrhunderts. Da war der „brandenburgische Wirtschaftsraum […] seiner ganzen Struktur nach" noch „von durchaus industrialisierungsvorbereitendem, -förderndem und -repräsentierendem Charakter".[18]

Die wichtigsten Gradmesser für diesen Industrialisierungsfortschritt der Mark, der mit der Entwicklung des Industriestandorts Berlin aufs engste verbunden war,[19] war neben dem Berg- und Tagebau (v. a. Torf, Lehm, Kalk und Gips) sowie der kapitalistisch organisierten Garten- (Obst, Gemüse) und Milchwirtschaft das Bau- (v. a. im Bereich des Straßen-, Kanal- und Eisenbahnbaus) und das verarbeitende Gewerbe. Als Indikator für den Stand der industriellen und wirtschaftlichen Entwicklung kann aber auch das Verkehrswesen angesehen werden. Dieses wurde in den 1830/40er Jahren in einem Maße ausgebaut, daß damit eine der wichtigsten Voraussetzungen für das Entstehen einer wirklichen Volkswirtschaft erfüllt war. Dank eines dichten Geflechts von Straßen, Flüssen, Kanälen und zusehends auch Schienen sahen sich bald alle wichtigen Zentren der Produktion mit denen der Rohstofförderung und den Absatzmärkten vernetzt. So gewannen zu Wasser vor allem die Elbe und Oder, Havel und Spree sowie verschiedene Kanäle (u. a. Finow- und Oder-Spree-Kanal) an Bedeutung, auf der Schiene besonders die Linien Berlin–Potsdam–Brandenburg–Magdeburg, Berlin–Luckenwalde, Jüterbog–Anhalt, Berlin–Frankfurt–Guben–Sorau–Breslau, Berlin–Neustadt/Eberswalde–Stettin sowie Berlin–Nauen–Wittenberge–Hamburg.[20]

---

[17] Siehe dazu Pergande 2002.

[18] Büsch 1971b, 103. Zur Wirtschafts- und Industrialisierungsgeschichte der Mark siehe auch Treue 1984.

[19] Als Ansammlung mehrerer wirtschaftlich ineinander verschränkter und prosperierender städtischer Gebilde (Charlottenburg, Spandau, Köpenick, Moabit) war Berlin ein gewerblich-kommerzieller Ballungsraum großstädtischer Prägung, in dem die sekundäre Produktion (Gewerbe) bereits deutlich über die primäre (Landwirtschaft) dominierte. Die Metropole war ein „Ort des Fortschritts" (Müller-Michaels 1995, 279) und Kern des sie umgebenden Wirtschaftsraumes, auf den sie synergetische Wirkung ausübte.

[20] Siehe dazu Büsch 1971a, 73ff., Büsch 1971b, 100ff., Büsch 1977, 80f. sowie Treue 1984, 359f. Speziell zur Geschichte der Eisenbahn in der Mark Brandenburg siehe Brandt 1968 und Methling 1959.

Dieser verkehrstechnische Ausbau der Region zog wiederum das Entstehen weiterer Handwerks- und Industriebetriebe nach sich, überwiegend im Bereich der Fabrikation von Steinen, Erden, Glas und Keramik sowie der Textilherstellung (Woll- und Leinenweberei) und -verarbeitung, vereinzelt aber auch im Bereich des Apparate- und Instrumentenbaus.[21] Ein Zahlenbeispiel: Mitte des Jahrhunderts wurden in der Provinz allein 150 Brennereien, 1140 Ziegeleien, 17 Glas- und Spiegelhütten, 5 Glasschleifereien sowie 36 Steingut-, Fayence- und Töpferbetriebe mit insgesamt rund 6000 Beschäftigten gezählt. 50 Jahre zuvor, um 1800, wirkte bereits jeder dritte Gewerbetreibende in der Textilbranche, dem ältesten Gewerbezweig der Region.[22]

Obwohl um die Mitte des 19. Jahrhunderts, also zu der Zeit, da Fontane seine *Wanderungen durch die Mark Brandenburg* begann, die meisten Unternehmen noch weitgehend in den frühindustriellen Anfängen steckten,[23] war die Mark Brandenburg insgesamt trotzdem schon ein verkehrstechnisch und „gewerblich [...] überdurchschnittlich erschlossenes Gebiet"[24]. Sie war eine Region der technischen Kultur und bedeutender technischer Pionierleistungen. Wie zu sehen sein wird, sind Fontanes *Wanderungen* davon nicht unbeeindruckt geblieben.

---

[21] Aus dem Bereich des Apparate- und Instrumentenbaus ist als Beispiel vor allem die Rathenower optische Industrie zu nennen. Das metallverarbeitende Gewerbe (v. a. der Maschinen-, Werkzeug- und Instrumentenbau), das in anderen Gegenden meist die größten Zuwachsraten erzielte, war in der Region Brandenburg dagegen eher von geringer Bedeutung. Die Gesamtzahl der Maschinen- und Werkzeugbaufirmen wuchs bis zur Jahrhundertmitte zwar auf über 40, alleine 30 waren jedoch in Berlin, dem „Zentrum der [brandenburgischen] Maschinenbauindustrie" (Büsch 1971a, 92) angesiedelt.

[22] Die wichtigsten Standorte des Textilgewerbes waren Nowawes (das heutige Babelsberg), Bernau, Luckenwalde, die Stadt Brandenburg und vor allem Forst, das lange als ‚deutsches Manchester' galt. Siehe dazu Büsch 1971a, 68ff. beziehungsweise 95.

[23] Im Durchschnitt verfügte überhaupt nur etwa jeder dritte Betrieb über eine Dampfmaschine, Fabriken eingeschlossen. Treue spricht in Bezug auf Brandenburg darum von einer „Wirtschaft [...] des ‚alten Handwerks im Übergang'" (Treue 1984, 340).

[24] Büsch 1971b, 96. Ungeachtet der produktionstechnischen Rückständigkeit vieler Betriebe war die Zahl der im herstellenden Gewerbe Beschäftigten insgesamt, das heißt gemessen an Preußens gesamtstaatlicher Entwicklung, überdurchschnittlich hoch.

## 2.2. Fontane als Chronist des märkischen Fortschritts

Wie bereits in den Berichten von der britischen Insel deutlich geworden ist, hat Fontane auf seinen Reisen und Exkursionen nicht nur Historisches und Kulturelles zur Kenntnis genommen, sondern auch Erscheinungen des Zeitgenössischen – wie zum Beispiel die Technik. In den *Wanderungen durch die Mark Brandenburg* ist das nicht anders.

### 2.2.1. Netzwerke: Märkische Verkehrsbetrachtungen

Obwohl das Historische thematisch dominiert,[25] kommt in den *Wanderungen*, wie übrigens schon in *Jenseit des Tweed*, immer wieder auch das Zeitgenössische zu seinem Recht; nicht selten in Gestalt des technisch-industriellen Fortschritts.[26] Wie auf der britischen Insel hält der Schriftsteller diesen auch in der Mark Brandenburg für kulturell wertvoll und damit registrierenswert. So zum Beispiel im Fall des sich rasch entwickelnden Verkehrswesens, das ihm – wie zu sehen sein wird – als Reisewanderer besonders am Herzen liegt, vor allem zu Wasser und zur Schiene. Wie bei den Gedichten handelt es sich auch hier oft nur um beiläufige Erwähnungen, etwa in Form eines „Pfiff[s]" der Lokomotive" oder des „Rasseln[s] eines vorüberfahrenden Eisenbahnzuges".[27] Manchmal trägt Fontane dem Fortschritt aber auch ausführlicher Rechnung, etwa in dem Auftaktbericht seines *Oderland*-Buches über die lang ersehnte Wasserfahrt *Von Frankfurt bis Schwedt* und den „Dampfschiffverkehr"[28] auf der Oder, der zu seinem Bedauern mehr gewerblich als touristisch genutzten. Und daß der seine besondere Aufmerksamkeit auf sich zog, kann nach *Ein Sommer in London* eigentlich nicht mehr verwundern.

Zunächst berichtet Fontane in dem Feuilleton über die verschiedenen Funktionen der „oft in ganzen Geschwadern"[29] vorüberziehenden Schiffe: über die geringe Bedeutung der „Passagierboote", die außer Tagelöhnern, Handwerkern, Kaufleuten, Gutsbesitzern und gelegentlichen Badereisenden als öffentliche Verkehrsmittel eher wenig in Anspruch genommen werden, sowie die be-

---

[25] Neben dem ländlichen und dörflichen Leben werden in den *Wanderungen* vor allem historische Themen verhandelt: Kriege, Schlachten, Kriegshelden, Könige und Feldherren, besonders auch altehrwürdige ostelbische Junkerfamilien und deren Stammsitze (Herrenhäuser und Schlösser). Siehe dazu Hädecke 1998, 194.

[26] Schon in *Jenseit des Tweed* berichtet Fontane über technische Fortschritte, das eine ums andere Mal in Form einer richtigen Technik-Reportage. Exemplarisch dafür sind die Kapitel *Der Kaledonische Kanal*, in dem Fontane über den die Nordsee mit dem Atlantischen Ozean verbindenden Fährkanal berichtet, und *Von Orban bis zum Loch Lomond*, in dem er den die Halbinsel Cantire durchschneidenden ‚Crinan-Kanal' beschreibt: HFA III/3-I, 338-43 beziehungsweise 362-72.

[27] HFA II/2, 156 (Havelland) und 606 (Spreeland).
[28] Ebd., 550.
[29] Ebd.

sondere Wichtigkeit der „Schleppdampfer".[30] Letztere haben es ihm dabei ganz besonders angetan, denn die Schleppdampfer üben sich in einer Doppelrolle als einerseits Transport- und Rettungsschiff, andererseits Despot über die anderen Verkehrsteilnehmer auf dem Fluß. Das heißt, sie sind nicht nur dazu da, um zum Beispiel „eine wertvolle Ladung in kürzester Frist stromauf zu schaffen" (und damit „in 24 Stunden" zu erledigen, was „sonst vielleicht 14 Tage gedauert hätte") oder einen „in ein mit Flößen verfahrenes Défilé" geratenen Kahn aus „einer kritisch gewordenen Situation" mit „*Kraft*, [...] *Geschick* und *Schnelligkeit*" wieder herauszufahren (womit sie „die Herzen der geängstigten Schiffer wieder mit Hoffnung erfüllen" und „ihre eigentlichen Triumphe [...] feiern"), sondern gelegentlich auch dazu, das übrige Flußverkehrspublikum zu drangsalieren.[31] Beispielsweise indem die Kapitäne, welche zu den „merkantil gefährlichsten Menschenklassen"[32] gezählt werden müssen, die in Not Befindlichen und auf ihre Hilfe Angewiesenen mit horrenden Preisforderungen konfrontieren oder die slawischen Flöße, die den Fluß ebenfalls frequentieren, vermittels geschickter „Zickzacksprünge" („Dampfschiffneckerei[en]") schubweise unter Wasser setzen und deren Betreiber dadurch folglich „nörgeln und [...] ärgern", weil sie ihnen anders „weder nützen noch schaden können".[33] Aus diesem Grund kommt ihnen den Doppelruf des „*Retters* und des *Tyrannen*" zu:

> Man liebt sie oder haßt sie. Alles, je nachdem die Gefahr im Anzuge oder glücklich überwunden ist. Die am Horizont heraufdämmernde oder wieder verschwindende Dampfsäule wird erst als Hoffnungsbanner begrüßt, dann als abziehende Piratenflagge verwünscht.[34]

Fontane gewährt mit seinen *Wanderungen* also auch einen umfassenden Einblick in die zu seiner Zeit bereits recht verdichteten Verkehrsverhältnisse der Mark: in Fahrpläne, Streckenverläufe (vollendete und projektierte, oft im internationalen Vergleich)[35] oder besonders erwähnenswerte Netzteile, etwa den „Fehrbelliner Kanal", „die mit enormen Kosten errichtete große Schiffahrtstraße [von Gentzrode] nach Berlin".[36] Größtenteils handelt es sich dabei um kurze,

---

[30] Ebd., 553 und 550. Die Bedeutung der Passagierschiffe ist vor allem wegen der Konkurrenz der Eisenbahn geschmälert, welche „die Reisenden eher und sicherer ans Ziel" (ebd., 553) bringt. Sie ist nicht nur schneller, sondern verfügt dazu auch noch über eine höhere Taktung im Fahrplan. Nicht zuletzt ist sie von äußeren Umständen weitgehend unabhängig, während es „bei niedrigem Wasserstand [schon einmal] vorkommt, daß die Fahrt [mit dem Dampfschiff] auf Stunden unterbrochen oder gar wohl ganz eingestellt werden muß" (ebd.).

[31] Ebd., 550.

[32] HFA II/2, 446 (Havelland). Wie sich diese Verhandlungen konkret ausnehmen, siehe HFA II/1, 550f. (Oderland).

[33] HFA II/1, 552, 553, 551 und ebd. (Oderland).

[34] Ebd., 551.

[35] Siehe dazu jeweils HFA II/2, 433 (Havelland) [Fahrplan], HFA II/1, 262 (Grafschaft Ruppin) [Streckenverlauf], HFA II/3, 494 (Aufsätze) [Projekte], HFA II/1, 170ff. (Grafschaft Ruppin) [Internat. Vergleich].

[36] HFA II/1, 537 (Grafschaft Ruppin).

mitunter wie zufällig erscheinende Bemerkungen, nur selten aber um generalisierende Betrachtungen.³⁷ Denn ein gut ausgebautes Verkehrsnetz ist für ihn, den England-Heimkehrer, in den 1860er Jahren schon viel zu selbstverständlich geworden, als daß er sich darüber noch ausführlich auslassen müßte.

### 2.2.2. Produktionsräume: Gewerbe- und Industriereportagen

Mitunter wird in den *Wanderungen* auch über das herstellende Gewerbe berichtet. Zahlenmäßig erfreut sich dieses sogar fast eines noch größeren Interesses als das Verkehrswesen. Zwar kommt es häufig nur en passant zur Sprache, etwa wie im Falle der im *Tegel*-Kapitel des *Havelland*-Buches vorgestellten „Oranienburger Vorstadt" mit ihrer „Königlichen Eisengießerei" und den „großen Etablissements von Egels und Borsig".³⁸ Gelegentlich läßt der Berichterstatter den Leser aber auch an tiefergehenden Betrachtungen teilhaben, etwa im *Glindow*-Aufsatz des *Havelland*-Buches, dem Bericht über einen der ältesten und renommiertesten Industriezweige der Mark: das Ziegeleiwesen.³⁹

Während er sich in dem Feuilleton über das Ruppiner „Glashütten"-Wesen⁴⁰, besonders die „mit Retorten und Glaskolben" Handel treibende „Globsower Glashütte" nahe dem Stechlin-See, die auch in Fontanes letztem Roman erwähnt wird, noch mit dem flüchtigen Blick auf „Wohn- und Arbeitshütten" sowie Krieg spielende Arbeiterkinder begnügt,⁴¹ trägt er in Glindow allen wich-

---

³⁷ Siehe dazu beispielsweise HFA II/2, 205 (Havelland) und HFA II/1, 407f. (Grafschaft Ruppin).

³⁸ HFA II/2, 156. Bei der von Karl Friedrich August Borsig 1837 in der Chausseestraße 2 gegründeten Unternehmung handelte es sich um eine der im 19. Jahrhundert weltweit bedeutendsten Maschinenbauanstalten. Ab 1841 wurden in ihr nur noch Lokomotiven gebaut, was Borsig den Titel eines deutschen Lokomotivkönigs einbrachte. Siehe dazu Vorsteher 1983, Zöbl 1984 sowie GBA II/3, 553 (Havelland [Anm.]). Ferner siehe die Registrierung der „halb wie Riesenschuppen einer Fabrikanlage, halb wie die Gradierwände einer Saline" aussehenden „Kolossalbauten der Berliner Eiswerke" (HFA II/2, 515) im *Spreeland*-Buch sowie die bildliche Charakterisierung des havelländischen Industriestädtchens Petzow: „Petzow ist ganz Industrie. Dort eine Wasserstraße, eine Werft, ein Hafenverkehr; hier die Tag und Nacht dampfende Esse, das nie erlöschende Feuer des Ziegelofens." (ebd., 396).

³⁹ Die Anfänge des havelländischen Ziegeleiwesens reichen bis in mittelalterliche Zeit zurück. Infolge der regen Bautätigkeit preußischer Könige in Berlin und Potsdam erlebte es im 18. Jahrhundert einen ersten Aufschwung, der in den Jahren nach 1870, als Berlin sich in Gründerzeit stark vergrößerte, kulminierte. Siehe dazu HFA II/3, 1051 (Anm.).

⁴⁰ HFA II/1, 338 (Grafschaft Ruppin). Das Feuilleton erschien im Frühjahr 1874 unter dem Titel *Die Menzer Forst und der Große Stechlin* in der *Illustrirten Frauen-Zeitung* (Nr. 8 und 10, 16. Februar und 9. März 1874) und rekurrierte auf eine im September 1873 in Begleitung des Ruppiner Freundes und Malers Alexander Gentz, dem im Ruppiner *Wanderungen*-Band ein Denkmal gesetzt ist, unternommene Reise durch die Grafschaft Ruppin. Siehe dazu HFA II/3, 872 (Anm.).

⁴¹ HFA II/1, 342. Von den Arbeiterkindern zeichnet Fontane folgendes Bild: „Hier spielten Kinder Krieg und fochten ihre Fehde mit Kastanien aus, die zahlreich in halbaufgeplatzten Schalen unter den Bäumen lagen. Die einen retirierten eben auf den See zu und suchten Dek-

tigen Faktoren des industriellen Produktionsprozesses Rechnung: der „Bodenbeschaffenheit" und Konsistenz des zur Verwendung kommenden „Lehm"-Materials, der „Akkordarbeit" der „etwa 500 Arbeiter aller Art" (*fremde* Ziegelstreicher, *einheimische* Ziegelstreicher und *Tagelöhner*"), sprich: der „Kunst" des „Ziegelbrennen[s]", sowie dem Vertrieb der entweder „»roten Rathenower«" oder „»gelben Birkenwerderschen«" Steine durch die Kanal-„Schiffer".[42] Darüber hinaus weist er auf die bei der Ziegelherstellung zur Anwendung gebrachte apparative Technik hin, besonders den gegen Ende der 1850er Jahre aufkommenden „Ringofen", der „den alten Ziegelofen" verdrängte.[43] Dabei handelt es sich um einen 1858 von dem Berliner Unternehmer Friedrich Eduard Hoffmann entwickelten neuen Ofentyp zum ununterbrochenen Brennen von Ziegeln, Kalk, Tonwaren und Zement, der – dank der praktischen Umsetzung neuster wissenschaftlicher Erkenntnisse – dem Ziegeleiwesen zu „neue[m] Aufschwung"[44] verhalf. Nach Einschätzung wohlwollender Zeitgenossen gehört er sogar in die Riege der „unbestreitbar [...] wichtigsten [Erfindungen] aller Zeiten"[45].

In „Erwägung, daß diese Kapitel [der *Wanderungen*] nicht bloß auf dem Lande, sondern auch von Städtern gelesen werden, die nur allzu selten Gelegenheit haben, Einblicke in solche Dinge zu gewinnen", findet sich dieser „*Sparofen*" beziehungsweise, fachterminologisch gesprochen, „Kammer- oder Kapellenofen" in Fontanes Ziegeleireportage eingehend beschrieben, zunächst von seiner äußeren Erscheinung her.[46] So erinnerte seine „Form und Einrichtung" an ein Stück „runde Torte" mit im „Mittel- oder Nußstück" eingelassener „schlanke[r] Weinflasche": „Denken wir uns dazu die Torte in zwölf gleich große Stücke zerschnitten; so haben wir auch die Einrichtung des Ofens; ein Zwölfkammersystem."[47] Schließlich geht der Autor auf seine das gesamte Herstellungs-„Verfahren"[48] im Ziegeleiwesen verbessernde Funktionsweise ein.

Aller Wertschätzung seiner „Vorteile" zum Trotz („Er spart Feuerung") konfrontiert Fontane den Leser aber auch mit den „Kehrseite[n]" des Rundbaus.[49] Etwa damit, daß er alles andere als ein „Verschönerungsmittel" ist und die Landschaften und Dörfer, „in denen er sich niedergelassen hat", ganz und gar

---

kung hinter den großen Salzsäureballons, die hier dichtgereiht am Ufer des Stechlin hin standen, aber der Feind gab seinen Angriff nicht auf, und die Kastanien fielen hageldicht auf die gläserne Mauer nieder." (ebd.). Zur Erwähnung der Globsower Glashütte im *Stechlin*-Roman siehe HFA I/5, 55ff.

[42] HFA II/2, 442-46 (Havelland).
[43] Ebd., 446.
[44] Ebd. Zur Geschichte des „*alte[n] historische[n] Ziegelofen[s]*" (ebd., 401) siehe auch im Petzow-Kapitel des *Havelland*-Buches.
[45] Releaux 1873, 8. Zu den technischen Funktionsbedingungen des Ringofens siehe ebd., 34ff. und Reich der Erfindungen 1901, 298ff.
[46] HFA II/2, 446 (Havelland).
[47] Ebd., 446f.
[48] Ebd., 446.
[49] Ebd., 446, 446 und 449.

„nicht schmückt".[50] Ferner, daß der Ofen nur den „Bauunternehmer[n], die seitdem die Steine für den halben Preis erstehen", „zum Vorteil" gereicht, während die „alten Ziegelbrennfirmen" „sich besser standen", „ehe die Dinge diese modern-industrielle Behandlung und Ausnutzung erfuhren".[51] Schließlich bringt er zur Sprache, daß der Ofen in den Dörfern des Distrikts Glindow die Ansiedlung eines Industrie-„Proletariat[s]" begünstigt hat, das in bescheidensten Wohn-, Einkommens- und „Gesundheitsverhältnisse[n]" sein Dasein fristete.[52]

Unter dem Strich sieht der Berichterstatter den Ringofen also mit gemischten Gefühlen. Einerseits hat er „die Herstellung des Steins" verbilligt und dessen „Produktion [...] gefördert", andererseits hat er dem traditionellen Handwerk geschadet und „der Wohlhabenheit [der von seiner Erzeugung Lebenden] nur mäßig genützt".[53] Und womit ließe sich das besser pointieren als mit dem „trübseligen" Bild „eines allermodernsten, frondiensthaften Industrialismus", das da beinhaltet

> die Lehmstube mit dem verklebten Fenster, die abgehärmte Frau mit dem Säugling im Loden, die hageren Kinder, die lässig durch den Ententümpel gehen.[54]

Fontane gibt mit seinen *Wanderungen* also auch eine umfassende Übersicht über die gewerblich-industrielle Entwicklung der Mark, von der – mal mehr, mal weniger – beiläufigen Erfassung der Metall-, Maschinen-, Textil- und Glashüttenindustrie[55] bis zur – mal mehr, mal weniger – intensiven Betrachtung des industriellen Ziegeleiwesens und der kapitalistischen Gartenwirtschaft.[56] Dies ergibt das Bild eines wirtschaftlich und technisch-industriell Mitte des 19. Jahrhunderts bereits recht weit entwickelten Landes, mitunter sogar eines Landes der herausragenden technischen Pionierleistungen, wie gerade die Ziegelei- und Ringofenreportage deutlich macht.

---

[50] Ebd., 448.
[51] Ebd.
[52] Ebd., 445 und 449. Näher beschrieben finden sich diese Verhältnisse ebd., 443-45. Siehe vergleichend dazu auch den Bericht über die Torfgewinnung im Wustrauer Luch, besonders die Versorgung der dort beschäftigten Arbeiter: HFA II/1, 346-53 (Grafschaft Ruppin).
[53] HFA II/2, 446 (Havelland).
[54] Ebd., 449.
[55] Zur Metall- und Maschinenindustrie siehe HFA II/2, 156 (Havelland). Zur Textilindustrie siehe den Aufsatz über die Textilstadt Luckenwalde: HFA II/3, 525-31 (Aufsätze). Zur Glashüttenindustrie siehe HFA II/1, 338ff. (Grafschaft Ruppin).
[56] Zu Letzterem siehe vor allem das Beispiel der „Garteninsel" Werder, welche sich im Verlauf der ersten Hälfte des 19. Jahrhunderts von einem einfachen „Fischerort" zu einem prosperierenden, weil kapitalistisch geführten „Obst- und Gartenort" (HFA II/2, 432f. [Havelland]) mauserte, dem ersten agrikulturellen Versorger der Metropole Berlin. Siehe dazu auch HFA II/3, 1054f. (Anm.).

### 2.2.3. „Düftelgenie[s]": Märkische Technikerporträts

Auch die für all diese technisch-industriellen Fortschritte Verantwortlichen kommen in den Blick. In der überwiegenden Zahl handelt es sich dabei um bloß beiläufige Erwähnungen,[57] das eine ums andere Mal wird diesen aber auch ausführlicher die Ehre erwiesen. Das insbesondere dann, wenn es sich um Menschen handelt, von denen – wie Fontane im Alter ausführen wird – „die Welt wirklich was hat"[58]. Gemeint sind zum Beispiel Unternehmer wie der mit „ganz ungewöhnliche[r] Tatkraft" ausgestattete Alexander Gentz, der Stifter des „Fehrbelliner Kanal[s]", der „mit enormen Kosten errichtete[n] großen Schiffahrtstraße nach Berlin"[59]. Gewürdigt werden aber auch richtige Erfinder, die allein durch ihren Willen zur Grenzübertretung geadelt und unsterblich werden. Etwa der im Ruppiner Buch gewürdigte, „um 1790 geboren[e]" „Kammerherr von Drieberg", der nach dem Studium der Musik und Naturwissenschaften sowie diversen „physikalischen Untersuchungen" „eine Flugmaschine" konstruierte, „mit der zu fliegen er glücklicherweise nicht in Verlegenheit kam": „Er begnügte sich damit, sie »berechnet« und gezeichnet zu haben, und gab den Bau als zu kostspielig wieder auf."[60] Darüber hinaus stellte er eine „originelle Theorie [...] vom »Luftdruck«" auf, die in den „[achtzehn]vierziger Jahre[n]" für einiges Aufsehen sorgte.[61] Mehr noch, sie war der Auslöser für einen „großen Zeitungskrieg":

---

[57] Exemplarisch dafür ist die Würdigung des Naturwissenschaftlers und Physikers Karl von Hertefeld (1794-1867) sowie des Maurergesellen Franke in HFA II/3, 266-93 (Fünf Schlösser) beziehungsweise HFA II/1, 506f. (Grafschaft Ruppin). Zu nennen ist aber auch die Erwähnung der fast immer mit der „ruhige[n] Überlegenheit der herrschenden Kaste" (HFA II/1, 551 [Oderland]) ausgestatteten und in Fontanes Werk überhaupt eine Sonderrolle einnehmenden Dampfschiffkapitäne. Ihre Superiorität ist bedingt durch ihr meist souveränes Auftreten, etwa wie in *Jenseit des Tweed*, wo der Kapitän die Passagiere nach Auf-Grund-Laufen des Schiffes zur Ruhe mahnt: „Der Kapitän ermahnte zur Ruhe, alles werde gut gehen; jeder glaubte ihm und harrte in Geduld." (HFA III/3-I, 337).

[58] HFA IV/4, 459 (An Georg Friedlaender am 8. Juli 1895).

[59] HFA II/1, 538, 537 und ebd. (Grafschaft Ruppin). Siehe vergleichend dazu auch die Würdigung des Plauer „Wollmanufaktur[isten]" und späteren „Porzellanmanufaktur[isten]" Friedrich von Görne (1670-1745), der nicht nur das bereits zweimal zerstörte Plauesche Schloß, sondern in weiser Einsicht der strategisch wichtigen Lage auch „die während des Dreißigjährigen Krieges abgetragene [Havel-]Brücke wieder herstellen" ließ und zwischen 1743 und 45 „Stadt und Land" den „Plauesche[n] Kanal" (HFA II/3, 104-08 [Fünf Schlösser]) stiftete. Beachtung verdient auch der Bericht über das 1846 unter dem Preußenkönig Friedrich II. abgeschlossene, allerdings bereits Mitte des 18. Jahrhunderts durch den „berühmte[n] Mathematiker Bernhard Euler, dazumal anwesendes Mitglied der Berliner Akademie der Wissenschaften", geplante Dammbauprojekt zur „Eindeichung des [Oder-]Bruchs" (HFA II/1, 568-74 [Oderland]). Zu Bernhard alias Leonhard Euler (1707-83) siehe HFA II/3, 912 (Anm.).

[60] HFA II/1, 369-71 (Grafschaft Ruppin).

[61] Ebd., 371.

Der Kern der Sache war, daß v[on] D[rieberg] den Luftdruck bestritt und seinerseits aufstellte, »das Quecksilber werde nicht durch eine Luftsäule von bestimmtem Gewicht emporgedrückt, sondern hänge vielmehr an dem luftleeren Raum der Barometerröhre, ziemlich genau so wie ein Eisenstab an einem Magnete hänge.«[62]

Während sich diese „Aufstellung" in der „Laienwelt", die – so Fontane – „bekanntermaßen einen natürlichen Zug zur Winkeladvokatur und eine Vorliebe für die Franktireurs der Wissenschaft" hat, eine gewisse Unterstützung erfuhr, „zuckten" die „Leute vom Fach" darüber nur „die Achseln" und weigerten sich, „in der Partie »Drieberg gegen Newton«" für den Protzener einzutreten, da es dessen Lehre „an allem wissenschaftlichem Anrecht gebräche".[63] Kurz, von Drieberg ging aus dem „mehrmonatliche[n] Streit" um die „»Luftdrucksfrage«" als Verlierer vom Platz und geriet nach und nach in Vergessenheit: „niemand spricht mehr davon und nur der Beiname »Luftdrucks-Drieberg« ist in [...] Erinnerung [...] geblieben".[64] In der Chronik des Spurensuchers Fontane indessen ist ihm als prototypisches „Düftelgenie aus der Klasse der Perpetuum-Mobile-Erfinder"[65] ein Platz sicher.

### 2.2.4. Bilanzierung des Fortschritts: Fontanes Naturästhetik

Wie im *Glindow*-Kapitel des *Havelland*-Buches bemerkt, wendet Fontane sich immer wieder auch den Kehrseiten des Fortschritts zu, den „Deformationen der modernen Welt"[66]. Das gilt nicht nur für den sozialen Bereich (siehe das Glindower Beispiel!), sondern auch für den ökologischen. Den Beweis erbringen Hinweise wie beispielsweise der im Ruppiner Buch gemachte, daß „durch die Konsumtionskraft einer großen Stadt", gemeint ist Berlin, fast der ganze Menzer Forst „durch die Berliner Schornsteine" befördert, also vernichtet wurde.[67] Als eine Kritik an diesen Verhältnissen will das allerdings mitnichten verstanden

---

[62] Ebd.
[63] Ebd.
[64] Ebd.
[65] Ebd., 370. Für Menschen wie von Drieberg, der auch äußerlich „ganz den Typus des Gelehrten, des Büchermenschen" (ebd.) wiedergab, empfand Fontane generell große Sympathie. Siehe vergleichend dazu den im *Havelland*-Buch porträtierten „Pfaueninsel-Maschinenmeister", den er, weil zuvor Inhaber des „Amt[es] eines Maschinisten und Versenkungskünstlers am Königstädtischen Theater", gleichfalls zu den „Düftelgenie[s] [...] aus der großen Familie der Perpetuum-mobile-Erfinder" (HFA II/2, 202) rechnet. Außerdem verdient die Hommage an den Entdecker des Phosphors und Erfinder des Rubinglases, Johann Kunkel (1630-1702), Beachtung: ebd., 192ff. (Havelland) und HFA II/3, 1021 (Anm.). Schließlich stoßen wir auch in Fontanes Erzählwerk und Lebenserinnerungen mehrfach auf den Terminus ‚Düftelgenie'. Siehe dazu die Vorbemerkung zum *Protzen*-Kapitel in ebd., 879 (Anm.).
[66] Erhart 1992, 254.
[67] HFA II/1, 339. Siehe dazu auch den nachgelassenen Aufsatz *Luch im Walde* über die „Fabrikstadt" Luckenwalde mit ihrem von der ortsansässigen Textilindustrie stark verschmutzten „Nuthe-Fließ": HFA II/3, 525-31 (Aufsätze).

sein, im Gegenteil. Wie an anderer Stelle deutlich wird, geraten der Natur derartige Berührungen mit dem Fortschritt nur selten zum Nachteil.

In dem im Aufsatz *Am Wannsee*[68] beschriebenen „lange versäumten Besuch" der von dem Charlottenburg–Potsdamer „Eisenbahnprojekt" (1882 fertiggestellt) bedrohten „Havelforsten zwischen Pichselberg und Wannsee" gelangt Fontane im Herbst 1861 nämlich zu der „Überzeugung", daß „solche Besorgnisse", es „würde hier durch [die] Eisenbahn [...] ein heiliger Frieden, ein unentweihter Tempel der Natur zerstört werden", „ungerechtfertigt sind", um nicht zu sagen: „töricht".[69] Zum einen, weil „unsere Landschaft [...] längst aufgehört [hat], ein bloßes Naturprodukt zu sein", man es in der Mark Brandenburg längst mit keiner unberührt-wilden, sondern nur mehr mit einer gezähmt-kultivierten Landschaft zu tun hat:

> Überall, auf Schritt und Tritt, begegnet man hier den Zeichen der Kultur, den Schöpfungen der Menschenhand – Gärten und Ackerfelder, zumal an den Seen entlang, die den Grunewald durchziehn, unterbrechen den Forst; eine Einfriedigung umspannt den ganzen Wald, und von den Höhen aus, die sich am Fluß entlangziehen, sieht man auf die Dampfschiffe, die vorüberschaufeln, oder hört den Pfiff der Lokomotive, die die Ränder des Waldes durchschneidet.[70]

Zum anderen hält er Bedenkenträgern entgegen, daß die märkische Naturlandschaft durch Projekte wie dieses nicht einer Qualität, sondern viel mehr eines „Mangel[s]" entledigt wird: einer „*Monotonie*", die „alle[n] Landschaftsbilder[n] unserer Mark" anhaftet.[71] Gemeint ist die Monotonie der bloß schönen Natur. Die sei „unserer Landschaft zu *nehmen, nicht aber zu bewahren*"[72], da sie sie völlig uncharakteristisch und immer gleich erscheinen lasse. Für den Beispielsfall der Havelforsten bedeutet das, daß diese „durch diese [Eisenbahn-]Anlagen nicht verlieren, wohl aber gewinnen", daß ihr „Schönheitsgehalt" durch das Bahnprojekt nicht zur Ab-, sondern gerade zur Aufwertung gebracht wird.[73] Punktum.

Insgesamt läßt sich daraus – wie schon aus seinem Schottland-Buch – eine Naturästhetik ablesen, die der von Menschenhand berührten und kultivierten Landschaft vor der unberührten, naturbelassenen den Vorrang einräumt. Im Grunde ist sie aus dem gleichen Stoff wie der im *Stechlin*-Roman explizierte Gedanke über die ästhetischen Solls von Telegrammen:

---

[68] Der am 4. Dezember 1861 in der *Kreuzzeitung* (Nr. 283) edierte Aufsatz ist zwar nie direkt in den *Wanderungen* aufgelegt worden, gehört entstehungsgeschichtlich aber in deren thematisches Umfeld. Siehe dazu HFA II/3, 1166 (Anm.). Den Aufsatz selbst ebd., 494-98 (Aufsätze).

[69] Ebd., 494ff.
[70] Ebd., 496f.
[71] Ebd., 497.
[72] Ebd., 497.
[73] Ebd., 496f. und 494.

Es ist das mit dem Telegraphieren solche Sache [...]. Schon die Form, die Abfassung. Kürze soll eine Tugend sein, aber sich kurz fassen, heißt meistens auch, sich grob fassen. Jede Spur von Verbindlichkeit fällt fort [...]. Ich hatte mal einen Freund, der ganz ernsthaft versicherte: »Der häßlichste Mops sei der schönste«; so läßt sich jetzt beinahe sagen, »das gröbste Telegramm ist das feinste«. Wenigstens das in seiner Art vollendetste.[74]

Auf Fontanes Landschaftsästhetik bezogen heißt das: Die kultivierteste ist die schönste Landschaft. Unterstützt wird diese Lesart durch die Tatsache, daß der Autor ein so düster-romantisches Bildchen (25,5 × 33 cm) wie Carl Blechens (1798-1840) Ölgemälde *Walzwerk Neustadt-Eberswalde* (um 1830), das er im Rahmen der großen Blechen-Ausstellung 1882 in der Berliner Nationalgalerie gesehen haben dürfte, in die Liste der Bilder aufgenommen hat, die er am liebsten in „meinem Wohnzimmer, um mich her zu täglicher Freude"[75] aufgehängt hätte. Denn mit dem Fabrikgebäude (mit qualmender Feueresse!) inmitten einer idyllisch-romantischen Flußuferszene mit Schiffern und Anglern, das den Bildmittelpunkt einnimmt und die Aufmerksamkeit des Betrachters suggestiv auf sich zieht, bildet es exakt eine der Landschaften ab, die Fontane in seinen *Wanderungen* (und auch in *Jenseit des Tweed*[76]) als idealtypisch beschreibt.

Fontane vermittelt dem Leser seiner *Wanderungen* also auch Eindrücke von den Kehrseiten der technisch-industriellen Entwicklung, besonders im sozialen und ökologischen Bereich. Seiner Fortschrittseuphorie insgesamt tut das allerdings keinen Abbruch. Zum einen, weil, wie gesehen, die Modernisierungsschäden der Landschaft ästhetisch nicht zwingend zum Nachteil gereichen. Zum anderen, weil die negativen Effekte dieses Prozesses durch die positiven immer noch überwogen werden. Einer der bestechendsten ist die Belebung und Kultivierung der Region, wie sie sich mit dem Beispiel des einst „höchst unpoetische[n] Ort[es]" Spandau, das sich dank des Einzug haltenden Fortschritts von einem unscheinbaren Dorf zu einer schillernden Stadt gemausert hat, eindrucksvoll belegen läßt:

> Der helle Pfiff der Lokomotive hat die dunkeln Wolken, die über der Stadt hingen, wie mit leuchtendem Schwert vertrieben; die Stille, die Stagnation, die so leicht zum Brütwinkel alles Finstern und Unheimlichen werden, sind dem Leben und der Bewegung gewichen, bunte Menschenströme kommen und gehen, und Fabrikgebäude und Sommerhäuser haben in la-

---

[74] HFA I/5, 26.

[75] NFA XXIII/1, 539 (Karl Blechen [Fragment]). Zu Blechen, dem Meister der schwarzen Romantik, und dessen Bild siehe Keisch 1998, 127ff.

[76] *Jenseit des Tweed* ist reich an Beispielen für sowohl absolute, als auch weniger absolute Naturlandschaften beziehungsweise Landschaftsbilder. Im Kapitel *Edinburg-Castle* zum Beispiel wird der Leser mit einer „lachende[n]", weil auch von den „Linien der Glasgow-Eisenbahn" durchzogenen „Landschaft" (HFA III/3-I, 216) konfrontiert. Im Kapitel *Ein Gang nach St. Anthony's Chapel* dagegen begegnet er einer von Calton-Hill aus gehaltenen „Umschau", die indes weit weniger befriedigt, da der Betrachter sie als nicht mehr denn „klanglose Öde ringsum" (ebd., 254) empfindet.

chenden Farben einen heitern Kranz um den alten Griesgram gezogen. Dampfschiffe beleben den schönen breiten Strom, und der dunkle Hintergrund, der auch jetzt noch dem Bilde geblieben, schreckt nicht mehr ab, sondern steigert nur den Reiz.[77]

Vor diesem Hintergrund ist es dann auch nachvollziehbar, daß Fontane gerade die „aus Bahnhöfen und Kasernen, aus Kirchhöfen und Eisengießereien zusammengesetzt[e]" Oranienburger Vorstadt zur „vielleicht interesseste[n] der Berliner Vorstädte" erklärt.[78] Natürliche oder städtische Landschaften können für ihn nämlich nicht genug „Produkt des Kontrastes"[79] sein.

Beeinträchtigt wird seine Sympathie für den märkischen Industrialisierungsprozeß nur, wo dadurch das geschichtliche Gedächtnis der Region Gefahr läuft, gelöscht zu werden. Exemplarisch dafür ist der Fall des Oranienburger Schlosses, von Fontane 1861 besucht, das nach seinem Verkauf im Jahre 1802 zweckentfremdet und historisch regelrecht entweiht wurde:

> Schloß Oranienburg wurde eine Kattunmanufaktur. Wo die Edeldamen auf Tabourets von rotem Damast gesessen und der Vorlesung des alten Poellnitz gelauscht hatten, während die Königinmutter Goldfäden aus alten Brokaten zog, klapperten jetzt die Webstühle und lärmte der alltägliche Betrieb. Aber noch tristere Tage kamen, Krieg und Feuer, bis endlich in den zwanziger Jahren ein chemisches Laboratorium, eine Schwefelsäurefabrik, hier einzog. Die Schwefeldämpfe ätzten und beizten den letzten Rest alter Herrlichkeit hinweg.[80]

An Orten wie diesem wechselt die Tonlage seines Berichts in Moll, zumindest vorübergehend, denn das Historische vor der Vernichtung und damit dem Erinnerungsverlust zu bewahren, ist ja das Hauptanliegen seines märkischen Reisebuchprojekts.

---

[77] HFA II/3, 401f. (Aufsätze). Der hier zitierte Artikel *Das Schildhorn bei Spandau* (ebd., 401-06) erschien zunächst als Vorabdruck in Cottas *Morgenblatt für gebildete Leser* (Jg. 54, Nr. 34, 19. August 1860) und dann auch noch in der ersten Ausgabe der *Wanderungen*. Später schied er aus diesen aus. Siehe dazu HFA II/3, 1152 (Anm.). Die in dem Spandau-Aufsatz gemachten Ausführungen ergänzend siehe auch Fontanes Äußerungen über das in der Märkischen Schweiz liegende, ebenfalls nur eingeschränkt schöne Städtchen Buckow. Dem sagt der Autor voraus, daß es, sobald in den Verkehr der an ihm bald vorüberführenden „neuprojektierte[n] Eisenbahn zwischen Berlin und Küstrin" hineingezogen, als „›Aschenputtel‹ von heute" seiner „bevorzugten Schwester" Freienwalde („Freienwalde ist [...] eine Dame") „schon morgen gefährlich werden" (HFA II/1, 644 [Oderland]) wird.
[78] HFA II/2, 156 (Havelland).
[79] Ebd., 241.
[80] Ebd., 152. Der Beitrag erschien unter dem Titel *Schloß Oranienburg* zuerst in *Unser Vaterland* (Bd. 1, 1861), später im ersten Teil der *Wanderungen* (1. Aufl.) beziehungsweise ab der 2. Auflage im *Havelland*-Teil derselben. Siehe dazu HFA II/3, 1012 (Anm.). Siehe vergleichend dazu auch das in *Jenseit des Tweed* formulierte Bild der von der Eisenbahn buchstäblich überfahrenen „Kirche mit ihrem Gottesacker drum herum" (HFA III/3-I, 192) im sich vor der Stadt Edinburg entfaltenden Talkessel.

## 3. Wahrnehmungstheoretische Aspekte der *Wanderungen*

Wie in den Berichten von der britischen Insel geht es in den *Wanderungen* nicht nur um eine wahrgenommene Technik, sondern auch um eine Technik des Wahrnehmens. Das heißt, die Technik hat auch hier nicht nur eine inhaltliche, sondern auch eine formale Dimension. In Gestalt der mannigfach zur Anwendung gebrachten öffentlichen Verkehrsmittel findet sie sich zum Beispiel immer wieder für ganz bestimmte perzeptive und kognitive Zwecke instrumentalisiert. Und das keineswegs willkürlich, sondern nach ganz bestimmten Gesetzmäßigkeiten. Mit etwas Wohlwollen läßt sich sogar von einem Seh- und Wahrnehmungsprogramm reden. Was dieses im einzelnen konstituiert, soll im Folgenden näher in Augenschein genommen werden.

### 3.1. Schottisches Vorspiel: *Jenseit des Tweed*

Bekanntlich gab das Déjà-vu-Erlebnis am schottischen Leven-See Fontane „die ersten [konkreten] Anregungen"[81], um im Interesse „besserer Erkenntnis und größerer Liebgewinnung historischer Personen" sowie „märkischer Landschaft und Natur" nach Ende seiner Zeit auf der britischen Insel ein märkisches Reisebuchprojekt in Angriff zu nehmen.[82] Angesichts der Tatsache, daß – kulturhistorisch argumentiert – die Aneignung einer außenweltlichen Wirklichkeit stets unter „Rückgriff auf [bereits vorhandene] kulturelle Erfahrungen" erfolgt, ganz besonders im Falle der „Verarbeitung von Fremderfahrung", ist das auch gar nicht weiter verwunderlich.[83] Denn auch Fontane war davon überzeugt: „»Erst die Fremde lehrt uns, was wir an der Heimat besitzen.«"[84] Oder im Sinne von Claude Lévi-Strauss: Statt daß sich einem in der Fremde „eine neue Welt" eröffnet, bekommt man „die alte zurück", und jene, der man eigentlich nachgestrebt hat, zerrinnt einem zwischen den Fingern.[85]

Fontane rekurriert in *Jenseit des Tweed* ebenfalls auf bereits gemachte Erfahrungen. Denn laut Vorwort ist die Idee zu seinen *Wanderungen* auf der Schottland-Reise von 1858 geboren worden. Wie zu sehen sein wird, ist die Konstruktion seiner märkischen wie schottischen Landschafts- und Wirklichkeitsbilder davon nicht unberührt geblieben. Obwohl er schon früher den Gedanken an ein derartiges Vorhaben äußert, war die im August 1858 in Begleitung des Freundes Bernhard von Lepel unternommene und, wie wir wissen, bestens vor-

---

[81] HFA II/1, 9 (Vorwort). In seinem Tagebuch spricht Fontane 1856 erstmals davon, „einen Plan gemacht" zu haben für ein märkisches Reisebuchprojekt. Titel: „»*Die Marken*, ihre Männer u. ihre Geschichte. Um Vaterlands- u. künftiger Dichtung willen gesammelt u. herausgegeben von T. Fontane.«" (GBA IV/1, 161 [19. August 1856]).
[82] FHBr, 51 (An Wilhelm Hertz am 31. Oktober 1861).
[83] Murath 1995, 3.
[84] HFA II/1, 9 (Vorwort).
[85] Lévi-Strauss 1978, 370.

bereitete Reise⁸⁶ „präformierend"⁸⁷ für die *Wanderungen*. Das Gleiche gilt für das aus dem dritten Englandaufenthalt hervorgegangene Buch *Jenseit des Tweed* (1860), das sich in vielerlei Hinsicht wie ein „Präludium"⁸⁸ zu den märkischen *Wanderungen* liest, wie deren Exposé.

Wie sein märkisches Reisebuchprojekt verzeichnet auch *Jenseit des Tweed* die Reise in eine romantisch verklärte Vergangenheit, in die Zeit von Maria Stuart, Macbeth und der Lady of the Lake. Und wie die *Wanderungen* ist auch *Jenseit des Tweed* in der Hauptsache geschichtlich ambitioniert; von gelegentlichen Bemerkungen über den Einzug haltenden Fortschritt einmal abgesehen.⁸⁹ Was das Schottland-Buch hier aber vor allem interessant macht, ist, daß es den Leser in perzeptorischer Sicht auf die *Wanderungen* vorbereitet. Etwa mit dem panoramatischen Sehen, das ihm gleich im Auftaktkapitel zuteil wird, als der Erzähler und sein Begleiter auf ihrem Weg von London nach Edinburg „die [englische und] schottische Landschaft durchfliegen"⁹⁰. Deren „Bilder zogen an uns vorüber", um von Minute zu Minute „immer bunter" zu werden und einen Sinnenrausch anzudeuten, der nur durch das Erlebnis der Dampferfahrt *Von Orban bis zum Loch Lomond* übertroffen wird.⁹¹ Hier kommt der Betrachter überhaupt „nicht mehr zu einem Festhalten all der Bilder, die an uns vorüberziehen", und muß sich eingestehen, daß es unmöglich ist, „die Fülle des Gebotenen aufzunehmen":

> Die Bilder sind prächtig, reich, grandios und in ihrer Belebtheit fesselnder und reizvoller als die Mehrheit dessen, was wir bisher gesehen; aber es geht im Fluge daran vorüber, und wir ertrinken fast im Stoff.⁹²

Aber auch bei den kontrastiv zu diesen bewegten Wahrnehmungsweisen immer wieder eingeschobenen unbewegten, das heißt, im Stillstand genossenen „Umblick[en]", bei denen der Betrachter – in aller Regel von einem erhöhten Standpunkt aus – nur zu oft „hübsche Landschaftsbilder" vor sich ausgebreitet sieht, stellt sich das Phänomen einer Wahrnehmungsvielfalt ein.⁹³ So zum Beispiel beim Besuch von *Edinburg-Castle*, bei der „reizenden Aussicht [von dort] auf die City, das Themsetreiben und die gegenüberliegenden Surrey-Ufer":

---

⁸⁶ Als Fontane am 9. August 1858 im Londoner Kings-Cross-Bahnhof den Edinburger Nachtzug bestieg, besaß er, nach jahrelanger Vorbereitung, umfassende Kenntnisse über die schottischen Verhältnisse: überwiegend aus dem geschichtlichen, aber auch aus dem verkehrstechnischen Bereich. Bereits 1852 hat er zum Beispiel „Bradshaw's [seit 1841 monatlich aktualisiert herausgegebenes] Eisenbahnhandbuch studirt" und „eine See-Reise nach Edinburg (die Fahrt kostet nur 12 Schilling) projektirt" (GBA IV/1, 26 [12. Juni 1852]).
⁸⁷ Plachta 1994, 180.
⁸⁸ Nürnberger 1997a, 175.
⁸⁹ Siehe dazu Erler 1974, 126ff.
⁹⁰ HFA III/3-I, 186.
⁹¹ Ebd., 185 und 187.
⁹² Ebd., 367.
⁹³ Ebd., 186 und 192.

> Zur Rechten stehen der Carlton-Hill und die Salisbury-Crags wie ein paar Wächter unmittelbar vor den Toren der Stadt, linkshin dehnt sich eine lachende Landschaft aus; unten, den Fuß des Hügels mit einer Kurve fast umschreibend, ziehen sich die Linien der Glasgow-Eisenbahn, vor uns aber steigt die Neustadt mit ihren Plätzen und Palästen, mit ihren Kirchen und Statuen auf, bis endlich die dünner werdenden Linien sich in Villen und Gärten und freies Feld verlieren. An klaren Tagen wächst der Zauber dieses Bildes mit der Ausdehnung und dem Reichtum der Landschaft. Dann sehen wir jenseits der Gärten und Felder den blauen Wasserstreifen des Firth of Forth, die kleinen Felseninseln darin und blicken selbst über das blaue Band hinfort bis weit in die fruchtbaren und erinnerungsreichen Täler der Grafschaft Fife hinein.[94]

Dieses „Stand-Bild[er]"-Sehen[95] ist so etwas wie das Gegenstück zu dem weiter oben beschriebenen Bewegungssehen. Wo der Reisende beim bewegten Sehen einen Erfahrungsverlust erleidet, unterbricht dieses unbewegte Sehen den Bewegungsfluß der Zeit, gebietet diesem Einhalt und macht die durchreiste Landschaft dadurch überhaupt erst wieder erfahrbar. Obwohl das unbewegte Sehen dem bewegten in diesem Punkt also etwas voraus hat, sind für Fontane dennoch beide Wahrnehmungsweisen ebenbürtig. Unter dem Strich haben beide ihren ganz spezifischen Eigenwert, den man nicht sollte missen wollen. Darum sind für ihn beide unverzichtbar und als elementare Bestandteile aus seiner Bild- und Wahrnehmungskonvention nicht wegzudenken. Das deutet sich bereits in *Ein Sommer in London* und *Jenseit des Tweed* an und wird in den *Wanderungen durch die Mark Brandenburg* unwiderruflich festgeschrieben. Wie zu sehen sein wird, nehmen sich seine Anleitungen zum richtigen Reisen beziehungsweise Wahrnehmen und Erleben dort fast wie ein Programm aus, das ohne die beiden Wahrnehmungsweisen nicht auskommt. Sie sind ihm elementare Bestandteile.

Immer wieder stoßen wir auf Ratschläge an den geneigten Leser, wie er zu reisen hat, um davon das am meisten „Lohn und Ausbeute"[96] versprechende Wahrzunehmungserlebnis zu haben. Etwa wie in dem der Reise *Von Edinburg bis Stirling* gewidmeten dreizehnten Kapitel von *Jenseit des Tweed*, das für all diejenigen, die, wie es an anderer Stelle heißt, „etwas sehn und nicht bloß vorwärts kommen wollen", mit dem Hinweis und der Empfehlung beginnt:

> Zwischen Edinburg und Stirling existiert neben der Eisenbahn auch eine Dampfschiffverbindung. Wer Eile hat, wählt wie gewöhnlich den Schienenweg, wer Muße hat und frischer Luft und schöner Ufer sich freuen will, macht es wie wir und schlägt die Wasserstraße ein.[97]

---

[94] Ebd., 216.
[95] Hädecke 1998, 189.
[96] HFA III/3-I, 308 (Jenseit des Tweed).
[97] Ebd., 308 und 272f.

*Jenseit des Tweed* bereitet den *Wanderungen* also in vielfältiger Weise das Feld. Nicht nur wegen der Akzentuierung des Geschichtlichen oder der – wie Erler sie nennt – „Technik der historischen Reportage" (d. h. „der spezifische ‚Wanderungen'-Stil" ist darin „schon stark vorgeprägt"), sondern auch aufgrund des wahrnehmungs- und erlebnisprogrammatischen Gehalts.[98] Die in *Ein Sommer in London* begonnenen Studien zum Verhältnis von Fahren/Reisen und Sehen werden darin fortgeführt, ansatzweise sogar schon in eine konzeptionelle Form gegossen. Nicht selten münden die Reflexionen in die fast programmatisch klingende Empfehlung an den Leser, sich im Interesse eines bestimmten perzeptiven Erlebnisses ganz besonders zu verhalten. Das, wie zu sehen sein wird, in den *Wanderungen* ausformulierte Reise- respektive Seh-, Wahrnehmungs- und Erlebnisprogramm findet sich hier bereits angelegt. Denn Fontanes Schottland-Buch dokumentiert ein so starkes Interesse an der Interdependenz zwischen der Art einer Fortbewegung und dem damit einhergehenden Sehen, besonders vor dem Hintergrund der Suche nach der bestmöglichen *Erfahrung* der schottischen Geschichte, daß es auch in diesem Betracht mit einigem Recht als das Modell der *Wanderungen* gelten kann.

## 3.2. „Alle Dinge haben ihr Gesetz": Anleitung zum Reisen

Was in *Jenseit des Tweed* begonnen wurde, findet in den *Wanderungen* seine Fortsetzung. Auch hier leitet Fontane den Leser immer wieder zum richtigen Reisen beziehungsweise Wandern an. Etwa im *Malchow*-Kapitel des *Spreeland*-Buches, wo man folgende Vorinformation erhält:

> Eine Wanderung nach Malchow, so kurz sie ist, gliedert sich nichtsdestoweniger in drei streng geschiedene Teile: *Omnibusfahrt* bis auf den Alexanderplatz, *Pferdebahn* bis Weißensee, und *per pedes apostolorum* bis nach Malchow selbst.[99]

Oft werden derartige Empfehlungen noch durch den Wunsch abgeschlossen: „Der Leser wolle mich freundlich begleiten."[100] Vor allem aber bedeutet Wandern in der überwiegenden Zahl der Fälle ein Fahren, denn das ist für Fontane das „A und O des Reisens"[101]. Auf den Hauptstrecken in aller Regel mit der Bahn, dann, wenn man „»ins Land«" will, weiter mit dem „Fuhrwerk" (d. h. Hauderer oder Fahrpost), weil „Eisenbahnen" dort nur „in den wenigsten Fällen nutzbar" sind.[102] Doch Fontane favorisiert das Fahren nicht nur, weil er im Grunde seines Herzens ein Anstrengungsverächter und allenfalls ein „Spaziergänger" ist, für den es sich nach einem halbstündigen Gang meist schon wieder

---

[98] Erler 1974, 131.
[99] HFA II/2, 670.
[100] Ebd., 338 (Havelland).
[101] An Emilie Fontane am 9. August 1875. Zit. nach HFA II/3, 819 (Anm.).
[102] HFA II/1, 13 (Vorwort).

ausgewandert hat, sondern auch wegen des damit korrespondierenden besseren Sehens, wegen der damit einhergehenden perzeptiven Effekte.[103] Schon in dem Brief an seine Frau erklärt er, „mit offenen Augen vom Coupé, vom Wagen, vom Boot, vom Fiaker aus die Dinge an sich vorüberziehen zu lassen" sei „das beste" am Reisen.[104]

Es geht also um eine Anleitung zum richtigen Sehen, insbesondere die Naturlandschaften betreffend. Dafür muß beim Rezipienten erst der Sinn geweckt und geschult werden, denn der hatte die märkische Bevölkerung nach Fontanes Auffassung in den 1860er Jahren noch so gut wie gar nicht erreicht:

> Die eigentliche märkische Bevölkerung hat noch jetzt diesen Sinn beinah gar nicht, wovon sich jeder überzeugen kann, der an hübsch gelegenen Orten einer Vergnügungspartie märkischer Stadt- und Dorfbewohner beiwohnt. Sie sind ganz bei ihrem Vergnügen, aber gar nicht bei der ‚Landschaft', der sie in der Regel den Rücken zukehren. Der Berliner ‚Sommerbewohner' ist nicht deshalb so bescheiden in seinen Ansprüchen, weil ihm die märkische Natur nichts bietet, sondern weil es ihm schließlich gar nicht darauf ankommt, ob die Sache so oder so ist.[105]

In Abhängigkeit von dem in Aussicht gestellten maximalen sinnlichen Erlebnis legt Fontane dem Leser je nach Reiseziel und -route spezifische Reiseweisen ans Herz, als wolle er einem im *Spreeland*-Buch fallenden Satz damit zur Einlösung verhelfen: „Alle Dinge haben ihr Gesetz."[106] Oder wie man auch sagen könnte: Jedes Reiseziel und -erlebnis verdient sein ganz bestimmtes Reisemittel. Fahren und Sehen gehören für ihn wie Mittel und Zweck zusammen. Nichts wird dem Zufall überlassen, denn jeder Reisende hat ein Anrecht darauf, die Landschaft auf die beste Art und Weise zu entdecken und davon die größtmögliche erlebnis- und erkenntnismäßige „Reiseausbeute"[107] zu haben. Am sichersten verhilft er dem zur Einlösung, wenn er auch noch der Empfehlung im Vorwort, „die Geschichte dieses Landes [vorab] kennen und lieben" gelernt zu haben, Folge leistet.[108] Denn: „Das ist ganz unerläßlich."[109] Und: Was für den Reisenden gilt, gilt im Umkehrschluß auch für die „vom Touristenstandpunkt aus" bedauer- oder glücklicherweise noch eher „»jungfräuliche [märkische] Land[schaft]«".[110] Sie hat ein Recht darauf, dem Besucher in bestmöglicher Form und auf bestmögliche Weise zu erscheinen. Das darf auch eine wie auf der Freienwalder „Postwagen"-Erlebnisfahrt beschriebene sein, wo die „immer begehrlicher dem näher liegen-

---

[103] Ebd., 11.
[104] An Emilie Fontane am 9. August 1875. Zit. nach HFA II/3, 819 (Anm.).
[105] HFA II/1, 603f. (Oderland [Anm. am Seitenende]). Ausführlicher dazu siehe Fischer 1995, 128ff.
[106] HFA II/2, 507.
[107] HFA III/3-I, 20 (Sommer in London).
[108] HFA II/1, 13.
[109] Ebd.
[110] Ebd., 14.

den Reiz des Bildes" sich zuwendende, bis auf den Erzähler und den Kutscher „aus lauter Kindern" bestehende Wagen-„Besatzung" von Letzteren damit beglückt wird, daß er „mit dem wachsleinenen Baldachin mitten in die Zweige" der die Chaussee säumenden „Pflaumen"-Bäume hineinfährt, um es „wie aus einem Füllhorn [...] von Front und Seite her in den offenen Wagen" hineinregnen zu lassen:

> In vollen Büscheln hängen sie [d. h. die Pflaumen] da, eine verbotene Frucht, aber desto verlockender. »Die schönen Pflaumen« klingt es von Zeit zu Zeit, und sooft unser Kremser den Bäumen nahekommt, fahren etliche kleine Hände zum Wagen hinaus und suchen die nächsten Zweige zu haschen.[111]

Aufgrund solcher Szenen ist der schnellste und, für den Wanderer Fontane besonders wichtig, bequemste Weg nicht immer gleich die beste Wahl. Oft ist es eher die „üblichste"[112] Route, was meist heißt: die längste. Häufig bringt den Touristen erst der Umweg, die „kleine Spezialreise"[113] ans Ziel seiner Wanderung, welche nicht selten durch ein spezielles visuelles Ereignis begleitet und abgeschlossen wird.

---

[111] Ebd., 590 (Oderland).
[112] Ebd., 589.
[113] HFA II/2, 338 (Havelland). Häufig sind geographische Umwege auch gleichbedeutend mit zeitlichen Abkürzungen, etwa im *Freienwalde*-Kapitel des *Oderland*-Buches, wo nachzulesen ist: „Wir wählen heute nicht die kürzeste Stecke [...], sondern die üblichste [...], die trotz des Umweges am raschesten zum Ziele führt" (HFA II/1, 589), das heißt: die Bahn.

## 3.3. Welt der Bilder: Fontanes ästhetisches Programm

Fontanes Sorge um die Wahl des richtigen Reiseweges und Reisemittels, das im übrigen nur selten eingehend beschrieben wird[114], ist weniger durch die „Frage »bequem oder unbequem«"[115] und der Zeitökonomie bestimmt, als vielmehr durch das seiner Auffassung nach davon abhängende richtige Sehen – in zweifacher Hinsicht.

### 3.3.1. Stills(t)ehen: Die Natur als Kunstkammer

Welchen Stellenwert das richtige Sehen für Fontane besitzt, wird bei seinem Besuch von *St. Nicolai zu Spandau* (Buch *Havelland*) deutlich. „Ohne Aufenthalt, mit den Minuten geizend", macht sich der Reisende nach Ankunft seines Zuges im Bahnhof von Spandau dort unverzüglich in Richtung des alten gotischen Baus auf, um dessen Turm zu besteigen und mit Freude feststellen zu können: „Das ist die Stelle, die wir suchten. Ein Luginsland."[116] Von hier aus hat er eine fantastische Aussicht, weit ins Havelland hinein:

> Zu Füßen uns, in scharfer Zeichnung, als läge eine Karte vor uns ausgebreitet, die Zickzackwälle der Festung; ostwärts im grauen Dämmer die Türme von Berlin; nördlich, südlich die bucht- und seenreiche Havel, inselbetupfelt, mit Flößen und Kähnen überdeckt; nach Westen hin aber ein breites, kaum hier und da von einer Hügelwelle unterbrochenes Flachland, das *Havelland*.[117]

Die *Wanderungen* sind überreich an solchen Landschaftsbildern, die ihrer „scharfe[n] Zeichnung" wegen beinahe fotografisch anmuten. Wie wir heute wissen, sind sie konzeptionell stark den „Vorbilder[n]"[118] nachempfunden, die Fontane auf der britischen Insel kennengelernt hat und die sein Landschaftssehen beeinflußt haben. Seien es die während seiner Schottland-Reise 1858 in natura gesehenen panoramatischen Landschaften, seien es die während seiner zahlreichen Museumsbesuche durch das Medium der englischen und französischen Kunst ange-

---

[114] Einer der wenigen Fälle, in denen sich Fontane auch über das Reisegefährt äußert, findet sich mit der im *Freienwalde*-Kapitel des *Oderland*-Buches beschriebenen „Postwagen"-Fahrt (HFA II/1, 589) von Neustadt nach Freienwalde: „Der Wagen, in dem wir fahren, hindert uns nicht, uns des schönen Bildes zu freuen; es ist keine übliche Postchaise mit Ledergeruch und kleinen Fenstern, es ist einer von den großen Sommerwagen, ein offenes Gefährt mit zwanzig Plätzen und einem ›Himmel‹ darüber, der auf vier Stangen ruht. Dieser ›Himmel‹ – die Urform eines Baldachins, der Wagen selbst aber dem alten Geschlecht der Kremser nah verwandt, an deren Stelle mehr und mehr das Kind der Neuzeit ›der Omnibus‹ zu treten droht." (ebd., 590).
[115] HFA II/2, 431 (Havelland).
[116] Ebd., 100 und 101.
[117] Ebd., 101.
[118] Fischer 1995, 123.

eigneten.¹¹⁹ Letztere lassen ihn die märkische Landschaft in eine regelrechte „Galerie von ›Bildern‹"¹²⁰ verwandeln, in eine Kunstkammer, ja ein musée imaginaire.

Allerdings genießen die Bilder seine Wertschätzung weniger ihrer Bildlichkeit und ästhetischen Qualität wegen, als vielmehr aufgrund des durch sie gespendeten topographischen Überblicks, der beim Wandern sonst nur selten entsteht. Bereits in *Ein Sommer in London* erlaubt sich Fontane, den Leser „vor dem Erklettern von Türmen und Säulen ein für allemal zu warnen"¹²¹. Nicht nur, weil man das häufig „mit Beulen an Kopf und Hut" bezahlt, sondern vor allem des „jedesmaligen äußersten Getäuschtsein[s]" wegen:

> Woran liegt das? Der Turm führt uns nur dem Himmel näher, und diesem denn doch nicht nah genug, um eine Reiseausbeute davon zu haben; von allem andern entfernt er uns, die Ferne bleibt Ferne und die Nähe wird zur Ferne.¹²²

Ein ästhetischer Genuß ist von diesen visuellen „Erfahrungen" also weniger zu erwarten, gerade wenn „man [...] in die Nähe" blickt.¹²³ Denn: „Was hat man? Dächer! wenn's hoch kommt, flache und schräge, schwarze und rote, aber doch immer nur Dächer."¹²⁴ Ebensowenig taugen sie für eine genauere Betrachtung der „Sehenswürdigkeiten" einer Landschaft, die sich oft nur als „Punkte und Striche" zu erkennen geben.¹²⁵ Das einzige, wozu dieses, wie es an anderer Stelle genannt wird, „Umschau"-Halten¹²⁶, dieses Fern-Sehen wirklich von Nutzen ist, ist dem Reisenden Übersicht zu verschaffen. Immer wieder ist es ihm ein Bedürfnis, den gerade durchreisten Landschaftsraum „von einer Hochstellung aus besser überblicken zu können"¹²⁷, sei es eine landschaftliche Anhöhe, eine Brücke oder eine eigens dafür eingerichtete Aussichtsplattform. Mehr noch, er erklärt es gar zur kognitiven Notwendigkeit.

Ästhetisch anspruchsvoller werden die dadurch gewonnenen Bilder mitnichten. Es sei denn, sie sind von Bewegung und Leben erfüllt wie das vom Spandauer St. Nicolai-Turm aus aufgenommene, zu dem der Erzähler folgendes – zu Adolph Menzels Gemälde *Die Berlin-Potsdamer Bahn* (1847)¹²⁸ Assoziationen weckendes – Detail nachreicht:

---

[119] Besondere Wirkung hatten auf Fontane die Bilder des französischen Landschaftsmalers Claude Lorrain (1600-82), die er während eines Besuchs der National Gallery am 14. Juni 1852 intensiv studieren konnte. Siehe dazu ebd., 126ff. und 132ff.
[120] Erhart 2000, 830.
[121] HFA III/3-I, 20.
[122] Ebd.
[123] Ebd.
[124] Ebd.
[125] Ebd.
[126] HFA II/2, 528 (Spreeland).
[127] Ebd., 515.
[128] Siehe dazu Menzel 1996, 115ff. (Abb. 116).

> Freilich, auch dieses Dezembertages winterliche Hand hat das Leben nicht völlig abstreifen können, das hier langsam, aber siegreich nach Herrschaft gerungen hat. Dort zwischen Wasser und Weiden hin läuft ein Damm, im ersten Augenblicke nur wie eine braune Linie von unserem Turm aus bemerkbar; aber jetzt gewinnt die Linie mehr und mehr Gestalt; denn zischend, brausend, dampfend, dazwischen einen Funkenregen ausstreuend, rasseln jetzt von zwei Seiten her die langen Wagenreihen zweier Züge heran und fliegen – an derselben Stelle vielleicht, wo einst Jazko und Albrecht der Bär sich trafen – aneinander vorüber. Das Ganze wie ein Blitz![129]

Es sind solche von Dynamik und Leben erfüllten Bilder, die Fontane besonders am Herzen liegen.

### 3.3.2. Bewegung(s)sehen: Prolog vor dem Film

Überhaupt haben Bewegungsbilder in Fontanes Reise- und Wahrnehmungsprogramm eine Sonderstellung. Seien es lebendige wie das zuletzt in Augenschein genommene, seien es solche wie das in dem Feuilleton *Ein Stündchen vor dem Potsdamer Tor*[130] enthaltene, das auf den Betrachter beinahe kaleidoskopisch wirkt. Im Fokus steht hier das Treiben vor dem Potsdamer Bahnhof:

> Die Mittagssonne fiel heiß auf den schattenlosen Hof, aber ich hielt aus, weil das Bild sich immer neu belebte und jeder Augenblick neue Figuren schuf. Kaleidoskopisch bewegte sich das Treiben; dieselben Elemente, aber immer wechselnde Gestaltungen von Moment zu Moment. Männer und Frauen, Kittel und Fracks, Uniformen und Landwehrkreuze, alles wogte und drängte bunt durcheinander, selbst die blaue Blouse war vertreten. Hier eine Begrüßung, dort ein derber Schlag auf die Schulter »auch hier?« »na ob!« Gelächter und Singen überall.[131]

All diesen Bildern ist gemein, daß sie aus einer Perzeptionshaltung heraus aufgenommen sind, bei der der Betrachter nicht mehr einen festen Standpunkt innehat, sondern sich selbst in ständiger Bewegung befindet.

Dieses bewegte beziehungsweise fahrende Sehen genießt bei Fontane besondere Wertschätzung, aus mehreren Gründen. Zum einen, weil – im Hinblick auf die, wir erinnern uns, größtmögliche visuelle Reiseausbeute – eine Landschaft dadurch am vorteilhaftesten in Szene gesetzt werden kann. Exemplarisch ist dafür folgende Stelle im *Havelland*-Buch, wo der Leser für einen Besuch von *Kloster Chorin* folgenden Rat mit auf den Weg bekommt:

> Chorin erreicht man am bequemsten von der benachbarten Eisenbahnstation Chorinchen aus, die ziemlich halben Weges zwischen Neustadt-Eberswalde und Angermünde gelegen ist. Ein kurzer Spaziergang führt

---

[129] HFA II/1, 101f. (Havelland).
[130] Das laut Tagebuch am 22. Juni 1859 entstandene Feuilleton erschien am 29. Juni desselben Jahres in der *Vossischen Zeitung* und gehört in das thematische Umfeld der *Wanderungen*. Siehe dazu HFA II/3, 1165 (Anm.).
[131] Ebd., 469 (Aufsätze).

von der Station aus zum Kloster. Empfehlenswert aber ist es, in Neustadt bereits die Eisenbahn zu verlassen und in einem offenen Wagen an Kapellen, Seen und Laubholz, über ein leichtgewelltes Terrain hin, den Rest des Weges zu machen. Dies Wellenterrain wird [...] Ursache, daß Chorin, wenn es endlich vor unseren Blicken auftaucht, völlig wie eine Überraschung wirkt. Erst in dem Augenblicke, wo wir den letzten Höhenzug passiert haben, steigt der prächtige Bau, den die Hügelwand bis dahin deckte, aus der Erde auf und steht nun so frei, so bis zur Sohle sichtbar vor uns, wie eine korkgeschnitzte Kirche auf einer Tischplatte.[132]

Hauptsächlich schätzt Fontane die im Fahren konstruierten Bilder jedoch, weil es seiner Auffassung nach die ästhetisch ansprechendsten sind. Sie sind Bewegungsbilder im besten Sinne. Das ihnen zu Grunde liegende Sehen ist nicht mehr ein Sehen einzelner, in sich abgeschlossener Bilder, sondern nunmehr ein Sehen von Bildern, ja Bilderketten. Die beschleunigte Fortbewegung und, damit korrespondierend, Verdichtung des Raumes durch Zeit verhilft noch der „trostlos[esten]"[133], weil abwechslungslosesten Landschaft zu einer „ästhetisch ansprechende[n] Perspektive"[134] und damit zur Aufwertung. Es belohnt den Betrachter mit den „wechselndste[n] Aussicht[en]"[135] in den durchreisten Raum hinein und erschließt seinem Auge „immer Neues"[136]. Die verwandten Reisemittel geraten zu Medien neuer Perspektiven mit einer gesteigerten Fluktuation der Bilder und einer Multiplizierung der Ansichten. Und darauf legt Fontane in seiner bewegten Landschaftsästhetik besonderen Wert. Wie erwähnt favorisiert er nicht die bloß schönen, immer gleichbleibenden Landschaften respektive Landschaftsbilder, sondern die durch „Abwechslung" und „Mannigfaltigkeit"[137] überzeugenden. So zum Beispiel auf seiner Oder-Fahrt *Von Frankfurt bis Schwedt* im Juni 1862 vom Dampfschiff aus:

Kaum daß wir an Bord, so wird auch das Brett schon eingezogen und der Dampfer, ohne viel Kommando und Schiffshallo, löst sich leicht vom Ufer ab und schaufelt stromabwärts. Zur Linken verschwindet die Stadt im Morgennebel; nach rechts hin, zwischen Pappeln und Weiden hindurch, blicken wir in jenes Hügelterrain hinein, dessen Name historischen Klang hat trotz einem, – *Kunersdorf*. [...] Das linke Oderufer ist hüglig und malerisch, das rechte flach und reizlos. Der eigentliche Uferrand ist aber auch hier steil und abschüssig und die Wandung mit Weidengebüsch besetzt. Inmitten des gelblichen, um die Sommerzeit ziemlich wasserarmen Stromes schwimmen Inseln [...].[138]

---

[132] HFA II/2, 86.
[133] HFA II/1, 957 (Oderland).
[134] Schivelbusch 1989, 58.
[135] HFA II/1, 597 (Oderland).
[136] HFA II/2, 525 (Spreeland).
[137] Wanderungen durch England und Schottland 1979/I, 79.
[138] HFA II/1, 554 (Oderland).

Ein Bewegungssehen wie dieses ist Fontane am liebsten. Nicht nur, weil es ihm ästhetisch reizvoller, sondern auch weil es perzeptiv notwendig erscheint. Bereits in einer Erinnerung an seine erste Reise nach England kommt dem Erzähler zu Bewußtsein, daß der menschlichen Seele zum vollkommenen Genuß sogenannter „Naturschönheiten", das heißt, „wenn sie wieder genießen" und einen „neuen Freudenrausch" erleben will, „Pause" und „Erholung" unabdingbar sind.[139] Konkret: Abwechslung. Schon darum ist ihm die ideale Landschaft beziehungsweise Landschaftswahrnehmung ein, wie er sich ausdrückt, „Produkt des Kontrastes"[140], welches den Rezipienten in regelmäßigen Abständen mit ständig neuen (Teil-)Bildern versorgt.

Als Vergleich läßt sich hierfür das zu Beginn des 19. Jahrhunderts in England aufkommende Moving Panorama bemühen. Bei diesem „Illusionsmedium der ‚malerischen' Landschaftsreise"[141] wurde – für den Betrachter nicht erkennbar – ein langes, streifenartiges Gemälde von einer senkrecht stehenden Trommel nach und nach auf eine zweite abgewickelt, um somit in einem zwischen den beiden befindlichen Rahmen das bewegte Bild einer panoramatischen Landschaft sichtbar werden zu lassen. Sinn und Zweck dieser Apparatur war, die Tatsächlichkeit des filmbandartig abgewickelten Landschaftsstreifens vergessen zu machen und beim Betrachter die Illusion zu erzeugen, daß er selbst sich durch den gezeigten Raum hindurch bewegt: in einer Kutsche, einem Eisenbahncoupé oder auf dem Deck eines Schiffes.[142]

Wie wir dem Tagebuch entnehmen, kam Fontane mit dieser Einrichtung am 12. Mai 1852, während seines zweiten London-Aufenthalts, wahrscheinlich zum ersten Mal in Berührung. Zunächst sogar noch „ganz gegen Neigung"[143]. Dies geschah im Rahmen eines abendlichen Besuchs des „Coliseum[s]"[144], das 1824-27 am Rande von Regent's Park nach dem Vorbild des römischen Pantheons errichtet wurde. Außer dem „Statuen-Saal" sah Fontane dort nicht nur „das Panorama von Paris (Nacht)" (im Original: Paris by Moonlight), „die nachgeahmte Schweizerlandschaft" (A View of Lake Thun) sowie den „Tempel zu Ephesus, Pompeji u.s.w.", sondern auch „das Cyclorama des Glaspalastes".[145] Und bei dem handelte es sich eben um ein solches, in einem 1848 eigens dafür angebauten Vorführsaal installiertes Moving Panorama, in dem in den Tagen seines Besuchs eine Revue der Weltausstellung von 1851 zu sehen war.[146] Sie dürfte sein Landschaftssehen entscheidend geprägt haben, denn bereits in seinem Bericht aus der Grafschaft Kent schien es ihm, als ob „d[ies]er Garten Englands […] alle hun-

---

[139] HFA III/3-II, 774 (Erste Reise nach England 1844).
[140] HFA II/2, 241 (Havelland).
[141] Fischer 1995, 126. Mehr zu den Panoramen siehe Sehsucht 1993 (v. a. 230-51), Kemp 1991 und Koschorke 1996.
[142] Siehe dazu Sehsucht 1993, 230f.
[143] GBA IV/1, 15 (12. Mai 1852).
[144] Ebd.
[145] Ebd.
[146] Siehe dazu GBA IV/1, 383 (Anm.).

dert Schritt ein anderes Bild vor mir auf[rollte]"[147], eben wie ein Moving Panorama.

Ähnlichen Wahrnehmungskonstruktionen begegnet man in den *Wanderungen durch die Mark Brandenburg*. Das heißt, auch hier werden Wahrnehmungsweisen inszeniert, die an das Moving Panorama erinnern. So wird da, wo der Reiseerzähler dem Leser Einblick in die Landschaft gewährt, im Interesse einer größeren Bildschärfe und -genauigkeit meist gerahmt wahrgenommen. Und sei es nur „durch das Laub der [im Fahren passierten] Bäume hindurch", das immer wieder „reizende Blicke in die [oft dahinter liegenden] Wiesenlandschaft[en] hinein" gewährt.[148] Vor allem aber, denn das ist die wohl wichtigste Gemeinsamkeit mit dem Moving Panorama, wird der Betrachter mit ständig sich erneuernden Bildern konfrontiert. Die „wechseln von Schritt zu Schritt"[149], mitunter schon beim einfachen Dorfspaziergang. Am stärksten ist dieser Eindruck jedoch beim fahrenden Wandern wie zum Beispiel der Wagenfahrt nach *Freienwalde*, wo, während es „in leichtem Trabe [...] auf der Chaussee wie auf einer Tenne [da]hin[geht]", nacheinander nach der einen Seite „Wiesen, Wasser, weidendes Vieh und schwarze Torfpyramiden", nach der anderen steile, durch Buchtungen regelmäßig unterbrochene „Hügelwände", „deren natürlichen Windungen die Freienwalder Straße folgt", zu sehen sind.[150]

Es ist reizvoll, diese durch Fortbewegung erzeugte Wahrnehmungskonvention mit dem – entstehungsgeschichtlich eigentlich erst Ende des 19. Jahrhunderts entwickelten – Kinematographen in Verbindung zu bringen und als *Prolog vor dem Film*[151] auszugeben. Damit soll Fontane zwar nicht gleich eine Prophetie des Films unterstellt werden, weil er aber auch „das Zeitalter der Dächer"[152] und damit möglicherweise das Zeitalter der Flugzeuge, das einen die Welt mehr und mehr auch von oben betrachten läßt, hat kommen sehen, sei hier zumindest eine Assoziation gestattet. Hin und wieder gibt er die im Fahren aufgenommenen Landschaften nämlich nicht einfach nur in einem Rahmen wieder, sondern in einem Kasten, der mediengeschichtlich noch mehr als das Moving Panorama den großen abbildungstechnischen Erfindungen des Zeitalters, der Photographie und schließlich dem Film, Pate stand: in der Camera obscura. So zum Beispiel bei der Segel-„Bootexpedition"[153] auf der Wendischen Spree, wo „die Veduten dieser [gerade erst erkundeten] Spree- und Müggelgegenden" nicht mehr nur durch

---

[147] Wanderungen durch England und Schottland 1979/I, 324.

[148] HFA II/3, 490 (Aufsätze). Siehe ergänzend dazu auch das Feuilleton *Baumgartenbrück (Havelland)*, wo es dem Reisenden angesichts sich ständig erneuernder Bilder entfährt: „So viele Bäume, so viele Umrahmungen eines von Baum zu Baum wechselnden Panoramas. Welche Reihenfolge entzückender Bilder!" (HFA II/2, 406).

[149] HFA II/2, 340 (Havelland).

[150] HFA II/1, 590 (Oderland).

[151] So der Titel der von Jörg Schweinitz herausgegeben Textsammlung zur Geschichte des Films. Siehe Prolog vor dem Film 1992.

[152] HFA III/3-I, 20 (Sommer in London).

[153] HFA II/2, 506 (Spreeland).

„den Rahmen der offenstehenden Kajütentür", sondern bereits auch „*camera-obscura*-artig" wahrgenommen werden; und zwar keineswegs unbewegt und still, sondern in regelmäßig „wechselnden [...] Landschaftsbilder[n], die jetzt in immer heller werdender Beleuchtung durch unsere Tür hineinschienen".[154]

Was es mit dieser Perzeptionsweise auf sich hat, wird noch deutlicher am Beispiel des Bewegungsbildes, das vom Besuch des havelländischen Ortes Ütz im Sommer 1869 in Erinnerung geblieben ist und ausnahmsweise von einem festen Standpunkt am gegenüberliegenden Ufer der Havel aus genossen wurde. „Terrassen"-artig und wohl sortiert (mit „zuunterst de[m] Fluß", „dahinter ein[em] Schilfgürtel, dann Obstgärten", den „alten Ulmen der Dorfgasse", den „weißen Häuschen des Dorfes" und schließlich „einer altmodischen Windmühle") erscheint das Bild auf den ersten Blick gänzlich unbewegt, etwa wie das Produkt einer Camera obscura.[155] Auf den zweiten, genaueren Blick aber füllt es sich plötzlich mit Leben, besonders da, „wo breite Querlinien die [dem Uferrand folgende und der Hauptgasse des Dorfes entsprechende] Längslinie [des Bildes] durchbrechen" und somit das „unserem Auge" verborgene „Treiben dieser von Busch- und Baumwerk dicht eingefaßten Gasse" zu erkennen geben.[156] An diesen Stellen

> entsteht ein heller Fleck im Dunkel und das ganze sich fortbewegende Treiben drüben erscheint in dieser Lichtung und schwindet wieder. Die Entfernung ist groß genug, um jeden Lärm zu verschlingen, und so kommen die Bilder und gehen wieder wie auf der glatten Fläche einer *Camera obscura*.[157]

Explizit redet der Autor zwar noch der Camera obscura das Wort, im Grunde simuliert er damit aber bereits ein filmisches Sehen. Wie der spätere Kinobesucher suggeriert er dem Rezipienten einen gerahmten und – vor allem – durch rasche Schnittfolgen gekennzeichneten Wahrnehmungsmodus, ähnlich wie das Moving Panorama. Mehr als bei diesem ist bei Fontanes bewegtem *Wanderungen*-Sehen allerdings der Faktor Licht von Bedeutung. Aufgrund des dunklen Rahmens geben sich, wie schon bemerkt, die aufgenommenen Bewegungsbilder stets als auffallend ‚helle Beleuchtungen' beziehungsweise ‚helle Flecken' zu erkennen, deren Intensität proportional zur jeweiligen Geschwindigkeit wächst. Wenn wir dem bereits im England-Teil konsultierten Dromologen Paul Virilio glauben, der die menschliche Wahrnehmung mit der Erfahrung von Geschwindigkeit untrennbar verbunden sieht, dann ist es „gerade *die Geschwindigkeit* [...], die das Universum der wahrnehmbaren und meßbaren Phänomene beleuchtet", dann ist die Geschwindigkeit so etwas wie das Licht und damit der „Entwickler der wahrnehmbaren Erscheinungen".[158]

---

[154] Ebd., 514.
[155] Ebd., 318 (Havelland).
[156] Ebd.
[157] Ebd.
[158] Virilio 1998, 85 und 99.

Es macht den Eindruck, als habe das bereits der Autor der *Wanderungen* im Blick gehabt. Hin und wieder scheint es, als antizipiere er mit seinen Landschaftswahrnehmungen bereits den (Stumm-)Film, namentlich den Natur- und Landschaftsfilm.[159] Gleichwohl handelt es sich dabei nur um Ein-Mann-Veranstaltungen, mit dem Reisenden als Produzent und Rezipient in einer Person. Sein Produzenten-Auge reiht und montiert in der Linie der realen Reisebewegung und im Stil einer Filmkamera die einzelnen Szenen und Einstellungssegmente zu einem „kinematographischen Filmstreifen"[160], etwa wie in dem Expeditionskapitel *An Bord der Sphinx*. Hin und wieder wechselt es auch zwischen „Ausschnitten" und „Totalität",[161] etwa wie im *Treupitz*-Aufsatz:

> Das Panorama ist schön; schöner aber wird das Bild, wenn wir auf den Rundblick verzichten und uns damit begnügen, in die nach Osten hin sich dehnende Hälfte der Landschaft hineinzublicken. [...] Der Wind weht scharf vom Wasser her, aber eine wilde Pflaumbaumhecke gibt uns Schutz, während Einschnitte, wie Schießscharten, uns einen Blick in die Näh und Ferne gestatten. [...] Und auch Leben hat das Bild.[162]

Wenn wir Virilio glauben, wirkt das Bewegungs- und Beobachtungstempo dabei wie ein Film-Entwickler und verhält sich zum aufgenommenen Landschaftsbild wie die Projektorbirne zum Filmband, getreulich dem Motto: Je schneller, desto heller.

Andererseits ist der Reisende zugleich Betrachter seines eigenen Wahrnehmungsfilms, durch den er sich, nicht selten auch noch von kommoden „Bänke[n] mit Polster und Rückenlehne"[163] aus, förmlich hindurchzappt. Seine visuelle Wahrnehmung antwortet auf das dynamische Reiseerlebnis mit einer Art Verschiebung, die die eigene Reisebewegung als Bewegung der Landschaft erscheinen läßt und in ihm – entsprechend auch der reiseliterarischen Notwendigkeit der Illusionsbildung[164] – das Gefühl weckt, als bewege nicht mehr er sich, sondern ausschließlich die von ihm durchreiste Landschaft, als laufe diese wie ein Moving Panorama oder Film-Band vor ihm ab. Er wird zum Zuschauer einer Bewegung, der er selbst ausgeliefert ist und die er daher nur noch als fremde äußerlich wahrnimmt.[165] Jedoch nicht immer: Manchmal sieht er schon im Stillstehen aufgenommenen (Still-)Bildern zu wie ein Filmzuschauer, eben wenn, wie bei dem *Stündchen vor dem Potsdamer Tor* oder dem Besuch der Orte *Ütz* und *Treupitz*, diese von Leben und Bewegung erfüllt sind.

Fontane favorisiert also das bewegte und das Bewegung(s)sehen. Einerseits, weil ästhetisch ansprechend, andererseits, weil perzeptiv notwendig. Denn: Be-

---

[159] Siehe dazu Fischer 1995, 120.
[160] Großklaus 1997, 120f.
[161] HFA II/2, 514 (Spreeland).
[162] Ebd., 703.
[163] HFA II/3, 479 (Aufsätze).
[164] Siehe dazu Hofmann 1988, 57f.
[165] Siehe dazu Paech 1988, 74.

wegung respektive Geschwindigkeit steigert die Wahrnehmung, „dient zum höheren Sehen"[166], weil sie die gegenständliche Realität überhaupt erst wahrnehmbar macht. Nicht zuletzt darum fordert das „Stilgesetz"[167] des Wanderers Fontane, „immer [...] unterwegs, immer in Bewegung"[168] zu sein, gehören Fahren und Sehen wie Mittel und Zweck zusammen. Der Rezipient und potentielle (Nach-)Reisende soll auf seinen *Gegen-Wanderungen* nicht einfach nur Fortbewegungsanfälle erleiden müssen, sondern etwas erleben dürfen. Beispielsweise wie bei dem „schönen, an Bildern und Eindrücken reichen Reisetag" mit der Segelyacht auf der Wendischen Spree, an dessen Ende ein tieferes „Berührtwerden" ihn förmlich mit „Schweigelust" erfüllt,[169] weil „immer Neues" sich ihm „erschloß" und sein „Herz bewegte".[170] Denn, so der Aufklärer Jean-Jaques Rousseau, „nicht wer am ältesten wird, hat am längsten gelebt, sondern wer am stärksten erlebt hat"[171]. Deshalb wird der Rezipient auch in den *Wanderungen* mit Erlebnissen schier überhäuft, manchmal fast bis ihm die Sinne rauschen. Seien es präfilmische wie das zuletzt in Augenschein genommene und/oder naturhafte, soziale, kulinarische[172] oder einfach historische wie die im Folgenden zu Betrachtenden.

## 3.4. Technik des Erinnerns: Landschaftser*fahrung* historisch

Wie zu Beginn dieses Teils der Untersuchung deutlich gemacht, hat Fontane ein besonderes Interesse daran, die Leser seiner *Wanderungen* für die Geschichte der märkischen Region zu erwärmen. Das heißt: Die Geschichte der Mark und ihrer Bewohner soll dem Leser als Alternativentwurf zum traditionellen Preußenbild angeboten werden. Diese Dominanz des Geschichtlichen stellt bereits der Bericht von der Reise nach Schottland 1858 heraus, denn auch das gerahmte und photographisch anmutende panoramatische Stillbildsehen ist historiographisch ambitioniert. Es dokumentiert den Versuch, den Bewegungsfluß der Zeit für einen Augenblick zu unterbrechen und damit die Voraussetzung zu schaffen für

---

[166] Virilio 1993, 26.
[167] Reuter 1968/I, 361.
[168] HFA II/3, 9 (Vorwort).
[169] HFA II/2, 532 (Spreeland).
[170] Ebd., 525.
[171] Zit. nach Opaschowski 1998, 5.
[172] Ein naturhaftes Erlebnis haben wir zum Beispiel bei dem im Etzin-Kapitel (Buch *Havelland*) beschriebenen „Stilleben der Natur" mit huschenden „Goldkäfer[n]", neugierig aus ihren Löchern lugenden „Feldmäuse[n]" und ihre Mittagsmelodie anstimmenden „Unken" (HFA II/2, 339). Ein soziales Erlebnis finden wir in *Jenseit des Tweed* mit der Abteilszene auf der Fahrt von London nach Edinburgh beschrieben (HFA III/3-I, 184), ein kulinarisches auf der bereits erwähnten Spree-Bootsexpedition, namentlich in Gestalt eines „Tragekorb[s] von bemerkenswertem Umfang, aus dem rotgesiegelte Flaschen hervorlugten, wenn der Wind die Serviette ein wenig zur Seite wehte" (HFA II/3, 479 [Aufsätze]).

eine kontemplative Hingabe an die Naturlandschaft und noch mehr die Geschichte der Region.

Wie das? Als „Gerinnungsform der Zeit" materialisiert das Photo „die Möglichkeit, den Zeitfluß [...] bannen zu können" und dem strapazierten menschlichen Auge Überblick zu verschaffen, da in ihm „die Welt [...] auf den Punkt gebracht" ist.[173] Weil es in den *Wanderungen* vorrangig das historische Gedächtnis der Mark zu reaktivieren und damit „die Entdeckung einer neuen Welt"[174] zu machen gilt, um sie sinnstiftend für Gegenwart und Zukunft zu bewahren, kommt diese Betrachtungsweise für Fontane besonders in Frage. Kurzum: „Statt poetischer Preußenverherrlichung" geht es auch in den *Wanderungen* „vorrangig um die historische Sinnstiftung einer vormodernen Welt, die im preußischen Ideal ihren sichtbarsten Ausdruck findet".[175] Und: Auch bei dieser märkischen Kulturraumforschung kommt den Reisemitteln eine herausragende Bedeutung zu.

Bevor der Reisende (und mit ihm der Leser) in die geschichtliche Sphäre der Mark eindringen darf, muß er eine nach mehr oder weniger festen Regeln ablaufende Fahrt mit der Eisenbahn und/oder dem Pferdewagen (Kutsche, Chaise, Hauderer) und/oder dem Boot (Dampfer, Kahn, Ruderboot, Segelyacht) über sich ergehen lassen. Nicht selten werden diese auch noch durch einen Spaziergang abgerundet.[176] Wie sich das geschichtliche Erlebnis dabei konkret ausnimmt, verdeutlicht das Feuilleton über eine Reise nach *Neustadt a. D. (Die Grafschaft Ruppin)*. Nach Ankunft am Bahnhof der Stadt und einem kurzen Spaziergang von dort ins Zentrum, mit erfreulicher Umschau, wird der Reisende förmlich in den geschichtlichen Raum hineingeführt:

> Der Zug rasselt inzwischen weiter. Nur der Leser und ich sind ausgestiegen, um Neustadt, an dem wir zahllose Male vorübergefahren, endlich auch in der Nähe kennenzulernen. Ein anmutiger Spaziergang, bei sinkender Septembersonne, führt uns ihm entgegen. Unterwegs, von einer Brückenwölbung aus, erfreut uns der Blick über einen weiten Wiesengrund und die kanalartig regulierte Dosse. Fünf Minuten später haben wir die Stadt erreicht, eine einzige Straße, darauf rechtwinklig eine andere mündet. Da, wo sich beide berühren, erweitern sie sich und bilden einen Marktplatz, an dem die »Amtsfreiheit« und die Kirche gelegen sind. Am äußersten Ende der Längsstraße das Gestüt. Auf einen Besuch dieser berühmten Vorbereitungsstätte für unsere Kavalleriesiege verzichten wir und begnügen uns damit, unsere Aufmerksamkeit auf Stadt und Vorstadt, und insonderheit auf die *Geschichte* beider zu richten.[177]

---

[173] Burckhardt 1994, 252, 251 und 247.
[174] Auerbach 1971, 256f.
[175] Erhart 2000, 838. Siehe dazu auch Plachta 1994, 179.
[176] Exemplarisch ist dafür der Bericht über die „kleine Spezialreise" nach Etzin im Havelland, die „per Bahn" beginnt und „zu Fuß" (HFA II/2, 338) fortgesetzt wird.
[177] HFA II/1, 408. Siehe dazu auch das Beispiel der Dampferfahrt auf der Oder (*Von Frankfurt bis Schwedt*), will sagen: die Annäherung an die „Kathedralenstadt" Lebus und die

Es sind also vom Zug oder Pferdewagen aus oder beim abschließenden historischen Spaziergang aufgenommene Landschaftsbilder, die mit ihren Erinnerungsplätzen und Zeichen Anknüpfungspunkte bieten für derartige historische Betrachtungen. In diesem Fall: Über die Geschichte von „Stadt und Vorstadt [...] bis in die zweite Hälfte des 17. Jahrhunderts"[178]. Ort dieser Geschichtsaneignung ist der geographische Landschaftsraum. Für die Inszenierung des Geschichtlichen verwandelt er sich in einen historischen und später wieder zurück in einen geographischen Raum. Er erscheint dem Reisenden „wie ein weit aufgetanes Tor, um uns rot und golden in das Land der Sage einzuführen."[179] Die Bedeutung der Reisemittel ist dabei nicht zu unterschätzen. Sie besitzen den „Charakter des Transhistorischen"[180] und sind aus dem Prozeß der Geschichtsaneignung nicht wegzudenken. Das Tor zur Geschichte wird durch sie überhaupt erst aufgestoßen. Das Beispiel der im *Groß-Beeren*-Aufsatz erwähnten Eisenbahn macht das besonders gut anschaulich:

> Zwei Meilen südlich von Berlin liegen die berühmten Felder von *Groß-Beeren*. Wer häufiger die Eisenbahn benutzt, die daran vorüber ins Anhaltische und Sächsische führt, wird es nicht selten erlebt haben, daß Fremde, die bis dahin lesend oder plaudernd in der Ecke saßen, plötzlich sich aufrichten und mit dem Finger auf die weite Ebene deutend halb zuversichtlich halb frageweise die Worte sprechen: *Ah c'est le champ de bataille de Groß Beeren!*[181]

Im Grunde handelt es sich bei den zur Anwendung gebrachten Reisemitteln also um so etwas wie „Raum-Zeit-Maschinen"[182], die im Passagier das Gefühl wecken, eine Zeitreise zu erleben: zwischen dem Hier und Jetzt und dem Damals. Dafür gibt es in dem schottischen Reisebuch, wo am Abteilfenster des Reisenden das eine ums andere Mal „ein gutes Stück der [schottischen] Landesgeschichte [...] vorüber[zieht]"[183], gleichermaßen Belegstellen wie in den märkischen *Wanderungen*. Etwa im *Spreeland*-Buch, wo der Reisende, mit dem Zug unterwegs nach *Friedrichsfelde*, infolge einer längeren und eher weniger schönen „Reise [...] durch die ganze Steinmasse des alten und neuen Berlins" sowie einer abschließenden Fahrt im „Omnibus mit Hauderer-Traditionen" mit einem mächtigen „Stück Geschichte" „reichlich belohnt" wird.[184] Welches Ausmaß das haben kann, verrät die folgende Übersicht: *Friedrichsfelde bis 1700, Friedrichsfelde von 1700 bis 1731, Friedrichsfelde von 1731 bis 62, Friedrichsfelde von 1762 bis 85,*

---

eng „mit der Geschichte [...] verwobenen" (ebd., 557f. [Oderland]) Orte Reitwein, Goeritz und Oetscher.
[178] Ebd., 408 (Grafschaft Ruppin).
[179] Ebd., 627 (Oderland).
[180] Erhart 1992, 242.
[181] HFA II/2, 725 (Spreeland).
[182] Burckhardt 1994, 14.
[183] HFA III/3-I, 275.
[184] HFA II/2, 574f.

*Friedrichsfelde von 1785 bis 99, Friedrichsfelde von 1800 bis 1810, Friedrichsfelde von 1812 bis 16* sowie *Friedrichsfelde seit 1816*.[185] Es handelt sich dabei um die Überschriften der den Leser erwartenden Teillektionen über 150 Jahre Friedrichsfelder Stadtgeschichte.

Voraussetzung ist dafür allerdings, daß, wie im Vorwort der *Wanderungen* als „ganz unerläßlich" ausgegeben, der Reisende zuvor „die Geschichte dieses Landes kennen und lieben" gelernt hat.[186] Sonst bleibt ihm das besondere historische Erlebnis unter Umständen verwehrt und er verhält sich bestimmten Erinnerungsplätzen gegenüber „entweder gleichgültig oder wohl gar in ästhetischem Mißbehagen"[187]. Kurz:

> Wer, unvertraut mit den Großtaten unserer Geschichte, [beispielsweise] zwischen Linum und Hakenberg hinfährt, rechts das Luch, links ein paar Sandhügel, der wird sich die Schirmmütze übers Gesicht ziehn und in der Wagenecke zu nicken suchen; wer aber weiß, hier fiel Froben, hier wurde das Regiment Dalwigk in Stücke gehauen, dies ist das Schlachtfeld von Fehrbellin, der wird sich aufrichten im Wagen und Luch und Heide plötzlich wie in wunderbarer Beleuchtung sehn.[188]

Auf den Punkt gebracht sind diese in Bewegung begriffenen Anschauungen des historischen Raumes also wahre Geschichts*erfahrungen*. Eisenbahn, Dampfschiff, Boot und Pferdewagen dienen ihnen als „Auskunftsmittel"[189], die die historische Substanz der Region zum Sprechen bringen und für das Heute und Morgen – im Guten wie im Schlechten – als moralisch richtungweisend bewahren. Mit der Eisenbahn reist Fontane an, mit Pferde-Omnibussen, Kutschen, Chaisen, Hauderern, Oderdampfern, Kähnen, Segelyachten, Ruderbooten bleibt er beweglich, um auf die historiologischen Erfordernisse einer Landschaft gezielt flexibel reagieren zu können. Ab und an gar mit einem finalen kurzen Gang zu Fuß.

Zum Teil werden die „›versunkene[n] Welten‹" der preußischen Geschichte also mit recht „modernen, [...] industriellen Mitteln [...] zur Anschauung" gebracht,[190] so daß man den Gesamtcharakter dieser Geschichtsexpeditionen beinahe als ein Mit-dem-Fortschritt-ins-Alte bezeichnen könnte.[191] Ein Mit-dem-Fortschritt-ins-Alte, bei dem den dafür verfügbar gemachten Reisemitteln praktisch die Bedeutung von *Erfahrungs*- und Erinnerungstechniken zukommt, ja von Zeitmaschinen, die den Reisenden in rückwärtsgewandter Fahrt- und Fluchtbewegung in die Vergangenheit eintauchen und vorübergehend sogar zu einem Teil derselben werden lassen. Mit dem in dem *Kreuzzeitungs*-Beitrag *Wal*-

---

[185] Siehe ebd., 574-603.
[186] HFA II/1, 12.
[187] Ebd.
[188] Ebd., 12f.
[189] HFA II/3, 402 (Aufsätze).
[190] Erhart 2000, 840.
[191] Siehe dazu Erhart 1992, 241.

*tham-Abbey* skizzierten Bild zweier in einem Bahnhof nebeneinander schnaufender Dampflokomotiven namens ‚Cromwell' und ‚James Watt' finden wir das sinnfällig illustriert, wenn es – sicher nicht nur in Bezug auf die beiden Neuerer in der britischen Geschichte – heißt: „Die englische Geschichte liegt zwischen diesen Namen."[192]

## 4. Zusammenfassung

Was in England und Schottland begann, wird in den märkischen *Wanderungen* fortgesetzt. Wie in den Berichten von der britischen Insel entwickelt Fontane auch hier eine Doppelperspektive sowohl für das Zeitgenössische als auch das Historische. Um ihr den Ruf als „Land der Unkultur"[193] zu nehmen und – in zweifacher Hinsicht – zu einer Aufwertung zu verhelfen, gilt es die Leistungen der Vergangenheit und die Fortschritte der Gegenwart zu loben. Für Letzteres macht Fontane sich nicht selten gerade die Technik zu eigen. Sei es als „Wegweiser"[194], der dem Grenzgänger zwischen Gegenwart und Vergangenheit die Richtung zeigt, sei es als Instrument dieser (Zeit-)Reisen.

Darum beobachten wir in den *Wanderungen* außer einer bloßen Registrierung der Technik und des technischen Fortschritts, die nicht selten bis in die früheste Vorzeit zurückreicht,[195] auch eine Funktionalisierung desselben. Einerseits ist die Technik instrumentalisiert im Interesse einer Vertiefung und programmatischen Sublimierung der in England gewonnenen Einsichten bezüglich der Interdependenz von Fortbewegungsart und damit korrespondierendem Sehen, andererseits für eben die historische Erschließung des märkischen Kulturraumes. In Gestalt der Reisemittel wird die Technik dort also nicht nur als Medium eines bewegten, besseren Sehens funktionalisiert, sondern auch als Instrument einer *fahrenden* Aneignung und Bewahrung von Geschichte, kurz: als Erfahrungs-, Erinnerungs- und Zeitmaschine.

Damit weist die Technik auch in den Reiseberichten und -büchern nicht selten eine geradezu elementare Bedeutung auf. Wie in den Gedichten ist sie auch dort häufig das Hauptsächliche. Möglicherweise fällt darum auch ihre historische Beurteilung unter dem Strich meist wohlwollend aus. Selbst dort, wo sie mit der „melancholische[n] Begleitmelodie der Vergänglichkeit"[196] unterlegt ist.

---

[192] So Fontane in dem 1858 in der *Kreuzzeitung* erschienenen Beitrag *Waltham Abbey*: HFA III/3-I, 554-58. Zit. 558.
[193] HFA II/3, 499 (Aufsätze).
[194] Erhart 2000, 837.
[195] Beispielhaft dafür ist der Bericht über den im ‚Zieten-Museum' in Neuruppin ausgestellten „dreirädrige[n] *Thors-* oder *Odins-Wagen*" (HFA II/1, 195) aus der Bronzezeit und die etwas jüngere „*Götz-Hand* [...] zum Festschnallen am linken Arm" beziehungsweise zur „Führung des Zügels mit der Linken" (ebd., 198f.) im Ruppiner *Wanderungen*-Band.
[196] Erhart 2000, 837.

# DRITTER TEIL
# FUNKTIONEN DER TECHNIK: FONTANES ERZÄHLERISCHES WERK

# Abstract

Der dritte und letzte Teil der Untersuchung wendet sich – endlich – Fontanes erzählerischem Werk zu, das heute von vielen als dessen Hauptwerk angesehen wird. Auch hier sind zwei Erkenntnisinteressen richtungsweisend. So ist den Romanen und Erzählungen zum einen als „Sammellinse"[1] der zeitgenössischen Fortschrittsdebatte Aufmerksamkeit zu schenken, weil wir nur hier auch etwas über die seelischen Befindlichkeiten der Menschen im Zeitalter zunehmender Technisierung erfahren und sich der Untersuchung damit auch eine gesellschaftliche Dimension eröffnet. Zum anderen soll am Beispiel der Romane deutlich gemacht werden, wie Fontane technisch-industrielle Artefakte und Phänomene im Handlungszusammenhang zu funktionalisieren und für seine Zwecke dienstbar zu machen verstand.

---

[1] Reuter 1968/II, 536.

## 1. Fontanes erzählerisches Werk im Überblick

Rufen wir uns zunächst Fontanes erzählerisches Werk mit seinen Themen und Ansprüchen noch einmal in Erinnerung. Waren es zu Lebzeiten vornehmlich Gedichte sowie Reise- und Kriegsbücher, so sind heute besonders Fontanes Romane und Erzählungen im literarischen Bewußtsein der Öffentlichkeit anwesend. Gemeint sind die historischen Gesellschaftsromane *Vor dem Sturm* (1878) und *Schach von Wuthenow* (1883), die im ländlich-bäuerlichen Milieu der preußischen Provinz angesiedelten Kriminalgeschichten *Grete Minde* (1880), *Ellernklipp* (1881) und *Unterm Birnbaum* (1885) sowie die – bis auf *Graf Petöfy* (1884), *Quitt* (1891) und *Unwiederbringlich* (1892) – in Berlin und Umgebung spielenden Zeitromane *L'Adultera* (1882), *Cécile* (1887), *Irrungen, Wirrungen* (1888), *Stine* (1890), *Frau Jenny Treibel oder ›Wo sich Herz zum Herzen find't‹* (1893), *Effi Briest* (1895), *Die Poggenpuhls* (1896), *Der Stechlin* (1898) und *Mathilde Möhring* (1907, posthum).

Wozu diese Informationen? Anders als Lyrik und Reisebuch, die häufig historische Stoffe aufgreifen,[2] sind die Romane thematisch überwiegend dem 19. Jahrhundert verpflichtet, also Befreiungskriegen, Bismarckzeit, Einigungskriegen, Gründerzeit und Wilhelminismus. Denn „der moderne Roman" sollte für Fontane weniger mit der Vergangenheit befaßt als viel mehr „ein Bild der Zeit" sein, „der wir selber angehören"; oder „mindestens die Widerspiegelung eines Lebens, an dessen Grenze wir selbst noch standen oder von dem uns unsere Eltern noch erzählten."[3] Und genau das macht ihn für diese Untersuchung so interessant, denn die Zeit, von der da die Rede ist, ist auch die Zeit der Industrialisierung.

In seiner eigenen Produktion ist Fontane die Umsetzung dieses Anspruchs besonders in den Zeitromanen gelungen. Deren bevorzugtes Thema ist der tiefgreifende gesellschaftliche Strukturwandel, der Paradigmenwechsel auf allen Gebieten des Lebens, der die Klassengesellschaft in ihrer gewohnten Ordnung in Frage stellt. Das meint den Niedergang des Adels und den Aufstieg des Bürgertums sowie deren beider Suche nach einer (Neu-)Bestimmung ihrer Rolle im gesellschaftlichen Gefüge. Aber auch die unterprivilegierten Schichten wie Kleinbürgertum und Vierter Stand mit ihren ganz anders gelagerten Sorgen und Nöten kommen zu ihrem Recht, was dem Autor den Ruf eines „Gesellschaftsdenker[s]"[4] von Rang eingebracht hat.

Im Grunde könnte man Fontanes Romanwerk auch mit ‚Krisen und Konflikte' überschreiben, denn nicht selten wird die Sozialproblematik am Beispiel der konfliktreichen Verstrickung einer einzelnen Figur ins gesellschaftliche

---

[2] Erinnert sei zum Beispiel an Fontanes schottische Balladen *Archibald Douglas* (1854) und *Maria Stuart* (1851).

[3] So Fontane in einer – in der Realismusdebatte als programmatisch geltenden – Besprechung von Gustav Freytags *Die Ahnen*, erschienen in zwei Teilen in der *Vossischen Zeitung* am 14. und 21. Februar 1875: HFA III/1, 319. Der gesamte Artikel ebd., 308-25.

[4] Müller-Seidel 1975, 8.

Ordnungsgefüge anschaulich gemacht. Daß es sich dabei meist um eine weibliche handelt, ist alles andere als zufällig. Wenn wir Reuter glauben, ist gerade „das Schicksal der Frau hervorragend dazu geeignet [...], allgemeine Zusammenhänge am ›bedeutenden‹ Einzelfall zu vergegenwärtigen"[5], da das weibliche Geschlecht unter den geltenden gesellschaftlichen Moral- und Wertvorstellungen am meisten leidet. Schicksale wie die Effi Briests oder Céciles sind darum durchaus als „Abbild allgemeinen sozialen Erlebens der Epoche"[6] zu begreifen, als signifikante „Störfälle im Getriebe der spätbürgerlichen Gesellschaft"[7], die die gesellschaftliche Erschütterung der gesamten Zeit deutlich werden lassen.

Beachtenswert ist an dieser „soziale[n] Romankunst"[8] auch die Art und Weise der Problembehandlung. So werden komplexe Zusammenhänge nicht etwa durch explizite Hinweise, sondern durch sachte An- und Vorausdeutungen erhellt, vermittels eines „disguised symbolism"[9], der das Wesentliche im Beiläufigen versteckt. Und der ist mit das auffälligste Stilmerkmal der Fontaneschen Erzählkunst und wird in Fontanes Romanen auch der Technik noch zu einiger Bedeutung verhelfen.

Wenngleich Fontanes Hauptanliegen darin besteht, „die Herztöne des Menschen in seinem konflikthaften Verhältnis zum Gesellschaftsganzen"[10] abzuhören, kommt in seiner Erzählkunst auch der Technikinteressierte auf seine Kosten. Zum einen, weil in seinen Romanen ein sozialer Wandel registriert und diskutiert wird, der mit Preußen-Deutschlands Entwicklung zur Industriegesellschaft aufs Engste verwoben ist. Zum anderen, weil die meisten seiner Zeitromane in Berlin spielen, das sich – wie im nachfolgenden Kapitel zu sehen sein wird – im Verlauf des 19. Jahrhunderts zu einer wahren Industriemetropole entwickelt hat. Mehr noch: Aufgrund ihrer Durchdrungenheit von Netzwerken der Strom-, Gas- und Wasserver- und -entsorgung sowie des Personen-, Güter- und Nachrichtenverkehrs wurde die Stadt von vielen Zeitgenossen selbst als „komplexes Maschinensystem"[11] wahrgenommen.

Als solches bietet Berlin auch für viele von Fontanes Romanen die Kulisse. Obwohl die Technikstadt wie überhaupt alle technischen Artefakte in der Regel nur hintergründig in Erscheinung treten, ist deren Bedeutung im Handlungszusammenhang nicht zu unterschätzen. Denn auch für die Technik gilt, was die

---

[5] Reuter 1968/II, 643.
[6] Ebd., 647.
[7] Trunk 1998, 137.
[8] Siehe dazu Walter Müller-Seidels Studie *Theodor Fontane. Soziale Romankunst in Deutschland* (1975).
[9] Dieser von Peter-Klaus Schuster in die Fontane-Forschung eingeführte Begriff Erich Panofskys verweist auf die Tatsache, daß ein Schmetterling an der richtigen Stelle mitunter den Ausgang einer ganzen Geschichte vorwegzunehmen vermag, daß ein beiläufig geäußertes Wort oft schon vorab verrät, ob ein Held oder eine Heldin am Ende stirbt oder nicht. Siehe dazu Schuster 1978, 10ff.
[10] Ziegler 1996, 191.
[11] König/Weber 1997, 309.

Fontane-Forschung von anderen Bereichen längst weiß, daß im Nebensächlichen oft das Wesentliche steckt, daß „die Zusammenhänge, die sie stiftet", oft „um so weitreichender [...] sind", je „unvermittelt[er] und vereinzelt[er]" eine Sache auf den ersten Blick scheint.[12]

## 2. Exerzierfeld der Moderne: Die Technikstadt Berlin

Nun zu Berlin. Welche Relevanz die Stadt in diesem Zusammenhang besitzt, verdeutlicht ihre technik- und standortgeschichtliche Entwicklung. Denn im Verlauf des 19. Jahrhunderts hat sich Berlin zu „einem der größten und leistungsstärksten industriellen Ballungsgebiete Europas"[13], zu einer wahren Industriemetropole gemausert.

Wie bereits im *Wanderungen*-Teil angedeutet, beheimatete Berlin nicht nur eine Vielzahl mittelgroßer Firmen aus der Nahrungs-, Genußmittel-, Bekleidungs-, metallverarbeitenden (Maschinen- und Werkzeugbau) sowie elektronischen Industrie, sondern auch einige internationale Großunternehmen. Etwa die 1837 von Karl Friedrich August Borsig in der Chausseestraße vor dem Oranienburger Tor gegründete Maschinenbauanstalt für Dampfmaschinen und Lokomotiven,[14] die 1873 ins Leben gerufene und auf dem Gebiet der fotochemischen Industrie Weltgeltung erlangende Aktiengesellschaft für Anilinfabrikation (Agfa) in Treptow und Rummelsburg[15] oder die 1847 und 1887 aus der Taufe gehobenen Elektroriesen Siemens & Halske (elektrische Telegraphie und Dynamomaschinen)[16] und AEG (Allgemeine Elektrizitätsgesellschaft; Hauptbetätigungsfeld: elektrische Beleuchtungsanlagen)[17].

---

[12] Dotzler 1996, 190.

[13] Glatzer 1997, 91. Siehe dazu auch Engelberg 1997, 14.

[14] Seinen Hauptsitz hatte das Unternehmen auf dem Gelände Thorstraße/Ecke Chausseestraße vor dem Oranienburger Tor. 1849 wurde noch ein Werk in (Alt-)Moabit eröffnet, ehe 1898 die gesamte Berliner Produktion nach Tegel verlegt wurde. Siehe dazu Zöbl 1984, Vorsteher 1983 sowie Weiher 1974, 47ff.

[15] Siehe dazu Borgmann 1984.

[16] Ihren ersten Sitz hatte die von Werner (von) Siemens und Johann Georg Halske gegründete Telegraphenbauanstalt zuerst in der Schöneberger Straße 33, ehe sie 1851 in die südliche Friedrichstadt (Markgrafenstraße 94) umzog. Ende der 1890er Jahre siedelte das Unternehmen auf ein an der Unterspree gelegenes Wiesenland über, den Nonnendamm, wo in den Folgejahren die Siemensstadt entstand. Am Vorabend des Ersten Weltkriegs wurden hier nicht weniger als 31000 Menschen gezählt. Siehe dazu Boberg/Fichter/Gillen 1984a, Siemens 1916 sowie Weiher 1974, 53ff.

[17] Auch die aus der Deutschen Edison-Gesellschaft (DEG) hervorgegangene AEG unterhielt in der Stadt gleich mehrere Standorte: in der Schlegelstraße vor dem Oranienburger Tor (Verwaltung und Glühlampenfabrikation), in der Ackerstraße (seit 1887; Produktion von Dynamos, Elektromotoren, Straßenbahnmotoren und Leitungsdraht), in der Sickingenstraße (Glühlampen-) und Huttenstraße (Turbinenfabrikation; beide seit 1904/05), in Oberschöneweide (seit 1897; Kraftwerk). Siehe dazu Strunk 1999, Glatzer 1997, 94ff. sowie Weiher 1974, 93ff.

Darüber hinaus entwickelte sich die Spreemetropole zu einer Stadt der Wissenschaften, verstärkt, seit Kaiser Wilhelm II. deren Förderung in den 1880/90er Jahren als „heilige Aufgabe"[18] ausgegeben hatte. So waren hier 1910 nicht weniger als 55 international angesehene wissenschaftliche Einrichtungen beheimatet, von der Friedrich-Wilhelms-Universität, der Akademie der Wissenschaften, der Tierärztlichen und Landwirtschaftlichen Hochschule bis zur Technischen Hochschule Charlottenburg.[19]

Besonders profitierten von dieser staatlichen Protektion die Naturwissenschaften, welche fast immer von weltweit anerkannten Koryphäen angeführt wurden: die Medizin zum Beispiel von dem Zellularpathologen Rudolf Virchow und dem Bakteriologen Robert Koch (1905 Nobelpreis), die Chemie von Jacobus Henricus van t'Hoff, Emil Fischer und Eduard Buchner (1901, 1902 und 1907 Nobelpreis) und die Physik von Max Planck, dem Mitbegründer der Quantentheorie (1918 Nobelpreis).

Am meisten Aufmerksamkeit verdient die Metropole Berlin in diesem Kontext allerdings ihrer stadttechnischen Entwicklung wegen. Infolge ihres rasanten Wachstums, der damit einhergehenden sozialen und ökologischen Probleme und nicht zuletzt der gesteigerten Ansprüche der Industrie und des Gewerbes wurde ihr über die Jahre eine technische Infrastruktur zuteil, die sie den Bewohnern mehr und mehr system- und maschinenhaft erscheinen ließ. So wurde zum Beispiel bereits in den 1820er Jahren mit der Anlage eines Gasleitungssystems begonnen, das den Bewohnern zunächst noch nur die Beleuchtung einiger Straßen und Plätze, bald – in den 1840er Jahren – aber auch die Versorgung ihrer Privatwohnungen bescherte (zum Kochen und Beleuchten). Ihr folgte ab den 1850er Jahren eine stadtweite Wasserver- und -entsorgung, die lange als die modernste der Welt galt.[20] Mitte der 1880er Jahre hielt dann die Elektrizität Einzug. Sie wurde wie das Gas zunächst noch nur zur Beleuchtung von Straßen, Plätzen und Gebäuden verwandt,[21] am Ende des Jahrhunderts sah man aber nahezu die ganze Stadt elektrifiziert und in eine sprichwörtliche „Elektropolis"[22] verwandelt, die immerhin drei der weltweit renommiertesten Elektrokonzerne beheimatete:

---

[18] Zit. nach Engelberg 1997, 20.

[19] Siehe dazu Glatzer 1997, 247. Erwähnung verdienen in diesem Zusammenhang auch die in den Jahren 1891-96 unternommenen Flugversuche des Ingenieurs und Maschinenbaufabrikanten Otto Lilienthal mit einem von ihm selbst konstruierten Apparat. Siehe dazu ebd., 248, Weiher 1974, 114f. sowie Seifert/Wassermann 1992.

[20] 1856 wurde am Stralauer Tor die Berlin Waterworks Company in Betrieb genommen, mit deren technischem Leiter, dem Briten William Whitakter Collins, Fontane während seiner dritten England-Zeit sogar bekanntschaftliche Beziehungen unterhielt. Siehe dazu Stimmann 1984, 172ff. Speziell zu Fontanes Bekanntschaft mit Collins siehe GBA IV/1, 299 (4. Januar 1858) sowie Fischer 1999, 41.

[21] Siehe dazu Binder 1998, 198.

[22] Siehe dazu den Titel der 1974 von Sigfried von Weiher veröffentlichten Untersuchung *Berlins Weg zur Elektropolis*.

Siemens & Halske, die AEG und die 1884 gegründeten Städtischen Elektrizitäts-Werke AG zu Berlin.[23]

Auffälligste Manifestation dieser Elektrifizierungswelle waren die allenthalben aus dem Boden schießenden Kraftwerksbauten und die elektrische Straßenbahn.[24] Und Letztere schien diesen Prozeß in besonderer Weise zu symbolisieren. Sie stellte – wie bereits in dem Versuch über das Gedicht *In der Koppel* deutlich gemacht – die Pferdebahn, die seit Mitte des Jahrhunderts die Hauptlast im öffentlichen Personenverkehr zu tragen hatte, nicht nur in Sachen Beförderungskapazität locker in den Schatten, sondern auch in puncto Umweltverträglichkeit: namentlich mit der Geräusch- und Emissionslosigkeit ihrer Fahrt.

Überhaupt hatte das Verkehrswesen an Berlins Entwicklung zur Technikstadt maßgeblichen Anteil. Infolge des explosionsartigen Wachstums der Stadt und der damit einhergehenden Trennung von Wohnung und Arbeit wurde das Verkehrswesen – vor allem im Bereich der Schiene – kontinuierlich ausgebaut und die Stadt binnen weniger Jahre zu einem wahren Verkehrsknotenpunkt. Das heißt, bis zum Ende des Jahrhunderts war die Stadt von einem dichten Netz von Pferdeomnibus-, Pferdebahn- und elektrischen Straßenbahnlinien sowie einer Stadt(dampf)bahn und einer Ringbahn überzogen, die seit 1882 die Außenbezirke mit der City und seit 1879 die verschiedenen Fernbahnhöfe miteinander verbanden und der Stadt somit einen einzigartigen Charakter verliehen.[25] Die zu Beginn des 20. Jahrhunderts eingerichteten Hoch- und Untergrundbahnen,[26] die dieses Netz weiter verdichteten, lernte Fontane zwar nicht mehr kennen, doch bereits zu seiner Zeit war der Potsdamer Platz der Dreh- und Angelpunkt des regionalen Verkehrs. Und von dort war seine letzte Wohnung (Potsdamer Straße 134c) nur einen Katzensprung entfernt.

Herausragend war Berlins Stellung auch auf dem informationstechnischen Sektor. Mit Siemens & Halske war hier nicht nur die weltweit führende Telegraphenbauanstalt angesiedelt, sondern auch die deutsche Reichspost und das dieser angegliederte Haupttelegraphenamt. Das bescherte der Stadt sowohl eine hochkomplexe kommunikationstechnische Infrastruktur, deren Ausbildung aufs

---

[23] Innerhalb Berlins machten gerade Siemens & Halske und die AEG gemeinsame Sache. Bereits 1883 hatten sich Werner Siemens und Emil Rathenau (DEG) darauf geeinigt, das Geschäft mit der Elektrizität nicht konkurrierend, sondern arbeitsteilig zu betreiben. So konzentrierte sich Siemens auf den Bau von Dynamomaschinen, die DEG beziehungsweise AEG auf die Produktion von Glühlampen und die Stromlieferung. Siehe dazu Stimmann 1984, 174f.

[24] Zu den Kraftwerksbauten siehe ebd., 175f. Zur Elektrifizierung des Pferdebahnbetriebs beziehungsweise Einführung der elektrischen Straßenbahn siehe die im Rahmen der *In der Koppel*-Untersuchung (Lyrik-Teil) gemachten Annotationen.

[25] Die Ende der 1870er Jahre im Rahmen eines Generalbebauungsplanes begonnene Stadt(eisen)bahn wurde 1882 unter kaiserlichem Beistand feierlich eingeweiht. Die ab 1877 für den Personenverkehr ausgebaute Ring- und Nordbahn 1879. Siehe dazu Radicke 1979, 5f., Weiher 1974, 72 sowie Siewert 1984b und Bendikat 1999.

[26] Zur Hochbahn siehe Peschken 1984, zur Untergrundbahn Jung/Kramer 1984c, Radicke 1979, 10f. sowie Weiher 1974, 105. Ferner verdient der Dampfschiffverkehr auf Havel und Spree erwähnt zu werden. Siehe dazu Boberg/Fichter/Gillen 1984, 336f. sowie Groggert 1984.

Engste mit dem bei Fontane schon mal als „Post-Stephan" erwähnten Postreformer Heinrich von Stephan (1831-97), der „ja gleich nach Bismarck" kommt,[27] verbunden ist, als auch den Status eines Hauptknotenpunkts im nationalen Nachrichtenverkehr. Im Alltag manifestierte sich das durch die 1889 ihre Arbeit aufnehmende Straßenpost,[28] die seit 1876 offiziell in Betrieb genommene pneumatische Rohrpost,[29] das bereits in den 1850er Jahren angelegte städtische Telegraphennetz[30] und das 1881 Einzug haltende Telephon.[31]

Fassen wir zusammen: Berlin hat sich im Laufe des 19. Jahrhunderts zu einer einmaligen Technik- und Industriemetropole entwickelt. Mit der großen Gewerbeausstellung 1896 in Treptow (1. Mai bis 15. Oktober), die auch Fontane sah und überdies für „sehr schön"[32] befand, sollte das auch nach außen vermittelt werden. Weil sich dieser Tatsache kaum jemand entziehen konnte, nimmt es nicht wunder, daß auch Fontane sich dazu immer wieder äußert. Dies findet sich in speziellen Klagen über die „wirklich schrecklich[en]" „Berliner Luftverhältnisse"[33] und Feststellungen à la „Berlin selbst hat sich ganz außerordentlich verändert"[34] gleichermaßen dokumentiert. Und wenn wir an der zuletzt zitierten Briefstelle weiterlesen, werden wir Zeugen der Einsicht, daß das auch für ihn zu einem wesentlichen Teil auf die (verkehrs)technische Umrüstung der Stadt zurückführen ist:

> Wir verdanken das [d. h. die Veränderung der Stadt] allem Möglichen, aber doch weitaus am meisten dem Asphalt und den Pferdebahnen. Nicht nur ist der Verkehr in einem ganz unglaublichen Grade gewachsen, er hat vor allem auch sein Ansehen geändert. Die Droschken sind wohl noch da, al-

---

[27] HFA I/5, 246 (Stechlin) und HFA I/2, 185 (Cécile). Zu Heinrich von Stephan siehe Hoppe/Wapler 1984, 360 sowie Weiher 1974, 73f.

[28] Auf nicht weniger als 11 Linien verkehrten täglich von 10 bis 19 Uhr pferdebespannte Postfahrzeuge mit integrierter Sortier-, Abfertigungs- und Auslieferungseinrichtung, die alle 47 Zustellämter der Stadt ansteuerten. Siehe dazu Hoppe/Wapler 1984, 363f.

[29] Bei der Rohrpost handelt es sich um ein von der Firma Siemens & Halske verlegtes unterirdisches Rohrsystem (1892 von bereits 51 km Länge), in dem unter Dampfdruck ganze Züge von vor allem mit geschäftlichen Unterlagen gefüllten Postbehältern befördert werden konnten. Siehe dazu ebd., 364.

[30] Zum Telegraphennetz siehe ebd., 365f. sowie Weiher 1974, 56ff.

[31] Auch die Ausbreitung des Fernsprechers nahm einen rasanten Verlauf. Waren es bei Inbetriebnahme der ersten Vermittlungsstelle in der Französischen Straße im Juli 1881 noch 94 Abonnenten, hatte sich deren Zahl bis zum Ende desselben Jahres schon fast verfünffacht, bis zum Ende des Jahrzehnts gar mehr als verhundertfacht. Siehe dazu Hoppe/Wapler 1984, 366ff. sowie Weiher 1974, 90ff.

[32] Vollständig heißt es in einem Brief an seine Frau: „Die eigentliche Ausstellung, wenigstens die Gebäude und das Gesamtarrangement, ist sehr schön, so daß die ganze Geschichte doch verdiente, [in der ausländischen Berichterstattung] besser behandelt zu werden. Aber unsere grenzenlose Unbeliebtheit läßt keine Anerkennung aufkommen, auch da nicht, wo wir sie 'mal verdienen." (HFA IV/4, 599 [10. Oktober 1896]).

[33] HFA IV/3, 396 (An Emilie Fontane am 9. Juni 1885).

[34] Ebd., 136 (An Hermann Wichmann am 2. Juni 1881).

lein man bemerkt sie wenig, weil oft in einer einzigen Minute 6 oder auch wohl 10 elegante Pferdebahnwagen an einem vorüberfahren.[35]

Doch Fontane bespricht die technischen Fortschritte Berlins nicht nur im privaten Bereich, sondern auch in seinen Romanen. Mehr noch: Er bringt sie dort nicht nur – die nachfolgende Übersicht macht das deutlich – in ihrer ganzen Vielfalt zur Sprache, sondern weist ihr häufig auch noch eine narrative Bedeutung im Handlungszusammenhang zu. Nehmen wir dieses Phänomen genauer in Augenschein.

## 3. Registrierungen: Technik in Fontanes Romanen

Vieles von dem, was Berlins Metamorphose zur Technikstadt, mitunter sogar Preußen-Deutschlands Wandel zum „Industriestaat"[36], ausmachte, findet sich in Fontanes erzählerischem Werk registriert. Bevor die narrativen Bedeutungen der einzelnen Erscheinungen näher erklärt werden, erscheint jedoch eine summarische Rundschau über alle von ihm festgehaltenen Phänomene angezeigt.

Beginnen wir mit Berlins produktionstechnischer Entwicklung. Der trägt Fontane zum Beispiel durch die Erwähnung real existierender Etablissements wie der „Borsigschen Eisenwerke", der „Berliner Mörtelwerke", der „›Schulzes[chen] Bonbonfabrik‹"[37] sowie den Entwurf so beziehungsreicher industrieller Erscheinungen wie der auf einem „großen Grundstücke" zwischen Köpenikker Straße und Spree angesiedelten und von einer „modische[n] Villa mit kleinem Vorder- und parkartigem Hintergarten" flankierten Fabrik für „Blutlaugensalz" und „Berlinerblau" des Kommerzienrats Treibel Rechnung.[38] Von dem „Walzwerk" beziehungsweise der „Maschinenwerkstatt" („draus, aus zahlreichen Essen, Qualm und Feuersäulen in die Luft" steigen), die in *Irrungen, Wirrungen* Botho von Rienäckers Aufmerksamkeit auf sich zieht,[39] „Maschinenarbeiter[n]" wie in *Stine* (namentlich von „Borsig und *Schwarzkoppen*") oder „dröhnend und schütternd [...] des Weges" kommenden, „mit einem alten Dampfkessel bepackte[n] Lastwagen" ganz zu schweigen.[40]

Aber auch die im vorherigen Kapitel erläuterte Stadttechnik kommt zu ihrem Recht. Von dieser werden insbesondere die Gas-, Strom- und Wasserversor-

---

[35] Ebd.
[36] HFA I/5, 63 (Stechlin).
[37] HFA I/2, 548 (Stine), HFA I/5, 140 (Stechlin) und HFA I/4, 479 (Poggenpuhls). Hingewiesen sei an dieser Stelle auch auf die „Kuhnheimsche Fabrik" (HFA I/2, 151 [Cécile]) für Düngepulver sowie die von Julius Wilhelm Spindler 1832 gegründete Färberei und Waschanstalt, die erste chemische Reinigung Deutschlands, welche in Form der „Fabrikschornsteine von Spindlerfelde" (HFA I/5, 143 [Stechlin]) registriert wird. Siehe dazu auch HFA I/2, 882 (Anm.) und HFA I/5, 472 (Anm.).
[38] HFA I/4, 306f. (Jenny Treibel).
[39] HFA I/2, 405.
[40] Ebd., 477f.

gung sowie Abwasserentsorgung zur Kenntnis genommen. Etwa in Form von „Gaslaternen", „elektrische[r] Klingel" oder eines zweckdienlichen Monologs über „Anschluß und Radialsystem".[41] Vom Verkehrswesen finden der Pferdeomnibus[42], die „Pferdebahn"[43], die „Ringbahn" und „Stadtbahn",[44] die regionale und überregionale Eisenbahn[45] sowie das „Dampfschiff"[46] Erwähnung. Nicht zu vergessen: das Velozipcd, auch Fahr-„Rad"[47] genannt.

Von der modernen Nachrichtentechnik kommen die Telegraphie (in der Regel in Form von „Telegramme[n]" oder „Telegraphenbote[n]"), die „Rohrpost" und das Telephon zur Sprache.[48] Letzteres zumindest indirekt, etwa wenn im Stechlin über den gleichnamigen See zu lesen ist, daß er mit Java „telephoniert"[49].

Damit nicht genug. Über den Bereich der Stadttechnik hinaus werden auch die modernen Beobachtungs-, Abbildungs- und Illusionstechniken der Zeit zur Kenntnis genommen, vom „Teleskop"[50] über die Daguerreotypie[51], die „Photographie"[52], die Stereoskopie[53] bis hin zum Rundpanorama[54].

---

[41] HFA I/2, 513 (Stine), HFA I/4, 431 und 453 (Jenny Treibel).
[42] Siehe dazu zum Beispiel HFA I/4, 512 (Poggenpuhls).
[43] HFA I/5, 99 (Stechlin).
[44] HFA I/4, 533 (Poggenpuhls) und ebd., 401 (Jenny Treibel). Erwähnung findet auch die 1888 eröffnete, vom Zoologischen Garten nach Halensee führende Davysche „Dampfbahn" (ebd.).
[45] Erinnert sei zum Beispiel an den in *Irrungen, Wirrungen* erwähnten „Dresdner Schnellzug" (HFA I/2, 374). Zur Kenntnis genommen werden aber auch die Berliner Bahnhöfe, der Ostbahnhof, der Anhalter Bahnhof, der Hamburger Bahnhof und der Friedrichstraßen-Bahnhof. Siehe dazu HFA I/2, 348, 348, 463 (Irrungen, Wirrungen), ebd., 506 (Stine) sowie HFA I/4, 192 (Effi Briest).
[46] HFA I/2, 330 (Irrungen, Wirrungen).
[47] Ebd., 76 (L'Adultera).
[48] HFA I/4, 491, 474 und 464 (Jenny Treibel).
[49] HFA I/5, 57.
[50] HFA I/2, 159 (Cécile).
[51] Siehe dazu HFA I/4, 486 (Poggenpuhls).
[52] HFA I/5, 96 (Stechlin). Siehe dazu auch die Erwähnung einer „Visitenkartenphotographie" (HFA I/2, 20 [L'Adultera]) beziehungsweise eines „Photographen" (HFA I/5, 67 [Stechlin]).
[53] Siehe dazu Czakos (*Der Stechlin*) Erinnerung an den von seiner Mutter erstandenen „Stereoskopkasten": ein „Kasten mit Doppelbildern und einem Operngucker dazu" (ebd., 107).
[54] Gemeint ist Effi Briests „dankbar akzeptiert[er]" Besuch des „St. Privat-Panoramas" (HFA I/4, 43) sowie Onkel Eberhard Poggenpuhls Visite des „Rezonvillepanorama[s]" (ebd., 510). Zu den beiden Einrichtungen siehe ebd. I/4, 732 und 832 (Anm.). Daß Fontane auf die Bioskop-Vorführungen der Brüder Max und Emil Skladanowsky am 1. November 1895 im Varieté ‚Der Wintergarten', die zu den ersten Filmvorführungen gezählt werden dürfen, nicht reagiert hat, könnte damit zusammenhängen, daß, wie Hickethier (Hickethier 1996, 362ff.) gezeigt hat, das zeitgenössische Publikum diese noch gar nicht als Geburt eines neuen Mediums, schon gar nicht als Beginn des neuen Jahrhunderts des Films zu deuten vermochte.

Darüber hinaus begegnet man immer wieder den geistig oder leibhaftig hinter der Technik Stehenden und für deren ordnungsgemäßen Betrieb Verantwortlichen, vom einfachen Anwendungs- bis zum hoch qualifizierten Herstellungstechniker. Die Rede ist von Dampfschiff-„Kapitän[en]" und „Luftschiffer[n]", „Bahnhofsinspektor[en]" und „Schuppeninspizient[en]", „Maschinenmeister[n]" und „Baggermeister[n]", „Photographen" und „Telegraphist[en]",[55] einfachen „Entdecker[n] und Erfinder[n]" sowie akademisch ausgebildeten „Zivilingenieur[en]".[56] Nicht zu vergessen die Unternehmer, die durch den „Berlinerblaufabrik[anten]" Treibel sowie den „›Teppichfabrikant[en]‹" Polzin in *Stine* auf sehr unterschiedliche Weise vertreten sind,[57] einmal groß-, einmal kleinformatig.

Unter dem Strich wird also nahezu die gesamte Palette technischer Themen abgerufen: vom Fabrikwesen über die Stadttechnik, die deren Begriffsfeld erweiternde Verkehrs- und Kommunikationstechnik, die Beobachtungs- und Abbildungstechnik bis zum Techniker. Selbst die durch eine „Eismaschine" und „Singersche Nähmaschine" vertretene Haushaltstechnik,[58] die „Pyrotechnik"[59] und die Kriegstechnik kommen vor. Letztgenannte in Form von „Torpedoboote[n]", einer als „Kruppsche[s] Monstregeschütz" von sich reden machenden Superkanone, von „Rüstungs- und Waffenträume[n]" sowie der Vorhersehung zukünftiger „Luftschifferschlachten".[60]

Meist wird auf diese technischen Erfindungen und Phänomene nicht näher eingegangen. Das heißt, nur selten wird dem Leser beispielsweise „das Klappern und Stampfen" aus dem „Maschinenraum" eines Dampfers zuteil, darf man mit ansehen, wie eine „Schiffsschraube das Wasser nach hinten schleudert", das dann „in einem weißen Schaumstreifen dem Schiff" folgt.[61] Bedeutungslos sind diese oft nur einmaligen Erwähnungen der Technik darum jedoch keineswegs, im Gegenteil. Je unvermittelter und vereinzelter eine technische Erscheinung wirkt, desto weitreichender ist oft der Zusammenhang, den sie stiftet. Selbst wenn et-

---

[55] HFA I/2, 330 (Irrungen, Wirrungen), HFA I/4, 630, 639 und ebd. (Mathilde Möhring), HFA I/2, 425 (Irrungen, Wirrungen), HFA I/4, 46 (Effi Briest), HFA I/5, 67 (Stechlin) und HFA I/4, 639 (Mathilde Möhring).

[56] HFA I/1, 357 (Quitt) und HFA I/2, 156 (Cécile). Das wohl beste Beispiel für einen Erfinder gibt der an anderer Stelle näher in Augenschein genommene Camille L'Hermite aus *Quitt*, das für einen Ingenieur Robert von Gordon-Leslie in *Cécile*, über den ebenfalls noch ausführlicher zu sprechen sein wird.

[57] HFA I/4, 396 (Jenny Treibel) und HFA I/2, 480 (Stine).

[58] HFA I/2, 539 (Stine) und HFA I/4, 173 (Effi Briest). Zu der von Carl Linde (1842-1934) erfundenen und mit großem Erfolg ins südliche Ausland vertriebenen Eismaschine siehe HFA I/4, 750 (Anm.).

[59] HFA I/5, 155 (Stechlin).

[60] HFA I/1, 733 (Graf Petöfy), HFA I/5, 156 (Stechlin), HFA I/2, 27 (L'Adultera) sowie HFA I/5, 167f. und 156 (Stechlin). Bei dem von der Essener Firma Krupp hergestellten „Monstregeschütz" handelt es sich um das zu jener Zeit größte Geschütz (46 cm Durchmesser) der Welt. Siehe dazu Gall 2000, 133-63 (bes. 161) sowie HFA I/2, 844 (Anm.).

[61] HFA I/5, 154f. (Stechlin).

was nur am Rande erwähnt wird, „steckt", ganz im Sinne des Mottos und wie die Arbeit weiter deutlich machen wird, häufig „was drin".[62]

## 4. Im Gespräch: Reden über die Technik

Zunächst jedoch zu einer ganz anderen Präsentationsform der Technik, dem Gespräch. Gezeigt werden soll in diesem letzten Untersuchungsteil nämlich nicht nur, wie sich die Technik zu den Menschen und ihren Lebenssituationen verhält, das heißt, in welcher Weise sie Geschehen bewirkt, sondern auch, wie die Menschen auf sie reagieren. Da die Technik im Laufe des Jahrhunderts „immer mehr ‚ins Gerede' gekommen" und „Gegenstand heftiger Auseinandersetzungen" geworden ist,[63] ist interessant zu beobachten, wie sie im Urteil des Fontaneschen Handlungspersonals abschneidet. Auch in den Romanen des Autors wird sie – sei es im Rahmen eines Tischgesprächs, eines vertrauten Tête-à-tête oder eines Monologs – immer wieder thematisiert, was gerade diesen Werkteil prädestiniert, der Untersuchung eine gesellschaftliche Dimension zu erschließen. Kurz: Es ist dieses Reden über die Technik, das von ihrer kulturellen und sozialpsychologischen Wirkung, von ihrem gesellschaftlichen Kurswert einen Eindruck vermittelt.

### 4.1. Redensartliches Allerlei

Geredet wird in Fontanes Romanen und Erzählungen über so ziemlich alles: vom Fabrikwesen[64], über die Stadttechnik[65], die Industriemetropole Berlin[66], die Fortschrittsländer England und Amerika[67] bis zur bereits erwähnten Kriegstechnik. Am häufigsten werden jedoch die Bereiche Verkehr, Telekommunikation und Techniker thematisiert, weshalb ihnen im Folgenden auch am meisten Aufmerksamkeit geschenkt wird.

Nicht selten läßt der Autor es bei einer einmaligen Erwähnung der Technik bewenden, dient diese lediglich als „Metaphernreservoir für die Beschreibung der Welt"[68]. Etwa in *L'Adultera*, wo vor dem Hintergrund einer schwierigen außenpolitischen Konstellation das im vorherigen Kapitel bereits erwähnte „Kruppsche Monstregeschütz eines europäischen Krieges" an die Wand gemalt wird, oder im

---

[62] HFA I/4, 360 (Jenny Treibel).
[63] Weingarten 1994, 255.
[64] Siehe HFA I/2, 153 (Cécile).
[65] Siehe etwa das „Rohrpost"-Gespräch in *Frau Jenny Treibel*: HFA I/4, 464.
[66] Die Industriemetropole wird zum Beispiel im Rahmen der mehrfach wiederholten Kritik der miserablen Berliner Luftverhältnisse diskutiert: HFA I/2, 348 und 352 (Irrungen, Wirrungen).
[67] Siehe für die England-Debatte exemplarisch HFA I/5, 254f. (Stechlin), für die Amerika-Debatte HFA I/2, 444 (Irrungen, Wirrungen).
[68] Weingarten 1994, 256.

*Stechlin*, wo von einer bevorstehenden landesweiten Parlamentswahl als einer – im übertragenen Sinne – großen „*Abstimmungsmaschine*" die Rede ist.[69]

Kurz, es werden dem Begriffsfeld der Technik immer dann Ausdrücke entlehnt, wenn es schwierige politische, soziale, kulturelle oder psychische Zustände zu erfassen, wenn es Altes im Neuen zu verhandeln gilt. Dann sind dem Kontingent an redensartlichen Wendungen fast keine Grenzen gesetzt. Mitunter ist die Technik aber auch Gegenstand emotionaler Meinungsbildungsprozesse. Inwiefern, soll im Folgenden deutlich werden.

## 4.2. Technik als Alltag: Stimmen zum Verkehr der Neuzeit

Beginnen wir mit dem modernen Verkehrswesen. Explizit – vor allem in seiner äußeren Erscheinung – wird dieses nur selten behandelt. Einfach, weil es viel zu alltäglich und längst zu einem „ebenso bejahten wie unauffälligen Element des Lebens"[70] geworden ist, als daß es noch einer ausführlichen Diskussion bedürfte. Bemerkungen wie die Melusines (*Der Stechlin*) über den ästhetischen Reiz der an ihrem Lennéstraßenfenster „nicht zu nah und nicht zu weit" vorbeifahrenden „lange[n] Reihe der herankommenden Stadtbahnwaggons" und des diese begleitenden, vom „Abendrot" „durchglühte[n]" „Lokomotivenrauch[s]",[71] die einen fast von „eine[r] Schönheit der Eisenbahn"[72] reden lassen, sind darum eher die Ausnahme.

Umso häufiger werden dafür die mit der Entwicklung des modernen Verkehrswesens korrespondierenden und die Gemüter bewegenden Begleiterscheinungen verhandelt. Gemeint sind zum Beispiel die Irritationen der menschlichen Wahrnehmung, die mit Manifestationen wie der Folgenden aus dem *Stechlin* expliziert werden: „Seit wir die Eisenbahnen haben, laufen die Pferde schlechter. Oder es kommt einem auch bloß so vor."[73]

Aber auch das durch die neuen Verkehrsmittel entstehende und von vielen als unangenehm empfundene „*Massenreisen*"[74] wird zur Sprache gebracht. Etwa in *Irrungen, Wirrungen*, wo der Wirt von ‚Hankels Ablage' den vor „dem großstädtischen Getreibe" Berlins flüchtenden Liebenden Botho und Lene zu erklären versucht, daß der Schein der sie umgebenden „Totenstille" und „Einsamkeit" trügt.[75] Wenn „das Frühjahr kommt", so der Gastronom, „so kommt auch schon

---

[69] HFA I/2, 27 (L'Adultera) und HFA I/5, 194 (Stechlin).

[70] Brinkmann 1979, 444.

[71] HFA I/5, 110. Siehe dazu auch Geheimrat Rummschüttels (*Effi Briest*) Lob über die Fensteraussicht aus Effis Berliner Stadtwohnung: „Sehen Sie doch nur die verschiedenen Bahndämme, drei, nein vier, und wie es beständig drauf hin- und hergleitet ... und nun verschwindet der Zug da wieder hinter einer Baumgruppe." (HFA I/4, 259).

[72] Brinkmann 1979, 444.

[73] HFA I/5, 250.

[74] So Fontane in dem 1873 verfaßten Feuilleton *Modernes Reisen. Eine Plauderei*: HFA I/7, 9.

[75] HFA I/2, 374, 382 und ebd.

Besuch, und der Berliner ist da", dann kommen „die Dampfschiffe", und „dann ist es schlimm".[76] „Dann trifft jeden Abend ein Telegramm ein. »Morgen früh neun Uhr Ankunft auf Spreedampfer Alsen. Tagespartie. 240 Personen.«", dann dampft „jeden Abend um elf [...] ein Dampfer mit 240 Personen ab, und jeden Morgen um neun ist ein Dampfer mit ebensoviel Personen wieder da."[77] Dann hält nahezu die gesamte Berliner Stadtbevölkerung in das ländliche Idyll Einzug, um in Gestalt von Landpartieteilnehmern und Wassersportlern, Turner- und Sängervereinen dem „‚poetische[n]‘ Vorstadtschauplatz" einen „Öffentlichkeitscharakter"[78] zu verleihen und die Ruhe und Stille, von der sich Ausflügler wie Botho und Lene umgeben zu sein glauben, im Nu zu zerstören.

## 4.3. Fortschritt als Rückschritt: Stimmen zur Telekommunikation

Weitaus direkter und umfangreicher kommt das neuzeitliche Telekommunikationswesen in den Blick. Bestes Beispiel dafür sind die Telegraphiegespräche im *Stechlin*-Roman, in dem es einer privaten Äußerung des Autors zufolge um eigentlich nicht mehr geht, als daß „zum Schluß [...] ein Alter" stirbt „und zwei Junge [sich] heiraten".[79]

Für den Handlungsrahmen mag das zutreffend sein, nicht aber für das Hauptthema: das zu Ende gehende 19. Jahrhundert und den damit einhergehenden Epochenwandel. Dieser Abgesang bedient sich aus verschiedenen Bereichen, dem politischen, wirtschaftlichen, sozialen und kulturellen. Das in diesem Zusammenhang am meisten interessierende Diskussionsfeld ist gleichwohl das der die Welt seit Mitte des Jahrhunderts heimsuchenden und durch die Telegraphie symbolisierten Kommunikationsrevolution. Ungeachtet der mitunter befremdend wirkenden „merkwürdigen Verschiebungen in Zeit und Stunde" weiß Dubslav von Stechlin, die männliche Hauptfigur des Romans, diese zu loben: „Schließlich ist es doch was Großes, diese Naturwissenschaften, dieser elektrische Strom, tipp, tipp, tipp".[80] Immerhin ist damit auch die Möglichkeit der „Echtzeit-Kommunikation"[81] verbunden, also mit jemandem zur selben Zeit zu kommunizieren, der sich an einem ganz anderen, weit entfernten Ort aufhält.

Daß es sich bei diesem Lob nur um die halbe Wahrheit handelt, ist dabei nicht weiter störend. Das heißt: Die Tatsache, daß wir aus dem Munde derselben Figur wenige Seiten später hören „Ich kann Telegramms nicht leiden"[82], ist für

---

[76] Ebd., 382f.
[77] Ebd., 383.
[78] Kribben 1979, 239.
[79] HFA IV/4, 650 (An Adolf Hoffmann im Mai/Juni 1897 [Entwurf]). Ferner notiert der Dichter: „das ist so ziemlich alles, was auf 500 Seiten geschieht" (ebd.).
[80] HFA I/5, 27.
[81] Segeberg 1997, 178.
[82] HFA I/5, 15. Die Begründung für diese Aversion hört sich so an: „Immer is einer dod, oder es kommt wer, der besser zu Hause geblieben wäre." (ebd.) Sehr ähnlich verhält es sich im

wirkliche Kenner Fontanes, des Meisters der Doppeldeutigkeit, weder verwunderlich, noch verlangt dies danach, in diesem Kontext weiter verfolgt zu werden. Die Diskussion der Telegraphie bezieht sich im *Stechlin* ohnehin nur in zweiter Hinsicht auf den technischen Zustand. Worum es ihr primär geht, ist der mit der Erfindung einher gehende Sprach- und Sittenverfall. Das wird gleich in der Eröffnung des Tischgesprächs im 3. Kapitel deutlich, in der Dubslav von Stechlin reflektiert:

> Es ist das mit dem Telegraphieren solche Sache, manches wird besser, aber manches wird auch schlechter, und die feinere Sitte leidet nun schon ganz gewiß. Schon die Form, die Abfassung. Kürze soll eine Tugend sein, aber sich kurz fassen heißt meistens auch, sich grob fassen. Jede Spur von Verbindlichkeit fällt fort, und das Wort ›Herr‹ ist beispielsweise gar nicht mehr anzutreffen. Ich hatte mal einen Freund, der ganz ernsthaft versicherte: ›Der häßlichste Mops sei der schönste‹; so läßt sich jetzt beinahe sagen, ›das gröbste Telegramm ist das feinste‹. Wenigstens das in seiner Art vollendetste. Jeder, der wieder eine neue Fünfpfennigersparnis herausdoktert, ist ein Genie.[83]

Wie eine Fortsetzung dieser – man darf wohl sagen – Sprach- und Moralkritik Dubslavs liest sich der im 24. Kapitel im Hause Barby entbrannte Streit um Woldemars Londoner Grußtelegramm. Während Armgard, des Verfassers zukünftige Ehefrau, deren Schwester Melusine und Woldemars Freund Czako über den Inhalt der Nachricht ("London, Charing Cross-Hotel. Alles über Erwarten groß. Sieben unvergeßliche Tage. Richmond schön. Windsor schöner. Und die Nelsonsäule vor mir. Ihr v. St.") befinden, "daß es wenig sei",[84] nimmt der alte Graf den Adressanten und zukünftigen Schwiegersohn selbstbewußt in Schutz:

> Was verlangt ihr? Es ist umgekehrt ein sehr gutes Telegramm, weil ein richtiges Telegramm; Richmond, Windsor, Nelsonsäule. Soll er etwa telegraphieren, daß er sich sehnt, uns wiederzusehen?[85]

Was Dubslav an Telegrammen noch zu bemängeln weiß, das heißt, die Kürze der Sprache und der Wegfall aller Verbindlichkeit, wird von seinem Standes- und Generationsgenossen Graf Barby, der sich nicht nur hierin als fortschrittlicher erweist, also ausdrücklich gelobt. Und weil die Meinungen über die neue Erfindung somit in ziemlich unterschiedliche Richtungen gehen, kann von einer klaren Verurteilung des neuen Kommunikationsmediums hier keine Rede sein. Im Grunde trifft das nicht einmal auf dessen ersten Kritiker, den "Telegraphie-Theoretiker"[86] Dubslav zu. Gleich nach seiner Zurückweisung der Telegraphie hören wir diesen seinem Nachredner, dem Sägewerkbesitzer Gundermann, der

---

übrigen mit "Photographien", die Dubslav, "selbst wenn es hübsche Menschen sind [...], immer greulich finde[t]" (ebd., 43).

[83] Ebd., 26.
[84] Ebd., 234.
[85] Ebd.
[86] Wülfing 1992, 22.

den technischen Fortschritt als beruflich notwendig befürwortet („trotzdem geht es nicht ohne Telegraphie"), relativierend antworten:

> Versteht sich, lieber Gundermann. Was ich gesagt habe ... Wenn ich das Gegenteil gesagt hätte, wäre es ebenso richtig. Der Teufel is nich so schwarz, wie er gemalt wird, und die Telegraphie auch nicht, und wir auch nicht.[87]

Wie bei den – im vorherigen Kapitel beleuchteten – Verkehrsgesprächen soll also auch mit den Telegraphiegesprächen vorrangig auf eine soziale Erscheinung aufmerksam gemacht werden. Namentlich, inwiefern „das neue Medium [...] bis in die Formen der Sprache hinein wirkt"[88], weshalb man vom *Stechlin* auch als einem „Roman über die *Sprache*"[89] sprechen kann. Ferner läßt sich auch hier eine Ambivalenz des Technikurteils konstatieren. Denn mit dem zuletzt zitierten Wort des alten Schloßherrn ist nicht nur der für den Abend so wichtige Tischfrieden gerettet, sondern auch wiederhergestellt, was für den Fontane-Roman als Ganzes unverzichtbar ist: der Ausgleich.

## 4.4. Invasor der alten Ordnung: Stimmen zum Techniker

Ähnlich wie mit dem Verkehrs- und Kommunikationswesen verhält es sich mit der Beurteilung des Technikers, der Personifikation der Technik. Auch dessen Bild trägt ambivalente Züge, reicht von Begeisterung bis Verweigerung. So hören wir beispielsweise Käthe von Rienäcker (*Irrungen, Wirrungen*) in ihrem „eher oberflächlichen Fortschrittsoptimismus"[90] zugeben, „für Industrielle [...] von Jugend an eine Passion gehabt" zu haben:

> Eine Passion, deren ich mich nicht schäme. Denn entweder haben sie neue Panzerplatten erfunden oder unterseeische Telegraphen gelegt oder einen Tunnel gebohrt oder eine Kletter-Eisenbahn angelegt. Und dabei, was ich auch nicht verachte, sind sie reich.[91]

Nicht viel anders geht es dem – bekanntlich sozialistisch angehauchten und „die politischen und gesellschaftlichen Ideen des [*Stechlin*-]Romans"[92] formulierenden – Dorfpastor Lorenzen, wenngleich dessen Technikerbegeisterung weniger ökonomisch als vielmehr historisch begründet ist. Wie der Privatmann Fontane, der zum Beispiel „große Schiffsrheder[,] die Flotten bemannen, Tunnel- und Kanalbauer[,] die Weltheile verbinden", sowie „Zeitungsfürsten und Eisen-

---

[87] HFA I/5, 27.
[88] Schenkel 2000.
[89] Reuter 1968/II, 854.
[90] Segeberg 1997, 176.
[91] HFA I/2, 329.
[92] Sagarra 1986, 86.

bahnkönige" seiner „Huldigung" versichert,[93] sieht er im Typus des Technikers den Repräsentanten eines neuen, neuzeitlichen „Heldentum[s]"[94]. Namentlich eines Heldentums, das „nicht mehr auf dem Schlachtfelde zu Hause"[95] ist und von dem, wie man mit Fontanes privaten Worten schließen könnte, „die Welt wirklich was hat"[96]. Neben „Kletterer[n] und Steiger[n]", „Weltdurchquerer[n] und [...] Nordpolfahrer[n]" zielt das konkret auf „die fantastischen Erfinder" ab, die mit ihrer „stumm[en], einsam[en], weltabgewandt[en]" Arbeit „nicht ablassen von ihrem Ziel, unbekümmert darum, ob ein Blitz sie niederschlägt oder eine Explosion sie in die Luft schleudert".[97] Sie, die „James Watt und Siemens", „bedeuten uns mehr als du Guesclin und Bayard", weil sie, wenigstens in Fontanes Augen, zu den eigentlichen Gestaltern „der modernen Geschichte" geworden sind.[98] Zwar habe „das Heldische" im traditionellen, militärischen Sinne noch „nicht direkt abgewirtschaftet und wird [auch] noch lange nicht abgewirtschaftet haben, aber sein Kurs hat nun mal seine besondere Höhe verloren".[99]

Dieser Respekt ist in Fontanes Romanwelt jedoch nicht gesellschaftsübergreifend, nicht dem Repräsentanten jeder sozialen Schicht gemein. Mitunter schlägt dem Techniker auch Verachtung entgegen, und das nicht zu knapp. Ein Lied weiß davon zum Beispiel der „Zivilingenieur" Robert von Gordon-Leslie in *Cécile* zu singen, der von seinem Gegenspieler Pierre von St. Arnaud – ungeachtet seiner exzellenten Umgangsformen und äußeren Erscheinung – verächtlich als „Durchschnitts-Gordon" beziehungsweise „Kabelmann und internationale[r] Drahtzieher" betrachtet wird.[100]

Obwohl diese Geringschätzung hier in erster Linie privat bedingt ist, namentlich durch St. Arnauds Eifersucht, kann sie sozialgeschichtlich trotzdem als einigermaßen repräsentativ angesehen werden. Gordon kann nämlich als Personifikation eines gesellschaftlichen Umschwungs Gültigkeit beanspruchen, den der *Stechlin*-Pastor Lorenzen mit folgenden Worten auf den Punkt bringt: „Frü-

---

[93] HFA IV/3, 314 (An Martha Fontane am 18. April 1884). Ferner werden „Menschen[,] die 5000 Grubenarbeiter beschäftigen, Fabrikstädte gründen und Expeditionen aussenden zur Colonisierung von Mittel-Afrika" (ebd.), in den Katalog der Bewunderten aufgenommen.
[94] HFA I/5, 341.
[95] Ebd.
[96] HFA IV/4, 459 (An Georg Friedlaender am 8. Juli 1895).
[97] HFA I/5, 341.
[98] Ebd., 273.
[99] Ebd.
[100] HFA I/2, 156, 310 und ebd. Die Krönung dieser Diskriminierung leistet sich ausgerechnet die von dem Techniker bewunderte Cécile, die vorgibt zu finden, „daß einen Draht oder ein Kabel an einer Küste zu legen [...] ebenso trivial ist wie Schuldenmachen" (ebd., 193). Die Tadellosigkeit seines Auftretens dagegen ist – das weiß niemand besser zu beurteilen als Gordons aristokratischer Gegenspieler Pierre von St. Arnaud – unbestritten: „Man findet nicht jeden Tag [so] einen perfekten Kavalier [wie Gordon], der die Tugenden unserer militärischen Erziehung mit weltmännischem Blick vereinigt. [...] Welche Fülle von Wissen, und dabei absolut unrenommistisch. Er hat einen entzückenden Ton; es klingt immer, als ob er sich geniere, viel erlebt zu haben" (ebd., 191).

her war man dreihundert Jahre lang ein Schloßherr oder Leinenweber; jetzt kann jeder Leinenweber eines Tages Schloßherr sein."[101] Gemeint ist jener Strukturwandel der Gesellschaft, der das Schicksal eines Menschen nicht mehr allein durch seine soziale Abkunft geregelt sein läßt, sondern zunehmend auch durch intellektuelles Vermögen sowie Fleiß und Arbeit. Kurz: Gordon ist ein Muster-Repräsentant der aufstrebenden gesellschaftlichen Schichten, des – wie der Briefeschreiber Fontane ihn nennt – „neue[n] Adel[s]", „von dem die Welt wirklich was hat".[102] An seinem Beispiel wird deutlich, was fast alle seines Berufsstandes betraf: daß, wer im 19. Jahrhundert vom Polytechnikum kam oder in anderer Weise mit der Technik zu schaffen hatte, in den Kreisen der alten etablierten Schichten zwar wahrgenommen, nicht aber anerkannt wurde.[103] Noch war „die Technik nicht salonfähig in der guten Gesellschaft", noch war „die gute Erziehung nicht verpflichtet von ihr Notiz zu nehmen", wie der Dichter-Ingenieur Max Maria von Weber wußte.[104] Und das sieht auch der dem Fortschritt zugetane Pastor Lorenzen so, der jeden, der „hierlandes für ein freudiges ›excelsior‹ ist", vom alten Adel „von vornherein [als] verdächtig und Gegenstand tiefen Mißtrauens" beargwöhnt sieht.[105]

Auch bei Fontane werden die Techniker darum meist als zwielichtige Außenseiter gezeichnet, als, um einen von Melusine (*Der Stechlin*) geprägten Titel zu verwenden, „Vabanque"-Menschen[106], die – „immer die Gefahr vergessen[d]" – ständig „mit dem Feuer spielen" und dabei mitunter sogar bereit sind, die gegebene gesellschaftliche Ordnung zu opfern.[107] Die Figur, die Letzterem am stärksten Rechnung trägt, ist der ehemalige Kommunardenaktivist und Fachmann für „Bombenfüllungen" („mit Blut an seinen Händen") Camille L'Hermite in Fontanes Amerika-Roman *Quitt*.[108] Obwohl dieses „Düftelgenie höchster Gattung" sich aus dem terroristischen Geschäft längst zurückgezogen und auf friedlichere Projekte wie etwa die Erfindung von „Pencils mit Mechanik, neue[n]

---

[101] HFA I/5, 271.
[102] HFA IV/4, 459 (An Georg Friedlaender am 8. Juli 1895).
[103] Siehe dazu auch Lundgreen 1994 und 1975 sowie Hortleder 1973.
[104] So Max Maria von Weber, Sohn des *Freischütz*-Komponisten Carl Maria von Weber, in dem Text *Im Hause Robert Stephensons* (1867): Weber 1907, 83.
[105] HFA I/5, 366.
[106] Ebd., 156.
[107] HFA I/2, 51 (L'Adultera). Zwar bezieht sich Melanie van der Straaten mit diesen Worten auf den Pyrotechniker Dobremont, der am 18. August 1843 mit einem glimmenden Gewehrpfropfen das ganze Berliner Opernhaus in Brand steckte, wenn wir indes Robert von Gordon-Leslie in *Cécile* als Maßstab nehmen, können ihre Worte auch für den Techniker insgesamt Gültigkeit beanspruchen. Zu Dobremont siehe auch ebd., 849 (Anm.).
[108] HFA I/1, 358 und 344. Camille L'Hermite soll „ein Mitglied der Commune, ja mehr, ein Führer derselben" gewesen sein und „den Erzbischof von Paris erschießen lassen" haben (ebd., 343). Angespielt wird damit auf die am 18. März 1871 mit dem Aufstand der Nationalgarde beginnende und Ende Mai blutig niedergeschlagene Erhebung der Pariser ‚Commune', in deren Rahmen der Erzbischof von Paris, Georges Darboy, als Geisel genommen und hingerichtet wurde. Zu dem Aufstand siehe auch ebd., 933 (Anm.).

Tornisterschnallung[en], Apfelschälmaschinen" sowie „›german toys‹, also [...] Hampelmännern, Stehaufs und Sägebirnen" verlegt hat, haftet ihm, einem „Erfindergenie" durch und durch, doch etwas Obskures, Geheimnisvolles, ja Subversives an.[109] Ein Blick in das Wohn- und Arbeitszimmer dieses Technik-„Fanatiker[s]"[110] macht das rasch deutlich. Der „ganze Raum" erscheint als

> ein merkwürdiges und sehr unordentliches Durcheinander von Schlosserwerkstatt und chemischem Laboratorium, von physikalischem Kabinett und Mineraliensammlung [...]. Das Chemische herrschte vor, im übrigen aber lief der Gesamteindruck darauf hinaus, daß es nichts auf der Welt gäbe, was hier nicht entdeckt und erfunden werden könnte. Welchem Zweck alles diente, gab zu denken, und Lehnert [...] würde beim Anblick all dieser Kolben und Retorten sicherlich auf einige für Europa bestimmte Nihilistenbomben geraten haben, wenn nicht [die L'Hermite ein Zuhause gebende Mennoniten-Siedlung] Nogat-Ehre so ganz den Stempel des Friedens getragen [...] hätte.[111]

Unter dem Strich fällt Fontanes literarisches Bild des Technikers in hohem Maße ambivalent aus. Den einen ist er ein Hoffnungsträger für eine bessere Zukunft,[112] den anderen – in den Worten Max Maria von Webers – „›ein unbequemer Eindringling aus den Schichten der unbequemen Arbeit da drunten‹ in die höher berechtigten Lebenskreise"[113], kurz: ein Dorn im Auge. Uneingeschränkt positiv schneiden eigentlich nur Dampfschiffkapitäne ab, die in Fontanes erzählerischem Werk überaus zahlreich vertreten sind. Exemplarisch ist hierfür die überaus respektvolle Erinnerung an den „Kapitän" des Treptower Dampfschiffes in *Irrungen, Wirrungen*, der, nachdem eine Kollision gerade noch verhindert werden konnte, „wirklich mit dem Finger" schimpfte.[114] Die Gründe für diese Anerkennung sind nicht eindeutig. Im Falle des Adels dürften sie damit zusammenhängen, daß diesem durch die Kapitäne meist eine Sonderbehandlung zuteil wird. Man denke nur an die Szene im 13. Kapitel von *Graf Petöfy*, in dem der Kapitän des bereits abgefahrenen Dampfschiffes für den zu spät gekommenen Grafen „Contredampf" gibt und das Schiff „noch einmal an[legen]" läßt, um ihn

---

[109] Ebd., 357, 358, 401 und 344.

[110] Ebd., 343 und 356.

[111] Ebd., 354. Assoziationen weckt die Beschreibung dieser Räumlichkeiten auch an das in *Meine Kinderjahre* erwähnte, mit allerlei „Instrumente[n]", „optische[n] Gläser[n], Leydner Flaschen und Volta'sche[n] Säulen, Elektrophore[n], Vergrößerungsgläser[n], Mikroskope[n]" sowie „vor allem [...] eine[r] Luftpumpe" ausgestattete „physikalische Cabinet" (HFA III/4, 76) des Swinemünder Kommerzienrats Wilhelm Krause, in dem sich der Autor als Kind zu allerlei Experimenten will inspirieren haben lassen.

[112] Das könnte auch erklären, weshalb ausgerechnet die mit allerlei praktischen „Talente[n]" ausgestattete und nicht einmal „vor Physik und Spektralanalyse" zurückschreckende Sophie von Poggenpuhl als „Hauptstütze" (HFA I/4, 483f.) ihrer vom Aussterben und Niedergang bedrohten Familie betrachtet wird.

[113] So Max Maria von Weber in dem Text *Im Hause Robert Stephensons* (1867) in Weber 1907, 84.

[114] HFA I/2, 330.

nicht nur aufnehmen, sondern auch noch „respektvoll" begrüßen zu können.[115] Nicht zuletzt handelt es sich meist auch noch um Männer von bestem Aussehen („alle Kapitäne sind hübsch") sowie „militärisch[en]" Tugenden, sprich: um staatstragende Gestalten.[116]

## 4.5. Zwischen Begeisterung und Verweigerung: Resümee

Fassen wir zusammen. Nahezu die gesamte Technik wird im Verlauf des erzählerischen Werkes zur Sprache gebracht. Daß das nicht immer mit der gleichen Ausführlichkeit und Intensität geschieht, hat nicht mit Berührungsängsten oder mangelndem Interesse des Autors und seines Romanpersonals zu tun, sondern einzig damit, daß viele ihrer Erscheinungen längst so vertraut und alltäglich geworden sind, daß höchstens noch damit in Zusammenhang stehende Begleiterscheinungen der Rede wert erscheinen.

Unternehmen wir dennoch den Versuch, die in Fontanes Romanen transportierten Anschauungen der Technik in ein kompaktes Bild zu fassen, kommen wir zu folgendem Ergebnis. Das dort vorherrschende Meinungsspektrum ist breit angelegt, reicht von Begeisterung bis Verweigerung. Und das in einer Ausgeglichenheit, daß Fontane in den Romanen unter dem Strich ein ambivalentes Technikbild zu attestieren ist. Die positiven Einschätzungen der Technik stammen dabei mehrheitlich von Repräsentanten der sogenannten neuen Zeit, während die negativen von Vertretern der zu Ende gehenden alten Zeit vorgebracht werden.

Nicht immer dreht es sich dabei um partikulare Erscheinungen, sondern häufig wird auch der Fortschritt als Ganzes thematisiert. Etwa wenn der als „Aufsteigemensch"[117] geltende Pastor Lorenzen im *Stechlin* befindet „Was einmal Fortschritt war, ist längst Rückschritt geworden"[118], um damit zur Veränderung der Welt geradezu aufzufordern, frei nach dem Motto: „Stillstand ist Rückschritt"[119]. Ganz anders als die Schauspielerin Franziska Franz (*Graf Petöfy*), die „jede[r] Neugier, die den Schleier vor dem uns gnädig Verborgenen wegreißen will"[120], eine Absage erteilt. Ergo der Grundvoraussetzung eines jeden Forschens und Fortschreitens.

---

[115] HFA I/1, 763.
[116] HFA I/2, 641 und 603 (Unwiederbringlich).
[117] HFA I/5, 156.
[118] Ebd., 273.
[119] HFA I/4, 632 (Mathilde Möhring).
[120] HFA I/1, 728. Bestätigt wird sie in dieser Auffassung durch die ihr nahestehende Gräfin Judith von Gundolskirchen: „Es ist das Verderben unserer Tage, daß wir [d. h. die Menschheit], losgelöst vom Göttlichen, alles aus unserer Kraft und Weisheit heraus gestalten, alles uns selbst und nicht der ewigen Gnade verdanken wollen. Es gibt keine neue Weisheit, und der ist der Weiseste, der dies weiß und danach handelt." (ebd., 739).

Ab und an ist diese Ambivalenz des Technik- und Fortschritturteils aber auch der Haltung ein und derselben Figur eingeschrieben. Etwa Dubslav von Stechlin, namentlich in Bezug auf die Telegraphie („Es ist das mit dem Telegraphieren solche Sache, manches wird besser, aber manches wird auch schlechter"[121]), oder dem Wirt von ‚Hankels Ablage' (*Irrungen, Wirrungen*), der, von seiner ganz persönlichen gastronomischen Situation ins Allgemeine ausholend, über den durch die Technik bedingten Fortschritt sagt: „Aber dafür, daß man vorwärts kommt, kommt man doch auch rückwärts"[122]. Selbst Pastor Lorenzen, der bekennende Veränderungsenthusiast, wird von dieser Ambivalenz manchmal eingeholt, beispielsweise wenn er bekennt, „es als eine Gnade [zu empfinden], da, wo das Alte versagt, ganz in einem Neuen aufzugehn"[123].

Apropos Versagen. Außer der Ambivalenz im Urteil ist dem Reden über die Technik noch eine weitere Besonderheit eigen: die Ungleichzeitigkeit technischer und geistiger Progression. So ambivalent sich die Meinungslage zum technischen Fortschritt in Fontanes Romanen in der Summe ausnimmt, so wenig überzeugend ist oft auch die Art und Weise ihrer verbalen Artikulation. Im Klartext: Mögen sich die Protagonisten bei ihrem Reden über die Technik einerseits, namentlich rhetorisch, noch so versiert geben (etwa durch Abbreviaturen wie „Thale. Zweiter ..."[124]), so hinken sie den jeweiligen Erscheinungen andererseits, namentlich ideell, doch oft mit unglaublich naiven, ja „unverantwortlich harmlos[en]"[125] Vorstellungen hinterher. Das Paradebeispiel dafür stammt von dem Rechtsassessor Hugo Grossmann (*Mathilde Möhring*), der sich, obwohl ihm eigentlich „alles Praktische so sehr widerstreitet", ernsthaft mit dem Gedanken an eine Existenz als „Luftschiffer",[126] „Bahnhofsinspektor", „Schuppeninspizient" oder „Telegraphist" trägt, denn „das bißchen Tippen muß sich doch am Ende lernen lassen, und mitunter kommt auch mal ein interessantes Telegramm und man gewinnt Einsicht in allerlei".[127] Aber auch Melusine (*Der Stechlin*) ist davon nicht ausgenommen, wenn sie unverhohlen bekennt, sich in die Idee zukünftiger „Luftschifferschlachten", bei der „eine Gondel in die andre entert", „geradezu verlieben" zu können.[128]

---

[121] HFA I/5, 26.
[122] HFA I/2, 384.
[123] HFA I/5, 271. Siehe dazu auch Melusines in derselben Gesprächssituation geleistete Offenbarung: „Ich respektiere das Gegebene. Daneben aber freilich auch das Werdende, denn eben dies Werdende wird über kurz oder lang abermals ein Gegebenes sein. Alles Alte, soweit es Anspruch darauf hat, sollen wir lieben, aber für das Neue sollen wir recht eigentlich leben." (ebd., 270.).
[124] HFA I/2, 141 (Cécile).
[125] Wülfing 1992, 20.
[126] HFA I/4, 630.
[127] Ebd., 639.
[128] HFA I/5, 156.

## 5. Erneuerung der Sinne: Wahrnehmen mit Technik

Fontanes Romane gewähren nicht nur Einblick in das Fühlen und Denken der Menschen, sondern auch in deren Wahrnehmen. Konkret ist damit ein Wahrnehmen gemeint, das durch die Technik, welche im Zuge der Industrialisierung mehr und mehr in den Alltag der Menschen Einzug hält, wesentlich determiniert ist. Einige Beispiele?

Beginnen wir mit dem Bereich der Raum-Zeit-Wahrnehmung. In diesen werden wir durch – auf den Wirklichkeitsverlust der Wahrnehmung[129] anspielende – Bemerkungen wie die Dubslav von Stechlins eingeführt: „und ich weiß nicht, seit wir die Eisenbahnen haben, laufen die Pferde schlechter. Oder es kommt einem auch bloß so vor."[130] Noch stärker manifestiert sich diese Wahrnehmungsirritation in dem im Rahmen seines Telegraphiereferats gemachten Hinweis auf die „merkwürdigen Verschiebungen in Zeit und Stunde", die schon, „als anno siebzig die Pariser Septemberrevolution ausbrach", zur Folge gehabt hätten, daß „man's drüben in Amerika um ein paar Stunden früher [wußte], als die Revolution überhaupt da war".[131] In der Anmerkung, daß man, „wenn uns daran läge (aber uns liegt nichts daran), [...] den Kaiser von China [jederzeit] wissen lassen [könnte], daß wir hier versammelt sind und seiner gedacht haben"[132], wird dies zusätzlich zum Ausdruck gebracht.

Am intensivsten befaßt sich der Erzähler Fontane jedoch mit der optischen Wahrnehmungskonvention des modernen, großstädtischen Menschen. Auch diese ist durch die Technik geprägt[133], in einem inhaltlichen und in einem formalen Sinn. Eine inhaltliche Prägung der Sehgewohnheit wird zum Beispiel in *Effi Briest* deutlich, wo es der Titelheldin am Ende ihrer Tage zur Gewohnheit geworden ist, von einer als Hochsitz dienenden „Chausseewalze" aus „das Treiben auf dem [Hohen-Cremmener] Bahndamm [zu] verfolgen", wo „Züge kamen und gingen" und man „mitunter [...] zwei Rauchfahnen [sehen konnte], die sich einen Augenblick wie deckten und dann nach links und rechts hin wieder auseinandergingen, bis sie hinter Dorf und Wäldchen verschwanden."[134] Die Eisenbahn ist ihr Wahrnehmungs*inhalt*, ist ihr tägliches Unterhaltungsprogramm.

Doch wir begegnen auch formalen Prägungen der Sinne. So zum Beispiel im Auftaktkapitel von *Cécile*, wo die Titelheldin während ihrer Bahnfahrt durch das Dickicht der Stadt ebenso zerstreuende wie verwirrende „Einblick in die Rückfronten der Häuser und ihre meist offenstehenden Schlafstubenfenster" gewinnt

---

[129] Siehe dazu Schivelbusch 1977, 35ff.
[130] HFA I/5, 250 (Stechlin).
[131] Ebd., 27.
[132] Ebd.
[133] Ausführlicher zur großstädtischen Wahrnehmung und ihrer verkehrstechnischen Bedingtheit siehe Smuda 1992.
[134] HFA I/4, 290f. Erwähnt sei auch Melusines (*Der Stechlin*) Passion, vom Fenster ihrer Lennéstraßenwohnung aus den „lange[n] Reihe[n] der herankommenden Stadtbahnwaggons" (HFA I/5, 110) nachzusehen.

und der Erzähler an ihrer statt nur noch bemerken kann: „Merkwürdige Dinge wurden da sichtbar".[135] Es handelt sich hierbei also nicht mehr um ein Wahrnehmen *von*, sondern um ein Wahrnehmen *in* Bewegung, bei dem der Technik elementare Bedeutung zukommt. Sie ist das Medium des Wahrnehmens. Was es damit genau auf sich hat, wird am Beispiel der nachmittäglichen Dampfschiffpartie zum legendären ‚Eierhäuschen' im 14. Kapitel des *Stechlin*-Romans deutlich. Nachdem das von den Teilnehmern hierfür bestiegene „Schiff" von der „Dampfschiffahrtsstation" (Jannowitzbrücke) abgelegt,[136] sich „in Bewegung" gesetzt und „ein rascheres Tempo" erreicht hat,[137] bekommen die „zu beiden Seiten des Hinterdecks [...] auf Stühlen und Bänken"[138] platzierten Ausflügler sogleich die wechselndsten Bilder zu sehen, namentlich durch die Öffnungen der in „geringe[r] Entfernung" zum „Ufer [sich] hinziehenden Stadtbahnbögen" hindurch.[139] „Jeder Bogen", so ist diesbezüglich zu lesen, „schuf den Rahmen für ein dahinter gelegenes Bild, das natürlich die Form einer Lunette hatte" und „in buntem Wechsel" mit einem anderen stand.[140]

Der Technik kommt hier also gleich zweimal eine vermittelnde Funktion zu: in Gestalt der die Rahmung der Bilder leistenden Stadtbahnbögen und in Gestalt des Dampfschiffes. Letzteres ist für die Bewegung der Bilder, den Bildwechsel, maßgeblich, denn die Bewegung ist beinahe so etwas wie der Entwickler dieses Wahrnehmungserlebnisses, das aufgrund „Filmkamera-artige[r] Perspektiven und Koordinaten" beinahe filmisch anmutet: wie ein „Film vor der Erfindung des Films".[141] Wie bereits in den märkischen Reisebüchern wird der Rezipient auch hier mit einem sich filmbandartig vorüberbewegenden, aus einer Vielzahl einzelner Bilder zusammengesetzten Landschaftsstreifen konfrontiert, der ihm manchmal Sehen und Hören vergehen läßt.

Unter dem Strich trägt der Fontanesche Großstadtroman den durch die Technik verursachten Erschütterungen des Bewußtseins also im gleichen Maße Rechnung wie deren ästhetischer Aneignung und perzeptorischer Erwiderung. Das heißt, der technische Fortschritt wird nicht nur als Ursache für die Konfusion der menschlichen Wahrnehmung besprochen, sondern auch als Möglichkeit für deren ästhetische Sublimierung, um nicht zu sagen: Behandlung. Wir begegnen ihm nicht nur als Wahrnehmungs*inhalt*, sondern auch als Wahrnehmungs*form*. Denn auch Fontane ist während seiner bereits in England begonnenen „Wahrnehmungsstudien"[142] nicht verborgen geblieben, daß ein bewegtes Sehen

---

[135] HFA I/2, 142.
[136] HFA I/5, 137.
[137] Ebd., 139.
[138] Ebd., 137f.
[139] Ebd., 140.
[140] Ebd.
[141] Brinkmann 1979, 441 und 444.
[142] Brunner 2001, 29.

(bevorzugt mit Eisenbahn, Stadtbahn[143], Dampfschiff oder wenigstens Droschke[144]) häufig der geeignetste Modus ist, um dem Phänomen Großstadt, seinen spezifischen Geschwindigkeitsverhältnissen sowie den daraus resultierenden „schnell sich verändernden optischen Sensationen" und „diskontinuierliche[n] visuelle[n] Eindrücke[n]", perzeptorisch gerecht zu werden.[145] Und diese Weitsicht war es auch, die von Fontane heute als einem „der ersten Theoretiker dieses [neuen] Zeitalters"[146] reden läßt.

---

[143] Wenn wir dem unvollendeten Text *Berlin 19. Februar* (Untertitel: *Ein Blick von der Alsenbrücke*) glauben, sah Fontane in der „Stadtbahn" sogar die geeignetste Form, sich Berlin „von der künstlerischen Seite, von der Bildseite her" zu nähern, „weil sie nicht diesen oder jenen Punkt, am wenigsten aber schon bevorzugte Punkte aufs neue bevorzugt, sondern weil sie dem [städtischen] Ganzen eine [gänzlich] neue Physiognomie" (HFA I/7, 471f.) gibt, den Fahrgast die Stadt ständig neue entdecken läßt.

[144] Siehe dazu die Botho von Rienäcker mit einer Vielzahl äußerer Eindrücke überwältigende Droschkenfahrt im 21. Kapitel von *Irrungen, Wirrungen*, bei der es sich für Reuter um den „erste[n] gelungene[n] Versuch einer epischen Nutzung der Kontraste der modernen Großstadt" überhaupt handelt, weil die „Modernität der Erzählweise" der „Modernität des Stoffes" entspreche: „Raffiniert macht sie die Möglichkeiten raschen Wechsels disparatester äußerer Eindrücke auf dem Weg über die Optik des Helden der Vergegenwärtigung innerer Vorgänge dienstbar" (Reuter 1968/I, 495). Schon hier sieht sich der Protagonist von einem raschen Wechsel äußerer Eindrücke und Bilder überwältigt. Siehe dazu besonders HFA I/2, 449.

[145] Smuda 1992, 134.

[146] Wülfing 1992, 22.

## 6. Bestimmungen: Funktionen der Technik im Handlungszusammenhang

Bedeutung kommt der Technik nicht nur als Gesprächsthema oder Wahrnehmungsdeterminante zu, sondern auch als Funktion im Handlungszusammenhang. Mitunter konstituiert sie nämlich auch den Erzählkontext oder bedingt Geschehen, das für den Gang einer Handlung weichenstellende Bedeutung hat.

### 6.1. Indikative Bedeutungen der Technik

Beginnen wir mit der indikativen Bedeutung der Technik. Was genau es damit auf sich hat, sei im Folgenden an vier Beispielen deutlich gemacht.

#### 6.1.1. Charakterisierung sozialer Handlungsräume

Gleich im Auftaktkapitel von *Stine*, das „im Sinne einer Exposition die Thematik erschließt und das folgende Geschehen vorausdeutend vorwegnimmt"[147], wird durch eine Schar von „Maschinenarbeiter[n]" (namentlich aus den Häusern „*Borsig* und *Schwarzkoppen*") und einen „mit einem alten Dampfkessel bepackte[n] Lastwagen" angezeigt, daß das Geschehen im proletarischen Milieu spielt, namentlich in der – durch die „Invalidenstraße" und „Scharnhorststraßen-Ecke" leicht identifizierbaren – Oranienburger Vorstadt,[148] die „vielleicht interessanteste der Berliner Vorstädte"[149].

Ähnlich in *Frau Jenny Treibel*. Auch die zu Anfang dieses Romans (2. Kapitel) gemachten Ausführungen sind dazu bestimmt, den Leser in den sozialen Handlungsraum einzuführen und diesen zu definieren. Gemeint ist die parodistische Beschreibung des als reinstes „Produkt der Gründerzeit"[150] daherkommenden Treibelschen Wohnhauses, dessen Standort und Entstehungsgeschichte die soziale Zugehörigkeit der Titelfigur zur Aufsteigerklasse des bourgeoisen Geldadels zu erkennen gibt. Die „modische Villa mit kleinem Vorder- und parkartigem Hintergarten" (ein „Hochparterrebau mit aufgesetzte[m] erste[m] Stock") war auf einem „Fabrikgrundstück" stationiert, welches früher ausschließlich mit „Fabrikgebäuden" für die Herstellung von „alljährlich ungezählte[n] Zentner[n] von Blutlaugensalz" und „kaum geringere[n] Quantitäten von Berlinerblau" bebaut war.[151] Hauptgrund für den Bau der Villa war, daß ihrem Besitzer im Zuge veränderter „Gründeranschauungen" sein „in der Alten Jakobstraße gelegenes Wohnhaus [...] nicht mehr zeit- und standesgemäß" erschien.[152] Im Grunde war aber auch die neue Behausung nicht ohne Makel, denn der bei „Nordwind" re-

---

[147] Neuhaus 1994, 51.
[148] HFA I/2, 477f. Zu „*Borsig* und *Schwarzkoppen*" siehe außerdem ebd., 969 (Anm.).
[149] So Fontane im *Tegel*-Aufsatz seiner *Wanderungen*: HFA II/2, 156 (Havelland).
[150] Müller-Seidel 1975, 312.
[151] HFA I/4, 306f.
[152] Ebd.

gelmäßig darüber hinweg ziehende „Qualm" erforderte nicht nur, „die Fabrikschornsteine mit jedem Jahr höher hinauf[zu]führen", er machte es, was viel schlimmer war, bei dieser Wetterlage auch unmöglich, „Gesellschaften [...] zu geben".[153]

Hier wie im vorhergehenden Fall dient das Technikthema also der „Charakterisierung"[154] des sozialen Handlungsraums. „Atmosphäre" soll „angedeutet" und der Leser mit dem gesellschaftlichen Koordinatensystem des Romans vertraut gemacht werden.[155] Nicht selten sind diese Schauplätze tatsächlich existierenden sehr ähnlich. So hat aller Wahrscheinlichkeit nach auch die Treibelsche Villa ein reales Vorbild: die 1861 erbaute Villa des Fabrikanten Sothmann in der Alten Jakobstraße (Ecke Hollmannstraße) oder den 1850 vom Geheimen Kommerzienrat Heckmann in Auftrag gegebenen schloßartigen Bau in der Schlesischen Straße 26.[156] Trotzdem ist und bleibt die Fontanesche Romanwelt „eine Welt der Fiktion", die immer nur für kurze „Augenblicke als eine Welt der Wirklichkeit" aufblitzt.[157] Ungeachtet einer mitunter fast „bädekermäßige[n] Genauigkeit"[158] ging es Fontane bei der Ausgestaltung seiner Romanumgebungen nicht um eine mimetisch genaue Wirklichkeitsreproduktion, sondern Priorität hatte für ihn die Vermittlung des diese kennzeichnenden typischen „›flavour[s]‹"[159]. Und im Falle von *Stine* und *Frau Jenny Treibel* beziehungsweise der dort beschriebenen proletarischen und bourgeoisen Lebensverhältnisse war das schon mit der einfachen Nennung signifikanter technischer Institutionen, Örtlichkeiten oder Objekte zu leisten.

### 6.1.2. Objektivierung sozialer Zugehörigkeit

Außer Handlungsräumen finden sich durch die Technik auch soziale Zugehörigkeiten angezeigt und bestimmt. Wie, das zeigt das Beispiel der in *Frau Jenny Treibel* (10. Kapitel) anberaumten „Landpartie", für die sich die dem bourgeoisen Lager angehörenden Familien Treibel und Felgentreu „eigene[r] Equipagen" bedienen, während die gesellschaftlich tiefer gestellte, der bildungsbürgerlichen Schicht entstammende Corinna Schmidt „die Stadtbahn benutzt", also ein weniger vornehmes, weil für die Massen bestimmtes, öffentliches Verkehrsmittel.[160]

---

[153] Ebd.
[154] Kribben 1979, 236.
[155] Brinkmann 1979, 432.
[156] Siehe dazu HFA I/4, 784 (Anm.)
[157] So Fontane in seiner Rezension von Gustav Freytags *Die Ahnen*: HFA III/1, 317.
[158] Petsch 1942, 186. Nachweislich hat Fontane die als Vorbilder für seine Schauplätze dienenden Orte und Plätze besucht oder bei Lokalkennern für allerlei topographische Details Auskünfte eingeholt.
[159] HFA IV/3, 551 (An Emil Dominik am 14. Juli 1887).
[160] HFA I/4, 400. Daß sich auch der ehemalige Opernsänger Adolar Korola „aus nicht näher aufgeklärten Gründen" eines öffentlichen Verkehrsmittels bedient, namentlich der „neue[n] Dampfbahn" (ebd.), erscheint dem Autor wenig standesgemäß. Durch seine Heirat

Wie eine soziale Aufwertung, ja Adelung muß sie es schlechterdings empfinden, wenigstens auf der Heimfahrt bei den Felgentreus mit einsteigen zu dürfen, während ihr den Ausflüglern nachgereister Vater „wieder den Vorortszug"[161] benutzt.

Noch deutlicher wird die objektivierende Kraft der Technik anhand eines Beispiels aus Fontanes Dänemark-Roman *Unwiederbringlich*, und zwar in doppelter Weise. Die Rede ist vom Auszug des königlichen Hofes nach Schloß Frederiksborg, der wegen eines nächtlichen Brandunfalls ein jähes Ende nimmt. Während sich die „Dienerschaft" der Prinzessin „mit samt dem Gepäck" „unter Benutzung der nach Helsingör führenden Eisenbahn" zum Landsitz aufmacht, nimmt die Aristokratin mit samt ihrem engsten Gefolge den Weg dorthin standesgemäß im eigenen Pferde-„Wagen" in Angriff,[162] also unter bewußter Vermeidung der Eisenbahn, die in ihren Kreisen immer noch den pejorativen Ruf eines „demokratischen Instituts"[163] genießt. Erst als ihr nach Ausbruch des Feuers buchstäblich „der Boden [...] unter den Füßen" „brennt",[164] läßt sie Tradition Tradition und Vorurteil Vorurteil sein und bedient sich für ihre fluchtartige Abreise der Bahn. Dadurch kommt der Technik ein zweites Mal distinktive Bedeutung zu (wenn auch jetzt in einem positiven Sinn). Während das im Bahnhof versammelte Dienstpersonal bis zum nächsten planmäßigen Zug ausharren muß, wird für die Prinzessin ein „Extrazug"[165] eingerichtet. In den Genuß einer derartigen Sonderbehandlung kommen selbst Ebba und Holk, die beiden Vertrauensleute der Prinzessin. Zwar verpassen sie den für die Prinzessin bestellten Sonderzug („Die Prinzessin war schon seit länger als einer Stunde fort, und der nächste von Helsingör her erwartete Zug kam erst in dreißig Minuten"), allerdings erhalten sie Einlaß in „das für den königlichen Hof bestimmte Separatzimmer" des Stationsgebäudes und bekommen nach Eintreffen des Zuges, „trotzdem Wagenmangel war", ein „besondere[s] Kupee".[166] Und das macht einmal mehr deutlich, wie sehr im Umgang mit der Technik „nach gesellschaftlichen Schichten und Klassen verteilt und benannt"[167] wird, wie sehr diese mitunter sozial stigmatisiert.

---

mit einer Millionärstochter ist er zu Geld gelangt und damit eigentlich in der Lage, sich eines exquisiteren Reisemittels zu bedienen.

[161] Ebd., 418.
[162] HFA I/2, 702.
[163] So der Philosoph Eduard Zeller im Jahre 1845. Zit. nach Riedel 1987, 128. Zu dieser Problematik siehe auch Schivelbusch 1989, 67ff.
[164] HFA I/2, 761.
[165] Ebd.
[166] Ebd., 762f.
[167] Brinkmann 1979, 432f.

### 6.1.3. Objektivierung geschichtlicher Entwicklung

Neben sozialen Handlungsräumen und Gruppenzugehörigkeiten macht Fontane auch historische Entwicklungsstufen mit Hilfe der Technik bildhaft. Das prominenteste Beispiel dafür findet sich einmal mehr in seinem letzten Roman *Der Stechlin*. Thema desselben ist, allgemein gesprochen, der „Wechsel von alt und neu"[168], „die Ablösung von Herrschaft und die Konstituierung neuer Herrschaftsformen"[169]. Auf personaler Ebene wird dieser Wandel durch den Generationswechsel im Geschlecht der Stechlins zur Darstellung gebracht: durch das Ableben des alten Schloßherrn Dubslav von Stechlin und das Nachrücken seines Sohnes Woldemar an die erste Stelle der Familienhierarchie (nachdem er zuvor die gräfliche Armgard von Barby geehelicht und damit die Aussicht auf das Fortbestehen der Stechlins gesichert hat). Was den Roman indes viel mehr umtreibt, das ist das die Menschen am Ende des 19. Jahrhunderts bewegende Gefühl, in einer „Zeit der Wende"[170] zu leben – politisch, gesellschaftlich, kulturell und naturwissenschaftlich-technisch.

Hinweisen darauf begegnet man zuhauf, da nahezu alle gesellschaftlichen Debatten angestoßen werden, vom Wiedererstarken der Sozialdemokratie bis zum Ende der Bismarck-Ära. Auffällig ist auch, daß die anstehenden Veränderungen regelmäßig mit Niedergang und Verfall, ja Umsturz parallelisiert werden – noch dazu oft in Verbindung mit der Revolutionsfarbe Rot. Nehmen wir den an einer bestimmten Stelle des Stechlin-Sees laut Volkssage von Zeit zu Zeit aufsteigenden „rote[n] Hahn", die „roten Ziegeldächer" der benachbarten Globsower Glasindustrie oder die roten Strümpfe des Proletarierkindes Agnes.[171]

Das Zentralsymbol des Romans und seiner Thematik ist jedoch der im 1. Kapitel vorgestellte Stechlin-See: „Um diesen See handelt es sich [...]. Er ist das Leitmotiv."[172] Was es mit diesem auf sich hat, wird gleich bei seiner Vorstellung, die nicht zufällig den Auftakt des Romans markiert, deutlich:

> Alles still hier. Und doch, von Zeit zu Zeit wird es an ebendieser Stelle lebendig. Das ist, wenn es weit draußen in der Welt, sei's auf Island, sei's auf Java zu rollen und grollen beginnt oder gar der Aschenregen der hawaiischen Vulkane bis weit auf die Südsee hinausgetrieben wird. Dann regt sich's auch *hier*, und ein Wasserstrahl springt auf und sinkt wieder in die Tiefe. Das wissen alle, die den Stechlin umwohnen, und wenn sie davon sprechen, so setzen sie wohl hinzu: »Das mit dem Wasserstrahl, das ist nur das Kleine, das beinah Alltägliche; wenn's aber draußen was Großes gibt, wie vor hundert Jahren in Lissabon, dann brodelt's hier nicht bloß und

---

[168] Neuhaus 1994, 70.
[169] Müller-Seidel 1975, 434.
[170] Günther 1967, 104. Siehe dazu auch Jolles 1980, 246.
[171] HFA I/5, 7, 57 und 352.
[172] HFA IV/4, 562 (An Carl Robert Lessing am 8. Juni 1896).

sprudelt und strudelt, dann steigt statt des Wasserstrahls ein roter Hahn auf und kräht laut in die Lande hinein.«[173]

Die Besonderheit des Sees ist also ein geheimnisvoll-mystisch anmutendes Naturphänomen[174], das bereits in den *Wanderungen* erwähnt wurde und sowohl vom Chronisten der Mark Brandenburg als auch vom Romanschriftsteller Fontane mit großem Naturereignissen in Verbindung gebracht wird. Die Rede ist von dem „Lissaboner Erdbeben"[175] von 1755, bei dem die halbe Stadt zerstört wurde und mehr als 30000 Menschen ihr Leben verloren, sowie den Erderuptionen und Vulkanausbrüchen auf Island, Java und Hawai.

Wenn wir Fontane glauben, dann ist das damit zu erklären, daß der See „geheimnisvolle [Welt-]Beziehungen"[176] unterhält, die ihn wie ein Seismograph auf Erschütterungen jeglicher Art reagieren lassen. Und genau darum ist er auch als Hauptsymbol der im Roman dominant gesetzten Weltveränderungsthematik so geeignet. Er ist der Verkünder großer „Weltereignisse"[177], ein Botschafter der im Anflug befindlichen „Weltrevolution"[178].

Diese Prädestination, und das ist hier besonders herauszustellen, hat auch eine technische, genauer: eine elektrotechnische Dimension. Denn im Grunde läßt sich zwischen dem See und seinem ihn auszeichnenden Geheimnis weltumspannender Kommunikation eine funktionale Analogie zur Telegraphie ziehen, zu dem neben der Dampfmaschine und Eisenbahn stärksten Symbol der das 19. Jahrhundert erschütternden Technikrevolution. Auch diese unterhält unterirdische (Kabel-)Beziehungen in alle Teile der Welt, so daß der See beinahe als ihr natürliches Pendant angesehen werden kann, als natürliches Äquivalent des durch sie geprägten „neuartige[n] Bewußtsein[s] von historischer Gleichzeitigkeit"[179]. Die Legitimität dieses vor allem von Sagarra immer wieder überzeugend bemühten Vergleichs[180] beweist die Vielfalt an Thematisierungen der Telegraphie im Roman, besonders zu Beginn des als Exposition der Hauptthemen geltenden und bereits oben beleuchteten Tischgesprächs im 3. Kapitel. Von Dubslavs Hinweis, daß der See gelegentlich „mit Java telephoniert"[181], ganz zu schweigen.

---

[173] HFA I/5, 7.

[174] Siehe dazu HFA II/1, 341 (Grafschaft Ruppin). Tatsächlich dürfte es sich bei dem Wasserstrahl um vom Seegrund aufsteigende Sumpfgase gehandelt haben, bei dem roten Hahn um solche, die sich an den Fackeln der in der Nacht ausfahrenden Fischer entzündeten. Siehe dazu Segeberg 1997, 178.

[175] HFA II/1, 341 (Grafschaft Ruppin).

[176] HFA I/5, 135.

[177] Ebd., 28.

[178] Sagarra 1991, 125. Pastor Lorenzen geht sogar noch einen Schritt weiter, wenn er den See „einen richtigen Revolutionär" nennt, der immer „gleich mitrumort, wenn irgendwo was los ist." (HFA I/5, 54).

[179] Sagarra 1986, 82.

[180] Siehe dazu Sagarra 1986, 81ff. sowie Sagarra 1987, Sagarra 1991 und Sagarra 2000. Nicht zu vergessen ihre *Stechlin*-Interpretation in Grawe/Nürnberger 2000, 662-79.

[181] HFA I/5, 57.

Die Telegraphie macht als Leitthema den als „Bild der Revolution"[182] geltenden Stechlin-See Fontanes also zu einem im Grunde technischen Phänomen. Und damit auch zum Hauptsymbol des problematisierten historischen Paradigmenwechsels.

### 6.1.4. Objektivierung seelischer Befindlichkeit

Schließlich vermag die Technik für mißliche seelische Befindlichkeiten die Augen zu öffnen und das Bewußtsein zu schärfen. Letzteres hat zum Beispiel Melusine (*Der Stechlin*), geschiedene Gräfin Ghiberti, während ihrer Hochzeitsreise im „Coupé apart"[183] erlebt, was sie der befreundeten Baronin von Berchtesgarden wie folgt beschreibt:

> »Ich verheiratete mich, wie Sie wissen, in Florenz und fuhr an demselben Abende noch bis Venedig. [...] Auch Ghiberti [...] hatte sich für Venedig entschieden. Und so hatten wir denn den großen Appenintunnel zu passieren.«
> »Weiß, weiß. Endlos.«
> »Ja, endlos. Ach, liebe Baronin, wäre doch da wer mit uns gewesen, ein Sachse, ja selbst ein Rumäne. Wir waren aber allein. Und als ich aus dem Tunnel heraus war, wußt' ich, welchem Elend ich entgegenlebte.«[184]

Es wird zwar nicht ausdrücklich gesagt, man kann es sich aber leicht denken, welche Erfahrungen die frisch Vermählte da machte und was ihr infolgedessen zu Bewußtsein kam.

Eine ähnliche „Perspektive in die Tiefe"[185] der menschlichen Seele erschließt auch die Dampfschiffszene im 9. Kapitel von *Unwiederbringlich*. Gemeint ist Holks Aufbruch zu seiner in privater Hinsicht folgenschweren Mission nach Kopenhagen und die Wirkung des sich entfernenden Dampfschiffes auf seine Frau, die bereits jetzt ahnt, daß ihrer Ehe eine schwere Belastungsprobe bevorsteht:

> Die Gräfin schwieg und blickte vor sich hin, und als sie nach einiger Zeit wieder auf das Meer hinaussah, sah sie von dem Dampfer nur noch den immer blasser werdenden Rauch, der wie ein Strich am Horizonte hinzog. Sie schien allerhand Gedanken nachzuhängen, und als die Dobschütz, von

---

[182] Sagarra 1986, 68.
[183] HFA I/5, 295. Grund dieses Abteilunbehagens war weniger die von frühster Zeit an mitreisende Angst vor dem möglichen Entgleisen des Zuges, als vielmehr die Furcht vor den sich ab den 1860er Jahren mehrenden Überfällen, nicht selten mit Todesfolge. Siehe dazu Schivelbusch 1989, 75ff.
[184] HFA I/5, 296. Ähnlich verhält es sich mit Lehnert Menz' Bahnfahrt von Darlington nach Nogat-Ehre im 17. Kapitel von *Quitt* (HFA I/1, 324ff.). Wegen der dort gemachten Bekanntschaft mit dem Mennoniten Tobias Hornbostel, die Lehnerts innere Wendung einleitet, wirkt auch diese Bahnfahrt bewußtseinsbildend.
[185] Günther 1967, 18.

der Seite her, einen flüchtigen Blick auf die Freundin richtet, sah sie, daß eine Träne in deren Augen stand.[186]

Weder der neben ihr stehenden Freundin noch dem Leser entgeht also, daß Holks Frau etwas in ihrem „Gemüte [...] beschäftigt", daß das Bild sie „bewegt" und etwas in ihr wachruft: namentlich die „unbestimmte Angst", daß sie ihren Mann „nicht [hätte] reisen lassen [dürfen] oder doch nicht allein".[187] Denn bei der Betrachtung des sich in der Ferne verlierenden und wie ein Zeichen auf sie wirkenden Schiffes wird ihr bewußt, daß es um die Zukunft ihrer Ehe kaum günstiger bestellt ist als um die des am Horizont hinziehenden Qualmstreifens, zu dem sie schon im nächsten Moment nur noch bemerken kann: „Sieh, jetzt ist die Rauchfahne verschwunden."[188]

Wie betrüblich es um die Beziehung des Paares und die seelische Befindlichkeit der Frau bestellt ist, verdeutlicht die in der Folgezeit zwischen den Eheleuten betriebene Korrespondenz. In Holks Fall sind das die oft aus „nur einige[n] Zeilen" bestehenden Briefe, „denen man abfühlte, daß sie nach Antwort nicht sonderlich begierig waren".[189] Sie dokumentieren nicht nur, daß ihrem Verfasser nicht nur jede „Briefschreibepassion" „fehlte",[190] sondern auch die für die Kommunikation unter Liebespartnern so essentielle Sprache der Liebe,[191] nach der gerade Frauen ein legitimes Bedürfnis haben.

Kaum besser verhält es sich auch mit Christines Briefkultur. Schrieb sie früher einmal „wahre Liebesbriefe", lassen die Zeilen an ihren Mann mit zunehmender Dauer seiner Abwesenheit mehr und mehr „jede Zärtlichkeit" vermissen.[192] Sie bestechen durch eine „Nüchternheit", daß es Holk fast mit „Mißbehagen" erfüllt.[193] Den Tiefpunkt dieser Entwicklung markieren aber ihre Telegramme. Denn wenn Frauen an Männer Telegramme schicken, dann sind diese, wenn es sich nicht gerade um eine dringende Notwendigkeit handelt, als „Symbol[e] für menschliche Beschädigung zu lesen, wie es krasser nicht sein könnte."[194] In Christines Fall sind diese – ihrem Wesen gemäß – nicht nur „aus wenigen Worten" zusammengesetzt, sondern überdies fast immer gleichen Inhalts („Dank für seine Zeilen, Genugtuung über sein Wohlergehen und Inaussichtstellung eines längeren Briefes ihrerseits"), so daß selbst der nach Antwort eigentlich nicht begierige Adressat nur noch staunen kann: „So wenig es dem Umfange nach war, so wenig war es inhaltlich."[195]

---

[186] HFA I/2, 623.
[187] Ebd., 623f.
[188] Ebd., 624.
[189] Ebd., 734 und 737.
[190] Ebd., 671.
[191] Siehe dazu Barthes 1988.
[192] HFA I/2, 695.
[193] Ebd., 695 und 690.
[194] Wülfing 1992, 25.
[195] HFA I/2, 698, 688 und 695.

## 6.2. Geschehensrelevante Bedeutungen der Technik

Am deutlichsten wird die Relevanz der Technik allerdings dort, wo sie in die Handlung integriert ist und Geschehen bewirkt. Das gilt auch und gerade für solche Fälle, wo sie auf den ersten Blick gar nicht auffällt und dadurch eigentlich eher unerheblich erscheint. Je unvermittelter und vereinzelter sie nämlich daherkommt, desto weitreichender sind oft die Zusammenhänge, die sie stiftet. Drei Fälle sind hierbei zu unterscheiden.

### 6.2.1. Zeichentechnik I: Andeutung von Geschehen

Die unauffälligste aller handlungsrelevanten Bedeutungen der Technik, ja Funktionen, ist, wenn Geschehen durch sie vorweggenommen wird. Exemplarisch dafür ist das im 3. Kapitel von *Graf Petöfy* (Fontanes Beitrag zur k. u. k.-Literatur) während eines „Winterfest[es]" eintreffende „Telegramm", das die Feierlichkeit einstweilen „ernsthaft in Frage" stellt und zu beenden droht.[196] Die Rede ist von der Nachricht vom Tod Gablenz', eines engen „Freund[es]"[197] der dem Buch seinen Namen gebenden Hauptfigur.

So wenig über den Hergang des Vorfalls („Hat sich erschossen") und seine Hintergründe („Wahrung seiner Ehre") zu erfahren ist, so viel bedeutet er doch für den weiteren Gang der – einmal mehr auf einer wahren Begebenheit beruhenden – Handlung.[198] Durch die Nachricht und den durch sie verursachten „Zwischenfall"[199] könnte sich nicht nur Dubslav von Stechlin bestätigt sehen, der in Fontanes letztem Roman konstatieren wird, daß beim Eintreffen eines Telegramms „immer [...] einer dod"[200] sei; auch der „Zielzustand"[201] der Handlung wird damit angedeutet. Der Hauptadressat der Meldung, Graf Adam von Petöfy, wird sich am Ende des Romans ebenfalls in den Freitod flüchten, nachdem seine deutlich jüngere Frau, die Schauspielerin Franziska Franz, sich in seinen Neffen verliebt und mit diesem ein Verhältnis begonnen hat. Daß sein Nebenbuhler, Egon von Asperg, zugleich der Überbringer des Telegramms ist („Eben hatten wir das Telegramm"[202]), verstärkt die Reichweite dieser Verweisung zusätzlich.

---

[196] HFA I/1, 686, 691 und ebd.

[197] Ebd., 692. Bei Gablenz handelt es sich aller Wahrscheinlichkeit nach um den verdienstvollen österreichischen Feldzeugmeister und Offizier Ludwig Karl Wilhelm Freiherr von Gablenz (1814-74), der sich am 28. Januar 1874 aufgrund familiärer und finanzieller Schwierigkeiten das Leben nahm. Siehe dazu ebd. I/1, 1016 (Anm.) sowie Christian Grawes *Graf Petöfy*-Interpretation in Grawe/Nürnberger 2000, 548.

[198] HFA I/1, 691 und 692. Die Handlung beruht auf einem viel diskutierten Gesellschaftsereignis des Jahres 1880, der Heirat der 32jährigen – auch von Fontane in vielen Rollen bewunderten – Schauspielerin Johanna Buska aus Königsberg mit einem österreichisch-ungarischen Grafen, der mehr als doppelt so alt war wie sie. Siehe dazu Nürnberger 1997, 311ff. sowie Grawes *Graf Petöfy*-Interpretation in Grawe/Nürnberger 2000, 546ff.

[199] HFA I/1, 691.

[200] HFA I/5, 15.

[201] Aust 1998, 98.

[202] HFA I/1, 691.

### 6.2.2. Zeichentechnik II: Auslösung von Geschehen

Die Technik zeigt Geschehen aber nicht nur an, sondern löst es auch aus. Wie, das wird am Beispiel dreier Fälle besonders gut anschaulich, von denen der erste und aussagekräftigste wiederum aus dem Umfeld der Telegraphie stammt. Die Rede ist von dem „Telegramm" im 1. Kapitel des *Stechlin*, mit dem Woldemar von Stechlin seinem Vater, Dubslav, einen spontanen Abendbesuch adressiert: „Lieber Papa. Bin sechs Uhr bei dir. Rex und Czako begleiten mich. Dein Woldemar."[203] Bekanntlich handelt es sich dabei um den Anfang einer Heimkehr für immer. Denn am Ende des Romans wird Woldemar – frisch vermählt mit der jungen Baronesse Armgard von Barby – endgültig nach Schloß Stechlin zurückkehren und seinem überraschend verstorbenen Vater als Schloßherr nachfolgen, um somit den vielfach beschworenen (Generations-)Wechsel von Alt und Neu zu vollziehen. Das Telegramm wirkt also wie der „Taktaufschlag"[204] für den weiteren Gang der Handlung, wie der „Paukenschlag"[205], der die den Roman bis dahin beherrschende Statik durchbricht und das Geschehen belebt.

Dieselbe Wirkung haben aber auch allgemeinere technische Erscheinungen wie beispielsweise die im 14. Kapitel von *Irrungen, Wirrungen* in Szene gesetzte Industrieanlage, von der unklar ist, ob sie „ein Walzwerk oder eine Maschinenwerkstatt"[206] ist. Auch ihr kommt in der – in der Gründerzeit der Fontane-Forschung noch als „gräßliche Hurengeschichte"[207] gescholtenen – „Berliner Alltagsgeschichte"[208] weichenstellende Bedeutung zu.

Thema des Romans ist die nicht standesgemäße Verbindung zwischen dem adeligen Offizier Botho von Rienäcker und der „von ihrer Hände Arbeit"[209] lebenden Näherin Lene Nimptsch, die an der Grammatik der geltenden Gesellschaftsordnung zerbricht.[210] Wesentlichen Anteil daran hat ein Ausflug der beiden Protagonisten zu ‚Hankels Ablage', einem von der Berliner Stadtbevölkerung im 19. Jahrhundert scharenweise aufgesuchten Erholungsort am Westufer des Zeuthener Sees. Denn es ist hier, wo die Liebenden beginnen, ihre gegenseitige soziale Kompatibilität in Frage zu stellen – und damit ihre Beziehung. Sie kehren von ihrem Intimitätswochenende mit einer „Mischung von Verstim-

---

[203] HFA I/5, 15.
[204] Günther 1967, 37.
[205] Neuhaus 1994, 53.
[206] HFA I/2, 405.
[207] Wandrey 1919, 213.
[208] HFA IV/3, 550 (An Friedrich Stephany am 13. Juli 1887).
[209] HFA I/2, 443.
[210] Anders als *Stine*, das erzählerische „Pendant" (HFA IV/3, 578 [An Emil Dominik am 3. Januar 1888]) zu *Irrungen, Wirrungen*, zieht das Scheitern von Bothos und Lenes Beziehung jedoch keine menschliche Tragödie nach sich. Die beiden Liebenden unterwerfen sich einvernehmlich dem Diktat ihres Herkommens, um mit anderen, standesgemäßen Partnern den Weg der Ehe zu beschreiten. Botho heiratet seine reiche Cousine Käthe von Sellenthin, Lene rettet sich in die Vernunftehe mit dem Fabrikmeister Gideon Franke.

mung, Müdigkeit und Abspannung"[211] zurück, um nachgerade getrennte Wege zu gehen. Und dabei macht gerade Bothos Fall deutlich, welchen Anteil die Technik an diesem Sinneswandel hat.

Während eines am Tag nach der Rückkehr von ‚Hankels Ablage' unternommenen Ausritts in die südöstlich des Tegeler Sees gelegene Jungfernheide, der ihm den Kopf frei machen und Klarheit in der Lene-Frage bringen soll, passiert Botho „ein großes [industrielles] Etablissement" („draus, aus zahlreichen Essen, Qualm und Feuersäulen in die Luft stiegen"),[212] dessen Wirkung sein Verhältnis zu Lene und damit den Verlauf der Handlung in neue Bahnen lenkt. Genaugenommen handelt es sich um das Bild einer Gruppe von ihre Mittagsmahlzeit einnehmenden Arbeitern, das der Autor wie folgt beschreibt:

> Es war Mittag, und ein Teil der Arbeiter saß draußen im Schatten, um die Mahlzeit einzunehmen. Die Frauen, die das Essen gebracht hatten, standen plaudernd daneben, einige mit einem Säugling auf dem Arm, und lachten sich untereinander an, wenn ein schelmisches oder anzügliches Wort gesprochen wurde.[213]

Gewiß, verglichen mit einer Szene aus Adolph Menzels Gemälde *Das Eisenwalzwerk* (1875), der es thematisch sehr ähnelt,[214] erscheint das Bild „glücklicher Menschen"[215] poetisch stark überzeichnet. Im Kontext der Handlung erfüllt es jedoch genau den Zweck, dem „entzückt[en]" und ansatzweise gar mit „Neid" erfüllten Botho das Gesetz seines gesellschaftlichen Herkommens vor Augen zu führen.[216] Es läßt ihn erkennen, daß er sein privates Glück nicht von emotionalen, sondern von rationalen Gesichtspunkten abhängig zu machen hat, weil es für alles eine Ordnung gibt:

> Arbeit und täglich Brot und Ordnung. Wenn unsre märkischen Leute sich verheiraten, so reden sie nicht von Leidenschaft und Liebe, sie sagen nur: »Ich muß doch meine Ordnung haben.« Und das ist ein schöner Zug im Leben unsres Volks und nicht mal prosaisch. Denn Ordnung ist viel und mitunter alles. Und nun frag' ich mich, war *mein* Leben in ›Ordnung‹? Nein.[217]

---

[211] HFA I/2, 398.
[212] Ebd., 405.
[213] Ebd.
[214] Dieser Vergleich drängt sich nicht nur durch den Titel von Menzels Bild auf, sondern auch angesichts einer inhaltlichen Analogie. Gemeint ist damit die im rechten, unteren Bildvordergrund zu sehende Gruppe pausierender Arbeiter, die gerade ihre – von einer jungen Frau angelieferte – Mahlzeit einnehmen. Fontane könnte das Bild in der Berliner Nationalgalerie, eventuell sogar im Hause der befreundeten Bankiersfamilie Adolph von Liebermann gesehen haben. Zu Menzels Bild siehe Menzel 1996, 283ff.
[215] HFA I/2, 405.
[216] Ebd.
[217] Ebd., 405f.

Sein Entschluß ist damit gefaßt. Lenes Einvernehmen voraussetzend („Ja, meine liebe Lene, du bist auch für Arbeit und Ordnung und siehst es ein und machst es mir nicht schwer ..."), entscheidet er sich für Trennung und „Abschied auf immer".[218] Und was dabei besonders zu betonen ist: Auch daran hat die Technik wesentlichen Anteil. Der Anblick der Industrieanlage mit samt den anscheinend glücklichen Arbeitern setzt den Schlußpunkt unter seinen Bewußtseinswandel und wird somit zum eigentlichen „Angelpunkt"[219] der Geschichte.

Das bedeutendste, weil folgenschwerste Beispiel für ein solch handlungsauslösendes Wirken der Technik findet sich in *Effi Briest*, Fontanes letztem, auf einen hochkarätigen Berliner Gesellschaftsskandal von Mitte der 1880er Jahre rekurrierenden Ehebruchroman.[220]

Wir schreiben das 11. Kapitel: Effi und Instetten haben gerade für eine „Schlitten"-Fahrt „nach der Bahnstation" anspannen lassen, um im Gasthaus ‚Zum Fürsten Bismarck' „ein vorzügliches Dejeuner" einzunehmen.[221] Im Anschluß daran kommt es zu einem anregenden Gespräch mit dem Wirt, das jedoch durch eine „von der Bahn her herüberklingende Signalglocke", also die Ankündigung „ein[es] bald eintreffenden Zuges", unvermittelt gestört wird.[222] Wie von dem Gastronom zu erfahren ist, handelt es sich dabei um den „Danziger Schnellzug", der hier zwar nicht halte, trotzdem aber wert sei, gesehen zu werden, weil „mitunter [...] auch einer am Fenster [steht], den ich kenne."[223] Da Effi den Wunsch äußert, dem Zug beim Vorbeifahren zuzusehen („Ich sehe so gerne Züge ..."), machen sich die drei sogleich auf den Weg in Richtung Bahndamm, um „in einem neben dem Wärterhause gelegenen Gartenstreifen" Stellung zu beziehen.[224] Dabei ist Eile geboten, denn „der Bahnwärter stand schon da, die Fahne in der Hand", und ehe sie sich versahen, „jagte der Zug über das Bahnhofsgeleise hin und im nächsten Augenblick an dem Häuschen und an dem Gartenstreifen vorüber."[225]

Das Ereignis ist also schneller vorbei, als die Vorbereitung darauf in Anspruch genommen hat. Nur die Wirkung, die es auf die Betrachter macht, hält an, besonders bei Effi. Laut Erzähler war sie von der Erscheinung des Zuges „so erregt, daß sie [von diesem überhaupt] nichts sah und nur dem letzten Wagen, auf dessen Höhe ein Bremser saß, wie benommen nachblickte."[226] Als Instetten

---

[218] Ebd., 406.
[219] Müller-Seidel 1975, 263.
[220] Gemeint ist die Duell- und Scheidungsaffäre um den erfolgreichen preußischen Offizier und Militärschriftsteller Armand von Ardenne, der im Dezember 1886 den Liebhaber seiner Frau (Elisabeth von Ardenne, geb. Freiin von Plotho) im Duell erschoß und sich dann von dieser scheiden ließ. Zur Adaption des Stoffes siehe Zimmermann 1997 sowie Patsch 1997.
[221] HFA I/4, 83, 87 und ebd.
[222] Ebd., 88.
[223] Ebd.
[224] Ebd.
[225] Ebd.
[226] Ebd.

kurz darauf „zu ihr hinüberblickte, sah er, daß eine Träne in ihren Augen stand"[227], und das weckt unvermittelt Assoziationen zu der oben näher betrachteten Abschiedsszene in *Unwiederbringlich*.

Wie in Christines (*Unwiederbringlich*) und Bothos (*Irrungen, Wirrungen*) Fall wirkt die Technik auch auf Effi in besonderer Weise bewußtseinserweiternd. Durch den Anblick des Schnellzuges wird Letztere von einer solch „herzlichen Sehnsucht" erfaßt, daß ihr „gleich nachher zum Bewußtsein [kam], was ihr fehlte" beziehungsweise was sie hatte.[228] Konkret meint das, daß sie seit ihrer Heirat mit dem 20 Jahre älteren, preußisch-steifen Geert von Instetten und dem damit verbundenen Umzug in den pommerschen Einsamkeitsort Kessin „wie in einer fremden Welt"[229] lebte. Auch ihr kommt also zu Bewußtsein, daß mit ihrem Leben etwas nicht stimmte. Nur die Handlungen und Konsequenzen, die das für sie nach sich zieht, sind gravierender als in den anderen beiden Fällen. Der Zug spiegelt nämlich nicht nur ihre Emotionen und Sehnsüchte wider, sondern wird für sie buchstäblich „zum Signal der [...] Befreiung aus eben ihrem Alltag"[230], der Flucht. Die sucht sie in einer Affäre mit dem „Mann vieler Verhältnisse"[231], Major von Crampas, deren Auffliegen ihr Schicksal besiegelt; tragischerweise zu einer Zeit, da die Beziehung längst beendet ist und Effi sich mit ihrer Ehe abgefunden hat. Was folgt, sind der Verstoß durch ihren Mann, die Ächtung durch die Gesellschaft und schließlich der frühe Tod im Alter von erst 29 Jahren. Daran kann selbst das als Teilrevision des gesellschaftlichen Bannes geltende elterliche Telegramm („Effi komm"[232]) nichts mehr ändern. Effi ist dem Tod geweiht, weil ob der psychischen und sozialen Folgen ihres Fehltritts unheilbar erkrankt. Was bleibt, ist jedoch die Einsicht, daß auch hier der Gang der Dinge durch die Technik einen entscheidenden Anstoß bekommen hat, namentlich in Gestalt des Danziger Schnellzuges.

---

[227] Ebd., 89.
[228] Ebd.
[229] Ebd.
[230] Segeberg 1997, 176. Siehe dazu auch Hädecke 1998, 351.
[231] HFA I/4, 105.
[232] Ebd., 277.

## 6.2.3. Elementartechnik: Steuerung von Geschehen

Eine dritte funktionale Bedeutung offenbart die Technik dort, wo sie Geschehen nicht nur andeutet oder auslöst, sondern zugleich als Steuerungsmittel in die Handlung eingebettet ist. Das ist besonders dann der Fall, wenn sie in Gestalt ihrer Personifikation, des Technikers in Erscheinung tritt. Etwa wie in Fontanes Amerika-Roman *Quitt*, in dem das bereits erwähnte Tüftler- und „Erfindergenie"[233] Camille L'Hermite auf die Wandlung der Hauptfigur Lehnert Menz vom Mörder zum Wohltäter entscheidenden Einfluß hat.[234] Weil er als ehemaliger Bombenleger selbst ein Menschenleben auf dem Gewissen hat, seine praktischen Talente inzwischen allerdings auf friedliche Projekte zu verwenden gelernt hat, ist er für Lehnert in puncto Sühne als Vorbild wie geschaffen. So lehrt er diesen etwa, daß und wie es sich mit einer kriminellen Vergangenheit und deren Folgen (regelmäßig wiederkehrende Angstattacken) leben läßt: indem man täglich Gutes tut.

Das Paradebeispiel für eine derartig handlungssteuernde Bedeutung der Technik ist gleichwohl eine andere Figur, namentlich die des „Zivilingenieur[s]"[235] Robert von Gordon-Leslie in dem 1887 erschienenen Roman *Cécile*. Gemeint ist die Geschichte über die ehemalige Fürstenmätresse Cécile von Zacha, die in der Ehe mit dem angesehenen Oberst Pierre von St. Arnaud ihrer zwiespältigen Vergangenheit zu entfliehen sucht, um „von der unerbittlichen Macht zurückliegender Geschehnisse"[236] am Ende doch noch eingeholt zu werden. Eine klassische Dreiecksbeziehung.[237]

Bekanntschaft machen die drei Protagonisten (Gordon, Cécile, St. Arnaud) während eines Ferienaufenthalts im Hotel ‚Zehnpfund' in Thale im Harz. Gemeinsam werden Ausflüge unternommen, und nach dem Urlaub kommt es im heimischen Berlin sogar zu einem Wiedersehen. Doch dann nimmt das Schicksal ungehemmt seinen Lauf. Von Anfang an fühlt sich Gordon von der schönen, jungen Frau auf eigentümliche Weise angezogen, und diese scheint seine Zuneigung auch zu erwidern. Zwar kommt es, anders als in *L'Adultera* oder *Graf Petöfy*, nie zum Äußersten, zum Vollzug des Ehebruchs, da Gordon immer, wenn es fast so weit ist, durch ein dienstliches Telegramm abberufen wird (einmal aus Thale, 16. Kapitel, einmal aus Berlin, 24. Kapitel).[238] Trotzdem eskalieren die Verhältnisse am Ende. Gordon bedrängt Cécile so sehr, bombardiert sie regel-

---

[233] HFA I/1, 344.

[234] Siehe dazu Günther 1967, 51ff.

[235] HFA I/2, 156.

[236] HFA IV/3, 451 (An Jesco von Puttkamer am 20. Januar 1886).

[237] Inspiriert wurde Fontane zu dem Roman wahrscheinlich durch einen persönlichen Bericht des befreundeten Grafen Philipp zu Eulenburg-Hertefeld, dessen Sohn sich ebenfalls mit einer Dame von zweifelhaftem Ruf zu liieren gedachte und dadurch einige Schwierigkeiten bekam. Siehe dazu Daragh Downes' *Cécile*-Interpretation in Grawe/Nürnberger 2000, 563f.

[238] Zur einzigen körperlichen Annäherung kommt es während der Partie nach Altenbrak (15. Kapitel), auf welcher Gordon „ihre [d. h. Céciles] lässig herabhängende Hand" genommen haben soll und „hielt und küßte", „was sie geschehen ließ" (HFA I/2, 238).

recht mit Briefen, daß sie ihn irgendwann nur noch abwehren kann („Trennung, oder das Schlimmere bricht herein"[239]). Als er sich indes auch darüber hinwegsetzt und sich überdies zwei peinliche Eifersuchtsauftritte leistet (einmal in der St. Arnaudschen Wohnung, 23. Kapitel, einmal in der Oper, 25./26. Kapitel), ist sein Schicksal besiegelt, die Katastrophe unausweichlich. St. Arnaud fordert ihn zum Duell:

> Daß Sie, mein Herr von Gordon, [...] einen Ton angeschlagen und ein Spiel gespielt haben, das sie besser nicht gespielt hätten, verzeih' ich Ihnen. [...] Daß Sie dieses Spiel aber trotz Abmahnung und Bitte wiederholten und vor allem, *wie* Sie's wiederholten, *das*, mein Herr von Gordon, ist unverzeihlich.[240]

Das Ergebnis ist schockierend, denn das Duell endet tödlich. Nicht nur für Gordon, auch für Cécile. Als Letztere von Gordons Tod erfährt, weiß sie sich nicht anders zu helfen als durch die Flucht in den Freitod. Mitnichten aus Liebeskummer, sondern aufgrund der Tatsache, daß ihr früheres Leben sie einmal mehr eingeholt und ihr signalisiert hat, daß es kein Entkommen gibt.

Auch in dieser im „Verderben"[241] endenden Geschichte spielt der Techniker also eine tragende Rolle – in zweifacher Hinsicht. Zum einen ist er Céciles Mit- und St. Arnauds Gegenspieler und als solcher am Geschehen unmittelbar beteiligt. Zum anderen ist er der – in Heideggers Worten – „Entberge[r]"[242] Céciles, der Ermittler ihres Geheimnisses, das zu ergründen ihm von Anfang an auf der Seele brennt:

> Was ist es mit dieser Frau? So gesellschaftlich geschult und so naiv. Sie will mir gefallen und ist doch ohne rechte Gefallsucht. [...] Ja, sie hat ein Verlangen, eine Sehnsucht. Aber welche? Mitunter ist es, als sehne sie sich, von einem Drucke befreit zu werden oder von einer Furcht und innerlichen Qual.[243]

---

[239] Ebd., 294.
[240] Ebd., 311.
[241] Ebd., 304.
[242] Heidegger 1962, 12. Mit dem Terminus des „Entbergens" attestiert Martin Heidegger der Technik die Eigenschaft, Wahrheitsfindung zu betreiben. Das wird vor allem im größeren Zitat-Zusammenhang deutlich: „Die Technik ist also nicht bloß ein Mittel. Die Technik ist eine Weise des Entbergens. Achten wir darauf, dann öffnet sich uns ein ganz anderer Bereich für das Wesen der Technik. Es ist der Bereich der Entbergung, d. h. der Wahrheit. [...] Sie [d. h. die Technik] entbirgt solches, was sich nicht selber her-vor-bringt. [...] Das Entscheidende der τεχνη liegt somit keineswegs im Machen und Hantieren, nicht im Verwenden von Mitteln, sondern in dem genannten Entbergen. Als dieses, nicht aber als Verfertigen, ist die τεχνη ein Her-vor-bringen. [...] Technik ist eine Weise des Entbergens. Die Technik west in dem Bereich, wo Entbergen und Unverborgenheit, wo αληυεια, wo Wahrheit geschieht." (ebd., 12f.).
[243] HFA I/2, 241.

Der Leser ist dafür dankbar, denn vom Erzähler sind diesbezüglich keine Hilfestellungen zu erwarten, von gelegentlichen Andeutungen wie zum Beispiel die folgende abgesehen: „Täuschte nicht alles, so lag eine ›Geschichte‹ zurück, und die schöne Frau (worauf auch der Unterschied der Jahre hindeutete) war unter allerlei Kämpfen und Opfern errungen."[244]

Dieses Geheimnis zu lüften, dafür ist Gordon wie geschaffen. So heißt es von ihm nicht nur, daß er ein „geboren[er]" „Pfadfinder" sei,[245] sondern er ist für die Aufgabe auch aus beruflichen Gründen prädestiniert. Wie Haase überzeugend dargelegt hat, ist Céciles „Minimalmaß"[246], das gerade in Sachen Bildung und Emotionalität immer wieder erstaunt, aus ihrer seelischen Konstitution zu erklären. So sei sie neurologisch wie eine „Kabelseele" beschaffen, deren „Kapazität so groß ist, daß es viel Zeit braucht, bis der Kondensator aufgeladen ist und durch seine Entladung telegraphiert".[247] Mit anderen Worten: Ihr Geheimnis, das sich in Form von allerlei Zuckungen und Hautverfärbungen immer wieder Luft macht, ist „das Geheimnis transatlantischer Telegraphie"[248]. Und wer ist geeigneter, dieses zu enthüllen, als ein Telekommunikationsexperte wie Gordon?

Wie zu erfahren ist, diente er in jungen Jahren in der preußischen „Armee" („erst bei den Pionieren in Magdeburg, dann bei dem Eisenbahnbataillon unter [General Gustav von] Golz") und ging dann „nach England, woselbst er seine wissenschaftlichen Kenntnisse praktisch zu verwerten hoffte".[249] Von dort zog es ihn

> Mitte der [achtzehnhundert]siebziger Jahre nach Suez, um hier, im Auftrag einer großen englischen Gesellschaft, einen Draht durch das Rote Meer und den Persischen Golf zu legen. [...] Etwas später trat er in persischen und, nach Beendigung einer unter seiner Oberleitung hergestellten Telegraphenverbindung zwischen den zwei Hauptstädten des Landes, in russischen Dienst. [...] Er ist in diesem Augenblick Bevollmächtigter derselben englischen Firma, in deren Dienst er seine Laufbahn begann, und gerade jetzt mit einer geplanten neuen Kabellegung in der Nordsee beschäftigt.[250]

Gordons fachliche Kompetenz steht außer Frage. Sie kann sich mit der eines Werner von Siemens, zu dessen Biographie es im übrigen nachweislich Parallelen gibt,[251] ohne weiteres messen lassen. In Céciles Fall hilft sie ihm aber auch nicht weiter, weil er sie nicht einzusetzen weiß.

---

[244] Ebd., 143.
[245] Ebd., 157.
[246] Ebd., 187.
[247] Haase 1990, 58f.
[248] Ebd., 59.
[249] HFA I/2, 192.
[250] Ebd.
[251] Wie Hubertus Fischer belegen konnte, ist die Verwurzelung des Gordonschen Figurenentwurfs in der „Siemens-Story" (Fischer 1999, 37) tatsächlich nachweisbar. Während Nürnberger 1997 noch davon ausgeht, daß Gordon „ganz und gar ein Geschöpf des Autors"

Zunächst geht Gordon bei seinen Nachforschungen ganz empirisch vor. Er stellt Beobachtungen an, die man der ihnen zugrunde gelegten Methode wegen beinahe als mikroskopisch ausschnitthaft bezeichnen könnte.[252] Schon die erste nähere Beschäftigung mit dem St. Arnaudschen Paar erfolgt durch die Rahmung eines „Bosquets", also einer Hecke, durch die er „die Gestalten des St. Arnaudschen Paares [scharf] hervortreten sah."[253] Beim nächsten Mal ist die Sehanordnung ähnlich, nur ist es diesmal das rahmende Grün eines Blumenstraußes, das ihn seine „Studien einigermaßen unauffällig" durchführen läßt:

> Er gestand sich, selten eine schönere Frau gesehen zu haben [...]. Ihr Profil war von seltener Reinheit, und das Fehlen jeder Spur von Farbe gab ihrem Kopfe, darin Apathie der vorherrschende Zug war, etwas Marmornes. Aber dieser Ausdruck von Apathie [...].[254]

Dank dieser Beobachtungsstudien kann Gordon schon bald benennen, daß das Hauptobjekt seiner Forschung, Cécile, „augenscheinlich" „nervenkrank" und „nach Art aller Nervenkranken" „im höchsten Grade von zufälligen Eindrücken abhängig ist, die sie, je nachdem sie sind, entweder matt und hinfällig oder aber umgekehrt zu jeder Anstrengung fähig machen."[255] Rundum befriedigend ist das jedoch mitnichten. Bald muß er einsehen, daß der Hauptknoten ihres Geheimnisses aller Wahrscheinlichkeit nach im Bereich ihres gesellschaftlichen Herkommens liegt („Dahinter steckt ein Roman"[256]), und dafür bedarf es anderer investigativer Wege.

Weil sein technisches Denken versagt („Ich glaube gar, ich werde der Narr meiner eigenen Wissenschaft [...]. Poor Gordon!"[257]), sieht Gordon sich genö-

---

(Nürnberger 1997b, 92) ist, macht Fischer in seinem nur zwei Jahre später erschienenen Aufsatz *Gordon oder Die Liebe zur Telegraphie* (1999) deutlich, daß der Figur Gordon wahrscheinlich ein Mann namens Lewis D. B. Gordon als Vorlage diente. Nach seiner Ausbildung zum Zivilingenieur wurde dieser im Alter von nur 24 Jahren Professor der Ingenieurswissenschaften an der Universität Glasgow. Später trat er in die auf die Herstellung transatlantischer Telegraphenkabel spezialisierte Firma Newall & Co. ein, die enge geschäftliche Beziehungen zu Siemens & Halske in Berlin unterhielt. 1859 führten die beiden Unternehmen zum Beispiel die erste submarine Kabellegung von Suez über Adel bis nach Karatschi durch. Aus dieser Geschäftsbeziehung ergab sich für Gordon auch eine enge freundschaftliche Beziehung zu dem Siemens-Sohn Wilhelm. Durch seine Heirat mit einer Hannoveranerin, deren Schwester wiederum mit dem Oberamtsrichter Gustav von Siemens (ein Vetter Werner von Siemens') vermählt war, heiratete er indirekt sogar in die Siemens-Familie ein. Siehe dazu Fischer 1999, 37ff. sowie Pole 1890, 124ff.

[252] Dieser Vergleich ist insofern nicht ganz unbegründet, als der in der erzählten Zeit Weltgeltung erlangenden deutschen Optikindustrie in dem Roman eine, wie auch Sagarra findet, „wichtige leitmotivische Funktion" (Sagarra 2000, 113) zukommt, vor allem in Gestalt des mehrfach erwähnten Teleskops.
[253] HFA I/2, 148.
[254] Ebd., 154.
[255] Ebd., 188.
[256] Ebd., 149.
[257] Ebd., 241.

tigt, sich auf ein anderes Fach zu verlegen: die Sozial- und Vergangenheitsforschung. Konkret wendet sich Gordon an seine in Gesellschaftsfragen offenbar bestens informierte Schwester („Du weißt ja den Genealogischen [Adelskalender von ‚Gotha'] halb und die Rangliste ganz auswendig"), um über das St. Arnaudsche Paar – und besonders natürlich Cécile – Erkundigungen einholen zu lassen: „Ich stehe vor einem Rätsel oder doch mindestens vor etwas Unbestimmtem und Unklarem, das ich aufgeklärt sehen möchte. Und dazu, meine liebe Klothilde, mußt Du mir behülflich sein."[258]

Grundsätzlich ist dagegen nichts einzuwenden, nur die Wahl des Mediums verwundert. Das heißt, daß er seine Bitte nicht, wie es seiner beruflichen Provenienz und der seiner Neugierde geschuldeten Eile wegen zu erwarten wäre, durch ein Telegramm, sondern durch einen Brief adressiert, ergo herkömmlich postalisch. Damit kehrt er „die Logik postalisch-telekommunikativer Vernetzung und [...] ihres Datenflusses" nämlich um und macht „telekommunikative Zeitschulden", die er von Berufs wegen eigentlich zu vermeiden wissen müßte.[259] Möglicherweise steckt dahinter aber gerade ein Kalkül, macht er diese Schulden ganz bewußt, „um Zeit zu gewinnen"[260]. Je später Klothilde seine Anfrage nämlich erhält, desto später ist Antwort zu erwarten, was zumindest eine Verlängerung seines Cécile-Traumes garantiert. Befürchtungen hinsichtlich einer „St. Arnaudsche[n] Mesalliance", die ihn zu einer Änderung seiner Haltung der schönen, melancholischen Frau gegenüber zwingen könnten, hat er von Anfang an („Sollte vielleicht ..."), und wie sich herausstellt, nicht zu unrecht. Als Klothildes Brief eintrifft, hält er es Schwarz auf Weiß in seinen Händen: „Cécile war [einmal] eine Dame von zweifelhaftem oder, um milder und rücksichtsvoller zu sprechen, von eigenartigem Ruf."[261]

Obwohl nicht ganz unerwartet, wirkt die Nachricht auf Gordon wie ein Paukenschlag. Er fühlt sich dadurch wie vom „Schlag" getroffen, „als ob er ersticken solle";[262] möglicherweise, weil er ahnt, daß sie den Anfang seines Endes markiert. Seit er um Céciles fragwürdige Vergangenheit weiß, sieht er sich außerstande, der Bewunderten mit dem gleichen Respekt zu begegnen wie zuvor. Stattdessen straft er sie mit einer „Überheblichkeit und Sittenrichterei"[263], die ihm – wie gehört – am Ende selbst zum Verhängnis wird. Und das ist in doppelter Hinsicht tragisch. Nicht nur, weil dies ihn das Leben kostet, sondern weil er damit auch als „Sinnbild des modernen Menschen"[264], als Hoffnungsträger einer neuen, besseren Gesellschaft versagt.

---

[258] Ebd., 186.
[259] Haase 1990, 56 und 57.
[260] Ebd., 56.
[261] HFA I/2, 188, 149 und 280.
[262] Ebd., 284, 282 und ebd.
[263] Ebd., 305.
[264] Sagarra 2000, 113.

Ungeachtet seiner besseren Bildung und Welterfahrenheit („Man erkennt [in Gordon] unschwer den Mann, der die Welt gesehen und die kleinen Vorurteile hinter sich geworfen hat"[265]) macht er sich die Maßstäbe einer überalterten Gesellschaftsordnung zu eigen, von deren Geringschätzung im Grunde er selbst betroffen ist, wenn ihn St. Arnaud abschätzig als „Kabelmann und internationale[n] Drahtzieher", als „Durchschnitts-Gordon" tituliert.[266] Noch folgenschwerer ist sogar die Niederlage, die er als Wissenschaftler, als Fachmann für Telekommunikation erleidet. Nicht, weil er mit seiner Verfahrensweise nicht weiter kommt, weil er – wie Haase es formuliert – unfähig ist, seine „Naturwissenschaft auf zwischenmenschliche und gesellschaftliche Prozesse zu übertragen"[267], sondern weil er die ihn an entscheidenden Punkten abberufenden Telegramme zu spät als „Fingerzeige"[268] zu lesen versteht. Als Mann vom Fach haben sie „längst aufgehört, eine besondere Wichtigkeit für ihn zu haben"[269].

Ähnlich wie bei den Pyrotechnikern, die einer Fontaneschen Nebenfigur zufolge bei ihrer Arbeit früher oder später alle in die Luft fliegen („Weil die Leute, die mit dem Feuer spielen, immer zu sicher sind, und immer die Gefahr vergessen"[270]), ist es also auch bei Gordon das eigene Fach, das ihm zum Verhängnis, zum „Demiurg seines Schicksals"[271] wird. Und vor diesem Hintergrund kann man den *Cécile*-Roman auch als eine versteckte Technik(er)- respektive Fortschrittskritik lesen.

---

[265] HFA I/2, 258.
[266] HFA I/2, 310 und ebd.
[267] Haase 1990, 59.
[268] HFA I/2, 295.
[269] Ebd., 242.
[270] Ebd., 51 (L'Adultera).
[271] Fischer 1999, 52.

## 7. Zusammenfassung

Fassen wir ein letztes Mal zusammen. Auch in Fontanes Romanen finden sich die technischen Fortschritte der Zeit auf breiter Front registriert, besonders aus dem Bereich der Technikstadt Berlin. Die Palette technischer Themen reicht von der durch die Eisenbahn ausgelösten Verkehrsrevolution über das Fabrikwesen, den Vierten Stand bis zu der durch die elektrische Telegraphie ausgelösten Kommunikationsrevolution, die besondere Aufmerksamkeit genießt. Dabei handelt es sich sowohl um einfache technische Apparate, Personifikationen der Technik (kurz: Techniker) als auch mit den technischen Fortschritten korrespondierende sozialpsychologische Begleiterscheinungen (Beispiel: veränderte Wahrnehmung).

Doch auch das Fühlen und Denken der Menschen, sprich: die innere Wirkung der Technik, kommt in den Blick. Und das in einer Vielfalt, daß sich gerade das Romanwerk für eine Objektivierung der Zeitstimmung zu empfehlen scheint. Nahezu das gesamte Spektrum an möglichen Anschauungen und Haltungen wird zur Kenntnis genommen, von Technikbegeisterung bis Technikverweigerung. Da aber weder die eine noch die andere Position eindeutig dominiert, ist Fontanes Technikbild in den Romanen insgesamt eher ambivalent. Signifikant ist hierfür Dubslav von Stechlins Gespaltenheit gegenüber der Telegraphie. Am schärfsten findet sie sich gleichwohl in dem – ebenfalls im *Stechlin* geprägten – Melusine-Wort formuliert: „Alles Alte, soweit es Anspruch darauf hat, sollen wir lieben, aber für das Neue sollen wir recht eigentlich leben."[272]

Darüber hinaus besitzt die Technik im Roman eine funktionale Dimension. Das heißt, technische Realien sind „nicht allein um der Entsprechung, sondern auch um der Handlung willen da"[273]: sei es zum Charakterisieren oder Objektivieren eines sozialen oder historischen Handlungsraumes, einer sozialen Zugehörigkeit oder zum Aufzeigen der inneren Befindlichkeit einer Figur, sei es zum Andeuten, Auslösen oder gar Steuern von Geschehen. Die konkrete Dingwelt ist also „keineswegs bloß der Hintergrund, gegen den sich das menschliche Subjekt abhebt", sondern oft „auf entscheidende Art und Weise an dem Lebenswandel der Figuren beteiligt".[274] Sie wird „in einer Szenerie [...] gebraucht [...], weil [...] Handlung sich daran knüpft, szenische Konstellationen durch sie ermöglicht"[275] werden.

Auf den Punkt gebracht hat die Technik also nicht nur objektivierende, sondern auch dramaturgische Funktion. Und da ihre Handlungsrelevanz oft noch in einem proportionalen Verhältnis zur – vorgeblichen – Nebensächlichkeit ihrer Erscheinung steht, das heißt, ihre Bedeutung oft umso größer ist, je beiläu-

---

[272] HFA I/5, 270.
[273] Killy 1985, 272.
[274] Swales 1997, 52.
[275] Brinkmann 1979, 432.

figer, ja „minenartig[er]"²⁷⁶ sie in den Text eingebaut ist, wird an ihrem Beispiel bestätigt, was der Arbeit als Motto vorangestellt ist: daß „das Nebensächliche", wenn „was drin steckt", oft „die Hauptsache" ist.²⁷⁷

---

²⁷⁶ Sagarra 2000, 107.
²⁷⁷ HFA I/4, 360 (Jenny Treibel).

# SCHLUSS

## 1. Bilanz des Technikthemas in stofflicher Sicht

Obwohl die Technik nicht zu Fontanes bevorzugten Themen gehört und dieser obendrein bekennt, alles andere als ein „mechanisches Genie"[1] zu sein, ist sie in seinem Werk doch allgegenwärtig. Sei es als Gebrauchsobjekt, Requisite, Gegenstand einer Figurenrede oder in Form ihrer Personifikation, des Technikers. Meist handelt es sich dabei zwar nur um beiläufige Erwähnungen, wie dargelegt kommt diesen nicht selten aber tragende Bedeutung zu, verweisen diese – ganz im Sinne des der Arbeit vorangestellten Mottos – auf die Hauptsache, vor allem in den Romanen. Private Äußerungen wie etwa die folgende können als zusätzliche Bestätigung dafür gesehen werden: „In meinen ganzen Schreibereien suche ich mich mit den sogenannten Hauptsachen immer schnell abzufinden, um bei den Nebensachen liebevoll, vielleicht zu liebevoll, verweilen zu können."[2]

Im Grunde durchzieht das Technik-Thema Fontanes Werk sogar wie ein roter Faden, von der Lyrik über die Journalistik, die Reise- und Kriegsbücher bis zum erzählerischen Werk, vom Frühwerk bis zum Spätwerk. Selbst in den Briefen, Tagebüchern und autobiographischen Romanen geht Fontane immer wieder auf die Technik ein. Und wenn wir seinen Lebenserinnerungen glauben, reicht sein Interesse für sie sogar in seine früheste Jugend zurück. Dafür sprechen seine in *Meine Kinderjahre* offenbarte Swinemünder „Dampfbagger"-Faszination, seine eben dort erwähnten Besuche im „physikalische[n] Cabinett" des Swinemünder Kommerzienrates Wilhelm Krause sowie sein in der väterlichen Apotheke ausgeübter pyro- und chemotechnischer Experimentier- und „Gestaltungsdrang".[3]

Die formale Vielfalt der Thematisierung der Technik ist dabei der Eigenart der jeweiligen Gattung geschuldet. Das heißt, pflegt Fontane in der Lyrik gattungsbedingt einen eher emotionalen und emotionalisierenden Umgang mit der Technik, fällt ihre Behandlung in der Journalistik und den Reisebüchern folgerichtig nüchtern und sachlich aus. Ganz anders als wiederum in den Romanen, wo er sie sich als Spiegel der gesellschaftlichen Moderne-Debatte sowie in symbolisierender Absicht zu eigen macht.

Die stoffliche Breite der in seinem Werk vorkommenden Technik reicht von der Dampfkraft bis zur Elektrizität, vom modernen Verkehrswesen bis zum modernen Kommunikationswesen. Selbst die moderne Medizintechnik[4], das im Anbruch begriffene Flugzeitalter[5] und sanitäre Fortschritte wie das „Water-

---

[1] HFA III/3-II, 792 (Erste Reise nach England 1844).
[2] HFA IV/4, 46 (An Theodor Wolff am 24. Mai 1890).
[3] HFA III/4, 52, 76 und 140.
[4] Erinnert sei an die Elektrotherapie von anno 1892. Siehe dazu HFA IV/4, 202 (An Karl Zöllner am 8. August 1892) sowie ebd., 210f. (An Martha Fontane am 1. September 1892).
[5] Erinnert sei an die im *Protzen*-Kapitel des Ruppiner *Wanderungen*-Bandes erwähnte „Flugmaschine" (HFA II/1, 370) des Kammerherrn von Drieberg, ferner an Melusines Vision zukünftiger „Luftschifferschlachten" (HFA I/5, 156) im *Stechlin*-Roman.

Closet"⁶ kommen in den Blick. Darüber hinaus werden die mit diesen Fortschritten einhergehenden Veränderungen der menschlichen Wahrnehmung thematisiert.

Von einer Berührungsangst Fontanes mit der Welt der technisch-industriellen Fortschritte kann also mitnichten die Rede sein. Zwar handelt es sich in seinem Werk meist nur um einfache Erwähnungen von technischen Geräten oder Phänomenen, bei genauerem Hinsehen wird aber oft deutlich, daß gemäß dem der Untersuchung zugrunde gelegten Motto „was drin" „steckt",⁷ daß diese mit Bedeutung aufgeladen sind.

## 2. Erscheinungs- und Funktionsweisen der Technik

Fontane ist der Technik aber nicht nur dadurch gerecht geworden, daß er sie registriert, sondern auch funktionalisiert hat. Das heißt, selten ist die Technik nur um ihrer selbst willen da, sondern meist auch noch zweckbestimmt. Das selbst dann, wenn es sich um anscheinend beiläufige Erwähnungen handelt, die – wie beschrieben – vielfach auf das Wesentliche verweisen.

So wird in der Lyrik, wo sich Fontane des Themas erstmals annimmt (siehe *Junker Dampf*), mit ihrer Thematisierung zum Beispiel der Ballade ein neues Stoffgebiet erschlossen, um diese dadurch vor dem Überalterungstod zu bewahren und ihr ihre poetische Existenzberechtigung zu sichern.

In den Reisebüchern, überhaupt die ergiebigste Technik-Fundstelle in Fontanes Werk, begegnen wir der Technik nicht nur als Zeugnis einer unaufhaltsam voranschreitenden Moderne, sondern auch als Mittel des Reisens und erlebnishaften Wahrnehmens. Das heißt, sowohl in den Großbritannienbüchern *Ein Sommer in London* und *Jenseit des Tweed* als auch in den *Wanderungen durch die Mark Brandenburg* finden sich Dampfschiff und Eisenbahn immer wieder eingesetzt, um den Leser und potentiellen Nachreisenden den jeweiligen Reiseraum auf die bestmögliche Weise er*fahren* zu lassen – sei es die Metropole London, sei es die schottische oder märkische Naturlandschaft.

Am vielfältigsten sind die funktionalen Bedeutungen der Technik gleichwohl im erzählerischen Werk. Außer in einzelnen Figurenreden (besonders im *Stechlin*) tritt sie dort vor allem als ein Zeichen in Erscheinung, von dem im Handlungszusammenhang einer Erzählung Geschehen abhängt. Erinnert sei, um nur ein Beispiel zu nennen, an den „Danziger Schnellzug"⁸ in *Effi Briest*, genauer: seine bewußtseinserweiternde Wirkung auf die Titelfigur und die nach seiner Vorüberfahrt ihren Lauf nehmende Eskalation des Unglücks.

Häufig funktioniert die Technik sogar nach dem Gesetz der ihr von philosophischer Seite zugeschriebenen Bedeutungen. So handelt es sich bei den in den

---

⁶ HFA IV/1, 214 (An Emilie Fontane am 6. April 1852).
⁷ HFA I/4, 360 (Jenny Treibel).
⁸ Ebd., 88.

*Wanderungen* zum Einsatz kommenden Dampfschiffen und Eisenbahnen mitunter zum Beispiel um Mittel der „Entbergung"[9] (Heidegger), der Aufdeckung – namentlich der historischen Substanz des durchreisten Landschaftsraumes. Ähnlich verhält es sich mit dem Ingenieur Robert von Gordon-Leslie in *Cécile*, denn im Grunde betreibt auch er bei seiner Suche nach dem die Titelheldin umgebenden Geheimnis eine Art Entbergungsarbeit, ja Wahrheitsfindung.

Technische Apparate finden sich aber auch auf andere Weise im Sinne ihres technikphilosophischen Gehalts eingesetzt. Etwa in *L'Adultera*, wo die von Melanie van der Straaten für ihre Ehe-„Flucht"[10] benutzte Eisenbahn regelrecht zu einem Instruments der „Befreiung" aus ihrer gesellschaftlichen „Gebundenheit" (Dessauer) gerät.[11]

Obwohl in der überwiegenden Zahl nur beiläufig in Szene gesetzt, kann von einer Bedeutungslosigkeit der Technik in Fontanes Werk also keine Rede sein. Im Gegenteil, je unbedeutender sie wirken, desto weitreichender sind oft die Zusammenhänge, die sie stiftet. Daß diese Beiläufigkeit im Verlauf des erzählerischen Werkes zur dominierenden Form wird, hängt – außer mit Fontanes Poetik (auf die im folgenden Punkt näher eingegangen wird) – in erster Linie damit zusammen, daß die Technik im Laufe des Jahrhunderts viel zu „selbstverständlich und routiniert"[12] geworden ist, als daß sie – außer in Zeiten tiefgreifender Erschütterung des menschlichen Bewußtseins – noch näher beschrieben werden müßte. Und das macht die Unkompliziertheit in Fontanes Verhältnis zur Technik und die Fortschrittlichkeit seines Denkens fast noch deutlicher als die sein Werk immer wieder prägenden „unglaublich moderne[n] Ansichten"[13].

## 3. Zur Realistik der Themengestaltung

Mit Ausnahme der Technikreportagen in den Reisebüchern kommt die Technik bei Fontane insgesamt nur ungenau in den Blick. Das heißt, äußerlich wird sie, wenn überhaupt, entweder nur schemenhaft oder aber stilisierend und damit wenig überzeugend abgebildet. Exemplarisch dafür ist der von Hauptmann Czako im *Stechlin* beschriebene „Stereoskopkasten" („ein Kasten mit Doppelbildern und einem Opernkucker dazu, der aber keiner war"[14]) oder auch die „Walzwerk oder [...] Maschinenwerkstatt"-Szene in *Irrungen, Wirrungen*, die nicht, wie zum Beispiel Adolph Menzles *Eisenwalzwerk*-Gemälde (1875), in den industriellen Arbeitsprozeß Einblick nimmt, sondern eine „Gruppe glücklicher [Arbeiter-]Menschen" in den Mittelpunkt rückt, welche vor dem Etablissement ihre Mit-

---

[9] Heidegger 1996, 12.
[10] HFA I/2, 92.
[11] Dessauer 1928, 77.
[12] Plumpe 1994, 50.
[13] Kerr 1997, 6 (Feuilleton vom 1. Januar 1895).
[14] HFA I/5, 107.

tagsmahlzeit einnehmen.¹⁵ Selbst da, wo Techniker die Szene betreten, bleibt der Arbeitsbereich außen vor, werden diese vor allem als Gesellschaftsmenschen fokussiert: der Dampfschiffkapitän etwa als Respekts- und Anstandsmensch sowie Gewährsmann des Adels (siehe *Graf Petöfy* oder *Unwiederbringlich*), der Erfinder als gestrandeter Sozialrevolutionär (siehe Camille L'Hermite in *Quitt*), der akademisch ausgebildete Ingenieur als Mann von Welt (siehe Robert von Gordon-Leslie in *Cécile*).

Die Gründe für diese Oberflächlichkeit liegen weniger in einem vermeintlichen Desinteresse oder gar Unvermögen des Autors denn viel mehr in der Tatsache, daß die Technik für diesen schon viel zu alltäglich – in Heideggers Worten: ‚zuhanden'¹⁶ – geworden ist, als daß sie noch ausführlich beschrieben werden müßte. Eine weitere, wenn nicht sogar die Hauptursache dafür ist das poetische Selbstverständnis der Epoche. Der literarische Realismus, an dessen Profilierung Fontane sich mit verschiedenen programmatischen Schriften aktiv beteiligt hat,¹⁷ will nämlich keine mimetisch genaue, ja photorealistische Aneignung der gegenständlichen Wirklichkeit, sondern eine idealisierende. Der Photographie nachzueifern, liefe nach Ansicht der programmatischen Vordenker der Epoche auf nichts anderes als einen völlig unselektiven und damit unpoetischen Kopiervorgang hinaus. Wenn die konkrete Dingwelt aber sinnstiftend erfaßt werden soll, muß sie vorab vom Kontingenten befreit, das heißt: geläutert und verklärt werden. Denn „ohne diese Verklärung", so Fontane anläßlich einer privaten Reflexion über die Poetik des russischen Schriftstellers Iwan Turgenjew („er hat so was von einem photographischen Apparat in Aug und Seele"), „giebt es eigentlich keine Kunst".¹⁸ Zwar „bewundre [ich] die scharfe Beobachtung", so der Dichter weiter, „aber eigentlich langweilt es mich", „die Dinge" „so ganz *unverklärt*" wiedergegeben zu sehen.¹⁹ Oder wie er in der Programmschrift *Unsere lyrische und epische Poesie seit 1848* bildhaft deutlich zu machen versucht:

---

¹⁵ HFA I/2, 405.

¹⁶ Mit diesem – im Rahmen seines Bemühens um die ontologische Bestimmung der Weltlichkeit von Welt geprägten – Terminus beschreibt Heidegger den Umstand, daß die Technik (in seinen Worten: das technische „Zeug") im Laufe der Industrialisierung und des Einzug haltenden Fortschritts „so selbstverständlich" geworden ist, daß „von ihm [d. h. dem Zeug] gar nicht erst Notiz" (Heidegger 1977, 68, 75 und 75) genommen wird, daß es kaum noch auffällt. Das ändert sich erst mit dem „Entdecken seiner Unverwendbarkeit" (ebd., 73), etwa wenn es unerwartet den Dienst versagt und zum Ärgernis wird.

¹⁷ Das bezieht sich besonders auf den Aufsatz *Unsere lyrische und epische Poesie seit 1848* (1853) sowie den Fragment gebliebenen Essay über Paul Lindaus *Der Zug nach dem Westen* (1886): HFA III/1, 236-60 und 568-70.

¹⁸ HFA IV/3, 148, 147 und 148 (An Emilie Fontane am 24. Juni 1881).

¹⁹ Ebd., 148.

> Das Leben ist doch immer nur der Marmorsteinbruch, der den Stoff zu unendlichen Bildwerken in sich trägt; sie schlummern darin, aber nur dem Auge des Geweihten sichtbar und nur durch seine Hand zu erwecken. Der Block an sich, nur herausgerissen aus einem größeren Ganzen, ist noch kein Kunstwerk [...].[20]

Fontane geht es bei der Behandlung der konkreten Dingwelt also nicht um „das bloß Handgreifliche", sondern um „die bloße Sinnenwelt", um „das *Wahre*", um das atmosphärische Ganze.[21] Im Vordergrund steht für ihn nicht die äußere, sondern die innere, die geistige Erfassung der Dinge, etwa dem von Arthur Schopenhauer formulierten Grundsatz folgend: „Ein *Roman* wird desto höherer und edlerer Art seyn, je mehr *inneres* und je weniger *äußeres* Leben er darstellt"[22]. Was Fontane von der realistischen Kunst also verlangt, ist „nicht [...] das nackte Wiedergeben [des] alltäglichen Lebens, am wenigstens seines Elends und seiner Schattenseiten" („Diese Richtung verhält sich zum echten Realismus wie das rohe Erz zum Metall: die Läuterung fehlt"), sondern das gereinigte, idealisierte Leben.[23]

Wie es scheint, gilt das für die technisch-industrielle Dingwelt besonders. Diese sollte nicht in ihrer stofflichen Erscheinung, sondern von ihrer inneren Bedeutung her erfaßt werden.

## 4. Fontanes Technikbild in seiner Entwicklung

Obwohl Fontane keiner der bahnbrechenden Dichter der Maschinen und Fabriken war, hat er die technischen Fortschritte seiner Zeit sowie deren Bedeutung für den Einzelnen und das Gesellschaftsganze doch von Beginn seiner literarischen Tätigkeit an mit wachem Auge verfolgt. Schon früh hat er sich mit der seine Zeit beherrschenden Verkehrsrevolution befaßt (siehe die frühe Erzählung *Zwei Post-Stationen* [1840er Jahre]), später auch mit der die gesamte menschliche Kommunikation verändernden Medienrevolution (siehe die Telegraphiegespräche im *Stechlin*). Dabei hat er nicht nur deutlich gemacht, wie diese technischen Fortschritte die menschliche Wahrnehmung in ihrer Struktur verändern, sondern auch auf die Ungleichzeitigkeit von technischem und gesellschaftlichem Fortschritt hingewiesen. Besonders prägend waren dabei seine Englandaufenthalte – in zweifacher Hinsicht. Durch den Besuch der britischen Insel, dieser Schule der technisch-industriellen Moderne, war er auf die Verhältnisse, die Preußen-Deutschland in der zweiten Jahrhunderthälfte erst noch bevorstanden, bestens vorbereitet. Vor allem aber lernte er hier nicht nur die Sonnen-, sondern

---

[20] HFA III/1, 241.
[21] Ebd., 242.
[22] Zit. nach Swales 1997, 41.
[23] HFA III/1, 240f.

auch die Schattenseite des Fortschritts kennen, wodurch seine anfängliche Technikbegeisterung (siehe *Junker Dampf*) bereits zur Lebensmitte gedämpft wurde.

Im lyrischen und erzählerischen Spätwerk, aus heutiger Sicht sein Hauptwerk, findet sich die Begeisterung der frühen Jahre durch vermehrt skeptische Töne aufgewogen. Erinnert sei an das „Tand, Tand / Ist das Gebilde von Menschenhand"[24] in *Die Brück' am Tay* oder auch die Bemerkung des lebenserfahrenen Wallachs in *In der Koppel*: „Aber schließlich [d. h. als der technische Fortschritt kam] blieb alles beim alten"[25]. Die vielleicht ernüchterndste Botschaft jedoch transportiert die im *Stechlin* gemachte Aussage „Was einmal Fortschritt war, ist längst Rückschritt geworden!"[26] – nicht zuletzt, weil schon Horkheimer/Adorno's *Dialektik der Aufklärung* (1944)[27] vorwegnehmend. Zwar bezieht sich diese von Pastor Lorenzen im *Stechlin* im Rahmen seines „revolutionären Diskurse[s]"[28] mit Melusine gemachte Bemerkung nicht auf die Fortschritte der jüngeren, sondern der älteren Zeit, und auch nicht auf die im technischen, sondern gesellschaftspolitischen Bereich. Vom Wortlaut her besagt sie aber nichts anderes als das, was Dubslav von Stechlin mit seiner Telegraphiekritik im 3. Kapitel des Romans deutlich zu machen sucht, den durch die Technik begünstigten Moral und Sittenverfall der Zeit: „Es ist das mit dem Telegraphieren solche Sache, manches wird besser, aber manches wird auch schlechter, und die feinere Sitte leidet nun schon ganz gewiß."[29]

Verstärkt wird der Eindruck dieses Stimmungswandels durch private Äußerungen des Autors, dem Skepsis im Alter buchstäblich „zur Lebensform geworden"[30] ist. Daß sich das auch auf die Neuerungen in der Welt der Technik bezieht, verrät ein Brief von Dezember 1897, in dem er sich – möglicherweise in Erinnerung an die von 1891-96 unweit von Berlin unternommenen Flugversuche Otto Lilienthals – beklagt: „Anstatt fliegen zu lassen, was fliegen kann, bauen wir Flugmaschinen. Ueberall Auflehnung gegen das Natürliche"[31]. Am entschiedensten ist seine Ernüchterung in einem im Januar 1898 (dem Erscheinungsjahr des *Stechlin*), nur wenige Tage später, an den Freund James Morris adressierten Brief zum Ausdruck gebracht, in dem er erklärt, daß nach seiner Auffassung „nirgends [mehr] ein Weltfortschritt" zu erkennen sei und selbst im „Technischen und Naturwissenschaftlichen" „die ganz großen Dinge [bereits] der Vergangenheit angehör[t]en".[32]

---

[24] HFA I/6, 287.
[25] Ebd., 356.
[26] HFA I/5, 273.
[27] Siehe vergleichend dazu die von Horkheimer/Adorno aufgestellte These, daß „der Fortschritt [...] in den Rückschritt um[schlägt]" (Horkheimer/Adorno 1996, 5).
[28] HFA I/5, 274.
[29] Ebd., 26.
[30] Müller-Seidel 1975, 475.
[31] HFA IV/4, 682 (An Gustav Keysner am 29. Dezember 1897).
[32] Ebd., 687 (6. Januar 1898).

Unter dem Strich stößt man in Fontanes Werk also auf beides, Technikbegeisterung und -verweigerung. Den Autor und sein Werk mehrheitlich auf die eine oder andere Position festzulegen, wäre dennoch zu verkürzt, besonders im Falle des Letzteren. Selbst dort, wo der Eindruck eines Fortschrittspessimismus entsteht, wird dieser durch gegenläufige Stimmen sogleich wieder abgeschwächt. Das beste Beispiel dafür gibt einmal mehr die Telegraphiekritik des alten Dubslav von Stechlin, weil mit dem Hinweis abgeschlossen: „Was ich da gesagt habe... Wenn ich das Gegenteil gesagt hätte, wäre es ebenso richtig."[33]

Obwohl Fontanes Fortschrittsenthusiasmus aus jungen Jahren (siehe z. B. die Lobpreisung der Eisenbahn als „der großartigsten Erfindung unsrer Tage"[34] in *Zwei Post-Stationen*!) im Alter vermehrt durch Zweifel abgelöst wird, wäre es dennoch verfehlt, ihm zum Ende seiner Tage einfach eine technophobe Haltung zu attestieren. Weil sich Begeisterung und Verweigerung auch im Spätwerk stets die Waage halten, scheint es angebrachter, hinsichtlich seines Technikbildes von Ambivalenz zu sprechen – nicht nur im Alter, sondern überhaupt. Denn nur beim Blick auf das bisher Erreichte, auf den technischen und gesellschaftlichen Ist-Zustand, fällt sein Urteil kritisch aus. Beim Blick in die Zukunft redet er indes fast immer von der Notwendigkeit der Neuerungen. Da sich diese stets „innerhalb eines Traditionsraumes"[35] abzuspielen haben, scheint es zulässig, von Fontane als einem Fortschrittsmelancholiker zu sprechen. Auf den Punkt gebracht wird das durch Melusine, die da im *Stechlin* spricht: „Alles Alte, soweit es Anspruch darauf hat, sollen wir lieben, aber für das Neue sollen wir recht eigentlich leben."[36]

---

[33] HFA I/5, 27.
[34] Zwei Post-Stationen, 25.
[35] Müller-Seidel 1975, 470.
[36] HFA I/5, 270.

# ANHANG

# Fontanes Technikgedichte

Die wichtigsten der in die Untersuchung einbezogenen Technikgedichte Fontanes werden im Folgenden systematisch erfaßt – in drei Gruppen:

1. Die erste Gruppe versammelt all die Gedichte, die die Technik zentral thematisieren und damit auch dem Lyrik-Teil seine Grundstruktur geben.

2. Die zweite Fraktion trägt all die Dichtungen zusammen, in denen die Technik nur beiläufig erwähnt wird, trotzdem aber von herausragender Bedeutung ist.

3. Unter die dritte und letzte Rubrik fallen alle Gelegenheitsgedichte, in denen die Technik vorkommt.

Innerhalb dieser Einheiten wird die Reihenfolge ihrer Aufführung durch das Entstehungs- oder Erscheinungsdatum, die technikgeschichtliche Zugehörigkeit der darin behandelten Motive oder den Grad ihrer Bedeutung für den Erkenntnisgewinn der Arbeit bestimmt.

## 1. Explizite Motivbehandlung

*Junker Dampf* [1843][1]

Aus einem edlen Stamme
    Sproß er, der Junker Dampf:
Das Wasser und die Flamme,
    Sie zeugten ihn im Kampf;
Doch hin und her getragen,
    Ein Spielball jedem Wind,
Schien aus der Art geschlagen
    Das Elementenkind.

Ja, frei an Füß' und Händen
    Ist er ein lockrer Fant,
Doch hinter Kerkerwänden,
    Da wird er ein Gigant:
In tausend Trümmerreste
    Zerschlägt er jede Haft,
Mit ihrer Dicht' und Feste
    Wächst seine Riesenkraft.

Selbst da, wo seiner Zelle
    Ein schmales Pförtlein blieb,
Ringt er nach Luft und Helle,
    Mit solchem Sturmestrieb,
Daß, wenn ihn beim Entwischen
    Des Tores Enge hemmt,
Den Kerker, unter Zischen
    Er auf die Schulter klemmt.

Und so, trotz eh'rner Fessel
    An Füßen noch und Hand,
Reißt er den Kerkerkessel
    Im Fluge mit durchs Land,
Reißt ganze Häuserreihen
    Mit fort wie Wirbelwind,
Bis wieder er im Freien
    Nichts als – ein spielend Kind.

---

[1] HFA I/6, 366f. Siehe auch GBA I/1, 162f.

*Die Brück' am Tay* [1879/80]²
(28. Dezember 1879)

> When shall we three meet again.
> *Macbeth*

»Wann treffen wir drei wieder zusamm?«
»Um die siebente Stund', am Brückendamm.«
»Am Mittelpfeiler.«
»Ich lösche die Flamm.«
»Ich mit.«
»Ich komme vom Norden her.«
»Und ich vom Süden.«
»Und ich vom Meer.«

»Hei, das gibt ein Ringelreihn,
Und die Brücke muß in den Grund hinein.«

»Und der Zug, der in die Brücke tritt
Um die siebente Stund'?«
»Ei, der muß mit.«
»Muß mit.«
»Tand, Tand,
Ist das Gebilde von Menschenhand!«

*

Auf der *Norder*seite, das Brückenhaus –
Alle Fenster sehen nach Süden aus,
Und die Brücknersleut', ohne Rast und Ruh
Und in Bangen sehen nach Süden zu,
Sehen und warten, ob nicht ein Licht
Übers Wasser hin »Ich komme« spricht,
»Ich komme, trotz Nacht und Sturmesflug,
Ich, der Edinburger Zug.«

Und der Brückner jetzt: »Ich seh' einen Schein
Am anderen Ufer. Das muß er sein.
Nun, Mutter, weg mit dem bangen Traum,
Unser Johnie kommt und will seinen Baum,
Und was noch am Baume von Lichtern ist,
Zünd alles an wie zum Heiligen Christ,
Der will heuer *zweimal* mit uns sein –
Und in elf Minuten ist er herein.«

---

² HFA I/6, 285-87. Siehe auch GBA I/1, 153-55.

Und es war der Zug. Am *Süder*turm
Keucht er vorbei jetzt gegen den Sturm,
Und Johnie spricht: »Die Brücke noch!
Aber was tut es, wir zwingen es doch.
Ein fester Kessel, ein doppelter Dampf,
Die bleiben Sieger in solchem Kampf.
Und wie's auch rast und ringt und rennt,
Wir kriegen es unter, das Element.

Und unser Stolz ist unsre Brück';
Ich lache, denk' ich an früher zurück,
An all den Jammer und all die Not
Mit dem elend alten Schifferboot;
Wie manche liebe Christfestnacht
Hab' ich im Fährhaus zugebracht
Und sah unsrer Fenster lichten Schein,
Und zählte und konnte nicht drüben sein.«

Auf der Norderseite, das Brückenhaus –
Alle Fenster sehen nach Süden aus,
Und die Brücknersleut' ohne Rast und Ruh'
Und in Bangen sehen nach Süden zu;
Denn wütender wurde der Winde Spiel,
Und jetzt, als ob Feuer vom Himmel fiel',
Erglüht es in niederschießender Pracht
Überm Wasser unten ... Und wieder ist Nacht.

»Wann treffen wir drei wieder zusammen?«
    »Um Mitternacht, am Bergeskamm.«
      »Auf dem hohen Moor, am Erlenstamm.«
»Ich komme.«
    »Ich mit.«
        »Ich nenn' euch die Zahl.«
»Und ich die Namen.«
      »Und ich die Qual.«
»Hei!
    Wie Splitter brach das Gebälk entzwei.«
      »Tand, Tand,
Ist das Gebilde von Menschenhand!«

### John Maynard [1886][3]

John Maynard!
»Wer ist John Maynard?«
»John Maynard war unser Steuermann,
Aus hielt er, bis er das Ufer gewann,
Er hat uns gerettet, er trägt die Kron',
Er starb für uns, unsre Liebe sein Lohn.
          John Maynard.«

      \*

Die ›Schwalbe‹ fliegt über den Eriesee,
Gischt schäumt um den Bug wie Flocken von Schnee;
Von Detroit fliegt sie nach Buffalo –
Die Herzen aber sind frei und froh,
Und die Passagiere, mit Kindern und Fraun
Im Dämmerlicht schon das Ufer schaun
Und plaudernd an John Maynard heran
Tritt alles: »Wie weit noch, Steuermann?«
Der schaut nach vorn und schaut in die Rund':
»Noch dreißig Minuten ... Halbe Stund'.«

Alle Herzen sind froh, alle Herzen sind frei –
Da klingt's aus dem Schiffsraum her wie Schrei,
»Feuer!« war es, was da klang,
Ein Qualm aus Kajüt' und Luke drang,
Ein Qualm, dann Flammen lichterloh,
Und noch zwanzig Minuten bis Buffalo.

Und die Passagiere, buntgemengt,
Am Bugspriet steht sie zusammengedrängt,
Am Bugspriet vorn ist noch Luft und Licht,
Am Steuer aber lagert sich's dicht,
Und ein Jammer wird laut: »Wo sind wir? wo?«
Und noch fünfzehn Minuten bis Buffalo.

Der Zugwind wächst, doch die Qualmwolke steht,
Der Kapitän nach dem Steuer späht,
Er sieht nicht mehr seinen Steuermann,
Aber durchs Sprachrohr fragt er an:
»Noch da, John Maynard?«
               »Ja, Herr. Ich bin.«
»Auf den Strand! In die Brandung!«

---

[3] HFA I/6, 287-89. Siehe auch GBA I/3, 153-55.

>»Ich halte drauf hin.«
Und das Schiffsvolk jubelt: »Halt aus! Hallo!«
Und noch zehn Minuten bis Buffalo. – –

»Noch da, John Maynard?« Und Antwort schallt's
Mit ersterbender Stimme: »Ja, Herr, ich halt's!«
Und die Brandung, was Klippe, was Stein,
Jagt er die ›Schwalbe‹ mitten hinein.
Soll Rettung kommen, so kommt sie nur so.
Rettung: der Strand von Buffalo!

\*

Das Schiff geborsten. Das Feuer verschwelt.
Gerettet alle. Nur *einer* fehlt!

\*

Alle Glocken gehn; ihre Töne schwell'n
Himmelan aus Kirchen und Kapell'n,
Ein Klingen und Läuten, sonst schweigt die Stadt,
Ein Dienst nur, den sie heute hat:
Zehntausend folgen oder mehr,
Und kein Aug' im Zuge, das tränenleer.

Sie lassen den Sarg in Blumen hinab,
Mit Blumen schließen sie das Grab,
Und mit goldner Schrift in den Marmorstein
Schreibt die Stadt ihren Dankspruch ein:
     »Hier ruht John Maynard! In Qualm und Brand
     Hielt er das Steuer fest in der Hand,
     Er hat uns gerettet, er trägt die Kron',
     Er starb für uns, unsre Liebe sein Lohn.
          John Maynard.«

## In der Koppel [um 1895][4]

Vom Bahnhof bis in das nächste Dorf,
Durchs Luch hin, zwischen Gras und Torf,
Zwischen Ellern und Weiden, hellen und dunkeln,
Zwischen rotem Ampfer und gelben Ranunkeln,
Läuft heute, hell im Sonnenstrahl,
Der elektrische Bahnzug zum erstenmal.
Kein Mann am Ventil, am Wasserhahne,
Kein grauer Qualm, keine schwarze Fahne,
Kein Husten und Prusten, sonnenbeschienen
Gleitet der Wagenzug über die Schienen.
Sonnenbeschienen und still und stumm,
In der Koppel die Pferde sehen sich um,
Und das junge Volk, es drängt sich dicht
An die Hürde heran, und eines spricht:
»Onkel spricht immer von unserer traurigen Lage,
Sie sei so traurig, nichts wie Plage,
Wir müßten uns quälen, wir müßten uns schinden,
Ich kann unsre Lage so traurig nicht finden.
Frühling, Sommer haben wir diese Koppel,
Im Herbste haben wir Halm und Stoppel,
Und wenn sie beständig so weiterbauen,
Und zwischen Rathenow, Friesack und Nauen
Immer so ruhig weiterfahren,
So können wir jede Sorge uns sparen,
Worüber Onkel immer brummt,
Gibt's kein Geschirr mehr und kein Kumt.
Onkel ist spack und verdrießlich geworden
Und denkt bloß immer, sie wollen uns morden.«

Als das Fohlen so sprach in seinem Kreise,
Nähert von links her ein Wallach sich leise,
Das war der Onkel. Der sprach: »Ihr all beid',
Ihr seid jung und dumm und wißt nicht Bescheid.
Als der Dampfzug kam, war das ein Hallo,
Da dacht' ich als Fohlen ebenso:
›Nun wird es besser, nun ausgehalten‹,
Aber schließlich blieb alles beim alten,
Unser Unglück ist, wir passen ihnen,
Da müssen wir immer weiter dienen
In hunderttausend dummen Sachen,

---

[4] HFA I/6, 355f. Siehe auch GBA I/2, 469f.

Draus Pferd und Wallach sich gar nichts machen.
Wenn sie Hasen oder Füchse jagen,
Müssen wir grade wie sonst uns plagen,
Wenn sie wetten und mit ihrem Hopphopp prahlen,
Wir müssen wie früher die Zeche bezahlen,
Und wenn sie mogeln und dann sich streiten,
Müssen wir nach wie vor die Attacke reiten,
Und werden wir steif, bleibt's nach wie vor faul:
Unser letztes ist immer Droschkengaul.«

## 2. Beiläufige Motivbehandlung

*Von der Tann ist da!* [1849][5]
*(Schleswig-Holstein-Lied)*

Hurra, hurra,
Von der Tann ist da!
Von der Tann ist gekommen auf Eisenbahnen,
Mit Eisen die Wege sich weiter zu bahnen.
Ihr lieben Dänen, nun müssen wir weiter,
Rasch über die Eider, rasch über die Eider,
Und weiter und weiter, – hurra, hurra,
Von der Tann ist da! Von der Tann ist da.

Hurra, hurra,
Von der Tann ist da!
Ihr Düppelschen Höhn, ihr Düppelschen Schanzen,
Nun gibt es mal wieder ein Stürmen und Schanzen,
Und seid ihr erst unser, dann rüber nach Alsen,
Das Fischvolk uns gründlich vom Halse zu halsen,
Und weiter und weiter, – hurra, hurra,
Von der Tann ist da! Von der Tann ist da.

Hurra, hurra,
Von der Tann ist da!
Was Strich, was Grenze, von Flensburg bis Tondern,
Wir wollen nichts Halbes, kein Teilen und Sondern;
Herr Kammerherr Tilisch, nun gerade, nun gerade,
Wir wollen und müssen bis Aprenrade,
Und weiter und weiter, – hurra, hurra,
Von der Tann ist da! Von der Tann ist da.

---

[5] HFA I/6, 231f. Siehe auch GBA I/1, 363f.

Hurra, hurra,
Von der Tann ist da!
Wir wollen in Krieg und in Hader leben,
Bis daß wir wieder in Hadersleben;
Wir wollen die Fridericia-Schulden
Rückzahlen den Danskes auf Groschen und Gulden,
Und weiter und weiter, – hurra, hurra,
Von der Tann ist da! Von der Tann ist da.

Hurra, hurra,
Von der Tann ist da!
Von der Tann ist da, den schicket uns Bayern,
Nun werden die andern nicht lange mehr feiern,
Die Schwaben und Franken, die Sachsen und Hessen,
Die werden am Ende uns auch nicht vergessen,
Und weiter und weiter, – hurra, hurra,
Von der Tann ist da! Von der Tann ist da.

Hurra, hurra,
Von der Tann ist da!
Ihr deutschen Brüder im Westen, im Osten,
O laßt nicht die Kling' in der Scheide verrosten;
Die Büchs' und den Pallsch heruntergenommen,
Ihr seid uns willkommen, zum Siege willkommen,
Und weiter und weiter, – hurra, hurra,
Von der Tann ist da! Von der Tann ist da!


*Siegbotschaft* [1888/89][6]
*(Am Abend des 18. April 64)*

Tanz
Ist heut im Kruge zu Vehlefanz.

Oben, auf rotgestrichner Empore,
Sitzt die Musik in vollem Chore:
Klarinette, Geigen, Contrebaß,
Und vor jedem ein Pult und ein Weißbierglas.
Und unten drehn sich, in Schott'schem und Walzer,
Die Paare, dazwischen ein Juchzer, ein Schnalzer,
Und Zug und Hitze und blakende Lichter,
Am Fenster neugierige Kindergesichter,

---

[6] HFA I/6, 251f. Siehe auch GBA I/1, 213f. Die Dichtung ist der vierte Bestandteil von *Märkische Reime*. Ihr richtiger Titel lautet darum *4. Siegbotschaft*.

Ein Rempeln und Rennen, ein Stoßen und Stemmen,
Und mit eins: »Da kommt ja der Neumann aus Cremmen,
Der Laatsche-Neumann. Was will denn *der*?
Laatsche-Neumann, hierher, hierher,
Er bringt was, stillgestanden, stramm,
Ich wett', er bringt ein Telegramm.«
Und Neumann, plötzlich steht er oben,
Sie haben ihn auf den Tisch gehoben.

»Lesen ...«
            »Muß erst zu Puste kommen ...«
»Lesen ...«
»*Düppel ist genommen;*
*Wir* Schanze fünf, Garde Schanze sieben,
Feldwebel Probst beim Sturme geblieben.
Verluste wenig. Danske viel ...«
Alles sich in die Arme fiel,
Und zu wissen, wie's eigentlich gewesen,
Muß Neumann es immer wieder lesen.

Dem aber will es nicht mehr zu Sinn.
»Vehlefanzer, wo denkt ihr hin,
Habe noch andre gute Bekannte ...«

»Welche denn, welche?«
            »Muß noch nach Schwante.«

»Schwante, die lumpigen tausend Schritt,
Hurra, Neumann, da kommen wir mit.«

Und hinein in die laue Frühlingsnacht,
Ganz Vehlefanz hat sich aufgemacht.
Neumann laatscht nach.

            Schwante lag schon im Schlaf;
Als aber die Siegbotschaft es traf,
Ward's wach.

            Der Mond am Himmel stand,
Und in Jubel stand das Havelland.

### Meine Gräber [1888][7]

Kein Erbbegräbnis mich stolz erfreut,
Meine Gräber liegen weit zerstreut,
Weit zerstreut über Stadt und Land,
Aber all in märkischem Sand.

Verfallene Hügel, die Schwalben ziehn,
Vorüber schlängelt sich der Rhin.
Über weiße Steine, zerbröckelt all,
Blickt der alte Ruppiner Wall,
Die Buchen stehn, die Eichen rauschen,
Die Gräberbüsche Zwiesprach tauschen
Und Haferfelder weit auf und ab –
Da ist meiner Mutter Grab.

Und ein andrer Platz, dem verbunden ich bin:
Berglehnen, die Oder fließt dran hin,
Zieht vorüber in trägem Lauf,
Gelbe Mummeln schwimmen darauf;
Am Ufer Werft und Schilf und Rohr
Und am Abhange schimmern Kreuze hervor,
Auf eines fällt heller Sonnenschein –
Da hat mein Vater seinen Stein.

Der dritte, seines Todes froh,
Liegt auf dem weiten Teltow-Plateau,
Dächer von Ziegel, Dächer von Schiefer,
Dann und wann eine Krüppelkiefer,
Ein stiller Graben die Wasserscheide,
Birken hier und da eine Weide,
Zuletzt eine Pappel am Horizont,
Im Abendstrahle sie sich sonnt.
Auf den Gräbern Blumen und Aschenkrüge,
Vorüber in der Ferne rasseln die Züge,
Still bleibt das Grab und der Schläfer drin –
Der Wind, der Wind geht drüber hin.

---

[7] HFA I/6, 351f. Siehe auch GBA I/1, 40.

*Arm oder reich* [1895]⁸

»Sagen Sie, sind Sie dem lieben Gold
In der Tat so wenig hold,
Blicken Sie wirklich, fast stolz, auf die Hüter
Aller möglichen irdischen Güter,
Ist der Kohinoor, dieser ›Berg des Lichts‹,
Ihnen allen Ernstes nichts?«

So stellen zuzeiten die Fragen sich ein,
Und ich sage dann »ja« und sag' auch »nein«.

Wie meistens hierlandes die Dinge liegen,
Bei dem Spatzenflug, den unsre Adler fliegen
(Nicht viel höher als ein Scheunentor),
Zieh' ich das Armsein entschieden vor.

Dies Armsein ist mir schon deshalb genehmer,
Weil für den Alltag um vieles bequemer,
Von Vettern und Verwandtenhaufen
Werd' ich nie und nimmer belaufen,
Es gibt – und dafür will Dank ich zollen –
Keine Menschen, die irgend was von mir wollen,
Ich höre nur selten der Glocke Ton,
Keiner ruft mich ans Telephon,
Ich kenne kein Hasten und kenne kein Streben
Und kann jeden Tag mir selber leben.

Und doch, wenn ich irgend etwas geschrieben,
Das, weil niemand es will, mir liegen geblieben,
Oder wenn ich Druckfehler ausgereutet,
Da weiß ich recht wohl, was Geld bedeutet,
Und wenn man trotzdem zu dieser Frist,
Den Respekt vor dem Gelde bei mir vermißt,
So liegt das daran ganz allein:
Ich finde die Summen hier immer zu klein.

Was, um mich herum hier, mit Golde sich ziert,
Ist meistens derartig, daß mich's geniert;
Der Grünkramhändler, der Weißbierbudiker,
Der Tantenbecourer, der Erbschaftsschlieker,
Der Züchter von Southdownhammelherden,
Hoppegartenbarone mit Rennstallpferden,
Wuchrer, hochfahrend und untertänig –

---

⁸ HFA I/6, 337f. Siehe auch GBA I/1, 69f.

Sie haben mir alle viel, viel zu wenig.
*Mein* Intresse für Gold und derlei Stoff
Beginnt erst beim Fürsten Demidoff,
Bei Yussupoff und bei Dolgorucky,
Bei Sklavenhaltern aus Süd-Kentucky,
Bei Mackay und Gould, bei Bennet und Astor –
Hierlandes schmeckt alles nach Hungerpastor –
Erst in der Höhe von Van der Bilt
Seh ich *mein* Ideal gestillt:
Der Nil müßte durch ein Nil-Reich laufen,
China würd' ich meistbietend verkaufen,
Einen Groß-Admiral würd' ich morgen ernennen,
Der müßte die englische Flotte verbrennen,
Auf daß, Gott segne seine Hände,
Das Kattun-Christentum aus der Welt verschwände.
*So* reich sein, *das* könnte mich verlocken –
Sonst bin ich für Brot in die Suppe brocken.

## *Berliner Landpartie* [zw. 1892–98][9]

Ein Vergnügen eigner Art
Ist doch eine Wasserfahrt,
Und ein Vergnügen (frage nicht wie)
Ist eine Berliner Landpartie.
Vorortszug mit einem Bremser,
Droschke, Dampfschiff oder Kremser,
Fahnen, rote, blaue, gelbe,
Das Vergnügen ist dasselbe,
Welches Bild schon unterweges,
Welche Fülle goldnen Seges,
Goldner Sand in weitem Kreise,
Bahndamm, Schienen und Geleise,
Pfiff, Geklingel, Klapptrompete,
Lange, lange Spargelbeete,
Nicht mehr Köpfe, nicht mehr Sprossen,
Längst im Samen aufgeschossen,
Staub und Qualm und Hochstrom (?) ah,
Ah nun kommt's, nun sind wir da.

Lange Reihen Tische, Tische,
Neu gestrichen, welche Frische,

---

[9] HFA I/6, 810-12. Siehe auch GBA I/2, 483-85.

Freilich etwas terpentinen,
Aber dafür welche Mienen,
Alles atmet tiefen Frieden,
Und zu stören diesen Frieden
Ist dem Platz hier heut beschieden.
Kaffee! Kellner, drei Portionen,
O wie lieblich hier zu wohnen,
O wie weht die Luft hier freier,
Und der Teich da und der Weiher
Und das liebe Schwanenhaus,
Enten fahren ein und aus,
Still die Kegelkugeln liegen,
Dicht sich aneinander schmiegen
Und das Sandfeld, daß es sich verjüngt,
Eben wird es stark gedüngt,
Und der Luftzug drüber, drüber
Trägt die Luft zu uns herüber.
Und nun kommt der Kellner Töffel,
Dicke Tassen, Nickellöffel,
Einige dünn und vorwurfsfrei,
Andre noch mit etwas Ei.
Drei Stück Zucker pro Person,
Und der Deckel klappert schon.
Mokka, Java sind Stationen (?),
Die weit auf dem Monde wohnen,
Mutter, die zu sparen liebt, rechnet
Ob es was zu retten gibt.
Laura möchte Wasserfahren,
Doch mit aufgelösten Haaren,
Hedwig mit den dünnen Ärmen,
Hedwig möcht' im Walde schwärmen,
Hugo will den Wald genießen,
Hermann nach der Scheibe schießen,
Mutters Lippe zieht sich schief,
Ach, sie kennt den Schlußtarif,
Vater hat ein Herz genommen,
Läßt sich einen Cognac kommen,
Vater winkt den Kellner her,
Zahlt ihm 15 Pfennig mehr,
Ein' Moment, wo Mutter nicht aufgepaßt,
Hat er glücklich erpaßt.
Unter Gähnen, Mückenmorden
Ist es endlich sieben geworden,

Mutter macht sich schon bereit,
»Mann, ich denk, es ist nu Zeit,
Möchte gern noch länger bleiben,
Doch man muß nicht übertreiben,
Wenn am höchsten der Genuß,
Allemal man schließen muß,
Darin bin ich großgezogen
Und es hat mich nie betrogen.«
Alle haben Rückfahrkarten,
Alle müssen deshalb warten,
Neun Uhr geht der nächste Zug,
Neun Uhr ist auch früh genug,
Neuneinhalb, da landen sie, –
War Berliner Landpartie.

## 3. Gelegenheitsgedichte

*Hubert in Hof* [1887][10]
*(Zur Begrüßung Huberts v. H.*
*am 2. Weihnachtsfeiertag 1887)*

Hubert der Maler – am Isarstrand
Sitzt er in Bajuvarenland.
Er sitzt und sinnt: Wohl bin ich froh
In der Mönchenstadt, in Monaco,
Wohl trink' ich hier Weihen-Stephan am Quell,
Und doch mein Aug', es wird trüb und hell,
Mein Aug', es sieht, als wär' es im Traum,
Am Lützowplatz einen Weihnachtsbaum.
Es geht nicht länger, ich will nach Haus,
Mir geht hier Laun' und Stimmung aus,
Ich reis' auch gleich, ohne lange zu schreiben,
Und wenn fünf Minuten in *Hof* wir bleiben,
So telegraphier' ich nach Berlin-West:
»Komme noch heute, komme zum Fest.
      Hubert in Hof.«

Gesagt, getan. Er nimmt ein Billet.
Ei, das Reisen, es ist doch nett,
Der Wagen ist warm, die Sitze sind breit,

---
[10] HFA I/6, 367-70. Siehe auch GBA I/1, 253-55.

Und draußen so still. Und wie hübsch es schneit.
»Ich mache mir nichts aus Sturm und Regen,
Aber Schnee, *der* komme meinetwegen,
Den schüttelt man ab, der macht nicht naß,
Schneewetter, vor allem lieb' ich *das*,
Schnee dämpft selbst des Eilzugs Gestöhn und Gedröhn,
Schnee ist bloß hübsch, Schnee ist bloß schön!«

So Hubert, als er in erster Stund'
In Nähe von Freysing sich befund.
Auch in Ingolstadt noch. Aber schon bei Fürth
Die Sache ziemlich bedenklich wird,
Es schneit und schneit, es fällt und fällt,
Ein Schneehaufe wird die ganze Welt,
Bäume, Dächer, Kirchturmspitzen,
Alle schon tief in der Kappe sitzen,
Und als die Maschine, die längst nicht mehr fleucht,
Sich bis nach Hof hin durchgekeucht,
Da sitzen sie fest, der Zug steht still,
Die Wand nicht weiter sich öffnen will,
Und die Schaffner rufen: »Aussteigen! zu Nacht
Wird *vorläufig* hier Quartier gemacht.«
Entsetzen, Lachen, Fluchen, Gewimmer,
Alles stürzt in das Wartezimmer,
Nur einer kennt eine höhere Pflicht,
Er telegraphiert: »Erwartet mich nicht.
Eingeschneit. Macht Euch keine Sorgen.
Ich sitze hier fest, komm also morgen.
                    Hubert in Hof.«

Das klang noch zunächst vergnüglich fast,
Aber die Länge, sie hat die Last,
Ihr alle kennt den Ausspruch ja:
»Früh um acht in Potsdam, was soll ich da?«
Und Potsdam ist immer doch Potsdam noch,
Aber *Hof*, da reißt denn der Faden doch;
Wen kann es trösten, wer kann dran genesen,
Daß Jean Paul in Hof auf der Schule gewesen?

Und der Wartesaal! Himmel, welche Gerüche,
Dunst und Wrasen aus Keller und Küche,
Von Stiefelsohlen die Schneekrustschmelze,
Zigarren aus Östreich, Judenpelze,
Körbe mit Eiern, mit Hering, mit Käse,
Kanonenöfen mit Glutgebläse,

Zwiebelbeafsteak, bayrische Würste,
Gepfeffert, gesalzen von wegen der Dürste.
Ja Dürste! Riesig wächst der Wunsch
Nach Glühwein, Knickebein, Grog und Punsch,
Salate von Fisch, Mayonnaise von Hummer,
Manch vermostrichte Zeitungsnummer
Vier Wochen alte Kladderadatsche,
Witze, politisches Getratsche,
Harfenistinnen, Geige, Klaviergeklimper,
Courmacher, derb und mit Gezimper,
Und allviertelstündlich ein neuer Rapport:
»Es schneit und schneit noch immer fort.«
So sitzen sie fest und spielen Skat,
Und nach Haus hin sehnt sich , früh und spat,
    Hubert in Hof.

Doch, Gott sei Dank, 's steht irgendwo
(Confuz oder König Salomo):
»Ein jedes Ding hat seine Zeit«,
Und so hat's denn auch endlich ausgeschneit.
»Einsteigen« erklingt das süße Wort,
Und wieder norderwärts geht es fort,
Lokomotive, tapfrer Held,
Schlägt sich durch bis Bitterfeld,
In Wittenberg, wie Sirenengesang,
»Apfelkuchen« klingt es den Bahnsteig entlang,
Aber Wachs ins Ohr, nur nicht kosten woll'n,
Es ruft ja der beßre Weihnachtsstoll'n –
Er ruft ... Und treppauf mit einem Satz
Ist Hubert jetzt heim am Lützowplatz,
    Hubert in Hof.

*Toast auf Bernhard von Lepel* [1863][11]
*(Sommer 1863)*

Der kleine Beamte geht an den Kochelfall
An den Kynast und andre Zwerge,
Das ›Bureau‹ geht aber nach Reichenhall
Und verlangt seine richtigen Berge.

Das ›Bureau‹, nu gibt es, ein jeder weiß,
Bureaus im Großen und Kleinen,
Doch kann ›Bureau‹ in diesem Kreis
Nur immer eines meinen.

Bureau ist, womit in der *Annen*straß
In der alten Schäfergassen
Unser Lepel auf Kosten seiner Nas'
Musketierlich sich muß befassen.

Das ist denn auch, warum er still
Und entschlossen, sich zu schonen,
7000 Fuß hoch klettern will
In reinere Regionen.

Schon hängt das Reisehabit bereit; –
Gesäubert von Spinneweben
Ist Sack und Koffer; da ist es wohl Zeit
Ihm unsren Segen zu geben.

Unsren Reisesegen: o komm nicht zu spät,
Wir flehen's mit einem Munde:
Lepel, wenn ein Zug um sieben geht
So vermeide die achte Stunde.

Die achte Stunde kann köstliche sein,
Doch sie ist nun mal nicht sieben
Vor allem halte ein
Und tue dich nicht verlieben.

Verliebe dich in Alpenluft,
In des Himmels ewige Bläue,
Doch verliebe dich nicht in *Reseda-Duft*,
*Flacon von Nuglisch und Treue.*

Bringe nicht mit neuen Wunden heim
Auch nicht mit neuen Narben
Das *Herz*, in dessen Honigseim

---

[11] HFA I/6, 479f. Siehe auch GBA I/3, 156–58.

Schon so viele lebten und starben.

Nein, halte die Rütli-Fahne hoch
Der Ellora und Rütlioninnen,
»In diesem Zeichen«, so heißt es noch,
In hoc signo wirst du gewinnen!

*Mit einer Lokomotive an Richard Mengel* [1881][12]
*(Zu Weihnachten 1881)*

Lokomotive heut,
Wenn sich das Jahr erneut,
Auf eigener Diele
Lokomobile.

*Zu* Irrungen, Wirrungen [1891][13]

Ein'ge Kapitel, wohlgetan,
Spielen an der Görlitzer Bahn;
Ein Kuß – was ist er, wenn Züge brausen
Vorüber an Schmöckwitz und Wusterhausen?

Eine Geschichte von Botho und Lene,
Wohl zu beherzigen nota bene;
Höchst moralisch – meo voto –
Ist die Geschichte von Lene und Botho.

---

[12] HFA I/6, 530. Siehe auch GBA I/3, 254. Titel hier *An Rich. Mengel.*
[13] HFA I/6, 545. Siehe auch GBA I/3, 262. Titel hier *An \*\*\**. Dabei handelt es sich um eine einem Exemplar von *Irrungen, Wirrungen* eingeschriebene Widmung, gestiftet zur Tombola des Pressefests am 31. Januar 1891.

# LITERATURVERZEICHNIS

# 1. Primärliteratur

GBA. *Theodor Fontane. Große Brandenburger Ausgabe.* Hrsg. v. Gotthard Erler. 4 Abteilungen. Aufbau: Berlin, Weimar 1989ff.

GBA I. *Gedichte: Einzelpublikationen, Gedichte in Prosatexten, Gedichte aus dem Nachlaß.* Hrsg. v. Joachim Krueger und Anita Golz. 2 Bde. (Große Brandenburger Ausgabe. Hrsg. v. G. Erler). Berlin 1996.

GBA II. *Wanderungen durch die Mark Brandenburg.* Hrsg. v. Gotthard Erler und Rudolf Mingau (unter teilw. Mitarbeit v. Therese Erler). 7 Bde. (2. Aufl.) Berlin 1998.
1. Bd.: *Die Grafschaft Ruppin.*
2. Bd.: *Das Oderland. Barnim-Lebus.*
3. Bd.: *Havelland. Die Landschaft um Spandau, Potsdam, Brandenburg.*
4. Bd.: *Spreeland. Beeskow-Storkow und Barnim-Teltow.*
5. Bd.: *Fünf Schlösser. Altes und Neues aus der Mark Brandenburg.*
6. Bd.: *Dörfer und Flecken im Lande Ruppin. Unbekannte und vergessene Geschichten aus der Mark Brandenburg I.*
7. Bd.: *Das Ländchen Friesack und die Bredows. Unbekannte und vergessene Geschichten aus der Mark Brandenburg II.*

GBA III. *Das erzählerische Werk.* Hrsg. in Zusammenarbeit mit dem Theodor-Fontane-Archiv. Editorische Betreuung Christine Hehle.

GBA IV. *Tagebücher.* 2 Bde. Bd. 1: Tagebücher 1852, 1855-1858. Hrsg. v. Charlotte Jolles unter Mitarbeit von Rolf Muhs. Bd. 2: Tagebücher 1866-1882, 1884-1898. Hrsg. v. Gotthard Erler unter Mitarbeit von Therese Erler (Große Brandenburger Ausgabe. Hrsg. v. G. Erler). Berlin 1994.

HFA. *Theodor Fontane. Werke, Schriften und Briefe.* Hrsg. v. Walter Keitel und Helmuth Nürnberger. (3., durchges. u. i. Anh. erweit. Aufl.) Hanser: München 1990ff. (zuerst 1964).

Abteilung I (Sämtliche Romane, Erzählungen, Gedichte, Nachgelassenes):
1. Bd.: *Grete Minde – Ellernklipp – Quitt – Unterm Birnbaum – Schach von Wuthenow – Graf Petöfy.*
2. Bd.: *L'Adultera – Cécile – Irrungen, Wirrungen – Stine – Unwiederbringlich.*
3. Bd.: *Vor dem Sturm.*
4. Bd.: *Effi Briest – Frau Jenny Treibel – Die Poggenpuhls – Mathilde Möhring.*
5. Bd.: *Der Stechlin.*
6. Bd.: *Balladen – Lieder – Sprüche – Gelegenheitsgedichte – Frühe Gedichte – Versuche und Fragmente.*
7. Bd.: *Von, vor und nach der Reise – Frühe Erzählungen – Prosafragmente und -entwürfe.*

Abteilung II (Wanderungen durch die Mark Brandenburg):
1. Bd.: *Die Grafschaft Ruppin – Das Oderland.*
2. Bd.: *Havelland – Spreeland.*
3. Bd.: *Fünf Schlösser – Paralipomena – Kommentar – Register.*

Abteilung III (Erinnerungen – Ausgewählte Schriften und Kritiken):
1. Bd.: Aufsätze und Aufzeichnungen.
2. Bd.: Theaterkritiken.
3. Bd., 1. Teil: Reiseberichte.
3. Bd., 2. Teil: Tagebücher.
4. Bd.: *Meine Kinderjahre – Von Zwanzig bis Dreißig – Kriegsgefangen – Aus den Tagen der Okkupation –* Kleinere autobiographische Texte.
5. Bd.: Zur deutschen Geschichte, Kunst und Kunstgeschichte.

Abteilung IV (Briefe):
Bd. 1: Briefe 1833-1860.
Bd. 2: Briefe 1861-1878.
Bd. 3: Briefe 1879-1889.
Bd. 4: Briefe 1890-1898.
Bd. 5, 1. Teil: Register.
Bd. 5, 2. Teil: Kommentar.

NFA. *Theodor Fontane. Sämtliche Werke.* Hrsg. v. Edgar Groß, Kurt Schreinert, Charlotte Jolles u. a. Nymphenburger: München 1959ff.

DER SCHLESWIG-HOLSTEINSCHE KRIEG 1864. *Der Schleswig-Holsteinsche Krieg im Jahre 1864.* Von Theodor Fontane. Mit 4 Portraits, 56 in den Text gedruckten Abbildungen und Plänen, Holzschnitt und 9 Karten in Steindruck. Berlin 1866. Reprint 1978.

DER DEUTSCHE KRIEG 1866. *Der deutsche Krieg von 1866.* Von Theodor Fontane. Mit Illustrationen von Ludwig Burger. 2 Bde. Berlin 1870-71.

DuD. *Theodor Fontane. Der Dichter über sein Werk.* Hrsg. v. R. Brinkmann in Zusammenarbeit mit W. Wiet-Hölter. 2 Bde. (2. Aufl.) München 1973.

FUK. *Theodor Fontane. Unechte Korrespondenzen.* Hrsg. v. Heide Streiter-Buscher. 2 Bde. Bd. 1: 1860-65, Bd. 2: 1866-70. Berlin, New York 1996.

FLBr. *Theodor Fontane und Bernhard von Lepel. Ein Freundschaftsbriefwechsel.* Hrsg. v. Julius Petersen. 2 Bde. München 1940.

FHBr. *Theodor Fontane. Briefe an Wilhelm und Hans Hertz (1859-1897).* Hrsg. v. K. Schreinert. Vollendet und mit einer Einführung versehen von G. Hay. Stuttgart 1972.

WANDERUNGEN DURCH ENGLAND UND SCHOTTLAND 1979. *Wanderungen durch England und Schottland.* Hrsg. v. Hans-Heinrich Reuter. 2 Bde. Berlin 1979.

ZWEI POST-STATIONEN. Fontane, Theodor: *Zwei Post-Stationen.* Faksimile der Handschrift. Hrsg. v. Jochen Meyer. Marbach a. N. 1991.

## 2. Sekundärliteratur

AFFELT-SCHMIDT 1991. Affelt-Schmidt, Birgit: *Fortschrittsutopien. Vom Wandel der utopischen Literatur im 19. Jahrhundert.* Stuttgart 1991.

AISTHESIS 1998. *Aisthesis. Wahrnehmung heute oder Perspektiven einer anderen Ästhetik. Essais.* Hrsg. v. Karlheinz Barck, Peter Gente, Heidi Paris und Stefan Richter. Leipzig 1998 (zuerst 1990).

ALLENHÖFER 1986. Allenhöfer, Manfred: *Vierter Stand und alte Ordnung bei Fontane. Zur Realistik des bürgerlichen Realismus.* Stuttgart 1986.

ARNOLD 1989. Arnold, Heinz Ludwig (Hrsg.): *Theodor Fontane.* Sonderband aus der Reihe Text + Kritik. München 1989.

ASENDORF 1984. Asendorf, Christoph: *Batterien der Lebenskraft. Zur Geschichte der Dinge und ihrer Wahrnehmung im 19. Jahrhundert.* Gießen 1984.

ATTWOOD 2000. Attwood, Kenneth: *Fontane und das Preußentum.* Flensburg 2000 (zuerst 1970).

AUERBACH 1971. Auerbach, Erich: *Mimesis. Dargestellte Wirklichkeit in der abendländischen Literatur.* (5. Aufl.) Bern/München 1971.

AUST 1974. Aust, Hugo: *Theodor Fontane: ‚Verklärung'. Eine Untersuchung zum Ideengehalt seiner Werke.* Bonn 1974.

AUST 1980. Aust, Hugo (Hrsg.): *Fontane aus heutiger Sicht. Analysen und Interpretationen seines Werkes. Zehn Beiträge.* München 1980.

AUST 1998. Aust, Hugo: *Theodor Fontane. Ein Studienbuch.* Tübingen 1998.

AUST 2000. Aust, Hugo: *Kulturelle Traditionen und Poetik.* In: Grawe/Nürnberger 2000, 306-465.

BARKER/ROBBINS 1963. Barker, T. C./Robbins, Michael: *A History of London Transport. Passenger Travel and the Development of the Metropolis.* Vol. 1: The Nineteenth Century. London 1963.

BARNETT 1998. Barnett, David: *London, Hub of the Industrial Revolution. A Revisionary History 1775-1825.* London, New York 1998.

BARTELS 1990. Bartels, Klaus: *Vom Erhabenen zur Simulation. Eine Technikgeschichte der Seele: Optische Medien bis 1900 (Guckkasten, Camera Obscura, Panorama, Fotografie) und der menschliche Innenraum.* In: Hörisch/Wetzel 1990, 17-42.

BARTHES 1982. Barthes, Roland: *L'Effet réel.* In: Littérature et réalité. Hrsg. v. Gérard Genette und Tzvetan Todorov. Paris 1982, 81-90.

BARTHES 1988. Barthes, Roland: *Fragmente einer Sprache der Liebe.* Übers. v. Hans-Horst Henschen. Frankfurt a. M. 1988.

BECK 1986. Beck, Ulrich: *Risikogesellschaft. Auf dem Weg in eine andere Moderne.* Frankfurt a. M. 1986.

BEHREND 1924. Behrend, Fritz: *Theodor Fontane und die ‚Neue Aera'.* In: Archiv für Politik und Geschichte, Bd. 2 (Nov. 1924), 475-97.

BENAD-WAGENHOFF 1994. Benad-Wagenhoff, Volker (Hrsg.): *Industrialisierung – Begriffe und Prozesse.* Festschrift für Akos Paulinyi zum 65. Geburtstag. Stuttgart 1994.

BENDIKAT 1999. Bendikat, Elfi: *Öffentliche Nahverkehrspolitik in Berlin und Paris 1890-1914. Strukturbedingungen, politische Konzeptionen und Realisierungsprobleme.* Berlin 1999.

BENJAMIN 1977. Benjamin, Walter: *Illuminationen. Ausgewählte Schriften 1.* Ausgewählt von Siegfried Unseld. Frankfurt a. M. 1977.

BENJAMIN 1983. Benjamin, Walter: *Das Passagen-Werk.* Hrsg. v. Rolf Tiedemann. 2 Bde. Frankfurt a. M. 1983.

BENJAMIN 1987. Benjamin, Walter: *Berliner Kindheit um neunzehnhundert. Fassung letzter Hand und Fragmente aus früheren Fassungen.* Mit einem Nachwort von Theodor W. Adorno. Frankfurt a. M. 1987.

BERLINER S-BAHN. *Beiträge zur Vorgeschichte der Berliner S-Bahn. Folge 2: Die dampfbetriebene Berliner Stadt- und Ringbahn. Alte Berliner Stadtbahn-Bilder und was sie zu erzählen wissen ...* Reihe: Böttchers Kleine Eisenbahnschriften, Heft 31. O. O. u. J.

BERLIN UND SEINE BAUTEN 1979. *Berlin und seine Bauten.* Hrsg. v. Architekten- und Ingenieur-Verein zu Berlin. Teil X: Band B: Anlagen und Bauten für den Verkehr. 1. Städtischer Nahverkehr. Berlin, München, Düsseldorf 1979.

BERND 1992. Bernd, Clifford-Albrecht: *Fontane's Discovery of Britain.* In: The Modern Language Review, 87/1. Leeds 1992, 112-21.

BERNS/MÖBIUS 1990. Berns, Jörg Jochen/Möbius, Hanno (Hrsg.): *Die Mechanik in den Künsten. Studien zur ästhetischen Bedeutung von Naturwissenschaft und Technologie.* Marburg 1990.

BICKMANN 1989. Bickmann, Claudia: *„So banne dein Ich in dich zurück": Zum gedanklichen Gehalt der Spätlyrik Fontanes.* In: Arnold 1989, 203-17.

BINDER 1998. Binder, Beate: *Visionen der elektrifizierten Stadt. Stadtvorstellungen im Diskurs um die Elektrifizierung.* In: Elektrizität in der Geistesgeschichte. Hrsg. v. Klaus Plitzner u. a. Bassum 1998, 191-204.

BINGER 1984A. Binger, Lothar: *Stadtbahnbögen.* In: Boberg/Fichter/Gillen 1984, 106-13.

BINGER 1984B. Binger, Lothar: *Maschinenfabrik Carl Hoppe.* In: Boberg/Fichter/Gillen 1984, 156-59.

BLEY 1984. Bley, Peter: *Eisenbahnknotenpunkt Berlin.* In: Boberg/Fichter/Gillen 1984, 114-25.

BLUMENBERG 1991. Blumenberg, Hans: *Lebensgedichte. Einiges aus Theodor Fontanes Vielem.* In: Akzente. Zeitschrift für Literatur. Hrsg. v. Michael Krüger. 38. Jahrgang. München 1991, 7-28.

BOBERG/FICHTER/GILLEN 1984. Boberg, Jochen/Fichter, Tilman/Gillen, Eckhart (Hrsg.): *Exerzierfeld der Moderne. Industriekultur in Berlin im 19. Jahrhundert.* München 1984.

BOBERG/FICHTER/GILLEN 1984A. Boberg, Jochen/Fichter, Tilman/Gillen, Eckhart: *Siemens und Siemensstadt.* In: Boberg/Fichter/Gillen 1984, 148-56.

BOBERG 1986. Boberg, Jochen (Hrsg.): *Die Metropole. Industriekultur in Berlin im 20. Jahrhundert.* Unter Beteiligung zahlreicher Autoren. München 1986.

BÖHME 1994. Böhme, Helmut: *Vom ‚Geist der Unruhe' – ‚Elektrizität' und ‚Neuer Kurs'. Bemerkungen zur politischen und kultur-technischen Bedeutung der Einführung einer neuen Technologie anläßlich der ‚Internationalen Elektrotechnischen Ausstellung' in Frankfurt am Main 1891.* In: Benad-Wagenhoff 1994, 143-61.

BORGMANN 1984. Borgmann, Maria: *Die chemische Industrie.* In: Boberg/Fichter/Gillen 1984, 344-51.

BRANDT 1968. Brandt, Walter: *Vom feurigen Elias und der sanften Elise. Die Privatbahnen und Kleinbahnen der Mark Brandenburg.* Düsseldorf 1968.

BRAUNER 1990. Brauner, Christian: *Das verdrängte Risiko. Können wir Katastrophen verhindern?* Freiburg 1990.

BRAUNS-PACKENIUS/MÜLLER-FISCHER 1977. Brauns-Packenius, Otfried/Müller-Fischer, Erwin: *Zeittafel zur Geschichte des Fernsprechers 1852 bis 1945.* In: Archiv für deutsche Postgeschichte. Heft 1/1977, 16-34.

BREMER 1999. Bremer, Dieter: *Prometheus. Die Formation eines Grundmythologems.* In: Pankow/Peters 1999, 35-41.

BRENNER 1989. Brenner, Peter J.: *Die Erfahrung der Fremde. Zur Entwicklung einer Wahrnehmungsform in der Geschichte des Reiseberichts.* In: Der Reisebericht. Die Entwicklung einer Gattung in der deutschen Literatur. Hrsg. v. P. J. Brenner. Frankfurt a. M. 1989, 14-49.

BRINKMANN 1977. Brinkmann, Richard: *Theodor Fontane. Über die Verbindlichkeit des Unverbindlichen.* (2. Aufl.) Tübingen 1977.

BRINKMANN 1979. Brinkmann, Richard: *Der angehaltene Moment. Requisiten – Genre – Tableau bei Fontane.* In: Deutsche Vierteljahresschrift für Literaturwissenschaft und Geistesgeschichte 3/1979, 429-62.

BROCKHAUS 1842. *Brockhaus' Conversations-Lexikon. Allgemeine deutsche Realenzyklopädie für die gebildeten Stände.* 15 Bde. (9. orignin. Aufl.) Leipzig 1842ff.

BROCKHAUS 1893. *Brockhaus' Conversations-Lexikon. Allgemeine Realenzyklopädie für die gebildeten Stände.* 16 Bde. (14. neubearb. Aufl.) Leipzig 1893ff.

BROCKHAUS 1968. *Brockhaus Enzyklopädie.* 20 Bde. (17. neubearb. Aufl.) Wiesbaden 1968ff.

BROCKHAUS 1994. *Brockhaus Enzyklopädie.* 24 Bde. (19. völlig neubearb. Aufl.) Mannheim 1994.

BRÜGGEMANN 1985. Brüggemann, Heinz: *„Aber schickt keinen Poeten nach London!": Großstadt und literarische Wahrnehmung im 18. und 19. Jahrhundert. Texte und Interpretationen.* Reinbek 1985.

BRUNNER 2001. Brunner, Maria E.: *„Man will die Hände des Puppenspielers nicht sehen": Wahrnehmung in Effi Briest.* In: Fontane-Blätter 71/2001, 28-48.

BUCHER 1851. Bucher, Lothar: *Literaturhistorische Skizzen aus der Industrieausstellung aller Völker.* Frankfurt a. M. 1851.

BUDDEMEIER 1970. Buddemeier, Heinz: *Panorama, Diorama, Photographie. Entstehung und Wirkung neuer Medien im 19. Jahrhundert.* München 1970.

BURCKHARDT 1994. Burckhardt, Martin: *Metamorphosen von Raum und Zeit. Eine Geschichte der Wahrnehmung.* Frankfurt a. M., New York 1994.

BÜSCH 1971A. Büsch, Otto: *Industrialisierung und Gewerbe im Raum Berlin/Brandenburg, 1800-1850. Eine empirische Untersuchung zur gewerblichen Wirtschaft einer hauptstadtgebundenen Wirtschaftsregion in frühindustrieller Zeit.* Mit einer Skizze und einer thematischen Karte zum Jahr 1849. Berlin 1971.

BÜSCH 1971B. Büsch, Otto (Hrsg.): *Untersuchungen zur Geschichte der frühen Industrialisierung vornehmlich im Wirtschaftsraum Berlin/Brandenburg.* Berlin 1971.

BÜSCH 1977. Büsch, Otto: *Industrialisierung und Gewerbe im Raum Berlin/Brandenburg.* Bd. 2 (1800-1875). Berlin 1977.

BULLIVANT 1988. Bullivant, Keith: *Literatur und Technik. Ein Überblick.* In: Willkommen und Abschied der Maschinen. Literatur und Technik – Bestandsaufnahme eines Themas. Hrsg. v. Erhard Schütz und Norbert Wehr. Essen 1988, 11-21.

BULLIVANT/RIDLEY 1976. Bullivant, K./Ridley, H. (Hrsg.): *Industrie und deutsche Literatur, 1830-1914. Eine Anthologie.* München 1976.

BURCKHARDT 1994. Burckhardt, Martin: *Metamorphosen von Raum und Zeit. Eine Geschichte der Wahrnehmung.* Frankfurt a. M., New York 1994.

BURDORF 1997. Burdorf, Dieter: *Einführung in die Gedichtanalyse.* (2. Aufl.) Stuttgart 1997.

CASSIRER 1964. Cassirer, Ernst: *Philosophie der symbolischen Formen II.* Darmstadt 1964.

CLAUSEN 1983. Clausen, Lars: *Übergang zum Untergang. Skizze eines makrosoziologischen Prozeßmodells der Katastrophe.* O. O. 1983.

CORBIN 1999. Corbin, Alain: *Gebannt im Übergang. Immer wieder wurden die Hoffnungen auf einen Neuanfang konterkariert, und nach der Frage der Herkunft blieb die Arbeit des Negativen.* Aus dem Französischen von Matthias Grässlin. In: Frankfurter Allgemeine Zeitung. Wochenendbeilage (Serie: Das Jahrtausend. Thema: Neunzehntes Jahrhundert). 30. Oktober 1999. Nr. 253, I/II.

CORNICK 1968. Cornick, Henry F.: *Dock and Harbour Engineering.* With a Foreword by W. P. Shepherd-Barron. Vol. 1: The Design of Docks. (2nd Edition) London 1968.

CRAIG 1998. Craig, Gordon A.: *Über Fontane.* Aus dem Amerikanischen übersetzt von Jürgen Baron von Kosekull. (2., durchges. Aufl.) München 1998.

DAEMMRICH 1995. Daemmrich, Horst S./Daemmrich, Ingrid G.: *Themen und Motive in der Literatur. Ein Handbuch.* (2., überarbeitete u. erweit. Aufl.) Tübingen, Basel 1995.

DEMETZ 1964. Demetz, Peter: *Formen des Realismus: Theodor Fontane. Kritische Untersuchungen.* München 1964.

DESSAUER 1928. Dessauer, Friedrich: *Philosophie der Technik.* (2. Aufl.) Bonn 1928.

DESSAUER 1956. Dessauer, Friedrich: *Streit um die Technik.* Frankfurt 1956.

DEUTSCHES WÖRTERBUCH 1862. *Deutsches Wörterbuch von Jacob Grimm und Wilhelm Grimm.* 3. Bd. Leipzig 1862.

DIE PROVINZ BRANDENBURG 1900. *Die Provinz Brandenburg in Wort und Bild.* Hrsg. v. d. Pestalozzi-Verein der Provinz Brandenburg. Mit vielen Abbildungen. Berlin 1900 (Reprint Augsburg 1999).

DOTZLER/MÜLLER 1995. Dotzler, Bernhard J./Müller, Ernst (Hrsg.): *Wahrnehmung und Geschichte. Markierungen zur Aisthesis materialis.* Berlin 1995.

DOTZLER 1996. Dotzler, Bernhard: „... *diese ganze Geistertummelage": Thomas Mann, der alte Fontane und die jungen Medien.* In: Thomas Mann Jahrbuch. Bd. 9. Hrsg. v. Eckhard Heftrich und Thomas Sprecher. Frankfurt a. M. 1996, 189-205.

DREES 1986. Drees, Jan: *Die soziale Funktion der Gelegenheitsgedichtsdichtung. Studien zur deutschsprachigen Gelegenheitsdichtung in Stockholm zwischen 1613 und 1719.* Stockholm 1986.

DRUDE 1989. Drude, Otto: *Nachwort* (zu Theodor Fontanes *Jenseit des Tweed*). Bilder und Briefe aus Schottland. Mit zahlreichen Abbildungen. Frankfurt a. M. 1989, 285-324.

DUDEN 1986. *Duden. Rechtschreibung der deutschen Sprache und der Fremdwörter.* (19., neu bearb. u. erweit. Aufl.) Mannheim, Wien, Zürich 1986.

EBELING 1993. Ebeling, Hans: *Das Subjekt in der Moderne. Rekonstruktion der Philosophie im Zeitalter der Zerstörung.* Reinbek 1993.

EISENBAHN IM SPIEGEL 1985. *Die Entwicklung der Eisenbahn im Spiegel der Leipziger Illustrirten Zeitung 1843-1870.* Hrsg. v. Otto Paul Krätz. Weinheim 1985.

ELLINGER 1970. Ellinger, Edeltraud: *Das Bild der bürgerlichen Gesellschaft bei Theodor Fontane.* (Phil. Diss.) Würzburg 1970.

ELM/HIEBEL 1991. Elm, Theo/Hiebel, Hans H. (Hrsg.): *Medien und Maschinen. Literatur im technischen Zeitalter.* Freiburg 1991.

ENGELBERG 1997. Engelberg, Ernst: *Das Wilhelminische Berlin.* In: Glatzer 1997, 11-34.

ERHART 1992. Erhart, Walter: *„Alles wie erzählt": Fontanes* Wanderungen durch die Mark Brandenburg. In: Jahrbuch der Deutschen Schillergesellschaft. Stuttgart 1992, 229-54.

ERHART 2000. Erhart, Walter: *Die* Wanderungen durch die Mark Brandenburg. In: Grawe/Nürnberger 2000, 818-50.

ERLER 1974. Erler, Gotthard: *Fontane in Schottland.* In: Fontane-Blätter 3:2/1974, 124-34.

ETTLINGER 1904. Ettlinger, Josef: *Theodor Fontane. Ein Essai.* O. O. 1904.

EUCKEN 1897. Eucken, Rudolf: *Der innere Mensch am Ausgang des 19. Jahrhunderts. Eine philosophische Meditation.* In: Deutsche Rundschau. Hrsg. v. Julius Rodenberg, Bd. LXXXXII, 1897, 29-48.

EUROPÄISCHE ENZYKLOPÄDIE 1990. *Europäische Enzyklopädie zu Philosophie und Wissenschaften.* Hrsg. v. Hans Jörg Sandkühler. 4 Bde. Hamburg 1990.

EYTH 1899. Eyth, Max: *Berufstragik.* In: Max Eyth: Hinter Pflug und Schraubstock. Skizzen aus dem Tagebuch eines Ingenieurs. 2 Bde. Stuttgart, Leipzig 1899, Bd. 2, 181-333.

FELBER 1998. Felber, Ulrike: *La fée électricité. Visionen einer Technik.* In: Elektrizität in der Geistesgeschichte. Hrsg. v. Klaus Plitzner u. a. Bassum 1998, 105-21.

FELDERER 1996. Felderer, Brigitte (Hrsg.): *Wunschmaschine Welterfindung. Eine Geschichte der Technikvisionen seit dem 18. Jahrhundert.* Katalog zur gleichnamigen Ausstellung in der Kunsthalle Wien, 5. Juni - 4. August 1996. Wien 1996.

FIGAL 1996. Figal, Günter: *Heidegger zur Einführung.* (2. Aufl.) Hamburg 1996.
FISCHER 1986. Fischer, Hubertus: *Gegen-Wanderungen. Streifzüge durch die Landschaft Fontanes.* Frankfurt a. M., Berlin 1986.
FISCHER 1995. Fischer, Hubertus: *Märkische Bilder. Ein Versuch über Fontanes Wanderungen durch die Mark Brandenburg, ihre Bilder und Bildlichkeit.* In: Fontane-Blätter 60:2/1995, 117-42.
FISCHER 1999. Fischer, Hubertus: *Gordon oder Die Liebe zur Telegraphie.* In: Fontane-Blätter 67/1999, 36-58.
FISCHER 1996A. Fischer, Ludwig: *Perspektive und Rahmung. Zur Geschichte einer Konstruktion von ‚Natur'.* In: Segeberg 1996, 69-96.
FISCHER 1996B. Fischer, Peter (Hrsg.): *Technikphilosophie. Von der Antike bis zur Gegenwart.* Leipzig 1996.
FLEISCHER 1964. Fleischer, Manfred P.: John Maynard: *Dichtung und Wahrheit.* In: Zeitschrift für Religions- und Geistesgeschichte 16/1964, 168-73.
FLICHY 1994. Flichy, Patrice: *Tele. Geschichte der modernen Kommunikation.* Aus dem Französischen von Bodo Schulze. Frankfurt a. M. u. a. 1994.
FLUSSER 1989. Flusser, Vilém: *Ins Universum der technischen Bilder.* (2. Aufl.) Göttingen 1989.
FLUSSER 1991. Flusser, Vilém: *Für eine Philosophie der Photografie.* (5. Aufl.) Göttingen 1991.
FLUSSER 1993. Flusser, Vilém: *Lob der Oberflächlichkeit. Für eine Phänomenologie der Medien.* Bensheim 1993.
FOERSTER 1998. Foerster, Heinz von: *Wahrnehmen wahrnehmen (1988).* In: Aisthesis. Wahrnehmung heute oder Perspektiven einer anderen Ästhetik. Essais. Hrsg. v. Karlheinz Barck, Peter Gente, Heidi Paris und Stefan Richter. Leipzig 1998, 434-43.
FOHRMANN 1996. Fohrmann, Jürgen: *Lyrik.* In: McInnes/Plumpe 1996, 394-462.
FONTANE UND DIE BILDENDE KUNST 1998. *Fontane und die Bildende Kunst.* Hrsg. v. Claude Keisch, Peter-Klaus Schuster und Moritz Wullen. [Katalog zur Ausstellung in den Staatlichen Museen zu Berlin, Nationalgalerie, 4. September bis 29. November 1998.] Berlin 1998.
FONTANE UND SEIN JAHRHUNDERT 1998. *Fontane und sein Jahrhundert.* Hrsg. v. Stiftung Stadtmuseum Berlin. [Katalog zur Ausstellung im Märkischen Museum Berlin, 11. September 1998 bis 17. Januar 1999.]Berlin 1998.
FOUCAULT 1995. Foucault, Michel: *Archäologie des Wissens.* Übersetzt von Ulrich Köppen. (7. Aufl.) Frankfurt a. M. 1995.

FRANK 1999. Frank, Philipp: *Im Rausch der Sinne. Theodor Fontanes englische Reisebücher (1854/60) im Spiegel kulturgeschichtlicher Wahrnehmungstheorien.* In: Praxisorientierte Literaturtheorie. Annäherungen an Texte der Moderne. Hrsg. v. Thomans Bleitner, Joachim Gerdes und Nicole Selmer. Bielefeld 1999, 109-31.

FRANK 2003. Frank, Philipp: *Erlebnisreisen – Fontanes* Wanderungen *in wahrnehmungstheoretischer Sicht.* In: Wolzogen 2003, 111-22.

FRENZEL 1998. Frenzel, Elisabeth: *Stoffe der Weltliteratur. Ein Lexikon dichtungsgeschichtlicher Längsschnitte.* (9., überarb. u. erweit. Aufl.) Stuttgart 1998.

FREUD 1967. Freud, Sigmund: *Jenseits des Lustprinzips.* In: Sigmund Freud: Gesammelte Werke. (5. Aufl.) Frankfurt a. M. 1967, Bd. 13, 1-69.

FREUD 1983. Freud, Sigmund: *Die Traumdeutung.* Frankfurt a. M. 1983.

FREUND 1989. Freund, Gisèle: *Photographie und Gesellschaft.* Aus dem Französischen von Dietrich Leube. Reinbek 1989.

FRICKE 1960. Fricke, Hermann: *Theodor Fontane. Chronik seines Lebens.* Berlin 1960.

FRICKER 1983. Fricker, Robert: *Das ältere englische Schauspiel.* 3 Bde. Bd. 2: John Lyly bis Shakespeare. Bern, München 1983.

FRIEDELL 1997. Friedell, Egon: *Kulturgeschichte der Neuzeit. Die Krisis der europäischen Seele von der schwarzen Pest bis zum Weltkrieg.* 2 Bde. (12. Aufl.) München 1997.

FRIEDIRCH 1998. Friedrich, Thomas: *Menschen des Übergangs, unfertige Stadt. 1833-1898: Berlin als „Fontanopolis".* In: Fontane und sein Jahrhundert 1998, 178-86.

FUCHS/HARDEN/THEO 1995. Fuchs, Anne/Harden, Theo/Theo, Eva (Hrsg.): *Reisen im Diskurs. Modelle der literarischen Fremderfahrung von den Pilgerberichten bis zur Postmoderne.* Heidelberg 1995.

GALL 2000. Gall, Lothar: *Krupp. Der Aufstieg eines Industrieimperiums.* Berlin 2000.

GEIBEL 1856. Geibel, Emanuel: *Neue Gedichte.* Augsburg, Stuttgart 1856.

GEISSLER 1968. Geißler, Rolf: *Literarische Bildung und technische Welt.* In: Die deutsche Schule 60/1968, 174-86.

GEWERBEAUSSTELLUNG 1879. *Bericht über wissenschaftliche Instrumente auf der Berliner Gewerbeausstellung im Jahre 1879.* Hrsg. v. Dr. L. Loewenherz. Verlag Julius Springer: Berlin 1880.

GEWERBEAUSSTELLUNG 1896A. *Pracht-Album Photographischer Aufnahmen der Berliner Gewerbe-Ausstellung 1896 und der Sehenswürdigkeiten Berlins und des Treptower Parks (Alt-Berlin, Kolonial-Ausstellung, Kairo etc.).* Hrsg. auf Grund der alleinigen Autotypie-Vervielfältigungsrechte sämtlicher Photographien der Gewerbe-Ausstellung. Text von Paul Lindenberg unter Mitwirkung von Dr. H. Lichtenfelt u. a. Verlag The Werner Co.: Berlin o. J. (vermutlich 1897).

GEWERBEAUSSTELLUNG 1896B. *Berlin und seine Arbeit. Amtlicher Bericht der Berliner Gewerbe-Ausstellung 1896, zugleich eine Darstellung des gegenwärtigen Standes unserer gewerblichen Entwicklung.* Mit einem Plan der Ausstellung und 357 Abbildungen. Verlag Dietrich Reimer: Berlin 1898.

GIEDION 1965. Giedion, Sigfried: *Raum, Zeit und Architektur.* Ravensburg 1965.

GIEDION 1982. Giedion, Sigfried: *Herrschaft der Mechanisierung. Ein Beitrag zu anonymen Geschichte.* Frankfurt a. M. 1982.

GLASER 1994A. Glaser, Hermann: *Das deutsche Bürgertum. Zwischen Technikphobie und Technikeuphorie.* In: Salewski/Stölken-Fitschen 1994, 25-41.

GLASER 1994B. Glaser Hermann: *Industriekultur und Alltagsleben. Vom Biedermeier zur Postmoderne.* Frankfurt a. M. 1994.

GLATZER 1997. Glatzer, Ruth (Hrsg.): *Das Wilhelminische Berlin. Panorama einer Metropole 1890-1918.* Einleitung von Ernst Engelberg. Berlin 1997.

GÖDDEN 1996. Gödden, Walter: *Sehnsucht in die Ferne. Annette von Droste-Hülshoffs Reisen durch die Biedermeierzeit.* Düsseldorf 1996.

GOLD 1999. Gold, Helmut: *Wege zur Weltausstellung.* In: Reisekultur 1999, 320-26.

GOLDBECK 1968. Goldbeck, Gustav: *Technik als geistige Bewegung in den Anfängen des deutschen Industriestaates.* Düsseldorf 1968.

GOLZ 1988. Golz, Anita (Hrsg.): *Unveröffentlichte Gedichte und Gedichtentwürfe.* In: Fontane-Blätter 45/1988, 6-20.

GOTTL-OTTLILIENFELD 1923. Gottl-Ottlilienfeld, F.: *Wirtschaft und Technik.* Tübingen 1923.

GOTTWALDT 1978. Gottwaldt, Alfred (Hrsg.): *Geschichte der deutschen Einheitslokomotiven. Die Dampflokomotiven der Reichsbahn und ihre Konstrukteure.* Stuttgart 1978.

GOTTWALDT 1979. Gottwaldt, Alfred: *100 Jahre deutsche Elektrolokomotiven. Eine Geschichte in 250 Fotografien von 1879 bis 1979.* Stuttgart 1979.

GOTTWALDT 1990. Gottwaldt, Alfred: *Züge, Loks und Leute. Eisenbahngeschichte in 33 Stationen. Ein Katalog.* Berlin 1990.

GOTTWALDT/KUOM/RISCH 1984. Gottwaldt, Alfred/Kuom, Hermann/Risch, Karsten: *Die S-Bahn in Berlin. Ende und Neubeginn eines legendären Verkehrsmittels.* Stuttgart 1984.

GRAVENKAMP 2000. Gravenkamp, Horst: „*Um zu sterben muß sich Hr. F. erst eine andere Krankheit anschaffen.*": *Neue Fakten zu Fontanes Krankheit 1892.* In: Fontane-Blätter 69/2000, 81-98.

GRAWE 1998. Grawe, Christian: *Fontane-Chronik.* Mit 12 Abbildungen. Stuttgart 1998.

GRAWE 2000. Grawe, Christian: *Der Fontanesche Roman.* In: Grawe/Nürnberger 2000, 466-88.

GRAWE/NÜRNBERGER 2000. Grawe, Christian/Nürnberger, Helmuth (Hrsg.): *Fontane-Handbuch.* Stuttgart 2000.

GREVEL 1986. Grevel, Lilo: *Fontane in Italien.* In: Germanisch-Romanische Monatsschrift 36:4/1986, 414-32.

GROGGERT 1984. Groggert, Kurt: *Dampferausflüge.* In: Boberg/Fichter/Gillen 1984, 288-91.

GROSSKLAUS/LÄMMERT 1989. Großklaus, Götz/Lämmert, Eberhard (Hrsg.): *Literatur in einer industriellen Kultur.* Stuttgart 1989.

GROSSKLAUS 1990. Großklaus, Götz: *Ästhetische Wahrnehmung und Frühindustrialisierung im 19. Jahrhundert. Eine Skizze.* In: Berns/Möbius 1990, 183-99.

GROSSKLAUS 1997. Großklaus, Götz: *Medien-Zeit, Medien-Raum. Zum Wandel der raumzeitlichen Wahrnehmung in der Moderne.* Frankfurt a. M. 1997.

GÜNTHER 1967. Günther, Vincent J.: *Das Symbol im erzählerischen Werk Fontanes.* Bonn 1967.

GUSTAFSSON 1980. Gustafsson, Lars: *Sprache und Lüge. Drei sprachphilosophische Extremisten: Friedrich Nietzsche, Alexander Bryan Johnson, Fritz Mauthner.* Aus dem Schwedischen von Susanne Seul. Frankfurt a. M. 1980.

GUTERMUTH 1928. Gutermuth, M. F.: *Die Dampfmaschine.* Berlin 1928.

HAASE 1990. Haase, Frank: *Stern und Netz. Anmerkungen zur Geschichte der Telegraphie im 19. Jahrhundert.* In: Hörisch/Wetzel 1990, 43-61.

HABERMAS 1999. Habermas, Jürgen: *Strukturwandel der Öffentlichkeit. Untersuchungen zu einer Kategorie der bürgerlichen Gesellschaft.* Mit einem Vorwort zur Neuauflage 1990. (6. Aufl.) Frankfurt a. M. 1999.

HABERMAS 1981. Habermas, Jürgen: *Theorie des kommunikativen Handelns.* Frankfurt a. M. 1981.

HÄDECKE 1993. Hädecke, Wolfgang: *Poeten und Maschinen. Deutsche Dichter als Zeugen der Industrialisierung.* München 1993.

HÄDECKE 1998. Hädecke, Wolfgang: *Theodor Fontane. Biographie.* München 1998.

HALLER 1987. Haller, Michael: *Die Reportage. Ein Handbuch für Journalisten.* München 1987.

HASS 1979. Hass, Ulrike: *Theodor Fontane. Bürgerlicher Realismus am Beispiel seiner Berliner Gesellschaftsromane.* Bonn 1979.

HAUPTWERKE DER DEUTSCHEN LITERATUR 1994. *Hauptwerke der deutschen Literatur. Einzeldarstellungen und Interpretationen.* Ausgewählt u. zusammengestellt v. Rudolf Radler. 2 Bde. München 1994.

HAWTHORN 1994. Hawthorn, Jeremy: *Grundbegriffe moderner Literaturtheorie. Ein Handbuch.* Übersetzt von Waltraud Kolb. Basel, Tübingen 1994.

HEIDEGGER 1977. Heidegger, Martin: *Sein und Zeit.* In: Martin Heidegger: Gesamtausgabe. I. Abteilung: Veröffentlichte Schriften 1914-1970. Bd. 2. Frankfurt a. M. 1977 (zuerst 1927).

HEIDEGGER 1996. Heidegger, Martin: *Die Technik und die Kehre.* Stuttgart 1996 (zuerst 1962).

HEINE 1991. Heine, Heinrich: *Historisch-kritische Gesamtausgabe der Werke.* In Verbindung mit dem Heinrich-Heine-Institut hrsg. v. Manfred Windfuhr. Hamburg 1991.

HEINRICH 1900. Heinrich, Hermann: *Stadt und Festung Spandau.* In: Die Provinz Brandenburg 1900, 178-86.

HELMSTETTER 1997. Helmstetter, Rudolf: *Die Geburt des Realismus aus dem Dunst des Familienblattes. Fontane und die öffentlichkeitsgeschichtlichen Rahmenbedingungen des Poetischen Realismus.* München 1997.

HENGSBACH 1966. Hengsbach, Arne: *Die Berliner Dampfstraßenbahn. Ein Beitrag zur Verkehrsgeschichte des 19. Jahrhunderts.* Dortmund 1966.

HENNING 1993. Henning, Friedrich-Wilhelm: *Die Industrialisierung in Deutschland 1800 bis 1914.* Mit 60 Abbildungen und 21 Tabellen. Paderborn u. a. 1993.

HENNIG 1997. Hennig, Christoph: *Reiselust: Touristen, Tourismus und Urlaubskultur.* Frankfurt a. M. u. a. 1997.

HERRMANN 1999. Herrmann, Klaus: *Ingenieure auf Reisen – Technologieerkundung.* In: Reisekultur 1999, 297-304.

HETTCHE 2000. Hettche, Walter: *Vom Wanderer zum Flaneur. Formen der Großstadt-Darstellung in Fontanes Prosa.* In: Nürnberger/Wolzogen 2000, 149-60.

HICKETHIER 1986. Hickethier, Knut: *Beschleunigte Wahrnehmung.* In: Boberg 1986, 144-55 und 386f. (Anm.).

HICKETHIER 1996. Hickethier, Knut: *Film- und Fernsehanalyse.* (2., überarb. Aufl.) Stuttgart 1996.

HICKETHIER 1996. Hickethier, Knut: *Am Anfang der Elektrifizierung der Kultur – die ersten Filme und die Idee des Fernsehens.* In: Segeberg 1996, 359-77.

HINCK 1978. Hinck, Walter: *Die deutsche Ballade von Bürger bis Brecht. Kritik und Versuch einer Neuorientierung.* (3. Aufl.) Göttingen 1978.

HOBERG 1990. Hoberg, Rudolf (Hrsg.): *Technik in Sprache und Literatur.* Darmstadt 1994.

HÖFLER 1991. Höfler, A. Günther: *Die Invasion der Kriegsmaschinen in die Literatur. Der Erste Weltkrieg als literarische Technikerfahrung.* In: Elm/Hiebel 1991, 225-44.

HÖRISCH/WETZEL 1990. Hörisch, Jochen/Wetzel, Michael (Hrsg.): *Armaturen der Sinne. Literarische und technische Medien 1870 bis 1920.* München 1990.

HOFMANN 1988. Hofmann, Isa: *Reisen und Erzählen. Stilkritische Untersuchung zur französischen Literatur des 19. Jahrhunderts.* Frankfurt a. M. u. a. 1988.

HOPPE/WAPLER 1984. Hoppe, Joseph/Wapler, Christian: *Kommunikationsnetze.* In: Boberg/Fichter/Gillen 1984, 360-71.

HORKHEIMER/ADORNO 1996. Horkheimer, Max/Adorno, Theodor W.: *Dialektik der Aufklärung. Philosophische Fragmente.* Frankfurt a. M. 1996 (zuerst 1944).

HORTLEDER 1973. Hortleder, Gerd: *Ingenieure in der Industriegesellschaft. Zur Soziologie der Technik und der naturwissenschaftlich-technischen Intelligenz im öffentlichen Dienst und in der Industrie.* Frankfurt a. M. 1973.

HUNING 1990. Huning, Alois: *Der Technikbegriff.* In: Technik und Philosophie 1990, 11.

HUYSSEN 1992. Huyssen, Andreas: *Bürgerlicher Realismus [Einführung].* In: Bürgerlicher Realismus. Hrsg. v. O. F. Best und H.-J. Schmitt. Stuttgart 1974, 1992, 9-24.

INDUSTRIE-AUSSTELLUNG 1851. *Bericht über die Industrie-Ausstellung aller Völker zu London im Jahre 1851.* Von der Berichterstattungs-Kommission der deutschen Zollvereins-Regierungen. 3 Bde. Berlin 1852 (Bd. 1 und 2) und 1853 (Bd. 3).

INGOLD 1987. Ingold, Felix Philipp: *Ikarus Novus. Zum Selbstverständnis des Autors in der Moderne.* In: Segeberg 1987b, 269-350.

JÄGER 1976. Jäger, Wieland: *Gesellschaft – Konflikt – Katastrophe. Aspekte der Kritik soziologischer Katastrophenforschung.* (Phil. Diss.) Münster 1976.

JÄGER 1977. Jäger, Wieland: *Katastrophe und Gesellschaft. Grundlegungen und Kritik von Modellen der Katastrophensoziologie.* Darmstadt 1977.

JAHNKE 1900. Jahnke, Hermann: *August Borsig und die Berliner Eisenindustrie.* In: Die Provinz Brandenburg 1900, 72-80.

JØRGENSEN 2001. Jørgensen, Sven-Aage: *Der Schleswig-Holsteinische Krieg im Jahre 1864. Gattung und Gesinnung.* In: Fontane-Blätter 72/2001, 109-21.

JOHN MAYNARD GENESIS 1964. *John Maynard of Lake Erie: The Genesis of a Legend.* In: Niagara Frontier (= Zeitschrift der Buffalo & Erie County Historical Society), Vol. 11, 1964, 73-86.

JOLLES 1936. Jolles, Charlotte: *Fontane und die Politik.* (Phil. Diss.) Berlin 1936.

JOLLES 1947. Jolles, Charlotte: *Theodor Fontane and England. A critical study in Anglo-German literary relations in nineteenth century.* (Master of Arts Thesis) London 1947.

JOLLES 1972. Jolles, Charlotte: *Fontanes Studien über England.* In: Fontanes Realismus. Wissenschaftliche Konferenz zum 150. Geburtstag Theodor Fontanes in Potsdam. Vorträge und Berichte. Hrsg. v. H. E. Teitge und J. Schobess. Berlin 1972, 95-104.

JOLLES 1980. Jolles, Charlotte: *Der Stechlin: Fontanes Zaubersee.* In: Aust 1980, 239-57.

JOLLES 1993. Jolles, Charlotte: *Theodor Fontane.* (4., überarb. u. erw. Aufl.) Stuttgart 1993.

JUNG/KRAMER 1984A. Jung, Heinz/Kramer, Wolfgang: *Die Straßenbahn.* In: Boberg/Fichter/Gillen 1984, 128-29.

JUNG/KRAMER 1984B. Jung, Heinz/Kramer, Wolfgang: *Der Omnibus.* In: Boberg/Fichter/Gillen 1984, 130-31.

JUNG/KRAMER 1984C. Jung, Heinz/Kramer, Wolfgang: *Die U-Bahn.* In: Boberg/Fichter/Gillen 1984, 138-39.

KAINZ 1926. Kainz, Friedrich: *Technik und Industrie in der deutschen Dichtung.* O. O. 1926.

KAPP 1978. Kapp, Ernst: *Grundlinien einer Philosophie der Technik.* Mit einer Einleitung von Hans-Martin Sass. Düsseldorf 1978 (zuerst 1877).

KASCHUBA 1999. Kaschuba, Wolfgang: *Die Flußreise. Von der Arbeitswanderung zur bürgerlichen Bildungsbewegung.* In: Reisekultur 1999, 165-73.

KEISCH 1998. Keisch, Claude: *Das Klassische Berlin. Suche nach einer verlorenen Zeit. Berlin in der Mark Brandenburg.* In: Fontane und die Bildende Kunst 1998, 121-68.

KEITEL 1964. Keitel, Walter: „*Wer ist John Maynard?*" In: Neue Zürcher Zeitung, 5. April 1964.

KEMP 1991. Kemp, Wolfgang: *Die Revolutionierung der Medien im 19. Jahrhundert. Das Beispiel Panorama.* In: Wagner 1991/I, 75-93.

KERR 1997. Kerr, Alfred: *Wo liegt Berlin? Briefe aus der Reichshauptstadt, 1895-1900.* Hrsg. v. Günther Rühle. Berlin 1997.

KIESEWETTER 1991. Kiesewetter, Hubert: *Industrielle Revolution in Deutschland, 1815-1914.* Frankfurt a. M. 1991.

KILLY 1985. Killy, Walter: *Abschied vom Jahrhundert. Fontane:* Irrungen, Wirrungen. In: Preisedanz 1985, 265-85 (zuerst 1963).

KISTENMACHER 1913. Kistenmacher, Werner: *Maschine und Dichtung.* (Phil. Diss.) 1913.

KITTLER 1985. Kittler, Friedrich A.: *Grammophon Film Typewriter.* Berlin 1985.

KITTLER 1995. Kittler, Friedrich A.: *Aufschreibesysteme 1800/1900.* München 1995.

KLEIN 1977. Klein, Wolfgang: *Pioniere des Fernsprechwesens.* In: Archiv für deutsche Postgeschichte. Heft 1/1977, 4-15.

KLEINSPIEN 1989. Kleinspien, Thomas: *Der flüchtige Blick. Sehen und Identität in der Kultur der Neuzeit.* Reinbek 1989.

KLOOK/SPAHR 1997. Klook, Daniela/Spahr, Angela: *Medientheorien. Eine Einführung.* München 1997.

KLUDA 1972. Kluda, Arnold: *Die großen Passagierschiffe der Welt. Eine Dokumentation.* Bd. I: 1858-1912. Oldenburg, Hamburg 1972.

KLÜNNER 1977. Klünner, Hans-Werner: *Theodor Fontanes Wohnstätten in Berlin.* In: Fontane-Blätter 4:2/1977, 107-34.

KLUG 1999. Klug, Christian: *Die Poesie der Zeitung. Fontanes poetische Rezeption der Tagespresse und die Entdeckung der neuen Wirklichkeiten.* In: Fontane-Blätter 68/1999, 74-117.

KNÖRRICH 1992. Knörrich, Otto: *Lexikon lyrischer Formen.* Stuttgart 1992.

KOBERSTEIN 1902. Koberstein, Paul: *Der Brand des Passagier-Dampfers ‚Erie'.* Deutsch-amerikanische Geschichtsblätter (= Zeitschrift der Deutschamerikanischen historischen Gesellschaft von Illinois), Bd. 2, Nr. 4, 1902.

KOHL 1977. Kohl, Stephan: *Realismus: Theorie und Geschichte.* München 1977.

KOHLER 1940. Kohler, Ernst: *Die Balladendichtung im Berliner ‚Tunnel über der Spree'.* (Phil. Diss.) Berlin 1940.

KÖNIG/TREUE 1990. König, Wolfgang/Treue, Wilhelm (Hrsg.): *Berlinische Lebensbilder. Techniker.* Berlin 1990.

KÖNIG/WEBER 1997. König, Wolfgang/Weber, Wolfhard: *Netzwerke, Stahl und Strom. 1840 bis 1914.* (Bd. 4 der Propyläen Technikgeschichte. Hrsg. v. Wolfgang König) Berlin 1997.

KONERSMANN 1991. Konersmann, Ralf: *Erstarrte Unruhe. Walter Benjamins Begriff der Geschichte.* Frankfurt a. M. 1991.

KOSCHORKE 1990. Koschorke, Albrecht: *Die Geschichte des Horizonts. Grenze und Grenzüberschreitung in literarischen Landschaftsbildern.* Frankfurt a. M. 1990.

KOSCHORKE 1996. Koschorke, Albrecht: *Das Panorama. Die Anfänge der modernen Sensomotorik um 1800.* In: Segeberg 1996, 149-67.

KRASNY 1996. Krasny, Elke: *Zukunft ohne Ende – das Unternehmen Weltausstellung.* In: Felderer 1996, 314-38.

KREMNITZER 1972. Kremnitzer, John: *Fontanes Verhältnis zu den Juden.* (Diss. NY Univ.) 1972.

KRETSCHMER 1999. Kretschmer, Winfried: *Geschichte der Weltausstellungen.* Frankfurt a. M. 1999.

KREUZER 1987. Kreuzer, Helmut (Hrsg.): *Die zwei Kulturen – Literarische und naturwissenschaftliche Intelligenz. C. P. Snows These in der Diskussion.* Stuttgart 1987.

KRIBBEN 1979. Kribben, Karl-Gert: *Großstadt- und Vorstadtschauplätze in Theodor Fontanes Roman* Irrungen, Wirrungen. In: Studien zur deutschen Literatur. Festschrift für Adolf Beck zum 70. Geburtstag. Hrsg. v. Ulrich Fülleborn und Johannes Krogoll. Heidelberg 1979, 222-45.

KRICKER 1912. Kricker, Gottfried: *Theodor Fontane.* Berlin 1912.

KUCZYNSKI 1999. Kuczynski, Ingrid: *Ins gelobte Land der Freiheit und des Wohlstands – Reisen nach England.* In: Reisekultur 1999, 237-43.

KUTSCHIK/SPANG 1996. Kutschik, Dietrich/Sprang, Burkhard: *Die Berlin–Hamburger Eisenbahn.* Stuttgart 1996.

LANG 1906. Lang, Gertrude: *Dichtung und Maschinenzeitalter.* O. O. 1906.

LEACH 1991. Leach, Edmund: *Lévi-Strauss zur Einführung.* Mit einem Nachwort von Karl-Heinz Kohl und einer Auswahlbibliographie von Klaus Zinniel. Hamburg 1991.

LEED 1993. Leed, Eric J.: *Die Erfahrung der Ferne. Reisen von Gilgamesch bis zum Tourismus unserer Tage.* Aus dem Englischen von Hans-H. Harbst. Frankfurt a. M. 1993.

LENK/MOSER 1973. Lenk, Hans/Moser, Simon (Hrsg.): *Techne, Technik, Technologie. Philosophische Perspektiven.* Pullach 1973.

LÉVI-STRAUSS 1975. Lévi-Strauss, Claude: *Strukturale Anthropologie II.* Frankfurt a. M. 1975.

LÉVI-STRAUSS 1978. Lévi-Strauss, Claude: *Traurige Tropen.* Übersetzt v. Eva Moldenhauer. Frankfurt a. M. 1978.

LOBSIEN 1992. Lobsien, Eckhard: *Großstadterfahrung und die Ästhetik des Strudelns.* In: Die Großstadt als ‚Text'. Hrsg. v. Manfred Smuda. München 1992.

LOOK 1970. Look, Hand-Dietrich (Hrsg.): *Fontane und Berlin*. Berlin 1970.

LOSTER-SCHNEIDER 1986. Loster-Schneider, Gudrun: *Der Erzähler Fontane. Seine politischen Positionen in den Jahren 1864-1898 und ihre ästhetische Vermittlung.* Tübingen 1986.

LOTMAN 1972. Lotman, Jurij M.: *Die Struktur literarischer Texte.* Übersetzt v. Rolf-Dieter Keil. München 1972.

LUCAE 1869. Lucae, Richard: *Über die Macht des Raumes in der Architektur.* In: Zeitschrift für Bauwesen, Jg. 19. Berlin 1869.

LUKÁCS 1950. Lukács, Georg: *Der alte Fontane* (1950). In: Preisedanz 1985, 25-79.

LUNDGREEN 1975. Lundgreen, Peter: *Techniker in Preußen während der frühen Industrialisierung. Ausbildung und Berufsfeld einer entstehenden sozialen Gruppe.* Mit einer Einführung von Otto Büsch. Berlin 1975.

LUNDGREEN 1994. Lundgreen, Peter: *Das Bild des Ingenieurs im 19. Jahrhundert.* In: Salewski/Stölken-Fitschen 1994, 17-24.

MAAG 1986. Maag, Georg: *Kunst und Industrie im Zeitalter der Weltausstellungen.* München 1986.

MAASE 1997. Maase, Kaspar: *Grenzenloses Vergnügen. Der Aufstieg der Massenkultur 1850-1970.* Frankfurt a. M. 1997.

MAHLBERG 1954. Mahlberg, Gustav: *Die Zeitdarstellung und das Zeiterlebnis in Fontanes* John Maynard. In: Wirkendes Wort 5/1954, 362-65.

MAHR 1982. Mahr, Johannes: *Eisenbahnen in der deutschen Dichtung. Der Wandel eines literarischen Motivs im 19. und im beginnenden 20. Jahrhundert.* München 1982.

MAHR 1987. Mahr, Johannes: *„Tausend Eisenbahnen hasten ... Um mich. Ich bin nur die Mitte!": Eisenbahngedichte aus der Zeit des Deutschen Kaiserreichs.* In: Segeberg 1987b, 132-73.

MANDELKOW 1987. Mandelkow, Karl Robert: *Orpheus und Maschine (1966).* In: Segeberg 1987b, 387-410.

MARINETTI 1972. Marinetti, Filippo Tommaso: *Zerstörung der Syntax, Drahtlose Phantasie, Befreite Worte. Die futuristische Sensibilität 1909-1918.* In: Der Futurismus. Manifeste und Dokumente einer künstlerischen Revolution 1909-18. Hrsg. v. Umbro Apollonio. Köln 1972, 119-30.

MARTINI 1964. Martini, Fritz: *Theodor Fontane: Die Brück' am Tay.* In: Wege zum Gedicht. Bd. 2: Interpretationen von Balladen. Hrsg. v. Rupert Hirschenauer und Albrecht Weber. 1964, 377-92.

MARTINI 1974. Martini, Fritz: *Deutsche Literatur im bürgerlichen Realismus, 1848-1898.* (3., mit einem ergänz. Nachw. vers. Aufl.) Stuttgart 1974.

MARTINI 1991. Martini, Fritz: *Deutsche Literaturgeschichte. Von den Anfängen bis zur Gegenwart.* In Zusammenarbeit mit Angela Martini-Wonde. (19., neubearb. Aufl.) Stuttgart 1991.

MATSCHOSS 1901. Matschoß, Conrad: *Geschichte der Dampfmaschine.* Berlin 1901.

MATHES 1986. Matthes, Michael: *Technik zwischen bürgerlichem Idealismus und beginnender Industrialisierung in Deutschland. Ernst Alban und die Entwicklung seiner Hochdruckdampfmaschine.* (Phil. Diss.) Düsseldorf 1986.

MAURER 1987. Maurer, Michael: *Aufklärung und Anglophilie in Deutschland.* Göttingen, Zürich 1987.

MAURER 1989. Maurer, Michael: *Skizzen aus dem sozialen und politischen Leben der Briten. Deutsche Englandreiseberichte des 19. Jahrhunderts.* In: Der Reisebericht. Die Entwicklung einer Gattung in der deutschen Literatur. Hrsg. v. P. J. Brenner. Frankfurt a. M. 1989, 406-33.

MAURER 1999. Maurer, Michael: *Italienreisen – Kunst und Konfession.* In: Reisekultur 1999, 221-29.

MAYNC 1928. Maync, Harry: *Deutsche Dichter. Reden und Abhandlungen.* Frauenfeld, Leipzig 1928.

McINNES/PLUMPE 1996. McInnes, Edward/Plumpe, Gerhard (Hrsg.): *Bürgerlicher Realismus und Gründerzeit, 1848-1890.* München 1996.

McLUHAN 1995. McLuhan, Marshall: *Die Gutenberg Galaxis. Das Ende des Buchzeitalters.* Bonn, Paris 1995 (zuerst 1968).

McLUHAN 1992. McLuhan, Marshall: *Die magischen Kanäle. ‚Understanding Media'.* Düsseldorf, Wien 1992 (zuerst 1968).

MECKLENBURG 1991. Mecklenburg, Norbert: *Figurensprache und Bewußtseinskritik in Fontanes Romanen.* In: Deutsche Vierteljahresschrift für Literaturwissenschaft und Geistesgeschichte 65/1991, 674-94.

MECKLENBURG 1998. Mecklenburg, Norbert: *Theodor Fontane. Romankunst der Vielstimmigkeit.* Frankfurt a. M. 1998.

MENZEL 1996. *Adolph Menzel 1815-1905. Das Labyrinth der Wirklichkeit.* [Katalog zur Ausstellung in der Berliner Nationalgalerie im Alten Museum, 7. Februar bis 11. Mai 1997.] Hrsg. v. Claude Keisch und Marie Ursula Riemann-Reyher. Köln 1996.

METHLING 1959. Methling, Harry: *Die Entwicklung des Eisenbahnnetzes in der ehemaligen Provinz Brandenburg bis zum Jahre 1939.* O. O. 1959.

METROPOLE LONDON 1992. *Metropole London. Macht und Glanz einer Weltstadt, 1800-1840.* Katalog zur Ausstellung in der Villa Hügel, Essen, vom 6. Juni bis 8. November 1992. Hrsg. v. d. Kulturstiftung Ruhr, Essen. Recklinghausen 1992.

MEYA/SIBUN 1987. Meya, Jörg/Sibun, Heinz Otto: *Das fünfte Element. Wirkungen und Deutungen der Elektrizität.* Reinbek 1987.

MEYERS NEUES LEXIKON 1964. *Meyers Neues Lexikon in acht Bänden.* Leipzig 1964.

MILORADOVIC-WEBER 1989. Miloradovic-Weber, Christa: *Der Erfinderroman 1850-1950. Zur literarischen Verarbeitung der technischen Zivilisation – Konstituierung eines literarischen Genres.* Frankfurt a. M. u. a. 1989.

MINATY 1984. Minaty, Wolfgang (Hrsg.): *Die Eisenbahn. Gedichte, Prosa, Bilder.* Frankfurt a. M. 1984.

MINGAY 1986. Mingay, G. E.: *The Transformation of Britain, 1830-1939.* London u. a. 1986.

MITTELMANN 1980. Mittelmann, I.: *Die Utopie des weiblichen Glücks in Theodor Fontanes Romanen.* Bern u. a. 1980.

MOKYR 1993. Mokyr, Joel (Hrsg.): *The British Industrial Revolution. An Economic Perspective.* Oxford u. a. 1993.

MOSTER 1921. Moster, Johanna: *Theodor Fontane und die Gesellschaft.* (Phil. Diss.) Bonn 1921.

MÜLLER 1984. Müller, Joachim: *Das Alte und das Neue. Historische und poetische Realität in Theodor Fontanes Roman* Der Stechlin. Berlin 1984.

MÜLLER-MICHAELS 1995. Müller-Michaels, Harro: *Theodor Fontanes Wanderjahre. Episoden aus den* Wanderungen durch die Mark Brandenburg. In: Diskussion Deutsch, 144. Frankfurt a. M. 1995, 277-87.

MÜLLER-SEIDEL 1975. Müller-Seidel, Walter: *Theodor Fontane. Soziale Romankunst in Deutschland.* München 1975.

MÜNKER/ROESLER 2000. Münker, Stefan/Roesler, Alexander (Hrsg.): *Telefonbuch. Beiträge zu einer Kulturgeschichte des Telefons.* Frankfurt a. M. 2000.

MUHS 1995. Muhs, Rudolf: *Massentourismus und Individualerlebnis. Fontane als Teilnehmer der ersten Pauschalreise von Deutschland nach London 1844.* In: Theodor Fontane. The London Symposium. Hrsg. v. Alan Brance. Stuttgart 1995, 159-93.

MUMFORD 1977. Mumford, Lewis: *Mythos der Maschine. Kultur, Technik und Macht.* Frankfurt a. M. 1977 (zuerst 1966).

MURATH 1995. Murath, Clemens: *Intertextualität und Selbstbezug. Literarische Fremderfahrung im Lichte der konstruktivistischen Systemtheorie.* In: Fuchs/Harden/Theo 1995, 3-18.

NATZSCHKA 1971. Natzschka, Peter: *Berlin und seine Wasserstraßen.* Berlin 1971.

NEUHAUS 1992. Neuhaus, Stefan: *Zwischen Beruf und Berufung. Untersuchungen zu Theodor Fontanes journalistischen Arbeiten über Großbritannien.* In: Fontane-Blätter 54/1992, 74-87.

NEUHAUS 1994. Neuhaus, Stefan: *Still ruht der See. Revolutionäre Symbolik und evolutionärer Wandel in Theodor Fontanes Roman* Der Stechlin. In: Fontane-Blätter 57/1994, 48-77.

NEUHAUS 1998. Neuhaus, Stefan: *Und nichts als die Wahrheit? Wie der Journalist Fontane Erlebtes wiedergab.* In: Fontane-Blätter 65-66/1998, 188-213.

NIEMANN 1982. Niemann, Hans-Werner: *Das Bild des industriellen Unternehmers in deutschen Romanen des Jahres 1890-1945.* Berlin 1982.

NIPPERDEY 1986. Nipperdey, Thomas: *Probleme der Modernisierung in Deutschland.* In: Thomas Nipperdey: Nachdenken über die deutsche Geschichte. Essays. München 1986, 44-59.

NIPPERDEY 1998. Nipperdey, Thomas: *Deutsche Geschichte, 1800-1866. Bürgerwelt und starker Staat.* München 1998.

NIPPERDEY 1998/I. Nipperdey, Thomas: *Deutsche Geschichte, 1866-1918.* Bd. 1: Arbeitswelt und Bürgergeist. München 1998.

NIPPERDEY 1998/II. Nipperdey, Thomas: *Deutsche Geschichte, 1866-1918.* Bd. 2: Machtstaat vor der Demokratie. München 1998.

NÜRNBERGER 1975. Nürnberger, Helmuth: *Der frühe Fontane. Politik, Poesie, Geschichte, 1840-1860.* Frankfurt a. M., Wien 1975.

NÜRNBERGER 1988. Nürnberger, Helmuth: *Fontane und London.* In: Rom – Paris – London. Erfahrung und Selbsterfahrung deutscher Schriftsteller und Künstler in den fremden Metropolen. Ein Symposion. Hrsg. V. Conrad Wiedemann. Stuttgart 1988, 648-61.

NÜRNBERGER 1991. Nürnberger, Helmuth: *Theodor Fontane.* Reinbek 1991 (zuerst 1968).

NÜRNBERGER 1993. Nürnberger, Helmuth: *„Sie kennen ja unseren berühmten Sänger": Künstler und ihre Welt als Thema Fontanescher Gedichte.* In: „Was hat nicht alles Platz in eines Menschen Herzen ...": Theodor Fontane und seine Zeit. Hrsg. v. d. Evangelischen Akademie Baden. Karlsruhe 1993, 9-31.

NÜRNBERGER 1994. Nürnberger, Helmuth: *Die England-Erfahrung Fontanes.* In: Fontane-Blätter 58/1994, 12-28.

NÜRNBERGER 1997A. Nürnberger, Helmuth: *Fontanes Welt.* Berlin 1997.

NÜRNBERGER 1997B. Nürnberger, Helmuth: *„Du hast den Sänger Rizzio beglückt ...": Mortimer und Maria Stuart, Robert von Gordon-Leslie und Cécile von St. Arnaud.* In: Fontane-Blätter 63/1997, 91-101.

NÜRNBERGER/WOLZOGEN 2000. Nürnberger, Helmuth/Wolzogen, Hanna Delf von (Hrsg.): *Theodor Fontane. Am Ende des Jahrhunderts.* Internationales Symposium des Theodor-Fontane-Archivs zum 100. Todestag Theodor Fontanes, 13.-17. September 1998 in Potsdam. Würzburg 2000.

NUTH 1991. Nuth, Hildegunde: *Die Figur des Unternehmers in der Phase der Frühindustrialisierung in englischen und deutschen Romanen. Ansätze eines Vergleichs.* 2 Bde. Frankfurt a. M. u. a. 1991.

O'BRIEN/QUINAULT 1993. O'Brien, Patrick K./Quinault, Roland (Hrsg.): *The Industrial Revolution and British Society.* Cambridge 1993.

OETTERMANN 1980. Oettermann, Stephan: *Das Panorama. Die Geschichte eines Massenmediums.* Frankfurt a. M. 1980.

OPASCHOWSKI 1998. Opaschowski, Horst Werner: *Kathedralen des 21. Jahrhunderts. Die Zukunft von Freizeitparks und Erlebniswelten.* Hamburg 1998.

OSBORNE 2000. Osborne, John: *Die Kriegsbücher.* In: Grawe/Nürnberger 2000, 850-65.

OTT 1987. Ott, Ullrich (Hrsg.): *Literatur im Industriezeitalter. Eine Ausstellung des Deutschen Literaturarchivs im Schiller-Nationalmuseum Marbach am Neckar.* Marbacher Kataloge 42. 2 Bde. (2. durchges. Aufl.) Marbach a. N. 1987.

OTTEN 1986. Otten, Dieter: *Die Welt der Industrie. Entstehung und Entwicklung der modernen Industriegesellschaften.* 2 Bde. Reinbek 1986.

PAECH 1988. Paech, Joachim: *Literatur und Film.* Stuttgart, Weimar 1988.

PAECH 1991. Paech, Joachim: *Bilder von Bewegung – bewegte Bilder. Film, Fotografie und Malerei.* In: Wagner 1991/I, 237-64.

PAECH 1996. Paech, Joachim: *‚Filmisches Schreiben' im Poetischen Realismus.* In: Segeberg 1996, 237-60.

PANKOW/PETERS 1999. Pankow, Edgar/Peters, Günter (Hrsg.): *Prometheus. Mythos der Kultur.* München 1999.

PAPE 1954. Pape, W.: *Griechisch-Deutsches Handwörterbuch.* 2 Bde. (3. Aufl.) Graz 1954.

PATSCH 1997. Patsch, Hermann: *Aischa auf der Schaukel. Zu einer möglichen literarischen Anregung für Fontanes* Effi Briest. In: Fontane-Blätter 64/1997, 116-23.

PAUL 1991. Paul, Jürgen: *Großstadt und Lebensstil. London und Paris im 19. Jahrhundert.* In: Wagner 1991/I, 50-74.

PAULINYI 1989. Paulinyi, Akos: *Industrielle Revolution. Vom Ursprung der modernen Technik.* Reinbek 1989.

PAULINYI/TROITZSCH 1997. Paulinyi, Akos/Troitzsch, Ulrich: *Mechanisierung und Maschinisierung. 1600 bis 1840.* (Bd. 3 der Propyläen Technikgeschichte. Hrsg. v. Wolfgang König. 5 Bde.) Berlin 1997.

PERGANDE 2002. Pergande, Frank: *Brandenburg vom fliegenden Teppich aus gesehen. Weshalb München und das Rhein-Main-Gebiet im Jahr 2025 staunen werden.* In: Frankfurter Allgemeine Zeitung, Nr. 69, 22. März 2002, 12.

PERROW 1992. Perrow, Charles: *Normale Katastrophen. Die unvermeidbaren Risiken der Großtechnik.* Mit einem Vorwort von Klaus Traube. Aus dem Englischen von Udo Rennert. (2. Aufl.) Frankfurt a. M., New York 1992.

PESCHKEN 1984. Peschken, Goerd: *Die Hochbahn.* In: Boberg/Fichter/Gillen 1984, 132-37.

PETERS 1999. Peters, Günter: *System Prometheus. Aktuelle Inanspruchnahme eines Mythos.* In: Pankow/Peters 1999, 13-34.

PETSCH 1942. Petsch, Robert: *Wesen und Formen der Erzählkunst.* (2. Aufl.) Halle 1942.

PLACHTA 1994. Plachta, Botho: *Preußens „gesunder Kern": Zu Theodor Fontanes Wanderungen durch die Mark Brandenburg.* In: Germanisch-Romanische Monatsschrift 44:2/1994, 177-90.

PLITZNER 1998. Plitzner, Klaus u. a. (Hrsg.): *Elektrizität in der Geistesgeschichte.* Bassum 1998.

PLUMPE 1994. Plumpe, Gerhard: *Technik als Problem des literarischen Realismus.* In: Salewski/Stölken-Fitschen 1994, 43-59.

PLUMPE 1996. Plumpe, Gerhard: *Einleitung.* In: McInnes/Plumpe 1996, 17-83.

POLE 1890. Pole, William: *Wilhelm Siemens. Mit Portraits, Abbildungen und einer Karte.* Berlin 1890.

PÖNICKE 1936. Pönicke, Herbert: *Max Maria von Weber (unter besonderer Berücksichtigung seiner Tätigkeit in Sachsen). Das Lebensbild eines deutschen Ingenieurs und Dichters.* Dresden 1936.

PONGS 1969. Pongs, Hermann: *Theodor Fontane: Die Brück' am Tay.* In: Hermann Pongs: Das Bild der Dichtung. Bd. 3. 1969, 134-38.

POSTMAN 1992A. Postman, Neil: *Das Technopol. Die Macht der Technologien und die Entmündigung der Gesellschaft.* Frankfurt a. M. 1992.

POSTMAN 1992B. Postman, Neil: *Wir amüsieren uns zu Tode. Urteilsbildung im Zeitalter der Unterhaltungsindustrie.* Frankfurt a. M. 1992.

PREISEDANZ 1963. Preisedanz, Wolfgang: *Die verklärende Macht des Humors im Zeitalter Theodor Fontanes.* In: Preisedanz 1985, 286-328.

PREISEDANZ 1985. Preisedanz, Wolfgang (Hrsg.): *Theodor Fontane.* Darmstadt 1985.

PRESS 1962. Press, Heinrich: *Seewasserstraßen und Seehäfen.* Mit 1898 Bildern. Berlin, München 1962.

PROELSS 1886. Proelß, Johannes: *Trotz alledem! Gedichte.* Frankfurt a. M. 1886.

PROLOG VOR DEM FILM 1992. *Prolog vor dem Film. Nachdenken über ein neues Medium 1909-1914.* Hrsg. u. kommentiert von Jörg Schweinitz. Leipzig 1992.

PÜSCHEL 1977. Püschel, Bernhard: *Historische Eisenbahnkatastrophen. Eine Unfallchronik von 1840 bis 1926.* Freiburg 1977.

RADEMACHER 1976. Rademacher, Gerhard: *Technik und industrielle Arbeitswelt in der deutschen Lyrik des 19. und 20. Jahrhunderts. Versuch einer Bestandsaufnahme.* Frankfurt a. M., Bern 1976.

RADEMACHER 1981. Rademacher, Gerhard: *Das Technik-Motiv in der Literatur und seine didaktische Relevanz. Am Beispiel des Eisenbahngedichts im 19. und 20. Jahrhundert.* Frankfurt a. M., Bern 1981.

RADICKE 1979. Radicke, Dieter: *Die Entwicklung des öffentlichen Personennahverkehrs in Berlin bis zur Gründung der BVG.* In: Berlin und seine Bauten 1979, 1-14.

RADKAU 1989. Radkau, Joachim: *Technik in Deutschland. Vom 18. Jahrhundert bis zur Gegenwart.* Frankfurt a. M. 1989.

RAPP 1991. Rapp, Friedrich: *Technik als Mythos.* In: Elm/Hiebel 1991, 27-46.

RAPP 1994. Rapp, Friedrich: *Die Dynamik der modernen Welt. Eine Einführung in die Technikphilosophie.* Hamburg 1994.

REALLEXIKON DER DEUTSCHEN LITERATURGESCHICHTE 1984. *Reallexikon der deutschen Literaturgeschichte.* Begründet von P. Merker und W. Stammler. Bd. 4. Hrsg. v. K. Kanzog und A. Masser. (2. Aufl.) Berlin, New York 1984.

REALLEXIKON DER DEUTSCHEN LITERATURWISSENSCHAFT 1997. *Reallexikon der deutschen Literaturwissenschaft.* Neubearbeitung des Reallexikons der deutschen Literaturgeschichte. Gemeinsam mit Harald Fricke, Klaus Grubmüller und Jan-Dirk Müller hrsg. v. Klaus Weimar. Bd. 1: A-G. (3. neubearb. Aufl.) Berlin, New York 1997.

REICH DER ERFINDUNGEN 1901. *Reich der Erfindungen.* Hrsg. v. Dr. Heinrich Santer. Mit 570 Abbildungen. O.O. 1901 (Reprint 1998).

REISEKULTUR 1999. *Reisekultur. Von der Pilgerfahrt zum modernen Tourismus.* Hrsg. v. Hermann Bausinger, Klaus Beyrer und Gottfried Korff. (2. Aufl.) München 1999.

REISSMANN/ZETTLER 1998. Reißmann, Bärbel/Zettler, Hela: *Reisebilder.* In: Fontane und sein Jahrhundert 1998, 199-210.

RELEAUX 1873. Releaux, Carl: *Der Hoffmann'sche Ringofen. Seine Bedeutung, seine Einführung in die Gewerbe, sein Verhalten zu deutscher und italienischer Patentgesetzgebung und zum Itzenplitz'schen Dekrete vom 9. August 1870.* Berlin 1873.

REULECKE 1985. Reulecke, Jürgen: *Geschichte der Urbanisierung in Deutschland*. Frankfurt a. M. 1985.

REUTER 1968. Reuter, Hans-Heinrich: *Fontane*. 2 Bde. Berlin 1968.

REUTER 1971. Reuter, Hans-Heinrich: *Kriminalgeschichte, Humoristische Utopie und Lehrstück: Theodor Fontanes Quitt*. In: Sinn und Form 23/1971, 1371-76.

REUTER 1979. Reuter, Hans-Heinrich: *Die englische Lehre. Zur Bedeutung und Funktion Englands für Fontanes Schaffen*. In: Formen realistischer Erzählkunst. Festschrift für Charlotte Jolles. Hrsg. v. Jörg Thunecke. Nottingham 1979, 282-99.

RIBBE 1987. Ribbe, Wolfgang (Hrsg.): *Geschichte Berlins. Bd. 1: Von der Frühgeschichte bis zur Industrialisierung*. Mit Beiträgen von E. Bohm. München 1987.

RICHTER 1955. Richter, W.: *Das Bild Berlins nach 1870 in den Romanen Theodor Fontanes*. (Phil. Diss.) Berlin 1955.

RICHTER 1980. Richter, Karl: *Die späte Lyrik Fontanes*. In: Aust 1980, 118-42.

RICHTER 1983. Richter, Karl: *Arm oder Reich. Zur späten Lyrik Fontanes*. In: Gedichte und Interpretationen 4. Vom Biedermeier zum bürgerlichen Realismus. Hrsg. v. Günter Häntzschel. Stuttgart 1983, 435-46.

RICHTER 1985. Richter, Karl: *Lyrik und geschichtliche Erfahrung in Fontanes späten Gedichten*. In: Fontane-Blätter 6:1/1985, 54-67.

RICHTER 2000. Richter, Karl: *Das spätere Gedichtwerk*. In: Grawe/Nürnberger 2000, 726-47.

RICHTER 2001. Richter, Karl: *Die Erneuerung der Ballade in Fontanes Alterswerk*. In: Fontane-Blätter 71/2001, 102-19.

RIEDEL 1987. Riedel, Manfred: *Vom Biedermeier zum Maschinenzeitalter. Zur Kulturgeschichte der ersten Eisenbahnen in Deutschland* (1961). In: Segeberg 1987b, 102-31.

RILKE 1975. Rilke, Rainer Maria: *Die Aufzeichnungen des Malte Laurids Brigge* (1910). In: Rainer Maria Rilke: Sämtliche Werke. Bd. 11. Frankfurt a. M. 1975.

RINDT/TROST 1982. Rindt, Hans/Trost, Heinz: *Dampfschiffahrt auf Elbe und Oder, den Berliner und Märkischen Wasserstraßen. Schlepper-, Güter- und Fahrgastschiffe der Jahre 1816-1945. Mit einem Schiffsregister und 400 Bildern*. Schriften des Vereins zur Förderung des Lauenburger Elbschiffahrtsmuseum e. V. O. O. 1982.

RITZAU 1979. Ritzau, Hans-Joachim: *Eisenbahn-Katastrophen in Deutschland. Splitter deutscher Geschichte*. 2 Bde. Landsberg-Pürgen 1979.

ROOK 1993. Rook, Hans-Joachim (Hrsg.): *Segler und Dampfer auf Havel und Spree. Streiflichter zur Potsdamer Schiffahrtsgeschichte*. Berlin 1993.

ROPOHL 1985. Ropohl, Günter: *Die unvollkommene Technik*. Frankfurt a. M. 1985.

ROPOHL 1991. Ropohl, Günter: *Technologische Aufklärung. Beiträge zur Technikphilosophie*. Frankfurt a. M. 1991.

ROST 1931. Rost, Wolfgang E.: *Örtlichkeit und Schauplatz in Fontanes Werken*. Berlin, Leipzig 1931.

ROSTOW 1967. Rostow, Whitman W.: *Stadien wirtschaftlichen Wachstums*. (2. Aufl.) Göttingen 1967.

ROTHE 1963. Rothe, Wolfgang: *Industrielle Arbeitswelt und Literatur*. In: Definitionen. Essays zur Literatur. Hrsg. v. Adolf Frisé. Frankfurt a. M. 1963, 85-116.

RÜBBERDT 1972. Rübberdt, Rudolf: *Geschichte der Industrialisierung. Wirtschaft und Gesellschaft auf dem Weg in unsere Zeit*. München 1972.

RÜGER 2001. Rüger, Monika: *Teleskope: Spiegel kombiniert mit Linsen ermöglichen den Weitblick*. In: Frankfurter Allgemeine Zeitung, Nr. 145, 26. Juni 2001.

RÜRUP 1992. Rürup, Reinhard: *Deutschland im 19. Jahrhundert, 1815-1871*. (2., durchges. u. bibliogr. ergänzte Auflage) Göttingen 1992.

SACHSSE 1978. Sachsse, Hans: *Anthropologie der Technik. Ein Beitrag zur Stellung des Menschen in der Welt*. Braunschweig 1978.

SAGARRA 1972. Sagarra, Eda: *Tradition und Revolution. Deutsche Literatur und Gesellschaft 1830 bis 1890*. München 1972.

SAGARRA 1986. Sagarra, Eda: *Theodor Fontane:* Der Stechlin. München 1986.

SAGARRA 1987. Sagarra, Eda: *Symbolik der Revolution im Roman* Der Stechlin. In: Fontane-Blätter 43/1987, 534-43.

SAGARRA 1991. Sagarra, Eda: *Fontanes Roman* Der Stechlin. In: Fontane-Blätter 52/1991, 115-21.

SAGARRA 2000. Sagarra, Eda: *Kommunikationsrevolution und Bewußtseinsänderung. Zu einem unterschwelligen Thema bei Theodor Fontane*. In: Nürnberger/Wolzogen 2000, 105-18.

SAINT 1992. Saint, Andrew: *Die Baukunst in der ersten Industrie-Metropole*. In: Metropole London. Macht und Glanz einer Weltstadt, 1800-1840. Katalog zur Ausstellung in der Villa Hügel, Essen, vom 6. Juni bis 8. November 1992. Hrsg. v. d. Kulturstiftung Ruhr, Essen. Recklinghausen 1992, 51-76.

SALEWSKI 1994. Salewski, Michael: *Technik als Vision der Zukunft um die Jahrhundertwende*. In: Salewski/Stölken-Fitschen 1994, 77-91.

SALEWSKI/STÖLKEN-FITSCHEN 1994. Salewski, M./Stölken-Fitschen, I. (Hrsg.): *Moderne Zeiten. Technik und Zeitgeist im 19. und 20. Jahrhundert*. Stuttgart 1994.

SALOMON 1965. Salomon, George: „Wer ist John Maynard?": Fontanes tapferer Steuermann und sein amerikanisches Vorbild. In: Fontane-Blätter 2/1965, 25-40.

SCHABERT 1978. *Shakespeare-Handbuch. Die Zeit – Der Mensch – Das Werk – Die Nachwelt.* Unter Mitarbeit zahlreicher Fachwissenschaftler hrsg. v. Ina Schabert. (2. Aufl.) Stuttgart 1978.

SCHACHTNER 1997. Schachtner, Christina: *Technik und Subjektivität.* Frankfurt a. M. 1997.

SCHENKEL 2000. Schenkel, Elmar: *Liebe und Tod im viktorianischen Internet. Es könnte ja sein, dass Maine und Texas sich nichts Besonderes mitzuteilen haben: Wechselbeziehungen zwischen Literatur und Telegraphie.* In: Frankfurter Allgemeine Zeitung, Nr. 109, 11. Mai 2000.

SCHERPE 1988. Scherpe, Klaus R.: *Ist eine Modernisierung der Germanistik möglich? Gedanken und Vorschläge zur gesellschaftlichen Selbstbeteiligung unter hochtechnischen Bedingungen.* In: Germanistik und Deutschunterricht im Zeitalter der Technologie. Selbstbestimmung und Anpassung. Vorträge des Germanistentages Berlin 1987. Hrsg. v. Norbert Oellers. Bd. 1. Tübingen 1988, 1-18.

SCHIVELBUSCH 1983. Schivelbusch, Wolfgang: *Lichtblicke. Zur Geschichte der künstlichen Helligkeit im 19. Jahrhundert.* München 1983.

SCHIVELBUSCH 1989. Schivelbusch, Wolfgang: *Geschichte der Eisenbahnreise. Zur Industrialisierung von Raum und Zeit im 19. Jahrhundert.* Frankfurt a. M. 1989 (zuerst 1977).

SCHMIDT-BRÜMMER 1971. Schmidt-Brümmer, Horst: *Formen des perspektivischen Erzählens: Fontanes* Irrungen, Wirrungen. München 1971.

SCHNEIDER 1978. Schneider, Walter: *Der städtische Berliner öffentliche Nahverkehr.* 3 Bde. Berlin 1978.

SCHÖNHAMMER 1991. Schönhammer, Rainer: *Zur Psychologie der Fortbewegung.* München 1991.

SCHRADER 1950. Schrader, Ingeborg: *Das Geschichtsbild Fontanes und seine Bedeutung für die Maßstäbe der Zeitkritik in den Romanen.* O. O. 1950.

SCHÜPPEN 2000. Schüppen, Franz: *Das frühe Gedichtwerk.* In: Grawe/Nürnberger 2000, 706-26.

SCHÜTZ/WEHR 1988. Schütz, Erhard/Wehr, Norbert (Hrsg.): *Willkommen und Abschied der Maschinen. Literatur und Technik – Bestandsaufnahme eines Themas.* Essen 1988.

SCHULIN 1994. Schulin, Ernst: *Die Urkatastrophe des zwanzigsten Jahrhunderts.* In: Der Erste Weltkrieg. Wirkungen, Wahrnehmung, Analyse. Hrsg. v. Wolfgang Michalka. München 1994, 3-27.

SCHULZE 1900. Schulze, H.: *Die Rathenower optische Industrie.* In: Die Provinz Brandenburg 1900, 186-88.

SCHUSTER 1978. Schuster, Peter-Klaus: *Theodor Fontane: Effi Briest – Ein Leben nach christlichen Bildern.* Tübingen 1978.

SCHUTTE 1993. Schutte, Jürgen: *Einführung in die Literaturinterpretation.* (3., überarb. u. erw. Aufl.) Stuttgart, Weimar 1993.

SCHWARZ 1981. Schwarz, Ullrich: *Rettende Kritik und antizipierte Utopie. Zum geschichtlichen Gehalt ästhetischer Erfahrung in den Theorien von Jan Mukarovsky, Walter Benjamin und Theodor W. Adorno.* München 1981.

SCHWARZ 1992. Schwarz, L. D.: *London in the Age of Industrialisation. Entrepreneurs, Labour Force and Living Conditions, 1700-1850.* Cambridge 1992.

SEABORNE 1995. Seaborne, Mike: *Photographer's London, 1839-1994.* London 1995.

SEGEBERG 1987A. Segeberg, Harro: *Literarische Technik-Bilder. Studien zum Verhältnis von Technik- und Literaturgeschichte im 19. und 20. Jahrhundert.* Tübingen 1987.

SEGEBERG 1987B. Segeberg, Harro (Hrsg.): *Technik in der Literatur. Ein Forschungsüberblick und zwölf Aufsätze.* Frankfurt a. M. 1987.

SEGEBERG 1987BB. Segeberg, Harro: *Literaturwissenschaft und interdisziplinäre Technikforschung.* In: Segeberg 1987b, 9-29.

SEGEBERG 1996. Segeberg, Harro (Hrsg.): *Die Mobilisierung des Sehens. Zur Vor- und Frühgeschichte des Films in Literatur und Kunst.* München 1996.

SEGEBERG 1997. Segeberg, Harro: *Literatur im technischen Zeitalter. Von der Frühzeit der deutschen Aufklärung bis zum Beginn des Ersten Weltkriegs.* Darmstadt 1997.

SEGEBRECHT 1977. Segebrecht, Wulf: *Das Gelegenheitsgedicht. Ein Beitrag zur Geschichte und Poetik der deutschen Lyrik.* Stuttgart 1977.

SEHSUCHT 1993. *Sehsucht. Das Panorama als Massenunterhaltung des 19. Jahrhunderts.* Frankfurt a. M., Basel 1993.

SEIFERT/WASSERMANN 1992. Seifert, Karl-Dieter/Wassermann, Michael: *Otto Lilienthal. Leben und Werk. Eine Biographie.* Hamburg, Wien 1992.

SELBMANN 1999. Selbmann, Rolf: *Die simulierte Wirklichkeit. Zur Lyrik des Realismus.* Bielefeld 1999.

SELBMANN 2000. Selbmann, Rolf: *Trauerarbeit. Zum literaturgeschichtlichen Ort von Theodor Fontanes Lyrik.* In: Fontane-Blätter 69/2000, 67-80.

SELMEIER 1984. Selmeier, Franz: *Eisen, Kohle und Dampf. Die Schrittmacher der industriellen Revolution.* Reinbek 1984.

SEMMENS 1996. Semmens, Peter: *Katastrophen auf Schienen. Eine weltweite Dokumentation.* Stuttgart 1996.

SERVAES 1900. Servaes, Franz: *Theodor Fontane. Ein literarisches Porträt.* O.O 1900.

SIEMENS 1916. Siemens, Werner von: *Lebenserinnerungen. Mit dem Bildnis des Verfassers.* (10. Aufl.) Berlin 1916 (zuerst 1892).

SIEWERT 1984A. Siewert, Horst H.: *Nahverkehr und Stadtentwicklung.* In: Boberg/Fichter/Gillen 1984, 98-101.

SIEWERT 1984B. Siewert, Horst H.: *Die Stadtbahnprojekte.* In: Boberg/Fichter/Gillen 1984, 102-05.

SIMMEL 1903. Simmel, Georg: *Die Großstädte und das Geistesleben (1903).* In: Georg Simmel: Das Individuum und die Freiheit. Essais. Frankfurt a. M. 1993, 192-204.

SIMMEL 1993. Simmel, Georg: *Das Individuum und die Freiheit. Essais.* Frankfurt a. M. 1993.

SLEDZIEWSKI 1990. Sledziewski, Elisabeth G.: *Fortschritt.* In: Europäische Enzyklopädie 1990, Bd. 2, 95-104.

SMUDA 1992. Smuda, Manfred (Hrsg.): *Die Großstadt als ‚Text'.* München 1992.

SNOW 1959. Snow, C. P.: *Die zwei Kulturen. Rede (1959).* In: Kreuzer 1987, 19-58.

SPINNER 1973. Spinner, Kaspar: *Shakespeare.* In: Das englische Drama. Hrsg. v. Hosefa Nünning. Darmstadt 1973, 141-202.

STEEN 1998. Steen, Jürgen: *‚Neue Zeit'-Vorstellungen als Kritik der Industriellen Revolution. Zur Bedeutung und Rolle von Elektrizität und Elektrotechnik in Modernisierungsstrategien des 19. Jahrhunderts.* In: Plitzner 1998, 169-82.

STEINLEIN 1992. Steinlein, Rüdiger: *Die Stadt als geselliger und ‚karnevalisierter' Raum. Theodor Fontanes ‚Berliner Romane' in anderer Sicht.* In: Das poetische Berlin. Metropolenkultur zwischen Gründerzeit und Nationalsozialismus. Hrsg. v. Klaus Siebenhaar. Wiesbaden 1992, 41-68.

STERNBERGER 1981. Sternberger, Dolf: *Panorama oder Ansichten vom 19. Jahrhundert.* Frankfurt a. M. 1981 (zuerst 1938).

STEWIG 1995. Stewig, Reinhard: *Entstehung und Entwicklung der Industriegesellschaft auf den britischen Inseln.* Kiel 1995.

STIMMANN 1984. Stimmann, Hans: *Stadttechnik.* In: Boberg/Fichter/Gillen 1984, 170-79.

STÖLKEN-FITSCHEN 1994. Stölken-Fitschen, I.: *Einleitung.* In: Salewski/Stölken-Fitschen 1994, 7-16.

STRECH 1970. Strech, Heiko: *Die Synthese von Alt und Neu. Der Stechlin als Summe des Gesamtwerks.* Berlin 1970.

STREITER-BUSCHER 1996. Streiter-Buscher, Heide: *Zur Einführung [in Fontanes Unechte Korrespondenzen]*. In: FUK/1, 1-66.

STRUNK 1999. Strunk, Peter: *Die AEG. Aufstieg und Niedergang einer Industrielegende*. Berlin 1999.

SWALES 1997. Swales, Martin: *Epochenbuch Realismus. Romane und Erzählungen*. Berlin 1997.

TAYLOR 1997. Taylor, Ronald: *Berlin and its Culture*. O. O. 1997.

TECHNIK UND PHILOSOPHIE 1990. *Technik und Philosophie*. (Bd. 1 der Reihe Technik und Kultur in 10 Bänden und einem Registerband. Hrsg. v. Friedrich Rapp.) Düsseldorf 1990.

TREUE 1984. Treue, Wilhelm: *Technik- und Wirtschaftsgeschichte Preußens*. Berlin 1984.

TRUNK 1998. Trunk, Trude: *„Weiber weiblich, Männer männlich": Frauen in der Welt Fontanes*. In: Fontane und sein Jahrhundert 1998, 137-77.

UNIVERSAL-LEXIKON 1843. *Universal-Lexikon der Gegenwart und Vergangenheit oder Neustes enzyklopädisches Wörterbuch der Wissenschaften, Künste und Gewerbe*. Hrsg. v. H. A. Pierer. 34 Bde. (2. neubearb. Aufl.) Altenburg 1843.

VIRILIO 1978. Virilio, Paul: *Fahren, fahren, fahren ...*. Berlin (West) 1978.

VIRILIO 1980. Virilio, Paul: *Geschwindigkeit und Politik. Ein Essay zur Dromologie*. Aus dem Franz. übers. v. Ronals Voullié. Berlin 1980.

VIRILIO 1993. Virilio, Paul: *Revolution der Geschwindigkeit*. Aus dem Französischen von Marianne Karbe. Berlin 1993.

VIRILIO 1998. Virilio, Paul: *Rasender Stillstand*. Essay. Aus dem Französischen von Bernd Wilczek. Frankfurt a. M. 1998 (zuerst 1990).

VOGELEY 1964. Vogeley, Heinrich: *Theodor Fontane:* John Maynard. In: Wege zum Gedicht. Bd. 2: Interpretationen von Balladen. Hrsg. v. Rupert Hirschenauer und Albrecht Weber. 1964, 401-07.

VOGT 1931. Vogt, W.: *Frauengestalten bei Fontane*. (Phil. Diss.) Frankfurt 1931.

VONDUNG 1988. Vondung, Klaus: *Apokalypse in Deutschland*. München 1988.

VORSTEHER 1983. Vorsteher, Dieter: *Die Industrie und ihre Kultur. A. Borsigs Maschinenbauanstalt und Eisengießerei bei Berlin (1837-87). Firmengeschichte, Baugeschichte und Kulturgeschichte eines Unternehmens im 19. Jahrhundert (1837-62)*. (Phil. Diss.) Berlin 1983.

VORSTEHER 1984. Vorsteher, Dieter: *Mythos vom Dampf*. In: Boberg/Fichter/Gillen 1984, 80-87.

VORSTEHER 1999. Vorsteher, Dieter: *Bildungsreisen unter Dampf*. In: Reisekultur 1999, 304-11.

WAGNER 1985. Wagner, Monika: *Der flüchtige Blick. Geschwindigkeitsdarstellung.* In: Ausstellungskatalog. Zug der Zeit – Zeit der Züge. Deutsche Eisenbahn 1835-1985. Berlin 1985, Bd. 2, 528-35.

WAGNER 1991. Wagner, Monika (Hrsg.): *Moderne Kunst. Das Funkkolleg zum Verständnis der Gegenwartskunst.* 2 Bde. Reinbek 1991.

WAGNER 1994. Wagner, Monika: *Die erste Londoner Weltausstellung als Wahrnehmungsproblem.* In: Ferrum. Nachrichten aus der Eisenbibliothek. Stiftung der Georg Fischer AG, Nr. 66. April 1994, 31-38.

WAGNER 1996. Wagner, Monika: *Bewegte Bilder und mobile Blicke. Darstellungsstrategien in der Malerei des neunzehnten Jahrhunderts.* In: Segeberg 1996, 171-89.

WANDREY 1919. Wandrey, Conrad: *Theodor Fontane.* München 1919.

WEBER 1869. Weber, Max Maria von: *Werke und Tage. Gesammelte Aufsätze.* Weimar 1869.

WEBER 1907. Weber, Max Maria von: *Aus der Welt der Arbeit. Gesammelte Schriften.* Hrsg. v. Maria von Wildenbruch, geb. von Weber. Berlin 1907.

WEBER 1997. Weber, Kurt: *„Au fond sind Bäume besser als Häuser": Über Theodor Fontanes Naturdarstellungen.* In: Fontane-Blätter 64/1997, 134-57.

WEFELMEYER 1989. Wefelmeyer, F.: *„Bei den money-makern am Themsefluß": Theodor Fontanes Reise in die moderne Kultur im Jahre 1852.* In: Arnold 1989, 55-70.

WEHLER 1994. Wehler, Hans-Ulrich: *Das Deutsche Kaiserreich, 1871-1918.* (7. Aufl.) Göttingen 1994.

WEIBEL 1996. Weibel, Peter: *Neurocinema. Zum Wandel der Wahrnehmung im technischen Zeitalter.* In: Felderer 1996, 167-84.

WEIHER 1974. Weiher, Sigfrid von: *Berlins Weg zur Elektropolis. Technik- und Industriegeschichte an der Spree.* Mit einem Beitrag von Gottfried Vetter. Berlin, München 1974.

WEINGARTEN 1994. Weingarten, Rüdiger: *Reden über die Technik: Die Verlustmetapher.* In: Hoberg 1994, 255-71.

WIESENTHAL 1924. Wiesenthal, Heinrich: *Dichter-Ingenieure. L. da Vinci. M. M. v. Weber. M. Eyth. H. Seidel. H. Dräger.* Leipzig 1924.

WILLIAMS 1993. Williams, Stephanie: *Docklands.* London 1993.

WILLS 1995. Wills, Garry: *Witches and Jesuits. Shakespeare's Macbeth.* New York, Oxford 1995.

WILPERT 1989. Wilpert, Gero von: *Sachwörterbuch der Literatur.* (7., verbess. u. erweit. Aufl.) Stuttgart 1989.

WINKLER 1925. Winkler, Arthur: *Der Zu- und Abfluß des Berliner Telegrammverkehrs zum und vom Haupttelegraphenamt.* In: Fünfundsiebzig Jahre Berliner Haupttelegraphen-Amt, 1850-1925. Zugleich ein Beitrag zur Geschichte der Telegraphie. O. O 1925, 79-84.

WIRSING 1995. Wirsing, Sibylle: *Das telegraphische Epos. Theodor Fontanes Tagebuch, seine Erscheinung in der Handschrift und sein Verschwinden im Druck.* In: Textkritische Beiträge. Basel u. a. 1995, 77-92.

WOLZOGEN 2003. Wolzogen, Hanna Delf von (Hrsg.): *„Geschichte und Geschichten aus Mark Brandenburg". Fontanes* Wanderungen durch die Mark Brandenburg *im Kontext der europäischen Reiseliteratur.* Internationales Symposium des Theodor-Fontane-Archivs in Zusammenarbeit mit der Theodor Fontane Gesellschaft, 18.-22. September 2002 in Potsdam. Würzburg 2000.

WRUCK 1967. Wruck, Peter: *Preußentum und Nationalschicksal bei Theodor Fontane.* (Phil. Diss.) Berlin 1967.

WRUCK 2002. Wruck, Peter: *Wie Fontane die Mark Brandenburg entdeckte.* In: Fontane-Blätter 74/2002, 60-77.

WÜLFING 1992. Wülfing, Wulf: *Fontane, Bismarck und die Telegraphie.* In: Fontane-Blätter 54/1992, 18-31.

WÜLFING 1994. Wülfing, Wulf: *„Das Gefühl des Unendlichen": Zu Fontanes Versuchen, seinen deutschen Leserinnen und Lesern die fremde Semiotik der „Riesenstadt" London zu vermitteln.* In: Fontane-Blätter 58/1994, 29-42.

WÜLFING 1995. Wülfing, Wulf: *Medien der Moderne: Londons Straßen in den Reiseberichten von Johanna Schopenhauer bis Theodor Fontane.* In: Fuchs/Harden/Theo 1995, 470-92.

WÜLFING 1998. Wülfing, Wulf: *Bahnhofsperspektiven im Vormärz.* In: Vormärzliteratur in europäischer Perspektive II. Politische Revolution – Industrielle Revolution – Ästhetische Revolution. Hrsg. v. Martina Lauster und Günter Oesterle. Bielefeld 1998, 131-42.

ZAGARI 1982. Zagari, Luciano: *Lyrik und Ballade.* In: Deutsche Literatur. Eine Sozialgeschichte. Bd. 7: Vom Nachmärz zur Gründerzeit: Realismus. Hrsg. v. Horst Albert Glaser. Reinbek 1982, 270-81.

ZERNER 1939. Zerner, Marianne: *Die sozialen Schichten in den Berliner Romanen Theodor Fontanes.* (Phil. Diss.) Yale 1939.

ZIEGLER 1996. Ziegler, Edda: *Theodor Fontane – Lebensraum und Phantasiewelt. Eine Biographie.* Unter Mitarbeit v. Gotthard Erler. Berlin 1996.

ZIMMERMANN 1913. Zimmermann, Felix: *Die Widerspiegelung der Technik in der deutschen Literatur.* (Phil. Diss.) 1913.

ZIMMERMANN 1996. Zimmermann, Clemens: *Die Zeit der Metropolen. Urbanisierung und Großstadtentwicklung.* Frankfurt a. M. 1996.

ZIMMERMANN 1997. Zimmermann, Rolf Christian: *Was hat Fontanes* Effi Briest *noch mit dem Ardenne-Skandal zu tun? Zur Konkurrenz zweier Gestal-*

*tungsvorhaben bei der Entstehung des Romans.* In: Fontane-Blätter 64/1997, 89-109.

ZÖBL 1984. Zöbl, Dorothea: *Die Randwanderung der Firma Borsig.* In: Boberg/Fichter/Gillen 1984, 140-147.

# DANKSAGUNG

Während der Entstehung dieser – im Wintersemester 2003/04 vom Fachbereich Sprach-, Literatur- und Medienwissenschaft der Universität Hamburg als Dissertation angenommenen – Arbeit habe ich vielfältige Unterstützung erfahren. Besonderen Dank schulde ich

Prof. Dr. Harro Segeberg, Prof. Dr. Jörg Schönert, Prof. Dr. Helmuth Nürnberger, Prof. Dr. Eda Sagarra, Dr. Wulf Wülfing, Dr. Christine Hehle, Dr. Alfred Gottwaldt, Dr. Kenneth Attwood, Charlotte Müller-Reisener, Nina Peters, Markus Eberhard, Dirk Frenzel, Michael Schmiedel, Markus Fedeler, meinen Eltern, Uta und Dr. Klaus G. Frank, meiner Frau Tanja und meinem Sohn Julius.

Sie alle wissen, wofür.